THE REVOLUTIONARY PROCESS IN MEXICO: ESSAYS ON POLITICAL AND SOCIAL CHANGE, 1880–1940

UCLA Latin American Studies
Volume 72

Series Editor
Johannes Wilbert

THE REVOLUTIONARY PROCESS IN MEXICO

Essays on Political and Social Change, 1880–1940

Edited by Jaime E. Rodríguez O.

UCLA Latin American Center Publications
University of California, Los Angeles
Mexico/Chicano Program
University of California, Irvine

UCLA Latin American Center Publications
University of California, Los Angeles

Mexico/Chicano Program
University of California, Irvine

Library of Congress Cataloging-in-Publication Data .
The Revolutionary process in Mexico : essays on political and social
change, 1880–1940 / edited by Jaime E. Rodríguez O.
    p.   cm. — (UCLA Latin American studies ; v. 72)
    ''The essays in this volume were presented in the second in a series on
symposia on 'rebellions and revolutions' in Mexico''—Pref.
    Includes bibliographical references.
    ISBN 0–87903–073–9
    1. Mexico—Politics and government—1867–1910—Congresses.
    2. Mexico—Politics and government—1910–1946—Congresses.
    3. Mexico—History—Revolution, 1910–1920—Social aspects—
Congresses.   I. Rodríguez O., Jaime E., 1940.   II. University of
California, Irvine.   Mexico/Chicano Program.   III. Series.
F1233.5.R38   1990
972.8'16—dc20   90–32434
                                                                      CIP

Frontispiece: ''Revolutionary''

Jacket photo: Giving aid to a wounded man

Front endsheet: Pro Madero demonstration

Back endsheet: Entry of the Constitutionalist army, Mexico City,
        August 20, 1914

Jacket design: Linda M. Robertson

Photos: From the Osuna Collection. Courtesy of the Tomás Rivera Library,
        University of California, Riverside

A mis hermanos
MICHAEL y CHRISTOPHER

Contents

vii

Preface

THE ESSAYS IN THIS VOLUME were presented in the second in a series of symposia on "rebellions and revolutions" in Mexico. For the first symposium, "The Independence of Mexico and the Creation of the New Republic," the Mexico/Chicano Program invited experts on the Revolution, in addition to specialists on the Independence and early national period, asking them to compare that great upheaval with the Independence. For the second, "The Mexican Revolution," the Program reversed the process, inviting experts on the Independence and early national period, in addition to scholars on the Revolution, to compare the two epochs.

The volume contains a pictorial essay from the "Osuna Collection." Sabino Osuna was a little known photographer who captured the critical period from the election of Francisco Madero in 1911 to 1920, in an excellent series of photographs. Most, however, cover the period 1911–1914. They are published here for the first time. Kathryn L. Roberts helped select and obtain the illustrations. I am grateful to the Tomás Rivera Library at the University of California, Riverside for permission to publish these photographs.

The publication of this volume owes much to the support and encouragement of a number of persons and institutions. The book, and the symposium from which it originated, received financial support from the Mexico/ Chicano Program, the School of Humanities, and the Office of Research and Graduate Studies at the University of California, Irvine, and from the University of California Consortium on Mexico and the United States. I am grateful to my colleagues in the Mexico/Chicano Program, María Herrera-Sobek, Alejandro Morales, and Eloy Rodríguez, to Dean Terence Parsons, to Vice Chancellor Paul Sypherd, and to Consortium Director Arturo Gómez Pompa for their support. Johannes Wilbert, former Director of the UCLA Latin American Center, once again recognized the significance of the symposium essays, and agreed to publish a coedition. Linda Alexander Rodríguez and William F. Sater read parts of the volume and provided valuable suggestions for improvement. Virginia Guedea helped coordinate the papers from Mexico. Christon I. Archer and Colin M. MacLachlan provided valuable advice and encouragement at critical times. Gregorio Mora and Carl Marcoux assisted during the symposium. Karen Lowe was invaluable in helping coordinate the symposium and in preparing the volume for publication. Finally, I am grateful to Colleen Trujillo for copyediting the manuscript with great care.

Jaime E. Rodríguez O.

Los Angeles
October 14, 1989

Contributors

Christon I. Archer is Professor and Head of the Department of History at the University of Calgary. He has written extensively on the army of New Spain. His works include *The Army in Bourbon Mexico* (Albuquerque, 1977) which received the Bolton Prize. He is currently working on the military during the war of independence.

Ricardo Avila is Professor at the Universidad de Guadalajara and a member of the Museo Regional de Guadalajara. He has studied the politics of the Porfiriato and the Revolution. He is currently working on a study of the state of Mexico during the Porfiriato and the Revolution.

Romana Falcón is Professor at the Centro de Estudios Históricos at El Colegio de México. She has published widely on the Revolution. Her works include *Revolución y caciquismo: San Luis Potosí, 1910-1938* (Mexico, 1984). She is currently working on the Porfiriato.

Javier Garciadiego Dantan is Researcher at the Centro de Estudios Sobre la Universidad at the Universidad Nacional Autónoma de México. He served as the Academic Coordinator as well as a contributor to the ten-volume *Así fue la Revolución mexicana* (Mexico, 1985). He is currently working on the role of university students during the Revolution.

María del Refugio González is Research Professor and Director of the Centro de Estudios Sobre la Universidad at the Universidad Nacional Autónoma de México. She has published numerous studies of Mexico's legal history. Her works include *Estudios sobre la historia del derecho civil en México durante el siglo XIX* (Mexico, 1981). She is currently working on nineteenth-century conservative thought in Mexico

Virginia Guedea is Research Professor at the Instituto de Investigaciones Históricas at the Universidad Nacional Autónoma de México. She has published numerous studies on insurrections, the military, and the origins of national politics, particularly during the independence period. Her works include *José María Morelos y Pavón* (Mexico, 1981). She is currently working on the Guadalupes of Mexico and the origins of national politics.

Linda B. Hall is Professor of History at the University of New Mexico, Albuquerque. She has published extensively on the Revolution. Her works include *Alvaro Obregón: Power and Revolution in Mexico, 1911-1920* (College Station, 1981). She is currently working on the restoration of state power in the 1920s.

Gilbert M. Joseph is Professor of History at the University of North Carolina, Chapel Hill. He has published widely on Yucatán. His works include *Revolution from Without: Yucatán, Mexico, and the United States, 1880-1924* (Cambridge, 1982). He is currently working on Yucatán in the early twentieth century.

Alan Knight is Professor of History at the University of Texas at Austin. He has published widely on the Revolution. His works include *The Mexican Revolution*, 2 vols. (Cambridge, 1986) which received the Bolton Prize. He is currently working on popular culture in twentieth-century Mexico.

Gregorio Mora is Lecturer at the School of Ethnic Studies, California State University, San Francisco. He has published numerous articles on nineteenth-century Sonora. He is currently completing a study of the role of entrepreneurs in the development of Sonora during the nineteenth century.

Paul Vanderwood is Professor of History at San Diego State University. He has published extensively on the problems of law and order in nineteenth- and early twentieth-century Mexico. His works include *Disorder and Progress: Bandits, Police, and Mexican Development* (Lincoln, 1981) which won the Herring Prize. He is currently working on social change in Chihuahua from colonial times to the present.

Mark Wasserman is Associate Professor of History at Rutgers University. He has published widely on the Revolution. His works include *Capitalists, Caciques, and Revolution: The Native Elite and Foreign Enterprise in Chihuahua, Mexico, 1854-1911* (Chapel Hill, 1984). He is currently working on Chihuahua during the post-Revolutionary era.

Allen Wells is Associate Professor of History at Bowdoin College. He has published widely on Yucatán. His works include *Yucatán's Gilded Age: Haciendas, Henequen, and International Harvester, 1860-1915* (Albuquerque, 1985). He is currently working on Yucatán in the early twentieth century.

Introduction

Jaime E. Rodríguez O.

R EVOLUTIONS AND THEIR ORIGINS have long preoccupied scholars. How to understand them? How to study them? And how to explain them? "Social revolutions," writes Theda Skocpol, "have been rare but momentous occurrences in modern world history. From France in the 1790s to Vietnam in the mid-twentieth century, these revolutions have transformed state organizations, class structures, and dominant ideologies. They have given birth to nations whose power and autonomy markedly surpassed their own prerevolutionary pasts and outstripped other countries in similar circumstances. Revolutionary France became suddenly a conquering power in Continental Europe, and the Russian Revolution generated an industrial and military superpower. The Mexican Revolution gave its homeland the political strength to become one of the most industrialized of postcolonial nations and the country in Latin America least prone to military coups."[1]

Skocpol and other scholars have generally accepted what might be called the "traditional," indeed, the "official," interpretation of revolutions in countries where they occurred. That is, the revolution in question—the American, French, Russian, Mexican Revolution, and others—marked a break with the past and became a "positive" agent of change.[2]

[1] Theda Skocpol, *States and Social Revolutions: Comparative Analysis of France, Russia, and China* (Cambridge: Cambridge University Press, 1979), 3.

[2] Students of the French Revolution have challenged many of these notions. Alfred Cobban, one of the pioneers in that movement, argued that, politically, economically, and socially, England changed more than France between 1789 and 1830. See his *Aspects of the French Revolution* (New York: Norton, 1970) and his *The Social Interpretation of the French Revolution* (Cambridge: Cambridge University Press, 1964). Other scholars, of whom the most prominent is François Furet, have followed his lead in reinterpreting the French Revolution. On this point consult Jack R. Censer, "The Coming of a New Interpretation of the French Revolution," *Journal of Social History* (Winter 1987), 289–301. François Furet has questioned the "social" nature of the Revolution. See his *Interpreting the French Revolution* (Cambridge: Cambridge University Press, 1981).

Initially, scholars believed that the Mexican Revolution changed the course of the country's history, and, as Skocpol suggests, provided the nation the opportunity to develop economically, socially, and politically. Typically, historians separated the history of Mexico into the age of Porfirio Díaz (1876–1910), the country's *ancien regime*, the Revolution (1910–1920), and the post-revolutionary period. The divisions seemed appropriate because once the fighting ended, the Revolution appeared to have ushered in a new era. Mexican politicians, who had long recognized the importance of history in forming a national consensus, clearly understood the power of an "official history" of the Revolution.[3] Therefore, they emphasized the differences between the Porfirian heritage and the Revolutionary tradition. The nation's new political leaders, who claimed to have inherited the Revolutionary mantle, not only favored but also actively supported the new periodization. Indeed, Mexico's dominant political party, the Partido Revolucionario Institucional (PRI), has consistently used the official history and its Revolutionary antecedents to justify the party's ascendancy.

The official history, however, has created serious difficulties for historians because, by focusing on a limited period of time, it reinforced the notion of a break or separation from the past. "The problem," as Virginia Guedea indicates, "is not whether the official history, which, after all, has its own reasons for existing, is or is not incorrect. Instead, the problem is that it has become a [widely accepted and] powerful paradigm which serves as an obstacle to understanding the history of Mexico."[4] Although many excellent studies have illuminated significant aspects of the Mexican Revolution, they have, nonetheless, often isolated the Revolution from its antecedents, rather than treating it as the outcome of deeply rooted historical phenomena.[5]

---

[3] On the problem of Mexico's "official history" see Virginia Guedea, "The Historiography of Independence," paper presented at the University of Calgary's Mexico Week, March 21–26, 1988, and her "En torno a la Independencia y la Revolución" in this volume.

[4] Guedea, "En torno a la Independencia y la Revolución."

[5] Several works have recently challenged the traditional periodization, emphasizing instead long-term historical processes. See Alan Knight, *The Mexican Revolution*, 2 vols. (Cambridge: Cambridge University Press, 1986); John Hart, *Revolutionary Mexico: The Coming and Process of the Mexican Revolution* (Berkeley: University of California Press, 1987); John Tutino, *From Insurrection to Revolution in Mexico: Social Bases of Agrarian Violence, 1750–1940* (Princeton: Princeton University Press, 1986); and François-Xavier Guerra, *México: Del antiguo régimen a la Revolución*, 2 vols. (Mexico: Fondo de Cultura Económica, 1988). Also, in recent years some "revisionists" have questioned the nature of Revolutionary change. See, for example, Barry Carr, "Recent Regional Studies of the Mexican Revolution," *Latin American Research Review* 15:1 (1980), 3–14, and George Wolfskill and Douglas W. Richmond, eds., *Essays on the Mexican Revolution: Revisionist Views of the Leaders* (Austin: University of Texas Press, 1979). See also Alan Knight, "Interpretaciones recientes de la Revolución mexicana," in María Teresa Franco, ed., *Memorias del Simposio de Historiografía Mexicanista* (Mexico: Universidad Nacional Autónoma de México, in press). A recent evaluation of the historiography of the Porfiriato and the

The traditional Revolutionary historiography tends to ignore the continuities in Mexican history, while emphasizing the differences. Consequently, the scholarship not only rejects large portions of the nation's past, but also fails to understand the "growth," the "development," or the "evolution" of the country. The problem, as I have argued elsewhere, is that "That failure is based on a rejection of the 'law of continuity,' the principle that change is sequential and does not advance *per saltum.*"[6] Or, as Paul Vanderwood has stated when discussing Mexico's Independence and its Revolution: one should "think of Independence and Revolution not as singular events which occurred a century apart . . . , but as two important conjunctures—two rather large bleeps—along the continuum of Mexican history."[7] "They were," Guedea suggests, "part of larger processes that possess a certain historical coherence. Perhaps, more satisfactory explanations of both might be found if we identified two periods, two centuries, that went, let us say, from the middle of the eighteenth century to the middle of the nineteenth and from the middle of the nineteenth to 1940."[8]

The suggestion—that the Independence and the Revolution be considered part of the continuum of the national experience—shifts the focus of analysis from events to processes. The notion that fundamental divisions occurred at mid-century places in perspective the unique aspects of the revolutionary upheavals. The advantage of such periodization is that it allows scholars to understand "what ended, what began, and what continued" at the time of the Revolution.[9] Stressing continuity while examining change permits historians to propose new interpretive frameworks for Mexican history.

Comprehending the Mexican Revolution is not limited simply to reconciling differences about details.[10] Rather, understanding the Revolution becomes a matter of interpreting the modern history of Mexico. There is no question that a great upheaval, now called the Mexican Revolution, erupted in 1910; that it embroiled the nation in nearly a decade of violence; that perhaps as many as a million people died as a result; and that it changed Mexico. It is necessary, however, to place the Revolution in its historical per-

---

Revolution may be conveniently consulted in volume 5 of *The Cambridge History of Latin America*, edited by Leslie Bethell (Cambridge: Cambridge University Press, 1986).

[6] Jaime E. Rodríguez O., "La historiografía de la Primera República," in Franco, ed., *Memorias del Simposio de Historiografía Mexicanista.*

[7] Paul Vanderwood, "Comparing Mexican Independence with the Revolution: Causes, Concepts, and Pitfalls," in Jaime E. Rodríguez O., ed., *The Independence of Mexico and the Creation of the New Nation* (Los Angeles: UCLA Latin American Center, 1989), 312.

[8] Guedea, "En torno a la Independencia y la Revolución."

[9] Doris Ladd, *The Mexican Nobility at Independence, 1780-1826* (Austin: Institute of Latin American Studies, University of Texas, 1976), 170, in referring to Independence.

[10] Ramón Eduardo Ruiz, for example, has argued that a true revolution did not occur in Mexico; see his *The Great Rebellion: Mexico, 1905-1924* (New York: Norton, 1980).

spective in order to understand its significance. This requires examining continuities as well as change.

Historical understanding will be advanced if the concept of "revolution" is demythified. Examining Mexico's experience in Skocpol's terms, for example, forces one to conclude that the results of the Revolution are not as clear as she and others assert. Did the Revolution transform the Mexican state? Did it change class structures? Did it alter dominant ideologies? And did it provide Mexico "the political strength to become one of the most industrialized of the postcolonial nations?"

With regard to the state, most scholars agree that "Independence resulted in the establishment of a weak state . . . and that the Revolution consolidated the [already existing] strong state which Benito Juárez and Porfirio Díaz formed."[11] Although the heirs of the Revolution managed to consolidate the Mexican state, the process required nearly two decades.[12] But the government, which they formed, did not differ radically from the Díaz regime. Instead, the Revolutionary leaders further accelerated the process of concentrating power in Mexico City and, perhaps, even enhanced the authoritarian nature of the Mexican state. Although the Revolution appears to have strengthened the government, it does not seem to have changed radically from the Porfirian state it presumably replaced. Indeed, some assert that the current political system is simply an updated version of the old regime.[13] Again, this argument does not suggest that nothing changed, but that in retrospect the transformation appears more evolutionary than revolutionary. Certainly, the concentration of power in the hands of President Díaz, described by Romana Falcón, not only seems to have continued, but increased after 1917.[14]

The official history and those who agree with it assert that the Revolution transformed the class structure of Mexico. If one considers labor, which John Kautsky maintains benefited more from revolution in Mexico than in the Soviet Union, one finds continuities between the Porfiriato and the post-Revolutionary era. In both cases, the president controlled and manipulated the workers while paternalistically protecting them.[15] Similarly, the middle

---

[11] Guedea, "En torno a la Independencia y la Revolución." See also Linda B. Hall, "Independence and Revolution: Continuities and Discontinuities," in Rodríguez, ed., *The Independence of Mexico*, 323–329.

[12] Alicia Hernández Chávez, *La mecánica cardenista*, vol. 16 of *Historia de la Revolución Mexicana* (Mexico: El Colegio de México, 1979).

[13] See the essays in Stanley H. Ross, ed., *Is the Mexican Revolution Dead?* (New York: Knopf, 1966).

[14] Romana Falcón, "Raíces de la Revolución: Evaristo Madero, el primer eslabón de la cadena," in this volume.

[15] John H. Kautsky has interpreted the period from 1860 to 1968 as an era of industrialization and modernization in Mexico. See his *Patterns of Modernizing Revolutions: Mexico and*

class emerged as a significant group during the Díaz era and has continued to grow in importance. Indeed, the period 1870-1940 may be considered the time when the middle class consolidated its position in Mexico.[16] Finally, the maldistribution of wealth appears to have been as pronounced in the post-Revolutionary era as in the Porfiriato.[17]

If anything changed, it would appear to be ideology. Certainly, Revolutionary rhetoric in support of *campesinos* and workers differs from the attitudes held by Díaz and his advisers. But even here, there are questions of degree. The Díaz regime did not exploit as much as earlier believed, while Revolutionary governments did not promote social change as much as once thought. In addition, nationalism—that critical component of Mexican Revolutionary ideology—first flowered under Díaz. Concerned with integrating a fragmented land, he identified his government and his person with the nation. He was after all a national hero, one of the victors of the War of the French Intervention.[18] If revolutions transform ideologies and culture, as some scholars assert, the Mexican Revolution should have influenced popular culture.[19] Yet, as Alan Knight argues, mass culture in Mexico appears to have continued its independent course despite attempts by Revolutionaries to transform it.[20] It is worth remembering here that the Porfirians had earlier attempted to "elevate the masses" with a similar lack of success. Thus the scholar is left with the problem of explaining the nature of ideological continuity as well as change.

---

the Soviet Union (Beverly Hills: Sage, 1975). The historiography of labor is quite extensive. See Pablo González Casanova, ed., *La clase obrera en la historia de México*, 17 vols. (Mexico: Siglo XXI, 1980-1981), particularly Arnaldo Córdova, *En una época de crisis, 1928-1934*, vol. 9 (Mexico: Siglo XXI, 1981). See also Rodney D. Anderson, *Outcasts in Their Own Land: Mexican Industrial Workers, 1906-1911* (DeKalb: Northern Illinois University Press, 1976); Ramón Ruiz, *Labor and the Ambivalent Revolutionaries: Mexico, 1911-1923* (Baltimore: The Johns Hopkins University Press, 1976); Joe C. Ashby, *Organized Labor and the Mexican Revolution under Cárdenas* (Chapel Hill: University of North Carolina Press, 1967).

[16] Albert L. Michaels and Marvin Bernstein, "The Modernization of the Old Order: Organization and Periodization in Mexican History," in James W. Wilkie, Michael C. Meyer, and Edna Monzón de Wilkie, eds., *Contemporary Mexico: Papers of the IV International Congress of Mexican History* (Berkeley and Mexico: University of California Press and El Colegio de México, 1976), 687-710.

[17] On this point consult Ifigenia González Navarrete, *La distribución del ingreso y desarrollo económico de México* (Mexico: Universidad Nacional Autónoma de México, 1960); Pablo González Casanova, *La democracia en México* (Mexico: Ediciones Era, 1965); Leopoldo Solís, *La realidad económica mexicana: retrovisión y perspectivas* (Mexico: Siglo XXI, 1970); and Nora Lustig, *Distribución del ingreso y crecimiento en México* (Mexico: El Colegio de México, 1981).

[18] On Díaz's nationalism see Guedea, "En torno a la Independencia y la Revolución."

[19] On this point see Lynn Hunt, *Politics, Culture, and Class in the French Revolution* (Berkeley: University of California Press, 1984).

[20] Alan Knight, "Revolutionary Project, Recalcitrant People: Mexico, 1910-1940," in this volume.

What about the last of Skocpol's transformations, industry? The answer is clear: The Porfiriato established the patterns of industrial development in Mexico, and the Revolutionary governments have continued to enhance them. As Stephen Haber indicates, "From its very beginning, Mexican manufacturing was characterized by the inability to export, the need for protection from foreign competition, an almost total dependence on imported technology, and an extraordinarily high degree of market concentration."[21] Although the violent phase of the Revolution retarded industrialization, it neither eliminated capitalist control nor transformed its structure. Instead Porfirian firms and Porfirian entrepreneurs continued developing the country's industrial base.

Although considerable evidence indicates that the Revolution did not produce the changes that Skocpol and others suggest, it is incorrect to conclude either that the old order had not changed or that these transformations would have occurred without the Revolution. There was a Revolution, profound changes took place, and post-Revolutionary Mexico differed significantly from Porfirian Mexico. But it is equally evident that the Revolution cannot be interpreted as a radical departure from the past.

Any attempt to understand the post-1870 period requires a careful evaluation of the nature of continuity and change in Mexico. To examine these questions the Mexico/Chicano Program of the University of California, Irvine invited the foremost specialists on the period to participate in a symposium titled "The Mexican Revolution" held at the University of California, Irvine in April, 1988. Following the format of our very successful symposium on "The Independence of Mexico and the Creation of the New Nation," the Program also invited experts on the Independence and early national period in addition to scholars of the Revolution to compare the two epochs. The authors of the papers presented at the symposium have revised them for publication in light of the discussion held at Irvine. The essays in this volume examine aspects of the period 1880–1940. The book is divided into four parts: The Antecedents, The Revolution, The Consequences, and Comments.

The Antecedents

Three essays reassess the politics of late nineteenth-century Mexico, demonstrating the varied nature of the Porfirian arrangement. The first, Ricardo Avila's " '¡Así se gobierna señores!': El gobierno de José Vicente Villada," analyzes the administration of one of the Porfiriato's most enlightened and successful governors. Avila argues that Porfirio Díaz succeeded in

[21] Stephen H. Haber, *Industry and Underdevelopment: The Industrialization of Mexico, 1890–1940* (Stanford: Stanford University Press, 1989), 4.

maintaining order and stability in Mexico through a personalist system of government which co-opted important regional leaders. The essay also demonstrates that such arrangements could provide considerable local autonomy. Villada's fifteen-year control of the state of Mexico allowed him to become not only one of the "pillars" of the Porfirian system, but also one of the great reformers and modernizers of pre-Revolutionary Mexico.

In contrast, Romana Falcón's essay, "Raíces de la Revolución: Evaristo Madero, el primer eslabón de la cadena," demonstrates that Díaz was willing to marginalize a powerful regional leader who opposed him. In this instance, personalities, rather than political accommodation, determined the nature of the president's actions. Evaristo Madero, one of the wealthiest and most powerful leaders of the north, opposed the Revolt of Tuxtepec which brought Díaz to power. Subsequently, Madero supported the presidency of Manuel González. When don Porfirio returned to power in 1884, he drove Madero from the governorship of Coahuila and proceeded to eliminate don Evaristo's influence in the north. The national strongman remained inalterably opposed to Madero, even though the northerner sought a rapprochement with Díaz. The severity of the president's actions eventually led to the abortive revolt of 1893 in which both the Madero and Carranza families participated.

In "Sonora al filo de la tormenta: Desilución con el Porfiriato, 1900–1911," Gregorio Mora examines the contradictions inherent in the Porfirian system, particularly during a period of economic decline. Díaz contributed significantly to the economic boom which Sonora experienced between 1880 and 1900. He encouraged foreign as well as local investment, and he provided the orderly conditions which favored economic growth. Nevertheless, the state of Sonora experienced economic reverses in the early twentieth century and these produced discontent. The elite suffered financial losses, but it was the middle class which was most affected by Sonora's economic decline. As a result, they led the opposition to Díaz and supported Madero's candidacy in 1910. When the Revolution erupted, these groups took the lead and ultimately transformed Sonora into a revolutionary center.

The Revolution

Paul Vanderwood explores both the causes and the results of the Revolution in his essay, "Explaining the Mexican Revolution." Although scholars have discussed the role of peasant communities during the Revolution, Vanderwood argues that they have generally failed to understand the complex nature of village life. Peasant communities, like other social groups, hardly ever reacted as a unit; some *campesinos* rebelled, while others did not. To understand why this occurred, historians need to examine the life of the villages and towns and the nature of the Porfirian system at the local level. Vanderwood maintains that the *jefe político* was not only a key figure in the local communities, but that he also played a complex role in linking those localities with higher authorities. To understand why villagers acted in different ways at different places and at different times, we must examine the manner in which individual jefes políticos operated. Vanderwood asserts that there were important continuities between the Porfiriato and the post-Revolutionary era. He also sees considerable change and he argues that, perhaps, the most profound transformations occurred at the local level.

Examining the Revolution from the perspective of the cities, Javier Garciadiego Dantan explores the reasons why students were slow to support the movement. In his essay, "Movimientos estudiantiles durante la Revolución mexicana," he argues that, in general, university and professional students supported Porfirio Díaz because his government favored higher education and because the economic development and political order that he provided enhanced the opportunities of the urban middle and upper class students, who then dominated higher education in Mexico. He demonstrates that, although a few students, particularly in the provinces, opposed Díaz, most remained loyal to the government even after Madero initiated the Revolution. In part, this occurred because the system benefited them and because their professors tended to support a regime that favored elite higher education. Ironically, the Madero government clashed with the students, particularly in Mexico City, because it seemed insensitive to their needs. In contrast, Victoriano Huerta managed to win their support by employing their professors, providing student financial aid, and respecting student interests. Nevertheless, a few students joined the opposition to the Huerta regime. The Carranza government, which ousted Huerta, also found favor among students both because their interests had changed and because he too supported higher education.

Although the Revolution had to be imposed from "without" in the state of Yucatán, Gilbert M. Joseph and Allen Wells maintain in their essay, "Seasons of Upheaval: The Crisis of Oligarchical Rule in Yucatán, 1909–1915," that earlier divisions among the elite had offered various groups, particularly campesinos, an opportunity to rebel in order to further their own varied interests. The discontent first emerged in the late Porfiriato and then found opportunities for expression in the early phases of the Revolution. Joseph and Wells argue that close examination of popular discontent, and particularly of its local leaders, will illuminate the nature of the Revolutionary transformation in Yucatán. They maintain that although the economic, social, and political system did not change immediately because the Yucatecan elite united to defend their interests, the *mentalidad* of the campesinos and other workers had been transformed. That new mindset ultimately contributed to change in Yucatán, once the Revolution triumphed in other parts of the country.

The Consequences

Although the Revolution destroyed the Porfirian system, it took many years to restore a strong state. In her essay, "Banks, Oil, and the Reinstitutionalization of the Mexican State, 1920–1924," Linda B. Hall considers the impact that foreign interests, particularly the United States, exerted in that process. President Alvaro Obregón's attempts to restore internal order and prosperity in Mexico depended upon obtaining diplomatic recognition from the United States and the principal European nations. This in turn required a settlement of outstanding issues regarding the oil industry, the railroads, and the foreign debt. Mexico's efforts to resolve these questions resulted in an onerous agreement negotiated by Adolfo de la Huerta, Obregón's minister of foreign affairs. Although the Mexican president reluctantly accepted the accord, De la Huerta's "failure" prompted Obregón to select Plutarco E. Calles as his successor. A discontented De la Huerta rebelled against the regime in 1923, further damaging internal order and international relations.

In a related essay, "The Transition from Personalist to Party Rule: Chihuahuan Politics during the 1930s," Mark Wasserman examines the manner in which the national leaders established effective political control over a turbulent state. Although the 1920s and 1930s witnessed considerable violence and political conflict in Chihuahua, the politicians who struggled for hegemony in the state had to rely on support from the national government. The political leaders of the early 1930s sought to establish personal power bases through alliances with both the old and the new elite in the state. Slowly, however, populist leaders harnessed the political strength of workers and campesinos. During the Cárdenas administration, the party succeeded in asserting its power. This resulted in a compromise that provided benefits for all groups. While the new system favored reform, it was also "committed to capitalist development" making the state "a showplace of . . . the Mexican economic 'miracle' that evolved after 1940."

Alan Knight is concerned with the ideological and cultural transformation of Mexico after the Revolution. In his essay, "Revolutionary Project, Recalcitrant People: Mexico, 1910–1940," he examines the manner in which the varied and often conflicting cultural traditions of the country merged to become the "Great National Tradition." The revolutionary state sought to transform the Mexican people to fit its ideal of a modern, capitalist society, but it generally failed because its leaders, although often espousing populist ideas, did not embrace the desires either of the urban or of the rural masses. Instead, a different transformation occurred, one derived from the operation of the "market," which provided the Mexican masses a common popular culture. "The Great Tradition which ultimately prevailed—which began to knit Mexicans into a common popular culture—was . . . the dominant Western culture (or anti-culture?) of commercialism and consumerism, of mass media and mass recreation."

Comments

Virginia Guedea compares and contrasts the state of Revolutionary historiography with the scholarship on the Independence in her essay, "En torno a la Independencia y la Revolución." She indicates that in both cases scholars lack a precise conceptual framework of the general phenomenon being considered, a problem which makes comparisons difficult. Nevertheless, Revolutionary historiography is more developed than that of Independence, particularly in the area of regional studies. Guedea, however, argues that in both cases periodization is a problem and maintains that neither the Independence nor the Revolution should be interpreted as a major division of Mexican history. Instead, she suggests that they be considered integral parts of much longer historical processes. While she recognizes the importance of the rural nature of those conflicts, she nonetheless indicates that urban politics remain central to any analysis of the Independence and the Revolution.

In her essay, "La independencia y la Revolución," María del Refugio González focuses her discussion on the juridical aspects of those upheavals. She maintains that legal and institutional history provides an excellent perspective from which to examine "radical" transformations because both the law and institutions tend to evolve over time rather than change abruptly. For example, the formation of the state clearly demonstrates the evolutionary nature of "revolutionary" transformations. Both in the case of Independence and the Revolution, the changes in state structures were evolutionary and based on earlier developments.

In the concluding essay, "Continuity and Discontinuity in Mexican History, 1810 and 1910," Christon I. Archer compares the Independence and the Revolution. While recognizing the dangers of facile comparisons and meaningless generalizations about two complex processes a century apart, he, nevertheless, finds intriguing similarities in the way "regionalism and centralism, the socioeconomic structures, the . . . insurgency, demographic changes, strains on political culture, and external stimuli . . . helped trigger . . . [both] revolutionary movements." Archer examines a number of issues, among them the manner in which certain groups reacted to central power. In some areas, for example, "regional leaders . . . blended insurgency and outright banditry." In both the Independence and the Revolution, local leaders generally remained bound by their own provincial loyalties. Archer also discovers important likenesses, in both periods, in the relations between local communities and higher authorities. He suggests, for example, comparisons between officials of the two eras, such as "the provincial intendants and district *subdelegados* [of New Spain] with state governors and jefes políticos of Porfirian Mexico." After examining a number of similarities between the Independence and the Revolution, Archer concludes that, although scholars have learned much about the Independence and the Revolution during the last decade, "there is ample room for new research."

These essays illuminate the complexity of the revolutionary process in Mexico. Taken as a group, the authors of these papers demonstrate the importance of examining both continuity and change in the study of complex processes, such as the Mexican Revolution. It is clear that there are no convenient dividing lines between Porfirian Mexico and the post-Revolutionary nation. As Guedea suggests in her essay, the period between 1850 and 1940 might form a coherent century for the purposes of historical analysis.[22] The changes of the Porfiriato led naturally to the process of revolution. And the protracted struggle during the Revolution had profound and direct effects on the new society.[23] Fortunately, as Christon Archer indicates, "the accepted periodization that caused historians of Mexico to conclude their research in 1810 or 1821, or perhaps not to begin their investigations until 1876 or 1910, is ending."[24]

[22] Guedea, "En torno a la Independencia y la Revolución."

[23] On this point see my comments on Independence which I paraphrase here in Jaime E. Rodríguez O., "Introduction," in Rodríguez, ed., *The Independence of Mexico*, 23.

[24] Christon I. Archer, "Continuity and Discontinuity in Mexican History, 1810 and 1910," in this volume.

I

The Antecedents

"¡Así se gobierna señores!": El gobierno de José Vicente Villada

Ricardo Avila

N I CACIQUE NI CAUDILLO. José Vicente Villada es uno de los ejemplos más destacados del pacto surgido entre los miembros de la élite liberal y los poderes regionales aglutinados en torno a la figura del presidente Díaz, árbitro incontestable de la vida política mexicana de fines del siglo pasado. Villada es el prototipo del liberal que conjuntó en su persona una serie de características que le permitieron ser un ejemplar gobernante durante el porfiriato. Junto con Bernardo Reyes de Nuevo León y Teodoro Dehesa de Veracruz, José Vicente Villada se convirtió en uno de los pilares mejor plantados para realizar el proyecto social concebido por los liberales. Su administración de 15 años al frente del estado de México lo convirtió en el primer gran transformador en esa entidad de cara a la modernidad.

El secreto de la paz porfiriana consistió en una importantísima actividad política del héroe de la batalla del 2 de abril, para adherir en torno suyo a los más importantes jefes regionales y a los caciques locales que de una u otra manera habían luchado contra los conservadores y que, por ello, gozaban de una influencia y poder en sus regiones de origen y operación. Resulta casi inútil decir que después del triunfo liberal era necesario la presencia de un hombre con experiencia para poder realizar cambios sociales importantes, recomponer la estructura política y darle estabilidad al sistema, esta tarea sólo pudo ser realizada en el estado de México por José Vicente Villada.

Para el estado de México Díaz escogió al hombre más apto para llevar a cabo la tarea gubernativa de paz social y desarrollo económico. Muchos probados liberales pasaron por la gubernatura estatal entre 1876, año de la ascención de Díaz al poder, y 1889, año de la designación de Villada como gobernador del estado; pero ninguno de ellos pudo demostrar la capacidad de éste para restaurar la vida política, para impulsar el desarrollo económico y para asegurar la paz social. La capacidad de organizador de Villada y su saber hacer marcaron la vida social y política de la provincia inclusive después de su muerte.

Gracias a la habilidad política de Díaz, Villada reingresó a los rangos liberales que se encontraban en torno del caudillo. En efecto, Villada se declaró lerdista oponiéndose a la rebelión de Tuxtepec, lo que le valió, al triunfo de la revuelta tuxtepecana, caer en el ostracismo político. Sin embargo, el hábil político Díaz supo que Villada era buen elemento y lo cooptó a través del general Manuel González cuando éste dejó la presidencia en 1884.

Al reintegrarse nuevamente a la vida política, Villada entendió la lección: desde su puesto de diputado federal por el estado de México y como editor del periódico *El Partido Liberal*, que auspiciaba el Ministro de Gobernación, Romero Rubio, Villada demostró al presidente Díaz que era un eficaz y fiel colaborador.[1]

Cinco años de observación política permitieron al general Díaz decidirse por Villada como gobernador del estado de México. Villada no sólo tuvo reconocimiento a sus años de luchas y sacrificios en las filas liberales, sino que ganó una buena parcela de poder desde donde pudo poner en práctica viejas ideas sobre lo que entendía por el progreso del pueblo.

En el año de 1888 las querellas tuxtepecanas entre Díaz y Villada se convirtieron en una abierta alianza política que le permitió a este último convertirse en gobernador del estado de México, cargo que ocupó hasta su muerte en 1904.

¿Quién era José Vicente Villada?

Al parecer, el padre del gobernador Villada fue el general José María Villada, quien combatió al lado de las fuerzas insurgentes durante la guerra de independencia. Aunque muy joven quedó huérfano de padre, José Vicente Villada obtuvo una pequeña formación literaria, gracias a los esfuerzos de su madre. Con su modesta preparación, el joven Villada se lanzó en busca de fortuna trabajando como tipógrafo en diferentes talleres editoriales. Durante el gobierno de Santa Anna emigró a Veracruz y luego pasó a La Habana, donde también trabajó como tipógrafo, e hizo sus primeros trabajos como editor. De regreso a México, en medio de la confusión política, se alistó en el ejército conservador, siguiendo los consejos de un amigo de juventud, pero pronto tuvo que abandonar la empresa debido a una enfermedad. Al reestablecerse se instaló en San Luis Potosí donde montó una pequeña empresa con los ahorros que su trabajo de La Habana le había dejado. Pero en aquellos tiempos de inestabilidad y carencias, Villada no se podía sostener, por lo

---

[1] Alfonso Sánchez García, *Historia del Estado de México* (Toluca: Dirección de Prensa y Relaciones Públicas del Gobierno del Estado de México, 1980), 456.

que abandonó su empresa y se volvió a enrolar en el ejército, pero esta vez en las filas liberales. De batalla en batalla fue templando su carácter y ganando experiencia, de suerte que a la vuelta de algunos años, el joven oficial Villada tenía un gran prestigio en las filas liberales, no sólo por su valor y pericia militar, sino por su honestidad, amabilidad con la tropa y por sus dotes de organizador.

Villada luchó al lado de los más prestigiados generales liberales, como Escobedo, Sóstenes Rocha, Riva Palacio y el mismo Porfirio Díaz. La región en la que operó militarmente era el centro del país, entre los estados de México y Michoacán, donde se hizo conocer por la población, pues como comandante militar de varias plazas, repartía su tiempo entre las tareas militares y la organización de obras sociales.

Al terminar la guerra entre liberales y conservadores, Villada obtuvo varios puestos públicos en el estado de Michoacán, hasta obtener el cargo de diputado federal para representar a esa provincia en la capital de la República. En su actividad política representando al estado de Michoacán, el general Villada se declaró adepto de Lerdo de Tejada, quien era opositor del general Porfirio Díaz en la sucesión presidencial, luego de la muerte del presidente Juárez. Así que, combinando su actividad política, con su vieja inclinación editorial, Villada se convirtió en uno de los más claros activistas de la causa lerdista. Pero cayó en desgracia política al oponerse a la rebelión de Tuxtepec, por medio de la cual el general Porfirio Díaz se hizo del poder, de suerte que no tuvo otra alternativa que retirarse a la vida privada, trabajando siempre como editor en pequeñas imprentas.[2]

Dos máximas liberales

EL CRÉDITO DEL ERARIO PÚBLICO

Para poder llevar a cabo una buena tarea de gobierno, era condición necesaria el saneamiento de las finanzas públicas, por ello, pocos meses después de hacerse del cargo, Villada emitió una Ley de Hacienda que transformó completamente la actividad y los procedimientos de la tesorería estatal. Entre otras cosas se crearon establecimientos de hacienda para captar los impuestos municipales, lo que permitió la supresión del excesivo trabajo en las oficinas centrales de la hacienda pública. Igualmente se unificaron los impuestos y se obviaron procedimientos administrativos que hacían tortuosa a la actividad de la hacienda pública. Por supuesto la captación de impuestos fue mayor, el control sobre los capitales municipales también, así como la

---

[2] *Biografía del señor General José Vicente Villada, Gobernador Constitucional del Estado de México (1895)* (Toluca: Biblioteca Enciclopédica del Estado de México, 1979), varias páginas.

vigilancia de los procedimientos de administración municipal que estuvo bajo
la supervisión de visitadores de hacienda. Al hacer el balance de sus tres
primeros años de gobierno, Villada demostró que la captación de ingresos por
impuestos públicos había aumentado 10% en relación al cuatrienio anterior.
Y no se quedó ahí porque para el siguiente período gubernativo la captación
impositiva fue 9% mayor respecto del período anterior.[3]

Aunada a la ley hacendaria, Villada hizo regularizar el padrón de títulos
de propiedad de la entidad, lo que permitió conocer con mayor exactitud el
número de propiedades, al tiempo que se incrementó la captación de recursos
por impuesto a la propiedad en 20% entre 1889 y 1893.[4]

Para reactivar el comercio, muy irregular durante tantos años de inestabilidad social, Villada hizo suprimir el viejo sistema de alcabalas que impedía
el buen desarrollo de los negocios y en su lugar puso en marcha un sistema
de tributaciones globales que, aunque a primera vista aparecía mayor que el
anterior, finalmente resultó menos oneroso que el de alcabalas municipales.[5]

Poniendo de por medio sus dotes de buen administrador, el gobernador
Villada se encontró que a la vuelta de cuatro años de gobierno había saneado
las finanzas públicas del estado de México, lo que le permitió emprender
tareas de orden social que además de ser útiles le dieron un gran prestigio.
En un país salido de más de 70 años de guerras todo estaba prácticamente por
hacerse, de suerte que, con una reforma hacendaria que había aportado resultados positivos de inmediato, se comenzaron a sentir los logros materiales en
la provincia. Se construyeron dos hospitales y se remozaron quince ya existentes.[6] Para aquellas comarcas que difícilmente tenían acceso a la medicina
se creó el puesto de médico municipal; éste asistía gratuitamente a la población del municipio que se tratara. Se creó el Consejo Superior de Salubridad
del estado que se ocupó de la vigilancia de la sanidad en general de la provincia y, sobre todo, se abocó a las tareas de medicina preventiva.[7]

El aumento de los ingresos del erario público permitió al gobernador Villada realizar la ampliación de la red de agua potable en varias poblaciones
del estado y, en Toluca, se emprendieron los trabajos de renovación del alum-

[3] J. V. Villada, *Discurso pronunciado por el C. Gobernador del Estado, en la apertura del
primer período de sesiones de la XV Legislatura* (Toluca: Tipografía de la Escuela de Artes y Oficios, 1893), 14. También, *Memoria de Gobierno del General José Vicente Villada, Gobernador
del Estado de México (Cuatrienio 1893-1897)* (Toluca: Oficina Tipográfica del Gobierno en la
Escuela de Artes y Oficios, 1897), 28.

[4] *Biografía del señor General*, 28.

[5] Villada, *Memoria de Gobierno* (1897), 28.

[6] *Anuario Estadístico de la República Mexicana 1895*, Dirección General de Estadística a cargo
del Dr. Antonio Peñafiel (México: Ministerio de Fomento, año III, No. 3, 1896), 379 ss.

[7] J. V. Villada, *Memoria de Gobierno del General José Vicente Villada, Gobernador del Estado de México (Cuatrienio 1897-1901)* (Toluca: Oficina Tipográfica del Gobierno en la Escuela
de Artes y Oficios, 1902), 24. También, Villada *Memoria de Gobierno* (1897), 139 ss.

brado público, reemplazando el viejo sistema de gas por el moderno sistema eléctrico.[8]

Como casi toda la obra pública estaba por realizarse, las cabeceras distritales y muchos municipios conocieron cambios importantes en su equipamiento: remozamiento de edificios públicos, alcantarillados, redes de agua potable, caminos, puentes, monumentos, etc. Inclusive se construyeron varios baños públicos a lo largo del estado así como los famosos lavaderos públicos. Uno de ellos, en Toluca, fue bautizado con el nombre de la esposa del presidente Díaz y ella misma lo inauguró.[9]

La disponibilidad de ciertos recursos adicionales gracias a su reforma hacendaria, también permitieron a Villada promover artesanos, industriales y hacendados para que participaran en las exposiciones universales con el fin de buscar eventuales mercados para los productos regionales. A los científicos y estudiosos los invitó a enviar sus trabajos a Inglaterra para que fuesen incluidos en el Catálogo General de la Literatura Científica de la Academia de Ciencias de Londres.[10]

En fin, los logros materiales que Villada realizó para el estado se debieron al crédito del erario público, inexistente antes de su llegada.

LA INSTRUCCIÓN DE LAS MASAS

Para sacar a las masas del "oscurantismo" del antiguo régimen, los liberales argumentaban que solamente la educación podría permitir a un pueblo sumido en la superstición e ignorancia, convertirse en un pueblo de ciudadanos libres capaces de las sociabilidades modernas y el desarrollo económico. Consecuente con ese planteamiento Villada distrajo buena parte de los recursos económicos del estado en las tareas de educación.

La tradición educativa del estado de México tiene profundas raíces, dado que desde la época colonial las autoridades de la provincia aseguraban la presencia de un maestro de primeras letras en cada una de las comunidades, aunque éstas sufragaran sus gastos. De esa manera las aglomeraciones más pequeñas aseguraban la educación elemental por medio de un maestro que era, también, el enlace de su comunidad con el mundo exterior de letrados que manejaban la estructura administrativa y tomaban las decisiones.[11] Tan im-

---

[8] Villada, *Memoria de Gobierno* (1897), 14. También, *El Xinantécatl* (periódico), enero 10, 1897.

[9] *Biografía del señor General*, 111 ss. También, Aurelio Venegas, *Guía del viajero en Toluca* (Toluca: Tipografía del Gobierno en la Escuela de Artes, 1894), 271.

[10] J. V. Villada, *Discurso pronunciado por el C. Gobernador del Estado en la apertura del primer período de sesiones ordinarias del XVIII Congreso Constitucional* (Toluca: Oficina Tipográfica del Gobierno en la Escuela de Artes y Oficios, 1899), 18.

[11] Rodolfo Alanís, "Amatepec en 1826. Noticias Estadísticas" (Introducción y notas), *Boletín del Archivo General del Estado de México* (No. 9, septiembre–diciembre de 1981), 13 ss.

portante era la educación para los gobernantes mexicanos, particularmente los primeros liberales, que en la Constitución de 1827 se contemplaba la educación como un elemento importante de la vida social, la cual estaría a cargo de los poderes públicos. Por lo menos, se pensaba, en cada municipio debía existir una escuela de primeras letras en donde se les enseñaría a leer, escribir, las cuatro reglas de la aritmética y los catecismos político y religioso.[12]

Después de separada la Iglesia y el Estado, en las constituciones de 1861 y 1870 se retoman los mismos artículos inspirados en la renovación de la Ilustración y el liberalismo de la Constitución de 1827, pero hay modificaciones importantes para las escuelas primarias como la supresión del catecismo religioso.[13] Con esta perspectiva ideológica, el gobernador Villada se lanzó a la tarea educativa. Otros gobernadores liberales del estado de México como Alberto García, José Zubieta, José N. Mirafuentes, Jesús Lalanne y otros, todos intentaron poner en marcha el sistema educativo bajo la perspectiva laica del liberalismo, pero ninguno de ellos pudo lograr lo que el gobernador Villada. El secreto de Villada para impulsar la educación residió en la reforma hacendaria que le permitió obtener grandes recursos para este objetivo.

Desde su llegada al poder, Villada expidió una Ley de Instrucción Pública que contenía principios básicos para una mejor organización del ramo educativo, decretada obligatoria la educación elemental, ponía bajo la tutela del poder ejecutivo del estado toda la educación pública de la provincia, organizaba comités de vigilancia de los vecinos en las poblaciones para que observaran el buen desarrollo de la educación local, imponía sanciones monetarias a los padres que no enviaran a sus hijos a la escuela, otorgaba premios a los profesores destacados y les concedía el derecho a la jubilación.[14] De la mano de la promulgación de la Ley de Instrucción Pública, Villada constituyó la Junta de Profesores de Toluca para redactar nuevos textos de aritmética, geografía, moral e higiene y otros más.[15] Igualmente mandó hacer mobiliario y útiles escolares según el *sistema moderno* y la *enseñanza objetiva*. De la misma manera, realizó pedidos de estos materiales al Sindicato de París y luego los hizo reproducir en los talleres de la Escuela de Artes y Oficios de Toluca, con ello una buena parte de las escuelas de enseñanza básica aseguraban un aprovisionamiento de material.[16] Por lo demás, siempre atento a las cuestiones de la educación, en 1890 envió observadores al Congreso Nacional de Educación que organizaron José Joaquín Baranda y Justo Sierra para

[12] *Constituciones del Estado de México, 1827, 1861, 1870 y 1917* (Toluca: Biblioteca Enciclopédica del Estado de México, 1974), 53.
[13] Ibid., 139 y 190.
[14] Villada, *Discurso pronunciado* (1893), 15.
[15] Ibid., 17.
[16] Villada, *Memoria de Gobierno* (1902), 27.

que siguieran de cerca sus trabajos. Es probable que algunas de las conclusiones del congreso se hayan puesto en práctica en el estado de México.[17] Para 1898, 10 años después de la llegada al poder de Villada, el estado de México contaba con 1,058 establecimientos de educación elemental, es decir casi el 10% de todos los establecimientos escolares que existían en el país en esa época.[18] Además durante toda la administración de Villada el gasto público dedicado a la educación en general creció en más de 25% en promedio.[19]

Además de la educación elemental que debía estar asegurada en todas las poblaciones de la entidad, Villada otorgó atención a la educación de campesinos e indígenas, de tal suerte que hizo enviar anualmente a tres campesinos o indígenas, a formarse en las escuelas básicas de la ciudad de Toluca, para que al terminar sus estudios regresaran obligatoriamente a impartir los conocimientos adquiridos en sus lugares de origen. Los gastos que esto generaba eran pagados por los municipios de donde provenían los educandos.[20]

En lo que concierne a la educación superior, Villada promovió la reorganización del Instituto Científico Literario de Toluca. Esta institución que había visto pasar por sus aulas a notables como Ignacio Ramírez, Vicente Riva Palacio y otros más, ofreció educación superior a muchos mexiquenses no sólo de las capas altas de la sociedad que estudiaban principalmente jurisprudencia, sino de sectores sociales menos poderosos, los cuales podían estudiar carreras de corte técnico que se revelaban de gran utilidad para un país que se modernizaba rápidamente. Algunos de estos alumnos, inclusive, fueron becados por el estado para estudiar electricidad y mecánica en Estados Unidos de Norteamérica.[21]

Con su visión de buen administrador y su capacidad organizativa, el gobernador Villada podía declarar, gracias a la obra realizada al terminar su segundo mandato gubernativo, que había puesto todo su empeño en "las tres principales causas de la grandeza de un pueblo: el crédito del erario público, la instrucción de las masas, y la libertad individual".[22] Sin duda el veterano liberal era objetivo con los dos primeros postulados, el tercero sólo representaba la forma de un discurso político de moda.

---

[17] *Ciento cincuenta años de la educación en el Estado de México* (Toluca: Edición del Gobierno del Estado, 1974), 121.

[18] F. Solana et al., *Historia de la educación pública en México* (México: Edición especial de la Secretaría de Educación Pública y del Fondo de Cultura Económica, 1982), 80.

[19] *Concentración de los datos estadísticos del Estado de México* (Correspondientes a los años que van de 1897 a 1905) (Toluca, 1898 a 1906, varias páginas [ver los cuadros referentes a educación]).

[20] Villada, *Discurso pronunciado* (1899), 8 ss.

[21] Villada, *Memoria de Gobierno* (1902), 15–16. También, *Discurso pronunciado* (1899), 13.

[22] Villada, *Memoria de Gobierno* (1897), 2.

Una buena imagen pública

Para Villada, como para otros muchos liberales, su triunfo sobre los conservadores y la reacción representaba no sólo el ejercicio del poder sino la renovación social entera, por ello Villada se preocupó desde que llegó a la gubernatura del estado de México por renovar las relaciones sociales con la cautela y pericia que su experiencia le otorgaba. Esto, a la larga, le dio una excelente imagen pública de buen gobernante.

Desde luego, al hacerse cargo del poder ejecutivo, Villada introdujo un nuevo estilo de trabajo entre los funcionarios públicos que consistía en la permanencia de sus sitios de trabajo, en la visita de funcionarios a sus jurisdicciones para conocer y resolver problemas. Pidió moralidad a los funcionarios públicos y trató de impedir el alcoholismo entre ellos.[23]

A los industriales los impulsó en forma vigorosa con exenciones de impuestos y concesiones de todo tipo (caídas de agua, apertura de líneas de electriciad, teléfono, telégrafo, vías férreas, etc.); promovió la participación de más empresarios en la explotación minera, en el desarrollo del comercio y en la fundación del Banco del Estado de México.[24]

Su apoyo a la causa industrial no impidió a Villada la expedición de una ley que protegía a los obreros y que resultó muy avanzada para su época.[25] Por su parte los empresarios del estado de México no se asustaron con la ley expedida, pues Villada siempre mantuvo un arbitrio cuando se llegaban a presentar diferencias entre obreros y empresarios.[26]

Para las clases bajas, sobre todo en la ciudad de Toluca, fundó la Gota de Leche que ofrecía una cantidad cotidiana de leche a los niños pobres de la ciudad; igualmente fundó el Tívoli para obreros que fue un éxito social en Toluca y nunca dejó de codearse con el populacho en sus famosos paseos dominicales por la Alameda de Toluca.[27]

Su interés por los campesinos y por la paz social en el campo se mostró de inmediato que llegó al poder, prohibiendo el fraccionamiento de los terrenos de propiedad ejidal que pertenecían a los pueblos y que corrían el riesgo de entrar a la circulación mercantil. De suerte que, bajo Villada, para el mundo extracomunal las tierras eran de propiedad colectiva aunque su usufructo en lo intemo podía ser individual.[28]

[23] Villada, *Discurso pronunciado* (1893), 160. También *Memoria de Gobierno* (1902), 9 ss.

[24] Gustavo Velásquez, *Toluca de ayer,* 2 tomos (Toluca: Biblioteca Enciclopédica del Estado de México, 1972), tomo II, 194.

[25] Ibid., tomo II, 32–33.

[26] *El Clarín* (periódico), julio 28, 1895. También, Archivo General del Estado de México (AGEM), Ramo Revolución Mexicana (RM), 090.6–695–2 y 4.

[27] Villada, *Memoria de Gobierno* (1897), 23 y 165–166. También, José Angel Aguilar, *La Revolución en el Estado de México*, 2 tomos (México: Instituto Nacional de Estudios Históricos de la Revolución Mexicana, 1976), tomo II, 32–33.

[28] Villada, *Memoria de Gobierno* (1897), 33 ss.

Para los campesinos que no tenían tierras y hasta donde le fue posible, Villada ordenó a los Ayuntamientos repartir las parcelas ociosas entre los vecinos de los municipios donde hubiera terrenos vagos. En contraparte los beneficiados pagaban una renta muy baja y casi simbólica el erario público.[29] Esto no sólo aportaba un poco más a las arcas del estado sino que se convertía en medida paternalista de parte del gobernador que era muy bien vista por los campesinos.

Para evitar los conflictos de tierra, el gobernador Villada restableció la legalidad tradicional, otorgando al Consejo de Estado de la entidad la posibilidad de dirimir deslindes y delimitaciones de las tierras de la provincia. Por supuesto, cuando se rebasaban los marcos legales Villada utilizaba la coerción para traer al orden a los quejosos.[30] Es importante señalar aquí que la mayor parte de los conflictos ventilados en el Consejo de Estado opusieron a miembros de las comunidades indígenas, particularmente por el usufructo de terrenos boscosos. Los conflictos entre pueblos y haciendas fueron prácticamente inexistentes durante el gobierno de Villada.[31]

Otro hecho que consolidó la buena imagen de Villada fue la oposición política que tuvo de parte del yerno de Díaz Ignacio de la Torre y Mier, quien en 1893 pretendió hacerse de la gubernatura estatal. De la Torre y Mier, junto con algunos hacendados, argumentaba que la política de Villada respecto de los campesinos era muy radical y que eso ponía en entredicho su posición social.

El yerno de Díaz puso a éste en un serio problema pues inclusive la prensa local y nacional decía que él, De la Torre y Mier, sería sin duda el siguiente gobernador del estado de México, pero el hábil político que era Díaz no se amilanó frente a la situación. El oaxaqueño sabía que Villada había logrado en poco tiempo lo que otros gobernadores no habían hecho, pero sabía, sobre todo, que Villada gozaba de una gran popularidad en la entidad. Díaz se decidió por Villada con el compromiso de que pactara con los "perdedores". En la toma de posesión para su segundo mandato el gobernador Villada llamó a la reconciliación a sus oponentes y a partir de ese momento se superaron tensiones políticas y la vida del estado tomó un aspecto diferente.[32]

Poco a poco, hacendados e industriales que se habían opuesto a la reelección de Villada aparecieron ocupando puestos públicos. Familias poderosas y conocidas del estado como Henkel, Pliego, Barbabosa o Sánchez Valdez, tenían por lo menos uno de sus miembros en un puesto público de impor-

[29] Villada, *Discurso pronunciado* (1893), 13.
[30] Villada, *Memoria de Gobierno* (1897), 25–26.
[31] Andrés Molina, *Los grandes problemas nacionales* (1909) (México: Ediciones Era, 1981), 197–198.
[32] *Biografía del señor General*, 114–115.

tancia.[33] Por su parte Villada penetró a los altos círculos sociales de Toluca, así fue invitado a formar parte de la Sociedad de los Doce, grupo de consulta político-social al cual asistían los más importantes hombres de negocios de la entidad, y apareció formando parte de los consejos de administración de algunas de las empresas de la provincia, como el Banco del Estado de México.[34]

Hechas las paces entre el gobernador y sus coyunturales opositores, Villada pasó su aniversario correspondiente al año de 1895 en una gran fiesta que comenzó con la condecoración que le hizo el general Díaz con la Cruz de Oro por su participación en la batalla de Querétaro, un banquete ofrecido por las mejores familias de Toluca, una corrida de toros en la hacienda de la Huerta, propiedad de la familia Henkel, y una velada en uno de los principales teatros de la ciudad con lo más granado de la sociedad mexiquense de la época.[35]

Así pues, la habilidad del político Villada le permitió acceder a la vida mundana de la élite local sin dejar de saludar a obreros en el Tívoli, al pueblo en la Alameda de Toluca o dejar que algunos campesinos se arrodillaran y le besaran la mano durante sus giras al interior del estado.

Sin duda había ganado una buena imagen pública.

¿Zares de aldea?

Es bien sabido que la estructura política del porfiriato tenía una forma que nadie cumplía, pero que todos o casi todos aceptaban. En la realidad las cosas públicas se manejaban de una manera muy diferente de la declarada. Para analizar en este ensayo dos aspectos de la vida política del estado de México —los jefes políticos y los municipios— es prudente hacer unas pequeñas precisiones que, aunque sabidas, no sobran.

A nivel de un estado de la federación, el gobernador era la pieza clave de toda la estructura política. Era él quien designaba, formal o informalmente, a todos los individuos que habrían de ocuparse de los puestos públicos; él era quien elegía a los hombres, directa o indirectamente, que habrían de ejercer el poder público. Pero el poder del gobernador tenía sus límites: el primero, jugar el papel frente al presidente de la República que sus subalternos tenían frente a él. Para ser gobernador se debían conocer las fuerzas políticas de la provincia en cuestión y sus hábitos. Para el gobernador era necesario calibrar e inclusive consultar esas fuerzas políticas para poder realizar los movimientos necesarios. El conocimiento de las fuerzas locales, su juego político y su *savoir faire*, hacían que el gobernante cayera en desgracia o se

---

[33] *El Clarín*, marzo 3, 1895.

[34] Ibid., agosto 11, 1895. También, Velásquez, *Toluca de ayer*, II, 194.

[35] *El Clarín*, abril 7, 14 y 25, 1895.

prolongara en el poder.[36] Así pues, el gobernador Villada, todopoderoso en su estado, designaba a los jefes políticos quienes cumplían las mismas funciones que el gobernador, sólo que en la escala de su distrito político.

Los jefes políticos representan uno de los mitos más grandes del porfiriato. La fama que han ganado en el sentido de que eran una pieza clave, pero sobre todo negra, del edificio político de la administración de Díaz, no es muy buena. En general la literatura histórica del período pone el acento en el lado represor y siniestro de los jefes políticos.[37] Hay inclusive autores que les han llamado los pequeños zares de las aldeas y las comarcas del México porfirista y de ello se ha sacado en conclusión que su papel fue nefasto para el desarrollo de la vida democrática del país en aquellos años.[38] Sin duda muchos de los jefes políticos que existieron en el México de Díaz eran verdaderos represores y gozaban de la impopularidad de la población de su distrito.[39] De hecho, una reivindicación fundamental de la oposición a Díaz fue la supresión de las jefaturas políticas que, se decía, eran un obstáculo para la vida democrática del país, en particular la de los municipios.[40] Sin embargo, esta aproximación al problema que es muy general, impide observar de cerca la verdadera naturaleza de los jefes políticos. Por lo menos en lo que concierne al estado de México, las conclusiones a las que se ha llegado sobre la naturaleza de aquéllos deben de ser matizadas, pues las evidencias documentales encontradas hablan más bien en contrario.

Los jefes políticos tienen sus antecedentes en los prefectos políticos que luego de consumada la Independencia aseguraban la presencia del poder central en las comarcas y pueblos del país. Los prefectos políticos a su vez, tuvieron como antecedente a los corregidores de la época colonial, quienes estaban encargados de una determinada extensión territorial de una provincia o intendencia, donde había pueblos, villas, etc. El corregidor colonial, como el prefecto político de los primeros años del México independiente, era la presencia del poder central en las aglomeraciones más alejadas y modestas.[41] Pero si los corregidores coloniales funcionaban, los prefectos políticos no lo hacían tanto. Sin embargo, debido a la inestabilidad que reinó en el país durante casi todo el siglo XIX, el poder de los prefectos políticos se reforzó en la me-

---

[36] F. X. Guerra, "Politique locale et clientèles au Mexique a la veille de la Révolution," en *Mélanges de la Casa Velázquez* (París: sobretiro del tomo XI, 1975), 308–331.

[37] M. Alperóvich y B. Rudenko, *La Revolución Mexicana de 1910-17 y la política de los Estados Unidos* (México: Ediciones de Cultura Popular, 1973), varias páginas.

[38] J. K. Turner, *México bárbaro* (1911) (México: B. Costa Amic Editor, 1967), 66 ss.

[39] Vitold de Szyszlo, *Dix mille kilomètres à travers le Mexique 1909-1910* (París: Librairie Plon, 1913), 314.

[40] *El País* (periódico), marzo 1 y 4 1909.

[41] Ricardo Avila, "Los jefes políticos en el Estado de México: etapa porfirista", *Boletín del Archivo General* (segunda época, No. 1, enero–junio de 1983), 11 ss.

dida en que ellos mismos se transformaron en los hombres fuertes de una determinada región, o bien se degradó si eran desplazados por quienes ostentaban el poder en su región de influencia. Es decir que, debido a la inestabilidad reinante en el país en el siglo pasado, los vacíos de poder que se creaban eran llenados por hombres fuertes y prestigiosos de cada región que a su vez imponían y/o manipulaban a los prefectos políticos, o eran ellos mismos. Con esto se reforzó el sistema de clientelas que ya existía en México desde la época colonial.[42]

Cuando los liberales triunfaron sobre los conservadores, una de las tareas claves que tuvieron que realizar fue la reunificación de los poderes regionales que los largos años de inestabilidad política habían dejado. Porfirio Díaz fue el más hábil político de entre los liberales, que logró, mediante compromisos y negociaciones, unificar en torno suyo a todos los hombres fuertes de las distintas regiones del país. El secreto de la paz porfiriana, como lo decía un observador de la época, se encuentra en la concentración del poder por medio de la amistad y el compromiso.[43]

Después de la ascención de Díaz al poder, en el estado de México los primeros jefes políticos fueron militares que habían luchado contra los conservadores, eran oficiales o suboficiales a quienes se les tenía que recompensar de alguna manera por su colaboración en el triunfo liberal.[44] Su designación no causó problemas pues en el estado de México no había poderes regionales fuertes como en otras regiones del país, la cercanía de la entidad a la capital de la República impedía el desarrollo de poderes regionales, de suerte que los jefes políticos en la entidad no eran los mismos jefes políticos de Valle Nacional o de Yucatán que describe Turner en su ensayo.[45]

Los materiales analizados de nuestro estado sobre los jefes políticos no muestran personajes todopoderosos, representan más bien funcionarios públicos con poder, cierto, pero restringidos por las directivas del gobernador. La primera característica que sobresale de los jefes políticos de aquellos años es su extraordinaria movilidad, es decir no se mantenían por mucho tiempo en el mismo puesto, o bien eran cambiados de un distrito político a otro, o bien se alejaban de sus ocupaciones administrativas por atender otros asuntos.[46] Parece que Villada era sensible al problema de prolongar demasiado tiempo la presencia de un jefe político en un distrito determinado, quizá por ello les hacía cambiar continuamente de una jefatura política a otra. Además, estaban

[42] Guerra, ''Politique locale,'' 137 ss.

[43] Molina, *Los grandes problemas nacionales*, 137 ss.

[44] AGEM/Subsección Histórica (SH), 079–688–3, 079–670–22 y 079–671–1.

[45] Turner, *México bárbaro*, 63 y 125.

[46] Archivo General de la Nación Mexicana (AGN), Ramo Gobernación (G) Caja 13, expediente 2. También, AGEM/SH, 079–688–1 y 079–677–s/n.

bajo el control de visitadores enviados por el gobernador quienes verificaban que las tareas a ellos encomendadas se realizaran correctamente.[47]

Desde 1868 estaban reglamentadas en el estado las actividades de los jefes políticos. Del reglamento se desprende que eran la presencia del gobierno estatal en los rincones más apartados de la provincia. Los jefes políticos tenían a su cargo prácticamente todas las tareas públicas del distrito político en cuestión, salvo las que concernían al poder judicial, aunque la seguridad pública (control de la policía) estaba bajo su mando.[48] Pero el reglamento contenía tanto derechos como obligaciones y aunque parezca increíble se aplicaba. Así, hubo ocasiones en que los jefes políticos se hicieron castigar con multas por haber incurrido en violaciones al reglamento.[49]

Los jefes políticos debían poner en práctica las directivas de gobierno en sus respectivos distritos, dar un informe diario al gobernador, vigilar el buen desempeno de los trabajos de la hacienda pública; debían también, en ocasiones, hacerse promotores de las actividades económicas del distrito y hacerse cargo de los asuntos más peculiares, como transportar personas dementes, cuidar de la sanidad de las prostitutas, etc.[50] Causa una gran sorpresa leer la correspondencia oficial de los jefes políticos y constatar su dependencia en relación al gobernador. Su autonomía, en el caso del estado de México, se encontraba sumamente limitada, pocas cosas podían hacer sin el control del gobernador.[51]

Hay que señalar, sin embargo, que el control sobre los jefes políticos no impedía, en ocasiones, el ejercicio de un poder que a veces caía en los excesos. En efecto, como los jefes políticos eran los encargados de la seguridad pública en sus distritos, muchas veces el cumplimiento de una misión era ejecutada con demasía. También se daba que los jefes políticos forzaban a los vecinos a cumplir sus cuotas de vigilancia en cada localidad, así que, regularmente, los vecinos no bien vistos trabajaban más que otros y no en las mejores circunstancias. El mismo Villada reconoció en sus informes que se habían dado ciertos excesos de parte de algunas autoridades por el "celo que habían mostrado en el cumplimiento de su deber".[52]

Difícilmente el ejercicio del poder no causa excesos. Muy probablemente hubo extralimitaciones de parte de algunos jefes políticos, de hecho se hicieron algunas denuncias públicas en periódicos de la ciudad de México contra

---

[47] AGEM/SH, 079–688–2 y 079–685–10.

[48] *Colección de Decretos y Ordenes del Congreso Constituyente del Estado libre y soberano de México* (México: Imprenta Quijano, 1848, tomo VI, 177–194.

[49] AGEM/SH, 079–671–s/n.

[50] AGEM/SH, 079–679–17, 079.4–688–4 y 079.5–689–13.

[51] Avila, "Los jefes políticos," 18 ss.

[52] Villada, *Discurso pronunciado* (1893), 19.

aquéllos de parte de airados ciudadanos.[53] Las autoridades de Toluca eran sensibles a las quejas y denuncias de los vecinos y, si no se conocen hasta ahora pruebas en el sentido de que los jefes políticos eran castigados a partir de las acusaciones, sí sabemos que el gobierno provincial tomaba en cuenta a los quejosos y trataba de dar salidas a los conflictos.[54]

Por otra parte, la población civil no siempre tuvo quejas del comportamiento de los jefes políticos. En efecto, hubo casos en que los jefes políticos impedían que los campesinos de su distrito fueran enrolados para trabajar en las fincas tabaqueras de Valle Nacional, esto a pesar de lo que decía Turner.[55] La población civil también se dirigió en varias ocasiones al gobernador del estado solicitando que determinado jefe político no fuera removido de su cargo por que se había destacado en sus actividades político-administrativas, o sociales.[56] Inclusive durante los años de revolución, muchos pueblos pidieron a las más altas autoridades estatales que los jefes políticos no fueran removidos por que se habían destacado en la defensa de sus poblaciones.[57]

Difícilmente se puede pensar que los jefes políticos del estado de México durante el porfiriato eran unos tiranos en sus comarcas. El conocimiento que de ellos tenemos nos hace pensar más bien en funcionarios públicos bajo un control bastante estricto del poder ejecutivo de la provincia. Su misión, asegurar la presencia del gobernador en todos los rincones de la provincia, no era ejercida con violencia y represión. Sí creemos que en medio de su ejercicio del poder se excedían en ocasiones, pero su papel no fue el de los represores a ultranza, más bien eran la mano del gobierno en las distintas regiones del estado, una mano que prefería la mediación y la negociación como método de gobierno que la represión. Era el estilo que Villada había impuesto a sus funcionarios desde que llegó al poder.

¿Por un municipio libre?

Si bien es cierto que el estado de México es una pequeña provincia en relación con la gran mayoría de las que forman el país, también es cierto que su tamaño no impidió que sus habitantes crearan una gran división de su territorio en nombre de la reivindicación municipal. Hay que recordar que la entidad se encuentra en el corazón de México denso, luego entonces los asentamientos humanos datan de muy antiguas fechas. La tradición de apego a un territorio, el sentimiento de pertenecer a una determinada comunidad de

---

[53] *El País*, abril 3, 1909.
[54] Villada, *Memoria de Gobierno* (1897), 38. También, AGEM/SH, 079.2–683–11.
[55] AGEM/SH, 079.4–688–62.
[56] José Heliodoro López, *Apuntes sobre la Revolución en Tenancingo, Estado de México* (México: Tipografía Carvallo y Gamas, 1944), 66.
[57] AGEM/SH, 079–675–2.

individuos y los derechos que se crean en las luchas por la reivindicación territorial, son elementos que jugaron un papel importante en la configuración
de la división municipal del estado de México.

En el año de 1910, la provincia contaba con 119 municipios. Si se analiza
con detenimiento esta cifra, se observará que eran muchos los municipios existentes en relación con el tamaño del territorio de la provincia (poco más de
20,000 km²). Los municipios del estado comenzaron a crearse desde la época
de la colonización española. Más que municipios eran ayuntamientos, pueblos
de criollos o mestizos, o bien de pueblos de indios que reclamaban a la Corona española derechos de autonomía administrativa y política sobre lo que
ellos consideraban sus territorios. La ubicación de estos pueblos se encuentra sobre todo en el Valle de Toluca, donde el mestizaje se desarrolló ampliamente y donde los conflictos de tierras fueron más frecuentes.[58]

Al inicio del siglo XIX, antes de que se consumara la independencia
política de México, la Constitución de Cádiz decretaba que cualquier pueblo
con más de cuatro mil habitantes podía constituir su propio ayuntamiento.
Con esta medida, muchos pueblos del estado de México crearon sus ayuntamientos. Al término de la guerra de independencia, las nuevas autoridades
mexicanas reconocieron los ayuntamientos nacidos durante la colonia o bajo
la sombra de la Constitución de Cádiz.

Para el año de 1824, año de la primera Constitución Federal, el estado
de México contaba con treinta y tres municipios funcionando, seis de ellos
creados antes de 1810. Entre 1825 y 1854, se constituyeron veinticinco. Más
tarde, entre 1855 y 1879, aparecieron cuarenta más. Finalmente, entre 1880
y 1910 se constituyeron sólo ocho.[59] No conocemos las fechas de erección de
diez de los ciento diez y nueve municipios que existían en la provincia en
1910, pero creemos que se trata de muy antiguos ayuntamientos, pues la
mayor parte de ellos son pueblos de indios y mestizos como Huixquilucan,
Ixtlahuaca, Temascalcingo, Temascaltepec, Teoloyucan y otros.

Cuando Porfirio Díaz llega a su segundo mandato como presidente de
la República en 1884, en el estado de México la mayoría de los municipios
ya existían. De 1884, hasta 1910, se crearon sólo ocho, es decir apenas el 7%
de los municipios de la entidad. De suerte que al finalizar la séptima década
del siglo pasado la gran mayoría de los municipios del estado ya estaban
constituidos, así que, ni los gobernadores que precedieron a Villada, ni éste
mismo, conocieron una presión de parte de las élites locales que demandaban
el ejercicio del poder en sus jurisdicciones respectivas; es decir, las élites locales
ostentaban el poder en el nivel municipal. Notables, ilustrados y hombres

---

[58] Groupe de Recherches sur l'Amérique latine, *El Valle de Toluca: Raíces indígenas, luchas campesinas y suburbanización* (Toulouse: Université de Toulouse—Le Mirail, 1978), 49–50.

[59] AGEM/Sección Erección de Municipios (EM) cinco cajas.

ricos de cada municipio podían dirigir los asuntos de sus comarcas. En el municipio de Toluca, por ejemplo, si se hace un estudio de las relaciones familiares de los presidentes municipales, desde 1870 hasta 1910, se verá que ellos pertenecían no sólo a la élite económica, lo que de suyo es lógico, sino que también eran notables locales, ilustrados de Toluca que no necesariamente poseían riquezas.[60]

La diputación provincial del estado de México otorgó plenos poderes al gobernador Villada para suprimir los municipios que no pudieron sostenerse por sí mismos. Esto se hizo gracias a que Villada había demostrado su eficacia en la reforma hacendaria que concernía directamente a los municipios.[61] Villada más que suprimir, trató de reorganizar los municipios. Agregó los pueblos que no podían sostenerse por sí mismos a otros y concedió la categoría de municipio a aquellas aglomeraciones que lo pedían y que demostraban que eran autosuficientes económicamente. Aún más, el general Villada aceptaba las promesas de los vecinos de los municipios que se comprometían a trabajar y a hacer autosuficientes sus jurisdicciones, cuando éstos tenían sobre sí la amenaza de supresión.[62]

Ahora bien, el hecho de que las élites locales hayan tenido acceso al poder de sus municipios y de que el gobernador Villada haya llevado una política hacendaria-municipal de ordenación y conciliación, no quiere decir que no había conflictos entre las autoridades municipales y el poder central en Toluca. Algunas veces Villada tuvo que enfrentar el desacuerdo y el conflicto con poblaciones que no estaban de acuerdo con el arreglo al que se había llegado para ungir tal o cual autoridad al frente de un municipio. En estos casos había una alternativa para regular la calma municipal, o bien se negociaba, o bien se reprimía. La represión de Villada consistía en la reinstalación de las autoridades elegidas por medio de la presencia de los cuerpos de policía.[63]

Futuras investigaciones sobre la historia municipal del estado de México habrán de demostrar con precisión las relaciones de poder que sostenían los municipios con el gobernador residente en Toluca. Por lo que nosotros pudimos detectar, nos parece que las relaciones políticas entre las élites locales y el gobierno del estado no eran conflictivas, sino más bien tortuosas como toda relación de clientelismo.

En fin, nosotros nos inclinamos a creer que en el estado de México la reivindicación de la población por tener acceso a los puestos de poder locales no era muy significativa, tal poder era detentado por las élites locales desde

[60]José Luis Alanís, ''Relación de autoridades sobresalientes de Toluca de 1830 a 1980'', *Sumaria Tolucense* (Toluca: Edición del Honorable Ayuntamiento Local, 1980), 27–41.

[61]Villada, *Memoria de Gobierno* (1897), 20.

[62]Villada, *Memoria de Gobierno* (1902), 51–52.

[63]Villada, *Discurso pronunciado* (1899), 10–11.

muchos años antes de que Villada llegara al poder. Además, un gobernador tan sensible como él, no iba a desarticular lo que tantos años de conflictos había costado. Villada y su sucesor, González, ejercieron el poder e impusieron sus decisiones, sin duda, pero lo hicieron más bien por el camino de la negociación (manipulación) que por el de la represión.

Si las élites locales del estado de México detentaban de alguna manera el poder municipal en la época de Díaz, ello puede explicar por qué la reivindicación del Municipio Libre no fue objetivo de lucha de la población de la entidad, como sí lo fue en otros estados del país, donde las élites locales estaban prácticamente excluidas del poder de sus propios municipios. Ello explica también, por qué después de la Revolución sólo se crearon cinco municipios más, tres de ellos recientemente a causa de la explosión demográfica de la ciudad de México, que ha engullido ya una buena porción del territorio del estado de México.[64]

Con profundo conocimiento de los problemas de la provincia y una buena capacidad organizativa, el General Villada dio una nueva fisonomía al estado de México durante el porfiriato. Los largos años de batallas militares y luchas políticas, le concedieron una buena experiencia para conducir una provincia que no dejaba de presentar un reto para poner en práctica el ideario político del liberalismo mexicano del siglo pasado.

Es posible que Díaz haya otorgado a Villada el gobierno del estado de México, inclusive si había sido su oponente en la rebelión de Tuxtepec, sabiendo que la capacidad de trabajo de aquél y su habilidad eran buenos elementos para poner en práctica la vieja política liberal a nivel de un estado cercano al centro político del país, pequeño, controlable y que podía funcionar como "laboratorio" del liberalismo triunfante. Trabajando próximo a él, Villada podía ser vigilado por Díaz.

Habilidad política, arraigo popular y capacidad administrativa se combinaron en la persona de Villada, de tal manera que sus quince años al frente del estado de México crearon un ambiente de progreso material y entendimiento social. Por eso el mismo Díaz, a propósito de Villada, declaró alguna vez frente a notables del estado de México: ¡"Así se gobierna señores!"[65] Las diferencias de Tuxtepec estaban olvidadas.

[64] AGEM/EM, cinco cajas.
[65] Aguilar, La Revolución, I, 51.

Raíces de la Revolución:
Evaristo Madero, el primer eslabón de la cadena

Romana Falcón

E L 10 DE AGOSTO DE 1893, dos días antes de que ciertos connotados miembros de la élite coahuilense se alzaran en armas contra la autoridad, el presidente de la república notificó al general Bernardo Reyes —jefe de esa zona militar, representante informal del presidente y actor político sumamente poderoso en el noreste de México— que era ''un dependiente de [Evaristo] Madero . . . [quien] prepara la insurrección . . . reforzado con bandidos que vendrán del otro lado''.[1] Visiblemente molesto, Díaz insistió al día siguiente:

> Si encuentra ud. datos bastantes a probar en juicio que Madero no es extraño a lo que está pasando, asegúrelo y hágalo conducir a Monterrey. Creo que éste es el motor de todo lo que está pasando.[2]

El levantamiento, en el que participaron también los hermanos Carranza —entre ellos Venustiano, en calidad de estratega— fue rápidamente controlado, más mediante amnistía y negociaciones que mediante la fuerza. A Evaristo Madero no se le probaron los cargos, pero dos años más tarde, Reyes expresaría su convicción de que el principal foco rebelde, el de Río Grande, se había movido ''a iniciativa'' de Evaristo Madero, quien había financiado

[1] Este capítulo forma parte de una investigación general sobre poderes regionales y la conformación del Estado nacional durante el porfiriato, que hace hincapié en los jefes políticos y toma como escenarios a Coahuila, el Estado de México y San Luis Potosí.

Agradezco al Fondo de Estudios e Investigaciones Ricardo J. Zevada el apoyo financiero que me otorgó; así como a María Larrazolo y Concepción Hernández quienes me ayudaron a recopilar información.

[2] Centro de Estudios de Historia de México CONDUMEX (CEHMC) Fondo DLI (FDLI, correspondiente a Bernardo Reyes), carp. 18, doc. 1, telegrama cifrado de Díaz a Reyes, 11 de agosto de 1893; ibid., carp. 18, leg. 3583, doc. 1, Díaz a Reyes, 10 de agosto de 1893.

a los rebeldes a través de Marcos Benavides "dependiente y socio" suyo. En opinión de este general experto en "pacificaciones", el otro foco de rebelión había tenido como eje central a la familia Carranza.[3]

Marx en uno de sus comentarios mordaces contra Napoleón III señaló que la historia, cuando se repite, deja de ser tragedia para convertirse en farsa. No siempre, en el caso que nos ocupa nos enfrentamos a una versión inversa: el estallido del gran movimiento de 1910 —que desembocaría en una revolución social— fue precedido por un levantamiento verdaderamente menor y obscuro, en donde tuvieron una participación central los Madero y los Carranza, núcleos familiares de los cuales brotarían poco más tarde dos de los máximos forjadores de la revolución. Los objetivos y el desarrollo de la revuelta del 93 fueron opacos y estrictamente locales; sus dirigentes hicieron todo lo posible por no ser considerados contrarios al gobierno de la república; y éste respondió ofreciéndoles amnistía y concesiones políticas en vez de represión —como solía hacerlo con las rebeliones campesinas y agraristas, algunas de las cuales tuvieron lugar precisamente al mismo tiempo que la de los notables coahuilenses. Fue la cooptación y no la violencia el arma que usó Díaz en Coahuila en agosto de 1893. Algunos de los "rebeldes", como los Carranza o Marcos Benavides —parte del clan maderista—, incluso pasaron a ocupar cargos en la legislatura local o en los municipios.[4]

La revuelta coahuilense del 93 resulta fascinante para los historiadores del porfiriato y de la revolución mexicana. Muchos son los rincones históricos sobre los cuales puede arrojar luz un examen de las condiciones que llevaron a esta modesta rebelión, así como la forma como se le intentó solucionar. Este trabajo se propone explorar sólo uno: la naturaleza de la estructura política del antiguo régimen a través del estudio de un caso que permita elaborar, a manera de hipótesis, generalizaciones con el adecuado sustento empírico.

El tema que aquí se abordará es la compleja relación entre el clan maderista y el régimen. Se dará especial atención a ciertos desequilibrios y fallas estructurales que, por un lado, alimentaron la insatisfacción y rebeldía de los Madero —como fue patente en su apoyo a la revuelta del 93— y que, por el otro, al generalizarse, fueron decisivas en el ocaso y derrumbe del porfiriato. Obviamente, tal enfoque parte de un supuesto *a priori*, comprobable o refutable por futuras investigaciones: que las fricciones que se dieron entre la estructura de poder local y nacional y el grupo encabezado por Evaristo Madero fueron típicas del período, y por ello representativas del porfiriato en general. Por tratarse, además, de un caso especialmente crítico —precisamente el detonador que haría reventar los treinta años de estabilidad porfirista— es

[3] Ibid., copiadores 14, doc. 9001, f. 54, Reyes a Díaz, 24 de junio de 1895.
[4] Romana Falcón, "Logros y límites de la centralización porfirista. Coahuila vista de arriva," en Anne Staples, Carmen Blánquez, Gustavo Verduzco y Romana Falcón, *El dominio de las minorías. República restaurada y porfiriato* (México: El Colegio de México, 1989), 144 y ss.

probable que nos diga mucho sobre el antiguo régimen y las razones de su colapso.

El trabajo se centrará en un eslabón intermedio entre el caudillo y el análisis de clase: el estudio de familia, y en menor medida, del grupo económico-político —es decir el clán— que giraba alrededor de la familia encabezada por Evaristo Madero.

Así, estas líneas no intentan explorar, una vez más, los orígenes de la rebelión encabezada por Francisco I. Madero. Esa labor ha sido ya desarrollada exitosamente por un sinnúmero de historiadores y biógrafos. Ya es conocido su ingreso a la política coahuilense —su participación en las luchas electorales de 1904–1905 y 1909, mismas que terminaron en fraudes sonados—, así como su tránsito de las preocupaciones meramente locales hacia una compenetración de la problemática nacional, y de sus posibles avenidas de solución.[5] Este trabajo pretende arojar luz sobre algo más concreto: el entorno político de los Madero, y sólo en ese sentido la formación del revolucionario —Francisco Indalecio Madero— dentro de su propia clase privilegiada.

El eje temporal abarcará un aspecto relativamente desconocido historiográficamente: las fricciones del clan con el gobierno de Díaz, en especial aquellas suscitadas desde la abrupta salida de Evaristo Madero de la gubernatura, en 1884, hasta el levantamiento de 1893. El punto es relevante, pues uno de los principales biógrafos de Francisco I. Madero, Charles Cumberland, afirma que su familia,

> nunca había manifestado especial interés por la política; su abuelo había sido gobernador de Coahuila por un período, . . . pero de ahí en adelante todos los miembros de la familia Madero habían dedicado sus esfuerzos a la agricultura, la ganadería, el comercio. Ninguno de los Madero ni de sus relaciones más cercanas sufrió durante la administración de Díaz. . . .[6]

Adrián Aguirre Benavides, parte íntima del clan, pinta un cuadro semejante:

> Don Evaristo y sus hijos y yernos, eran hombres de negocios dedicados exclusivamente a ellos. Eran completamente ajenos a la política.[7]

La madera de los Madero

José Francisco Madero, bisabuelo del revolucionario, fue el primero de la familia en nacer en México. Su hijo Evaristo llegaría a hacer una de las

[5] Stanley Ross, *Francisco I Madero: apóstol de la democracia*, 2a ed. (México: Biografías Gandesa, 1977), 42–84; Enrique Krauze, *Francisco I. Madero: místico de la libertad. Biografía del poder* (México: FCE, 1987), cap. 2.

[6] Charles Cumberland, *Madero y la Revolución mexicana* (México: Siglo XXI, 1977), 41.

[7] Adrián Aguirre Benavides, *Madero el inmaculado: historia de la Revolución de 1910* (México: Ed. Diana, 1962), 75.

mayores fortunas de esos tiempos, iniciándose en el transporte de mercancías desde Estados Unidos hasta San Luis Potosí, tocando en su trayecto a Parras, Monterrey y Saltillo,

> . . . era a mediados del siglo pasado, todavía en la época en que había incursiones de los indios salvajes, las distancias eran enormes e imperaba en los campos desoladora soledad y absoluta falta de garantías. Tenía que dormir siempre con la carabina al lado, ordinariamente a la intenperie . . .[8]

Evaristo Madero aún encajaba en la Coahuila árida e indómita del México independiente, donde los vecinos habían tenido que luchar por dominar un "terreno feracísimo" de gran riqueza mineral, hasta entonces en manos de tribus nómadas. Durante la primera mitad del siglo XIX, Coahuila cambió poco. En buena medida, seguía siendo válida la descripción que sobre "el carácter de sus gentes" hiciera el célebre coahuilense, Miguel Ramos Arizpe. Según aseveró en 1812, dicho carácter se había forjado a raíz de ser,

> la frontera de las naciones bárbaras, y sus habitantes, obligados a sufrir las cargas de milicianos y veteranos de los presidios y a ser todos soldados, con obligación . . . de presentar cada mes sus respectivas armas. . . . siendo extremadamente sufridos en los más duros trabajos y muy acostumbrados a las mayores privaciones, llegando inalterables a comer muchas veces la vaqueta de las sillas y mochilas, sin desertar ni aún murmurar. . . .[9]

Evaristo Madero se convirtió en el patriarca indiscutible de un clan famoso por sus capacidades empresariales, modernizadoras, así como por los nexos matrimoniales que logró establecer con otras de las principales familias del noreste de la joven república. Madero fue un formidable empresario. En el distrito de Río Grande formó la Compañía de Terrenos y Ganados de Coahuila con su yerno Lorenzo González Treviño; y fue de los primeros en hacer fortuna en el emporio coahuilense del porfiriato: Sierra Mojada. Sus intereses mineros fueron vastos: compañías carboneras, empresas en Coahuila, Chihuahua, Nuevo León y Zacatecas, y la Compañía Metalúrgica de Torreón que además de varias minas, comprendía la enorme y moderna fundidora de Torreón. Figuró también entre los miembros fundadores del Banco de Nuevo León, del de Coahuila, y el Banco Refaccionario de La Laguna. Los Madero estuvieron presentes en algunas de las empresas de mayor empuje capitalista y modernizador no sólo en Coahuila sino en otras zonas del noreste, como la fundidora de Monterrey. El clan poseía, además, varias fábricas de corte

---

[8] Ibid.

[9] Miguel Ramos Arizpe, "Carácter de sus gentes" en la *Memoria presentada a las Cortes de Cádiz* reproducida en Miguel Ramos Arizpe, *Discursos, memorias e informes*, Biblioteca del Estudiante Universitario Núm. 36 (México: UNAM, 1942), 41.

más tradicional —como las de jabón—, aunque algunas de éstas estaban integradas a mercados muy extensos, como fue el caso de sus empresas textileras. Además de toda la expansión minera, industrial y financiera, poseían importantísimos capitales en actividades agrícolas. Eran dueños de vastos latifundios, entre los que destacaban sus tierras algodoneras en La Laguna, irrigadas por el río Nazas, complementadas por fábricas de telas tan importantes que prácticamente consumían todo el algodón de la región. Evaristo Madero acabó por estar íntimamente relacionado con muchos miembros de la crema y nata del noreste mexicano. Con Antonio Hernández y González Treviño poseía la Compañía Hacienda Las Delicias, la Compañía Industrial de Parras y la Compañía Metalúrgica de Torreón. Al morir Evaristo Madero, en mayo de 1911, legó a sus muy numerosos descendientes una de las fortunas más grandes de todo México.[10]

Desde antes de que Díaz llegara a la presidencia, Evaristo Madero competía ya con los principales hombres fuertes de estos territorios para imponer su hegemonía. Sobresalían los dos grandes caudillos de enorme peso militar, económico y político en estas latitudes: los generales Francisco Naranjo y Gerónimo Treviño. En segundo lugar, debe incluirse a Victoriano Cepeda e Hipólito Charles.

Como don Evaristo se había opuesto al Plan de Tuxtepec que llevara a Díaz a la presidencia, sus relaciones con el caudillo oaxaqueño fueron agrias desde el inicio. Encima, fue muy amigo de Manuel González, quien ocupó la presidencia de 1880 a 1884, y quien llegó a amasar el suficiente prestigio y apoyos regionales como para que entonces se llegara a suponer que él y Díaz acabarían turnándose la primera magistratura. Dado el enorme poderío económico y la presencia regional de Evaristo Madero, Díaz no podía dejar de tomarlo en cuenta. Por su lado, el coahuilense también se veía obligado a adoptar actitudes de deferencia y supuesta amistad con el presidente. Si bien no fueron francos enemigos, una serie de resentimientos y fricciones plagó su relación.

Ya en el porfiriato, el grupo económico-político liderado por los Madero llegó a constituir una de las tres principales facciones de que estaba compuesta la élite coahuilense. Es indudable que las otras dos facciones —aquella encabezada por el coronel José María Garza Galán quien gobernara de 1885 a 1893, y la que lideraba Miguel Cárdenas, gobernador a partir de 1895— mantenían mucho mejores relaciones con el gobierno central que don Evaristo. Fue a este clan, al que se vio con mayor suspicacia y resentimiento desde el Palacio Nacional.

---

[10] William Stanley Langston, ''Coahuila in the Porfiriato, 1893–1911: A Study of Political Elites'' (tesis de doctorado en historia, Tulane University, 1980), 65–84.

Coahuila: las fricciones y los favores

Evaristo Madero había subido a la gubernatura en diciembre de 1880, al mismo tiempo que su amigo Manuel González tomaba la Presidencia de la República, en medio de una situación caótica y repetitiva no sólo en Coahuila sino en muchos otros rincones del México de entonces. El gobernador Hipólito Charles, tuxtepecano y de importante peso político en la entidad, entró en conflictos con la legislatura, ambos poderes se desconocieron, Charles fue acusado, removido de su cargo, y sustituido por Madero.[11]

Cuatro años más tarde, al retomar Díaz la presidencia, y a sólo dos días para entregar el cargo, Madero sería removido en circunstancias análogas. La crisis política, iniciada meses antes, no careció de dramatismo para la familia y sus allegados, especialmente para su hijo Francisco, padre del futuro revolucionario. Denotando la tensión que para Evaristo implicaron estos acontecimientos, escribió al presidente sobre como,

> . . . con traición apresaron los federales a mi hijo Francisco en Parras, y por la noche pretendieron asaltar mi hacienda El Rosario los mismos federales, resultando de ésto un muerto y dos heridos. Actos bandálicos semejantes son y han sido sufridos por personas que antes ocupaban altos puestos.
>
> Mi prudencia se agotó, y si el Senado no resuelve pronto aquella cuestión podemos sobrevenir (momentos) desagradables. Ruego a Ud. Sr. Presidente de permitirme entrevista lo más pronto posible. . . .[12]

Esta embestida contra gobierno maderista provino, en alto grado, de la necesidad en que se vio Díaz de afianzar su dominio una vez que retomó el Palacio Nacional. El gonzalismo era aún tan fuerte en la república, que muchos contemplaban la posibilidad de que González volviera a sustituir al oaxaqueño en la primera magistratura. Por ello, Díaz consideró necesario desprestigiar e ir cortando las redes de poder que alimentaban al gonzalismo, las que eran particularmente fuertes en el noreste del país, ya que ahí González contaba con los dos grandes caudillos Treviño y Naranjo, así como Madero.[13]

Además de este escenario nacional, el conflicto coahuilense de 1884 también traslucía una lucha feroz por la hegemonía local. Madero debía haber entregado la gubernatura a Cayetano Ramos Falcón, candidato de Francisco Naranjo —en ese momento al mando de la Secretaría de Guerra—, quien supuestamente había vencido en las elecciones al candidato maderista, el licenciado Antonio García Carrillo. Díaz logró negociar habilmente el *impasse*

---

[11] *Periódico Oficial*, 10, 17 de diciembre de 1880.
[12] Colección Porfirio Díaz (CPD), leg. 9, caja 3, doc. 1066, Madero a Díaz, 6 de diciembre de 1884.
[13] *Diario del Hogar*, 17 de junio de 1893.

político que siguiera a las elecciones, para asestar un duro golpe a ambos contendientes gonzalistas. A partir de entonces, logró colocar en el Palacio de Gobierno de Saltillo a personajes que contaban con la bendición del centro: en este primer momento, al general Julio Cervantes. Así, en cuanto asumió nuevamente la presidencia, el oaxaqueño mostró su enorme habilidad política, erigiéndose como el fiel de la balanza de poder en Coahuila.[14]

Pero la gubernatura era sólo una pieza del rompecabezas. Tanto o más importante era la capacidad para asegurar la lealtad de quienes actuaban como amos y señores en los diversos rincones del país. Cuando Díaz retomó la presidencia, a fines de 1884, sabía que no era mucho el tiempo que podía destinar a integrar a los caudillos de mayor ascendiente dentro de la red clientelística que iba tendiendo desde el Palacio Nacional. El caudillo oaxaqueño estaba consciente de que si Manuel González se presentaba a las elecciones de 1888 contaría, precisamente, con el apoyo de los caciques y caudillos del noreste. Y ello revestía cierta gravedad pues, como señalaba López Portillo y Rojas, "por allá se encendían todas las chispas revolucionarias que incendiaban al país".[15]

Díaz puso gran esmero en "robustecer la gratitud" de Treviño y de Naranjo, quienes habían llegado a ser factores de primera importancia en la vida nacional. El primero incluso había sido un serio aspirante a la presidencia en 1884, ambos habían ocupado la Secretaría de Guerra con Manuel González, y gozaban de enorme prestigio militar lo que, por lo menos potencialmente, los convertía en factores de peligro e inestabilidad. Encima, Díaz les tenía una deuda de gratitud, pues ambos habían sido tuxtepecanos.

El método que siguió el régimen para apaciguar a estos dos grandes caudillos revela una de sus reglas de oro: permitirles engrandecer su fortuna a cambio de lealtad política. Fue mediante canonjías y concesiones a sus intereses privados que Díaz los apaciguara. El presidente puso especial cuidado en prodigar favores que hicieran sentir a los grandes caudillos seguros y "obligados" para con el régimen. Ello lo consideraba una razón de Estado. De hecho, el aceite que permitía funcionar a toda la maquinaria política lo constituía este intercambio de atenciones, favores y servicios.

Esta naturaleza clientelística íntima del régimen, que obligaba a hacer

---

[14] María Cruz Carbajal Bello, "Estudio introductorio del catálogo de documentos—carta de la colección Porfirio Díaz. Enero—marzo 1889, con respecto al estado de Coahuila" (tesis de licenciatura en historia, Universidad Iberoamericana, 1985), pp. xlii. Opiniones de Madero sobre la situación general en CPD, leg. 10, caja 6, doc. 2796, Evaristo Madero a Díaz, 23 de febrero de 1885. Aparentemente, Díaz dio mayor respaldo a Naranjo, a quien le pidió nombrara a un gobernador interino. Ibid., leg. 10, caja 7, doc. 3334, Naranjo a Pedro y Nicanor Valdez, 10 de diciembre de 1884. Daniel Cosío Villegas, *Historia moderna de México: el porfiriato, vida política interior*, Segunda parte (México: Editorial Hermes, 1972), 54 y ss.

[15] Citado en Carbajal, "Estudio introductorio," xxxvi.

a un lado al Estado de derecho, la aclaró el mismo general oaxaqueño en una de sus cartas más notables. En ella, explicaba a Bernardo Reyes la necesidad en que se veía de destinar soldados de la federación al servicio de ambos generales, a fin de que llevaran a cabo todo tipo de labores en sus respectivas haciendas:

> Me veo precisado algunas veces a dictar providencias y a hacer recomendaciones que a primera vista pudieran parecer inconvenientes y hasta censurables; pero ésto para el criterio de personas agenas (sic) a la política, y que no pueden comprender la necesidad que tiene un gobernante de valerse de todos los medios que están a su alcance de distinto género en persecución de un fin conveniente a la paz y a la tranquilidad, cuya conservación le está encomendada. En esta vez me refiero al general Naranjo, que así como a Treviño *lo tengo muy obligado, y pienso que continuarán bien si empleo para ellos una parte de deferencia y buena voluntad, y otra de energía y resolución . . . juzgo necesario robustecer su gratitud ahora que me necesita.*[16]

Los arreglos que ambos generales lograron con el régimen les reportaron la posibilidad de seguir amasando lo que llegarían a ser, en los albores de la revolución, fortunas impresionantes. Por ejemplo, el apoyo gubernamental fue decisivo para el éxito de sus poderosas compañías deslindadoras que operaban en Coahuila, Nuevo León, Tamaulipas y Chihuahua, y que les reportaron ganancias de cientos de miles de hectáreas. Poco a poco, sus intereses agrícola-ganaderos se fueron diversificando y modernizando en bancos, minas, metalurgia pesada, ferrocarriles, transportes, fábricas y comercio.[17]

Pero ello sólo constituía un lado de la moneda. Díaz encargó la parte ''de energía y resolución'' al general Reyes, al cual designó en 1885 como jefe de la tercera zona militar, que comprendía al noreste del país, y, mucho más importante aún, como su delegado informal para controlar la estructura de poder en estos territorios. Desde entonces fue conocido como el ''procónsul'' presidencial.

El papel desempeñado por Reyes en el noreste del país —junto con la extensa red de informantes y negociadores que le servían a él y a Díaz— muestra claramente como en el régimen del general oaxaqueño, las verdaderas unidades de poder no eran las autoridades legalmente constituidas, sino los personajes a los que informalmente él les delegaba capacidad de decisión. Regularmente, estos mediadores tenían que hacer uso de sus poderes en componendas personales, de índole clientelístico y tras bambalinas.

[16](Enfasis mío) CEHMC, FDLI, carp. 9, leg. 1662, doc. 16662, Díaz a Reyes, 19 de noviembre de 1888; citado en Romana Falcón, ''La desaparición de jefes políticos en Coahuila: una paradoja porfirista'', *Historia Mexicana* 37:3 (enero–marzo de 1988), 444–445.

[17]Veáse el excelente artículo de Mario Cerutti, ''Militares, terratenientes y empresarios en el noreste de México durante el porfiriato'', *Argumentos* (Revista de la UAM Xochimilco) 1 (junio 1987).

Ahora bien, dentro de este manejo oculto de influencias y favores, el clan Madero recibió, relativamente hablando, pocas atenciones y respuestas positivas a sus requerimientos. El contraste se hizo especialmente notorio por la cercanía de los feudos de Naranjo y de Treviño para con los cuales el régimen mostró mayor gratitud e interés por apaciguarlos.

Esta minimización del hombre fuerte de La Laguna es especialmente notable cuando se analizan los constreñimientos que el régimen le impuso dentro de la balanza del poder en Coahuila. A escasos dos meses de ser derogado, Evaristo Madero pretendió jalar los cordones de influencia que le permitirían tener voto en la designación del gobernador interino. Secundó entonces a Francisco Farías quien, aparentemente, contaba con cierta corriente de opinión en su favor. En este sentido escribió a uno de sus principales contactos en la ciudad de México: el secretario de Gobernación, suegro del presidente y futuro aglomerador del grupo científico: Manuel Romero Rubio. Este hizo llegar la indicación maderista a Díaz, quien la transmitió a su "procónsul". Pero el resultado fue negativo, y como gobernador fue designado el general Julio Cervantes.[18]

Madero dio entonces signos de adaptarse más estrechamente a las reglas clientelísticas del sistema. Mostrando mayor sumisión, envió a su amigo, el general Andrés Viesca, a entrevistarse con el presidente, para señalarle que había logrado crear un grupo "fusionista" y, en palabras del propio Evaristo:

sin más fin que hablar con ud. para saber porque persona debemos encaminar nuestros trabajos para gobernador . . . *estoy dispuesto a servir a ud. en toto lo de que de mí dependa, sólo desearía saber en lo privado sus deseos para apoyarlos con todos mis elementos y los de mis numerosos amigos.*[19]

Después de Cervantes el centro se decidió por un candidato a la gubernatura que en ese momento parecía relativamente menor: el coronel José María Garza Galán. Este logró que el presidente le otorgase su beneplácito gracias al visto bueno de Reyes, y —presumiblemente— también el apoyo de Gerónimo Treviño de quien había sido subordinado militar y después socio en unas importantes compañías deslindadoras. Originalmente, Madero no se encontraba entre los opositores de Garza Galán. En marzo de 1885 —unos meses antes de ser designado como candidato oficial— incluso había sugerido a Díaz otorgarle a este coronel mando militar, pues era un "sugeto [sic] recomendable, de buenos antecedentes y adicto en todo al Gob." Para el verano de 1885, cuando ya iba cobrando fuerza dicha candidatura, Madero

---

[18] CEHMC, FDLI, carp. 1, leg. 160, doc. 1, Reyes a Díaz, 13 de febrero de 1885 y doc. 2, 21 de febrero de 1885; ibid., leg. 162, doc. 1, Romero Rubio a Reyes, 14 de febrero de 1885; ibid., leg. 163, doc. 1, Díaz a Reyes, 14 de febrero de 1885.

[19] (Énfasis mío) CPD, leg. 10, caja 5, doc. 2796 y 2797, Evaristo Madero a Díaz, 23 de febrero de 1885.

insistió en darle su bendición ante Díaz, asegurándole que era "adicto y fiel amigo de Ud. es todo un hombre valiente y honrado, y le dará satisfacción tanto a U. como al Estado en general".[20]

Pero, al paso del tiempo, el clan maderista acabó convirtiéndose en uno de los opositores más tenaces a Garza Galán. Como se verá más adelante, a Madero se le fue reduciendo de manera sistemática su cuota local de poder dentro de sus ámbitos naturales como Parras y La Laguna; a más de que entró en competencia económica con la facción garzagalanista. Don Evaristo, la cabeza del clan, movió todas las influencias a su alcance para evitar la reelección de Garza Galán en 1889. Con tal fin, envió a su yerno, Viviano Villareal; a su cuñado, socio y quien repetidamente fuera gobernador interino durante su mandato, Antonio Hernández; junto con su protegido Francisco Fuentes a conferenciar con Díaz. A decir de Reyes, los intereses de don Evaristo iban más allá de oponerse a la reelección, dado que Hernández y Fuentes eran, en realidad, sus candidatos al poder ejecutivo local. Estos mediadores —que aseguraron ir en representación de muchos coahuilenses que "guardan una posición política en perfecta armonía con el Gbno. Federal" y "fiados en su generosidad proverbial y en la atención que tiene a bien dispensar a todo asunto que se relaciona de algún modo con los intereses públicos"— desacreditaron a la administración garzagalanista señalando, entre otras fallas, su represión a la libertad política, el desarrollo del contrabando, los abusos cometidos por los jefes políticos, el aumento excesivo de impuestos, el reestablecimiento de alcabalas, la corrupción imperante, y la violación de las leyes de Reforma.[21]

Como las negociaciones no parecían marchar por buen rumbo, en marzo de 1889, Madero mismo fue al Palacio Nacional a convencer a Díaz de los grandes males que acarrearía una reelección garzagalanista. Cuando el presidente le pidió que precisara los cargos, don Evaristo alegó inmoralidades perpetradas por el gobernador contra una señorita para "satisfacer sus deseos salvajes", la falta de pago a los burócratas y de orden en las cuentas públicas. Poco después incluso intentó usar el conducto informal pertinente: su acérrimo enemigo, el general Bernardo Reyes, a quien pidió ayudara al "ilustrado ánimo del Presidente para tomar una resolución en beneficio de este pobre Estado".[22]

---

[20] Ibid., leg. 10, caja 6, doc. 2883, Evaristo Madero a Díaz, 14 de marzo de 1885; ibid., caja 17, doc. 8130, Evaristo Madero a Díaz, 25 de julio de 1885.

[21] Las citas son de CPD, leg. 13, caja 14, doc. 6734, Francisco Fuentes a Díaz, 20 de julio de 1888; además ver ibid., doc. 6720-6726, Fuentes et al. a Díaz, 17 de julio de 1888; ibid., caja 15, doc. 7023, Evaristo Madero a Díaz, 20 de julio de 1888; ibid., doc. 7024, Díaz a Evaristo Madero, 20 de julio de 1888. La opinión de Reyes en ibid., leg. 13, caja 15, doc. ;7219-20, Reyes a Díaz, 16 de julio de 1888.

[22] CEHMC, FDLI, carp. 10, leg. 1819, Díaz a Reyes, 19 de marzo de 1889; CPD, carp. 10, leg. 1839, Madero a Reyes, 22 de abril de 1889.

Obviamente en el Palacio Nacional no se iban a seguir las indicaciones del hombre fuerte de La Laguna, pero sus acusaciones levantaron la suficiente ámpula como para que el presidente pidiera a Reyes investigarlas, y advertir al gobernador el perjuicio que ello le ocasionaría.[23]

No obstante, desde el Palacio Nacional se dio luz verde a la reelección Díaz intentó contentar a Madero en base a sus tradicionales mecanismos clientelísticos y, en última instancia, mediante presiones y amenazas veladas relacionadas con los amplios intereses pecuniarios del clan. Al relatar a Garza Galán el resultado de su entrevista con Madero, el presidente explicó con extraordinaria nitidez el tipo de razones con que el régimen apaciguaba a desafectos y opositores que provenían de los sectores privilegiados:

. . . ayer tuve por fin una entrevista con el señor Madero. Le dije entre otras cosas que   todo coahuilense de buen criterio, en cuyo número lo consideraba y *principalmente porque tiene intereses que perder* debe plegarse a dicha candidatura y hacerse amigo del candidato, con tanta más razón que siempre lo han sido........yo, como amigo de los dos, estaba dispuesto a reconciliarlo encaminarlos en una nueva vía . . . y [prometí] que al efecto . . . iba . . . a escribirle ampliamente *recomendándolo, así como a sus intereses y sus amigos; en el concepto de que, el olvidando cuestiones anteriores y reduciéndose al cuidado de sus bienes y a cumplir sus deberes de ciudadano, no será, de hoy en adelante, mas que amigo de usted y de su gobierno. Cumplo pues con ese compromiso que contraje, recomendando a Ud. muy especialmente los intereses de Madero, sobre todo en los próximos meses en que él estará ausente.*......Como usted ve, yo he cumplido y *deseo que Usted lo sobrelleve hasta que sepamos de una manera clara y evidente si el cumple o no.*[24]

Las tensiones escalaron al punto de que en el verano de ese año de 1889, don Evaristo decidió abandonar la escena política, mediante una larga estancia en diversos países europeos, acompañado por varios familiares.[25] Al terminar junio, el gobernador —siguiendo estrictamente las indicaciones presidenciales— sostuvo una entrevista con don Evaristo para intentar una reconciliación. En ella le recomendó se plegara a su candidatura y reanudara su amistad, aún y cuando ésta se hubiera roto por divergencias políticas. El hombre fuerte de La Laguna aprovechó para quejarse de los rumores circulantes, según los cuales los maderistas estaban preparados para transtornar ''el orden público'', una vez que él saliera del país. Madero se manifestó muy molesto de que se le supusiera un revolucionario, siendo que era uno de los más leales defen-

[23] Ibid., FDLI, carp. 10, leg. 1813, Díaz a Reyes, 19 de marzo de 1889; ibid., leg. 1825, doc. 1 y 2, 29 de marzo de 1889; CPD, leg. 014, caja 008, doc. 3702, Reyes a Díaz, 21 de marzo de 1889; ibid., doc. 3703, Reyes a Díaz, 8 de abril de 1889.

[24] CPD, copiadores, Díaz a Garza Galán, 1 de julio de 1889, citado en Cruz Carbajal, ''Estudio introductorio'', liv.

[25] Parece difícil aceptar que el conflicto principal que motivó este exilio temporal haya sido, como asienta Vasconcelos, una fricción sobre la educación en los estados. José Vasconcelos, *Evaristo Madero: biografía de un patricio* (México: Impresiones Modernas, 1958).

sores del gobierno.[26] Garza Galán le manifestó estar enterado de dicho rumor, estar seguro de que "el radicalismo y la pasión no eran buenos consejeros" y le aseguró que daría todo el apoyo necessario a los intereses que le había recomendado.[27]

Tanto el clan maderista, como otros opositores a la reelección de Garza Galán entraron en un *impasse*. Pero como el régimen no supo atender sus razones, y no resolvió las tensiones de fondo, cuatro años más tarde la lucha en contra de una segunda reelección cobraría formas extremas: un levantamiento armado que contó con las claras simpatías, el financiamiento y hasta la participación de maderistas.

La solución que se dio al levantamiento de agosto de 1893 no significó para la casa Madero una representación más exacta de sus intereses regionales, mayor autonomía, ni tampoco más influencia sobre los destinos coahuilenses. Ello fue claro inmediatamente después de la pacificada la rebelión, cuando el patriarca, don Evaristo, se entrevistó con Reyes para proponerle "con insistencia" la candidatura a gobernador de Berriozábal. Una vez más, el gobierno federal hizo caso omiso de su sugerencia.[28]

El sistemático relegamiento de los Madero continuó a lo largo de todo el gobierno del caudillo oaxaqueño. El freno que el procónsul presidencial aplicó a sus ambiciones fue particularmente recio, entre otras razones, por las complicaciones derivadas de la política nacional. Con el paso de los años, se fue entablando una lucha a muerte, y por el control del país entero, entre los seguidores de Reyes y el grupo de "científicos" encabezado primero por Romero Rubio y más tarde por José Yves Limantour. El hombre fuerte de La Laguna tuvo nexos muy cercanos con los "científicos", y particularmente con Limantour, entonces el influyente ministro de hacienda.

La relación entre algunos miembros del clan y el régimen casi llegaron al rojo vivo durante los comicios por la gubernatura de Coahuila en 1904 y 1909, donde desempeñaría ya un papel prominente el nieto del patriarca, Francisco Indalecio.

Las cuotas locales de poder

Rebajar la cuota de poder que Madero alcanzaba regionalmente se convirtió en una consigna del régimen desde que Díaz retomó la presidencia en

---

[26] CPD, leg. 14, caja 14, doc. 6982-84, Evaristo Madero a Garza Galán, 2 de julio de 1889; ibid., doc. 6980, Garza Galán a Díaz, 1 de julio de 1889; ibid., doc. 6981, Garza Galán a Díaz, 9 de julio de 1889 en la que le asegura al presidente que seguirá sus indicaciones a fin de que Madero no tenga motivo de queja.

[27] Ibid., leg. 14, caja 14, doc. 6985-86, Garza Galán a Madero, julio de 1889; ibid., doc. 6987, Díaz a Garza Galán, 22 de julio de 1889 en la que le dice "aprueba absolutamente" el trato que le ha dado a Madero.

[28] Falcón, "Logros", 110.

1884. El dramatismo con que Madero perdió la gubernatura, la aprehensión momentánea de su hijo Francisco, y de Antonio Hernández —cuñado, socio, capitalista, e interino en repetidas ocasiones durante su mandato—, la entrada de federales a la hacienda de El Rosario donde dos personas resultaron muertas y fueron perpetrados diversos robos, fueron los puntos culminantes del rompimiento.

El patriarca intentó preservar su influencia natural en Parras. Después de entrevistarse con el presidente con motivo de esas acciones violentas, logró que el juez local dictara formal prisión al autor de los hechos, el jefe político, Máximo Campos. Siguió una tormenta jurídico-política que terminó con otro golpe a don Evaristo, una vez que Campos fue totalmente absuelto.[29] Ello marcó el principio del fin en cuanto a la extensión de poder que se permitiría al maderismo dentro de ámbitos regionales.

Como siempre, fueron las correas informales de dominio —en concreto Reyes— las encargadas de balancear la estructura política en las diferentes localidades, entre ellas mismas, y en su relación con el Palacio Nacional.

Visto con cierta perspectiva histórica, llama la atención que, tan pronto Garza Galán tomara la gubernatura, en 1886, empezaran a escalar hasta la ciudad de México críticas de como se estaban nombrando funcionarios "escogitados [sic] . . . o casi impuestos por Madero". El centro no tardó en poner coto a la expansión maderista en los rincones coahuilenses. En septiembre de 1886, el mismo presidente instó a Reyes a colocar en el resguardo federal de La Laguna al coronel Fierro "que nos podrá ser muy útil en caso dado pues es muy querido y temido en La Laguna.....[de esa manera, a pesar] de la alarma creciente nadie se movería".[30]

El delegado informal del presidente tomó un papel sumamente activo en limitar al maderismo en sus zonas naturales de influencia. Primero sugirió, y más adelante impuso al nuevo gobernador, el cambio de autoridades en Parras a fin de rebajar tan drásticamente como era posible, la representación formal del clan de don Evaristo. Como Reyes consideraba que la "primera autoridad" de Parras era "un dependiente de Madero" ordenó a Garza Galán que lo sustituyera de inmediato. Impaciente por el hecho de que el gobernador "promete y no cumple", en octubre de 1886, Reyes pidió al presidente intervenir hasta que rindiera frutos su presión en pro de dicho cambio de funcionarios municipales.[31]

Ahí no paró la embestida. Unos días más tarde, llegaron al Palacio Nacional quejas provenientes de La Laguna,

---

[29] Archivo General de la Nación (AGN), Ramo Gobernación, leg. 645, exp. 12, Fallo del Superior Tribunal de Justicia de Coahuila, 14 de enero de 1885.

[30] CPD, leg. 11, caja 21, doc. 10172, Díaz a Reyes, 2 de septiembre de 1886; la opinión anterior en ibid., leg. 11, caja 1, doc. 37, Arnulfo García a Díaz, 4 de enero de 1886.

[31] CPD, leg. 11, caja 25, doc. 1213-1214, Reyes a Díaz, 29 de octubre de 1896.

debido a la funesta influencia de Madero en la administración. Enemigo nuestro quiere sin duda hacernos desaparecer. . . . Cambio de jueces, destitución de presidentes municipales, persecuciones . . . , nombramiento de autoridades en quienes no pueden ser amigos por ser parientes de Madero, . . . disposiciones que nos arrebatan el agua . . . y mil cositas propias de [ilegible] enemigos. . . .[32]

La campaña fue tan exacta en tiempos, que pareciera estar orquestada. Ese mismo día, el 11 de noviembre de 1886, Díaz escribió a su procónsul "interesándolo" en el cambio de jefe político en La Laguna. De inmediato, Reyes le "abrió el ánimo" al gobernador con tal propósito. Dadas las "resistencias" de Garza Galán, fue el propio presidente quien tuvo otra vez que "apremiarlo" a llevar a cabo esta sustitución de servidores públicos pues, como señalaba Díaz "allí tenemos buenos amigos, que nos han servido bien, y no debemos descubrir los límites de su paciencia".[33]

Una vez dada la luz verde, Garza Galán no tardó en tomar en manos propias el impulso antimaderista proveniente del centro. En el ámbito coahuilense se convirtió en brutal la lucha entre facciones. El gobernador se lanzó a fondo contra Madero. Como jefe político en La Laguna nombró al general Feliciano Zermeño, "amigo íntimo particular de los amigos de La Laguna, . . . cuya circunstancia, unida a su prudencia y su energía le ayudarán mucho para desempeñar aquel cargo". Dichos "amigos", Herrera, Sifuentes y Regalado —éste último también llegaría a ser jefe político— eran enemigos acérrimos de don Evaristo, precisamente los que habían abogado con Díaz por el cambio de autoridades locales.[34]

La relación con Zermeño fue bastante tensa. Este se esmeraba por poner a Madero todo lo mal que podía frente a los ojos presidenciales y del gobernador. Así por ejemplo, en febrero de 1889, cuando el clan empezó a desplegar sus influencias en oposición a la reelección de Garza Galán Zermeó "suplicó" a Díaz que no "diese cabida" a sus "pretensiones", pues había que tener presente que

el señor Madero nunca será partidario del gobierno y como recordará, en tiempo de Lerdo de Tejada le puso precio a su cabeza [de Díaz].[35]

No cabe duda de que Zermeño debió haber cometido un buen número de arbitrariedades. Después de la rebelión de 1893, cuando se suprimió a los jefes políticos, el gobierno federal se vio en la necesidad de proteger a todo

[32] Ibid., leg. 11, caja 25, doc. 12285-6, C. Herrera a Díaz, 11 de noviembre de 1886.

[33] CEHMC, FDLI, carp. 6, leg. 1005, doc. 1, Díaz a Reyes, 29 de noviembre de 1886; ibid., leg. 1012, doc. 1, 1 de diciembre de 1886; CPD, leg. 11, caja 25, doc. 12319, Díaz a Reyes, 11 de noviembre de 1886; ibid., doc. 12330, Reyes a Díaz, 29 de noviembre de 1886.

[34] Falcón, "La desaparición de jefes políticos", 454.

[35] CPD, leg. 14, caja 4, doc. 001810-14, Zermeño a Díaz, 22 de febrero de 1893.

el grupo garzagalanista obligando a los nuevos "poderes del Estado [a] com-
prometerse y *con solemnidad a echar tierra* sobre los desmanes de la *Administración Garza Galán"*. Especial atención se dio entonces a los jefes políticos,
entre ellos al de La Laguna. Reyes incluso tuvo que otorgar a Zermeño una
diputación con el fin de "darle fuero constitucional . . . lo cual le ofrece las
garantías que deseaba sobre de que no se removiera nada".[36]

Ciertamente que no era posible excluir totalmente al clan de todo cargo
de representación en las localidades donde tenía concentrados sus intereses.
En 1887, por ejemplo, Francisco Madero —el padre del revolucionario— fue
miembro del ayuntamiento de Parras y su padre, el patriarca, del Tribunal
de Insaculados.[37]

Pero el que Garza Galán y el centro tuviesen qué entregarle una tajada
mínima del sistema político regional, no invalida la forma sistemática y or-
ganizada con que desde el Palacio Nacional y las oficinas de gobierno de Monterrey —Reyes era el gobernador de Nuevo León—, y de Saltillo se socavó la
influencia maderista. De ahí una de las raíces profundas que alimentaron la
rebelión del 93 y, eventualmente, la de 1910.

Ello fue particularmente claro después de la pacificación del levantamiento de 1893, que llevó a la caída de Garza Galán y de sus jefes políticos.
Los arreglos no implicaron una victoria neta para los rebeldes. Para los
maderistas —o bien para los Carranza, Cárdenas y demás opositores— hubo
un nuevo equilibrio político, pero, paradójicamente, también la extensión y
el afianzamiento del dominio federal. Por un lado, el centro aseguró su lugar como fiel de la balanza, capaz de crear pesos y contrapesos entre los miembros de la élite. Por el otro, el general oaxaqueño se hizo de las correas de
dominio que le permitirían ejercer un control estricto sobre los diversos rincones coahuilenses. La pacificación implicó que Díaz y su "procónsul" de-
bieran entregar cierta representación formal a cada facción, pero también les
permitió marcar límites a sus anhelos de autonomía.[38]

Para mejor mantener el control sobre Coahuila desde la ciudad de México era indispensable preservar a todos los grupos, a fin de contraponerlos
unos a otros y hacerlos depender a todos del reconocimiento y los favores
presidenciales. Por ello se convirtió en un verdadero interés de estado dosificar
favores y deferencias. Así, se siguió teniendo especial cuidado en proteger los
intereses pecuniarios y familiares de Treviño y Naranjo. A los Carranza les fue

---

[36] Ibid., Reyes a Díaz, leg. 18, caja 31, doc. 15340, Reyes a Díaz, 14 de octubre de 1893;
la cita sobre la administración de Garza Galán en CEHMC, FDLI, copiadores 14, doc. 8597, Reyes
a Díaz, 19 de septiembre de 1893; ambos citados en Falcón, "La desaparición de jefes políticos",
447.

[37] *El Coahuilense*, 3 de noviembre, y 21 de diciembre de 1887.

[38] Falcón, "Logros".

bastante bien, pues se les permitió controlar Cuatro Ciénegas por tres períodos gubernamentales consecutivos, se les otorgó cargos locales, y ofrecieron ventajas económicas: rebajas de impuestos y la posibilidad de apropiarse de extensos terrenos.[39]

Los Madero no tuvieron tan buena estrella. En el otoño de 1893, cuando el "procónsul" recompuso el equilibrio del poder en Coahuila, puso especial cuidado en el nombramiento de futuros funcionarios municipales en La Laguna, designando 'elementos encontrados que se balanceén, y dejando en cierto modo contento al general Zermeño, que antes mandó allí como jefe político". Si bien el ayuntamiento de Parras se entregó al clan maderista, Reyes tuvo la previsión de colocar en la presidencia municipal a Tomás Rodríguez que, aparentemente, se encontraba "separado de Madero por cuestiones de interés". En los otros municipios lagunenses, Reyes también logró introducir elementos que consideraba relativamente independientes. En Viesca quedó Luis Lajous "propietario . . . sin ligas con los Madero".[40]

En la formación del nuevo poder legislativo, se usó la misma estrategia: permitir la representación de todas las facciones, pero sin que ninguna dominase, y que todas dependiesen de la aceptación del centro. Como sucedía regularmente en este régimen clientelístico, los arreglos informales escondían lo que parecía una realidad a primera vista. Díaz y Reyes se esmeraron por hacer aparecer que la cámara estaba dominada por opositores. Tras bambalinas maniobraron para que ello fuera un simple espejismo en beneficio de la federación. Entre otros, el diputado designado por Madero era considerado tan dócil, que el "procónsul" pensaba "utilizarlo para inclinar la balanza a uno y otro lado".[41]

A fin de asegurar el éxito de su cometido central: disciplinar a Coahuila a los dictados de la presidencia, Reyes cuidó todos los procedimientos, entre ellos las elecciones. En septiembre de 1893, cuando debían tener lugar los comicios, envió a los encargados de los destacamentos federales bajo su mando, el decálogo "en lo referente al medio extremo de tener mayoría a la hora del escrutinio". Para garantizar la elección de los candidatos que contaban con la bendición del centro, deberían guardarse "consideraciones a las autoridades locales" pero sin intimar con ellas. La "principal tarea" consistiría en ganar las mesas, para controlar a los escrutadores. Los oficiales contaban, además, con el poder disuasivo de las armas. A Juan Villarreal, al mando del destacamento de Parras, le explicó que, para los comicios, podía disponer libremente de las fuerzas federales, y le recordó que estaba en obligación de

---

[39] Ibid., pp. 121 y ss. Para los Carranza también ver Douglas Richmond, *Venustiano Carranza's Nationalist Struggle, 1893-1920* (Lincoln: University of Nebraska Press, 1983), 14 y 17.

[40] CPD, leg. 18, caja 31, doc. 15340, Reyes a Díaz, 24 de octubre de 1983.

[41] Ibid., leg. 18, caja 24, doc. 12542, Reyes a Díaz, 21 de septiembre de 1893, citado en Falcón, "Logros", 120 y ss.

influir en el resultado del citado escrutinio . . . toma[ndo] las providencias necesarias para que los electores que no sean consecuentes con ud. no se presenten mas que en minoría. . . .[42]

Reyes llegó a ser más explícito. Al jefe del destacamento militar en La Laguna, más adelante le pidió asegurar elementos,

como si tuvieran que luchar . . . los cuales cuando menos podrían modificar la elección a la hora del escrutinio, apoderándose de los expedientes y armando un escándalo en el que Ud. intervendría con el aparente objeto de ponerlos en paz, pero protegiendo siempre a los de la casa.[43]

La economía: "Una parte de deferencia y . . . otra de resolución"

Durante el porfiriato, los Madero no sufrieron problemas serios en sus intereses pecuniarios. Este régimen significó una etapa de engrandecimiento, expansión, diversificación y modernización de su emporio. Sin embargo, dentro de la lógica del gobierno federal, estaba también la de no acceder a todas las peticiones de la élite a fin de recordar a sus miembros los topes de su autonomía, la necesidad que tenían de recurrir a la máxima figura de autoridad en el país, y como es que, en ocasiones, éste giraba órdenes que se traducían en conflictos y mermas a sus intereses. Desde la lógica del presidente, había que "ponerlos en su lugar".

Analizando la situación del clan maderista desde esta óptica, las tensiones estuvieron presentes por lo menos desde que Porfirio Díaz retomó la presidencia, a fines de 1884.

A pesar de la manera abrupta en que quedó eliminado de la gubernatura, Evaristo Madero buscó adaptarse a las reglas del juego. El coahuilense no tardó en intentar hacer uso de uno de los cimientos de la estabilidad porfirista: trocar lealtad política por incentivos económicos.

Como se señaló, Díaz se vio en la necesidad de tener cuidados especiales en "robustecer la gratitud" de personajes de primer orden en la vida de la nación, como eran Treviño y Naranjo, y los arreglos con ellos concertados funcionaron relativamente bien. Evaristo Madero, en cambio, no siempre tuvo buena estrella para obtener favores de ordern económico por parte del presidente. Díaz constantemente dio pie a fricciones y contratiempos al manejar sin entusiasmo, e incluso negar, los requerimientos que en pro de su bienestar material realizó el clan. Aún cuando Madero y Díaz se esforzaban por aparentar una amistad, el general oaxaqueño no desaprovechaba la opor-

---

[42] CEHMC, FDLI, copiadores 13, doc. 7936, Reyes a Villarreal, 3 de septiembre de 1893; ibid., doc. 8177, Reyes a Villarreal, 13 de octubre de 1893, citados en Falcón, "Logros", 127.

[43] CEHMC, FDLI, copiadores 13, doc. 7987, Reyes a Villarreal, 13 de septiembre de 1893.

tunidad de recordar al empresario coahuilense la dependencia en que se encontraba.

En diciembre de 1884, a una semana escasa de haber sido eliminado de la gubernatura, y de quejarse con el presidente sobre la violencia ejercida contra su hijo Francisco y otros adeptos, Madero le envió una carta muy cortés al Palacio Nacional, remitiéndole muestras de dril crudo que fabricaban en su hacienda El Rosario. Después de alabar su calidad y economía, le solicitó lo "recomendase" para que la confección de uniformes del ejército nacional se realizara con dicha tela. Díaz, no parece haberse entusiasmado con la idea. Un tanto lacónicamente anotó al margen de la solicitud "Haré que hablen de su dril a algún contratista". Tres meses más tarde, al no recibir contestación, el poderoso coahuilense insistió ante el presidente sobre las ventajas que ofrecían sus telas, que incluso competían "con facilidad" con las de contrabando. La respuesta del general oaxaqueño fue parecida.[44]

No sorprende que las contribuciones hayan sido una de las tensiones que nublaron el entendimiento económico del clan con el régimen. Así por ejemplo, poco después del triunfo tuxtepecano, Evaristo Madero se unió a otros fuertes industriales textileros a lo largo y ancho de la república, que promovieron amparos en contra de las altas contribuciones que les fueron decretadas.[45]

Más adelante, fue otra vez Reyes el encargado de mantener la presión económica sobre el clan. Un caso tuvo lugar poco después de pacificada la rebelión del '93, cuando el centro mostró especial empeño en impedir que se desparramara la influencia maderista. El "procónsul" se ufanó entonces con Díaz de como,

> El Sr. Madero luego que corrieron vientos favorables en Coahuila, pretendió eximirse de pago de contribuciones; pero hasta el Diputado que es de su gente . . . opinó en contra. . . .
>
> *Si doy cuenta a Ud. de ésto es para que vea que en el ánimo de la Legislatura no puede influir aquel Sr. en caso de que se ofreciera, respecto de lo cual hizo Ud. recomendaciones. . . .*[46]

Otro caso que muestra la manera relativamente sutil que adoptaron estas tensiones de orden económico se refiere a unos lotes de terrenos baldíos que compraron los Madero. Pocos meses después de dejar la gubernatura, al patriarca del clan recordó al presidente que hacía unos años su familia había denunciado unos lotes baldíos y ahora, en vez de respetársele el precio de 75

---

[44] CPD, leg. 9, caja 3, doc. 1139, Madero a Díaz, 18 de diciembre de 1884; ibid., leg. 10, caja 10, doc. 4776, Madero a Díaz, 15 de mayo de 1885. En esta ocasión Díaz accedió a "hacer una indicación a los contratistas, pero ud. [Madero] hable con ellos".

[45] *Amparos promovidos por diversos fabricantes del país por contribuciones a las fábricas de hilados y tejidos* (Saltillo, 1 de agosto de 1879, s.p.i.). Este amparo lo promovió Madero para proteger su fábrica "La Estrella" situada en Parras.

[46] (Enfasis mío) CEHMC, FDLI, copiadores 14, Reyes a Díaz, 14 de diciembre de 1893.

centavos por hectárea que originalmente se le había ofrecido, se le quería aumentar la tarifa a un peso. Al no obtener respuesta de la ciudad de México, en diciembre de 1885, el hombre fuerte de La Laguna inició una acometida más seria. A lo largo de noventa días, escribió repetidamente a quien ocupaba el pináculo del poder en el país, e incluso envió a su hijo Francisco a visitarlo y tratar el problema. Díaz dio ''las más expresivas gracias'' por las visitas, estudios, cartas y hasta ''el planito que se sirve enviarme y por cuya revisión mucho me sirve para ilustrar mi juicio acerca del asunto'', pero desde entonces le advirtió que los terrenos tenían ''una tarifa fija que por ningún motivo se bajara''. A pesar de que Evaristo amenazó con devolver los terrenos, y un año más tarde él y su hijo Francisco insistían en pagar solo 75 centavos, el presidente obligó a que se pagase la nueva cantidad estipulada. Una vez más, el régimen marcaba el ruedo dentro del cual se confinaría al clan maderista. Obviamente, ello fue fuente constante de irritación.[47]

En la cuestión de mayor trascendencia para los Madero, y que de hecho constituía el centro vital de todo Coahuila: el agua, su relación con el régimen también fue agria. La distribución que se hiciera de las aguas acarreadas por el río Nazas era de vida o muerte en las vastas tierras algodoneras de La Laguna. El acceso al agua no sólo estaba en la médula de los intereses maderistas, sino también de otros grandes propietarios, como la Compañía Agrícola e Industrial de Tlahualilo, empresa inglesa, que dio una dimensión internacional a estos conflictos. Jamás se encontró solución, y las tensiones escalaron casi al rojo vivo desde la misma gubernatura de don Evaristo. Su clan nunca dejó de defender lo que consideraba sus legítimos derechos sobre el agua del Nazas. El mismo Francisco I. Madero, el futuro revolucionario, se dio a conocer ante la opinión pública y ante el propio presidente por sus cuidadosos estudios sobre esta cuestión. En 1890, Francisco Madero padre, Antonio Hernández, y Marcos Benavides encabezaron una delegación que gestionó activamente su causa en la ciudad de México.[48] En junio de 1892, éstos mismos personajes tuvieron que regresar a Palacio Nacional para avanzar su cruzada. Una vez más, sus esfuerzos se enmarañaron en el tejido burocrático que ''suspendió'' toda resolución. Marcos Benavides sería el principal

---

[47] CPD, leg. 10, caja 23, doc. 11176–11179, Evaristo Madero a Díaz, 24 de septiembre, 1, 5, 23 de diciembre de 1885, Díaz a Madero, 5 de diciembre de 1885; ibid., doc. 11247, Evaristo Madero a Díaz, 15 de diciembre de 1885; ibid., doc. 11150, Evaristo Madero a Díaz, 29 de diciembre de 1885; ibid., caja 25, doc. 1240, Díaz a Evaristo Madero, 15 de diciembre de 1885; ibid., leg. 11, caja 3, doc. 1142, Evaristo Madero a Díaz, 23 de febrero de 1886; ibid., doc. 1143, Díaz a Evaristo Madero, 17 de febrero de 1886; ibid., leg. 12, caja 5, doc. 2116, Maza a Ministro de Fomento, 1 de marzo de 1887; ibid., doc. 2120, Evaristo Madero a Díaz, 16 de marzo de 1887; ibid., doc. 2120, Díaz a Evaristo Madero, 22 de marzo de 1887.

[48] Archivo General del Estado de Coahuila de Zaragoza (AGECZ), leg. 110, año 1890, ''Madero y Hernández'' a Presidente Municipal, 5 de septiembre de 1890; ibid., Ríos a Jefe Político, 23 de septiembre de 1890.

representante de la casa Madero de entre quienes empuñaron las armas año
y medio más tarde.[49]

Pasada la rebelión del 93, y en vista de que no prosperaban las demandas
canalizadas dentro de las dependencias oficialmente encargadas de la distribución del agua del Nazas, los ribereños en lucha contra la Tlahualilo, decidieron encaminar sus peticiones vía el *factotum* informal de poder. Pidieron
entonces a Bernardo Reyes que desempeñase un papel activo y directo en
busca de una solución. En este, como en tantos otros casos, Díaz no tardó en
ratificar a Reyes en su posición de árbitro y delegado presidencial por encima
de las autoridades formales.[50] Sin embargo, tampoco así se alcanzó arreglo.
El viejo régimen se vino abajo, y el agua del Nazas seguía en disputa.

Conclusiones

En suma, la lógica del sistema hacía imperativo mantener a los Madero
bajo cierta dosis de presión. Por su lado, el clan nunca cejó en su empeño de
obtener mayores cuotas de autonomía. Las fricciones con el gobierno de Díaz
se perpetuaron. A fines de 1894, Reyes resumía dicha situación: ". . . el Sr.
Madero sigue moviendo resortes con el fin de imponer su voluntad, como ha
pretendido hasta ahora sin éxito".[51] Sería un error del régimen que el tiempo
habría de cobrar.

Dentro de una perspectiva más general, el viejo régimen cayó víctima,
entre otros factores, de una falta de equilibrio. Al tiempo en que el sistema
propició la modernización económica, mostró graves resistencias y franca incapacidad para ir modernizando su estructura política. Ya varios teóricos —
entre ellos Samuel Huntington— han llamado la atención sobre los efectos
tan disruptivos que provoca este desfase. El caso de la familia Madero puede,
en parte, inscribirse dentro de este orden de ideas.

Huntington concibe a la modernización como un proceso multifacético
que involucra transformaciones en todas las áreas de actividad y pensamiento
humano. Una implicación básica de la modernización política es la quiebra
y desintegración del orden político tradicional con sus formas de autoridad
personalista, religiosa, familiar y étnica, entre otras. En ocasiones, dicha
quiebra va acompañada de un tránsito hacia tipos de legitimidad de corte más
nacional, secular y "racional". Otro cambio fundamental que conlleva la

[49] Archivo Francisco I. Madero (AFIM) (depositado en el INAH), rollo I, f. 30, "Junta de
la presa La Colonia", 7 de junio de 1892 y f. 37, resolución del Secretario de Comunicaciones
y Obras Públicas, 8 de junio de 1890.

[50] CEHMC, FDLI, Copiadores, doc. 8711, Reyes a Díaz, 6 de enero de 1894; ibid., carp.
20, leg. 3825, doc. 1, Díaz a Reyes, 10 de enero de 1894.

[51] Ibid., FDLI, copiadores 18, doc. 17761, ff. 658–663, Reyes a Cárdenas, 18 de noviembre
de 1895; ibid., doc. 11459, f. 327, Reyes a Cárdenas, 29 de julio de 1894.

modernización política es la diferenciación de las funciones de gobierno, y el desarrollo de estructuras administrativas complejas y especializadas que se encargan de tales tareas. Lo legal, lo militar, lo económico y demás esferas de acción van tomando caminos separados. Por último, en el proceso modernizador es también decisiva la creciente participación de amplios sectores sociales dentro del juego político.[52]

Le estructura de poder del viejo régimen es un buen ejemplo de un sistema prácticamente incapacitado para modernizarse. Los intentos que se hicieron en este sentido sólo vinieron a generar tensiones estructurales, que no pudieron ser resueltas dentro de los canales y estilos políticos imperantes. El estudio del clan maderista arroja luz sobre estas tensiones y sus implicaciones.

Probablemente el obstáculo de mayor trascendencia en el camino hacia la modernización política haya sido la falta de mecanismos institucionales para concertar intereses. En el inicio, la consolidación del régimen dependió, en buena medida, de una virtud del general oaxaqueño: sus dotes personales para integrar a opositores y desafectos en una red de compromisos, favores y pactos de orden clientelístico. Pero a mediano y largo plazo, este estilo se trocó en una fuente de debilidad, pues el cemento que daba cohesión a toda la estructura de poder nunca logró rebasar el corte tradicional y personalista típico de Díaz. El general oaxaqueño no logró, y probablemente nunca quizo sustituir dicho estilo por formas políticas más estables, complejas e institucionales.

El caso Madero muestra claramente como los mecanismos mediante los cuales se dominaba desde el Palacio Nacional a los diversos rincones del país, no se basaban tanto en las prerrogativas formales y constitucionales, como en la capacidad soterrada pero decisiva de dar, condicionar y, llegado el caso, obstruir el acceso y el funcionamiento de los cargos político administrativos; así como de garantizar, favorecer o liquidar intereses económicos.

Los arreglos tras bambalinas, las formas semiocultas de manipulación y conciliación dieron un sello personalista, clientelístico y tradicional al régimen del general oaxaqueño. Estas modalidades llevaron a hacer de los delegados presidenciales informales, los verdaderos núcleos de poder, que actuaban muy por encima de las autoridades. En Coahuila, el general Bernardo Reyes se colocó como árbitro, juez y cabeza de gobernadores, presidentes municipales, jefes políticos y todo tipo de funcionarios. En diversos grados, tanto aquellos que ejercían cargos públicos, como los hombres fuertes de Coahuila, se vieron obligados a adoptar una actitud de sumisión hacia el presidente y su ''procónsul''.

Otra derivación de la falta de procedimientos institucionales y del estilo

[52] Samuel Huntington, *Political Order in Changing Societies* (New Haven, Conn.: Yale University Press, 1969), 34 y ss.

clientelístico prevalesciente fue la necesidad en que se vio el régimen de fomentar la lucha entre facciones, a fin de echar mano de todas, y evitar que alguna se "enseñoreara" sobre el resto. Fue éste el método que permitió a las autoridades del centro crear equilibrios entre los grupos contendientes, y erigirse como fiel de la balanza de poder.

En el caso de los Madero, es especialmente claro como estas pugnas faccionales generaron resentimientos y fricciones con el régimen, así como con el resto de la crema y nata local. Como ellos, otros notables estuvieron siempre dispuestos a entablar alianzas con antiguos rivales, a fin de eliminar o rebajar el grado de dominio de otra facción. No es de extrañar que, en el ocaso del porfiriato, varios miembros de la élite coahuilense se mostraran particularmente críticos al sistema.

Por otro lado, los mecanismos políticos tradicionales y de carácter no institucional también derivaron, en una maraña de funciones dentro del gobierno. Las decisiones últimas que afectaban a todo el noreste del país, en torno a aspectos tan decisivos como la designación de funcionarios, los comicios, el control sobre las armas, la tierra y el agua, los cambios legislativos y muchos aspectos más eran tomadas directamente por el general oaxaqueño y su "procónsul".

En esta estructura política era poco lo que podía lograr quien carecía de acceso adecuado a las verdaderas unidades de poder. Tal fue el caso de Evaristo Madero cuya relación con Porfirio Díaz estuvo llena de fricciones por haberse opuesto a su ascenso a la silla presidencial y, más adelante, por formar parte del grupo gonzalista que el oaxaqueño tuvo que desprestigiar y deshacer. Con la abrupta salida de don Evaristo de la gubernatura y el encarcelamiento momentáneo de su hijo Francisco, quedó simbólicamente condensada la actitud que se les dispensaría desde el Palacio Nacional: la sistemática, aun cuando semioculta, reducción y desmantelamiento de sus áreas de influencia.

La federación, ayudada por los poderes estatales, se empeñó en ir cortando, de manera metódica, la influencia de los Madero en el ámbito coahuilense. El delegado presidencial casi todo poderoso en Coahuila —el general Reyes— sabía que una de sus tareas medulares consistía en obstaculizar y minimizar el poderío de este clan. Tal antagonismo no sólo se derivaba de indicaciones elaboradas en el Palacio Nacional, sino también del juego de poder en la nación, el cual estaba impregnado de la misma lógica faccional que prevalecía en las regiones. Reyes era, precisamente, la cabeza del único grupo que, a lo largo y ancho del país, lograra rivalizar con el de los científicos, al cual era especialmente cercano la familia Madero.

Después de que Díaz hiciera desaparecer los poderes coahuilenses en diciembre de 1884, no sólo se impidió a los Madero colocar un candidato propio al frente de la gubernatura, sino que las sugerencias que en este sentido siempre hicieron fueron sistemáticamente deshechadas. Ello quedó claro en enero de 1885, en 1886, 1889, 1893, 1905 y en 1909.

Ni siquiera se les permitió una adecuada representación a nivel local, básicamente en La Laguna y en Parras. Aquí el mismo general oaxaqueño impulsó, a través de Reyes y del ejecutivo estatal, la imposición de jefes políticos y funcionarios municipales por lo menos independientes, si es que no francamente contrarios a los maderistas. Igual cuidado se puso al designar a los encargados de las fuerzas federales en la región y al celebrarse elecciones.

Un desbalance más pesó en contra del clan encabezado por don Evaristo: no recibir el mismo trato preferencial con que, en el orden económico, el presidente cuidó a otras facciones y caudillos del noreste. A figuras de mayor relevancia en el juego político nacional se les prodigaron favores más jugosos a cambio de su lealtad. Tal fue el caso de Naranjo y de Treviño en 1884, pues ambos caudillos contaban con gran prestigio militar, habían sido secretarios de Guerra, y Treviño incluso había aspirado a la silla presidencial. En pro de la casa Madero, el régimen no puso el mismo empeño en "robustecer su gratitud". Ciertamente que el régimen no impidió que los Madero ensancharan su emporio hasta convertirlo en uno de los más sólidos y diversificados del país. Pero, el mismo tiempo, el caudillo oaxaqueño estuvo frecuentemente dispuesto a mostrarles los confines de su dominio, y la necesidad que tenían de recurrir a sus "recomendaciones".

Otra de las típicas tensiones del sistema político, que dio pie a severos conflictos con el clan maderista, fue que los mecanismos de renovación de cuadros del sistema se hicieron extremadamente rígidos, envejeciendo junto con el caudillo. Garza Galán se perpetuó en la gubernatura hasta generar una revuelta. Caso análogo fue el de su sucesor, Miguel Cárdenas. A los miembros de la élite coahuilense, se les impidió, sistemáticamente, hacer uso de mecanismos pacíficos que permitieran destaponar a tiempo los niveles altos de la administración.

Todo ello convirtió a las elecciones en una mera rutina protocolaria, sin contenido real. El nieto de don Evaristo correctamente apuntó a éste como el talón de Aquiles del régimen. Después de las elecciones de 1905 y 1909 en Coahuila, Francisco I. Madero supo calar en este grave defecto del sistema. De hecho, pospuso su llamado a la insurrección hasta haber mostrado ante México entero la carencia de un Estado de derecho. Esta falta de legitimidad que agobiaba al viejo régimen constituyó la médula de la invitación maderista a las armas.

A fin de cuentas, la incapacidad de modernizar el sistema político a la par de la sociedad mexicana, acabó siendo la condena del viejo régimen. Los procedimientos, el estilo y la lógica del quehacer político que imperaron hicieron imposible que este sistema transitara hacia formas más institucionales, diferenciadas, organizadas y racionales. Las fricciones que tuvo el clan maderista con el régimen entre 1885 y 1893, son un botón de muestra de dicha incapacidad. Fueron a la vez, raíces profundas del ocaso porfirista y del inicio de una nueva era.

Este tipo de tensiones guardan un interés particular al analizar el ocaso del viejo régimen. Dicha problemática ha llamado la atención a teóricos de los movimientos revolucionarios. En los últimos años, las fricciones sucitadas entre las clases dominantes y el Estado han sido objeto de una atención particular por parte de teóricos avocados a desentrañar los orígenes de las revoluciones sociales.[53]

Evaristo Madero siempre intentó acomodarse a las reglas implantadas por el general oaxaqueño. Su nieto, en cambio, asumió una posición radical. En vez de negociar, buscó remediar a fondo las fallas del régimen. El patriarca del clan fue algo cercano a un cacique; su nieto, a un estadista.

Francisco Indalecio fue mucho más allá de lo que su familia y su grupo social y económico consideraba prudente. Un punto que ilustra claramente la profundidad y modernidad de la revolución que él encabezara, es su decisión de buscar alianzas con facciones sociales que no tenían cabida en un régimen tan cerrado y oligárquico como el porfirista: los sectores medios y, hasta cierto punto, los populares.

No es de extrañar que el patriarca del clan estuviera en desacuerdo con su nieto en torno a su llamado a la revolución. ''Te estás metiendo entre las patas de los caballos'', le sentenció. Murió en Monterrey el 7 de mayo de 1911, justamente cuando Francisco I. Madero lograba lo que parecía un imposible: derrocar al anciano dictador mediante un llamado político y moral a dignificar y modernizar al país.

---

[53] Theda Skocpol, *States and Social Revolutions: Comparative Analysis of France, Russia and China* (Cambridge: Cambridge University Press, 1979), especialmente 30 y ss.

Sonora al filo de la tormenta: Desilusión con el porfiriato, 1900-1911

Gregorio Mora

A FINES DEL SIGLO XIX, Sonora experimentó una gran explosión económica. Empresarios norteamericanos, hombres de negocio sonorenses y líderes porfiristas resultaron los principales beneficiados. Los empresarios pasaron a formar parte de la élite porfirista sonorense a través de matrimonios y alianzas de negocios. Además de participar activamente en la política, lograron controlar sectores de la economía, formaron el grupo más grande de intelectuales y profesionales, y se convirtieron en los suministradores de proyectos públicos y proveedores de los desafortunados. También dominaban la vida social: asistían a fabulosos bailes de gala y sus bodas atraían amplia atención pública. Aunque perturbada por repetidas depresiones económicas y rebeliones indígenas, la élite sonorense no perdía la confianza de que, en conjunto con el estado, continuarían prosperando.

Los eufóricos días de la oligarquía sonorense llegaron a su fin durante la primera década del siglo XX. Una depresión mundial retardó la economía sonorense y la minería, la principal industria del estado, se vio casi paralizada. Los efectos fueron desvastadores y lograron desestabilizar el una vez invencible aparato porfirista en Sonora. Prueba de esto es la huelga que los trabajadores sonorenses decretaron en 1906 en el complejo minero de Cananea, en la que los trabajadores pedían sueldos similares a los de los empleados norteamericanos. Considerando esta acción un desafío a su autoridad, el régimen de Díaz reaccionó violentamente, aplastando la huelga y encarcelando a los líderes. Para fines de la primera década de 1900, la depresión disminuyó los fondos del gobierno del estado justamente cuando éste asumía mayores responsabilidades, que incluían la expansión de los servicios públicos y el frecuente problema de contención de los indios Yaqui. Por otra parte, muchos miembros de la clase media sonorense, además de estar molestos con la manera en que el gobierno había manejado la huelga de Cananea y con las campañas de deportación y exterminación de los Yaqui, se quejaban de la escasez de oportunidades y del favoritismo de las autoridades para con el capital extranjero, el que consideraban poco saludable.

Para 1910 la economía del estado había decaído de tal manera que causaba un gran descontento entre las clases medias y las populares. La animosidad en contra del régimen porfirista permitió que Francisco Madero lograra el apoyo de multitudes sonorenses. En su visita al estado, Madero obtuvo primeramente el apoyo de los miembros de la clase baja (obreros, campesinos y los indios Yaqui y Mayo) y algunos grupos de la clase media. Gradualmente, el liderazgo de la Revolución en Sonora fue absorbido por miembros de la clase media. Ellos dictarían el futuro de la Revolución Mexicana.

Sonora en la época porfiriana

Antes de que Porfirio Díaz lograra controlar la vasta y violenta nación mexicana, Sonora, ubicada justo al sur de Arizona, había mantenido por lo menos cincuenta años de guerras civiles fraticidas en conjunto con una serie de amargos conflictos con los indígenas Apache y Yaqui. Durante este período, los gobernadores Manuel Gándara, conservador, e Ignacio Pesqueira, liberal, intentaron restaurar el orden y la estabilidad política. Ambos caudillos lograron, por algún tiempo, darle a los sonorenses la esperanza de que su tierra disfrutaría de un largo período de paz. El gobernador Pesqueira incluso convenció a sus conciudadanos de que Sonora sería capaz de comenzar por fin la explotación de sus numerosos recursos, lo que transformaría a Sonora en uno de los estados más ricos y modernos de México.

El gobernador Pesqueira se comprometió inicialmente a lograr la modernización económica de Sonora. En la década de 1860, Pesqueira motivó a los extranjeros a invertir en la minería y a construir un ferrocarril en Sonora. Más aún, estaba profundamente interesado en la apertura de grandes extensiones de tierras en el sur de Sonora, con el objeto de colonizarles. Creía firmemente que mientras las tierras permanecieran en poder de los indígenas, éstas no serían productivas. Sin embargo, Pesqueira fue incapaz de llevar adelante la tan ansiada modernización.

En 1876, Porfirio Díaz derrocó al presidente Sebastián Lerdo de Tejada. Desde el comienzo de su presidencia, Díaz se empeñó en un plan para centralizar México a través del debilitamiento de la autonomía de los gobiernos estatales. En Sonora, Díaz apoyó al general Vicente Mariscal y a un grupo de sonorenses en su lucha para terminar con el gobierno de Pesqueira. Después de que Pesqueira fue obligado a retirarse, los gobernadores porfiristas estuvieron continuamente a la cabeza del estado hasta 1911. Bajo este gobierno,

Sonora experimentaba prosperidad aunque alternada con períodos de depresión.

Después de establecer el control de México, Díaz instituyó un plan para modernizar la economía. Díaz reconocía que la economía del país no sólo estaba atrasada sino que también había sido desvastada por los largos años de guerras civiles. Creía que la única manera de modernizar la economía era a través del uso del capital foráneo y del conocimiento tecnológico, y decidió probar su modelo de desarrollo económico en Sonora. Los extranjeros respondieron en forma generosa, invirtiendo millones de dólares en la construcción de ferrocarriles, en la minería, y en la colonización de tierras.

A pesar de que los sonorenses habían puesto por largo tiempo sus esperanzas de desarrollo económico en el ferrocarril, los proyectos ferrocarrileros nunca pasaron más allá de la etapa de planificación. Finalmente, el Ferrocarril Achison, Topeka y Santa Fé comenzó la construcción del Ferrocarril de Sonora en 1880.[1] El gobierno nacional pronto concedió otros contratos. En diciembre de 1881, se concedió una concesión para una línea que uniría Tijuana, Baja California, con el Ferrocarril de Sonora.[2] En enero de 1882, se concedió un contrato a la Compañía del Ferrocarril Internacional Reformado para construir una ruta desde Alamos hasta el puerto de Yávaros.[3] En febrero de 1882, la Compañía del Ferrocarril de Tucson, Arizona, y Golfo de California, obtuvo permiso para construir una línea que se originaría en Tucson, pasaría por los distritos de Altar y Magdalena, y terminaría en algún punto fronterizo.[4]

Los entusiastas planes de las autoridades porfiristas para integrar Sonora a través de un vasto sistema de ferrocarril produjo resultados limitados. La mayoría de los concesionarios no completaron todas sus líneas. En 1910, Sonora solamente tenía en operación tres líneas de importancia: la ruta Nogales–Guaymas del Ferrocarril de Sonora; la Compañía Cananea, Río Yaqui y Pacífico y su ruta Agua Prieta–Naco–Cananea–Arizpe; y la ruta Agua Prieta–Nacozari–Moctezuma del Ferrocarril Nacozari.[5] Otras compañías también tenían líneas en funcionamiento, aunque de menor importancia: la línea ferroviaria de la Cananea Consolidated Copper Company; el ramal Guaymas

---

[1] Consuelo Boyd, "Twenty Years to Nogales: The Building of the Guaymas-Nogales Railroad", *The Journal of Arizona History* 22 (1981), 307.

[2] Archivo Histórico de Sonora (AHS), Documentos Sueltos Clasificados (DSC), 442. Correspondencia de Thadeus Rogers, Presidente de la Compañía del Ferrocarril de la Baja California y Sonora, al Gobernador del Estado, 12 de abril de 1882.

[3] Archivo General de la Nación (AGN), Fomento: Decretos, caja 10, diciembre 15, 1880.

[4] AHS, DSC 442. Correspondencia del Gobierno de Sonora a los Prefectos de Magdalena y Altar, 14 de febrero de 1882.

[5] Archivo Histórico del Gobierno del Estado de Sonora (AHGES), Tomo 2596. "Ferrocarriles en 1910".

de la Compañía de Ferrocarril Cananea, Río Yaqui y Pacífico; el Ferrocarril Pilares de la Moctezuma Copper Company; y el Ferrocarril Guaymas–Tonichi.[6] Aunque la visión del gobierno porfirista de establecer un solo sistema de ferrocarril en Sonora se esfumó, ls pocas líneas construidas tuvieron éxito en integrar el estado. El ferrocarril también abrió la puerta para la explotación de los recursos mineros a los inversionistas norteamericanos.

Al establecerse el ferrocarril en Sonora, los inversionistas extranjeros llegaron por miles al estado. La mayoría de ellos eran pequeños inversionistas, pero también varias docenas de compañías norteamericanas expresaron interés, especialmente en la minería. Ningún otro grupo de empresarios americanos ejerció un efecto más profundo en Sonora y su gente que aquellos envueltos en la industria de la minería. Después de apoderarse de un gran número de minas, introdujeron cambios tecnológicos que podían extenderse a operaciones mayores. La repentina infusión de millones de pesos invertidos en la minería estimuló la construcción del ferrocarril al mismo tiempo que expandió el comercio y la agricultura. Presionados por la constante necesidad de mano de obra, los empresarios norteamericanos atrajeron trabajadores de la industrias tradicionales y los transformaron en la fuerza de trabajo más importante en el estado. Sin duda, los hombres de negocios norteamericanos alteraron radicalmente la econoñía sonorense.

Con la oferta de privilegios garantizados por el gobierno federal a los extranjeros, particularmente las exenciones de impuestos a largo plazo, se formaron numerosas compañías norteamericanas de gran tamaño para explotar los recursos mineros del estado. A mediados de la década de 1890 las compañías norteamericanas, actuando a través de los mejores y bien conectados abogados sonorenses, obtuvieron la propiedad de las empresas mineras más importantes del estado. La mina de oro Santa Elena, que había pertenecido al general Ignacio Pesqueira, pasó a ser propiedad de una compañía de Nueva York, representada por L. W. Mix. Una firma británica, la Consolidated Gold Fields of Mexico Ltda., la compró en 1897.[7] Los norteamericanos también poseían las minas Crestón y Colorada, las cuales estaban experimentando un período de bonanza en 1897, al igual que la Lampazos Mining Company y la Compañía Minera del Oso Negro. A diferencia de las pequeñas, estas compañías creían que las minas de cobre serían las más remunerativas, y se prepararon para invertir grandes sumas de dinero en la compra de maquinarias y en la construcción de plantas procesadoras de cobre.[8]

[6] Ibid.

[7] John Southworth, *El Estado de Sonora: sus industrias comerciales, mineras y manufactureras* (Nogales, 1987), 22.

[8] Francisco Dávila, *Sonora, histórico y descriptivo* (Nogales, Arizona: Tip. de R. Bernal, 1884), 215, 223, 250.

Por el año 1903, compañías con bases en Estados Unidos controlaban las mayores empresas mineras en Sonora, y poseían 22 de las 26 operaciones extranjeras que empleaban a más de 100 personas.[9] La Green Consolidated Copper Company empleaba la mayor cantidad de fuerza de trabajo, número que ascendía a los 3,000 y la Moctezuma Copper Company empleaba a 750. Más de dos docenas de compañías extranjeras mantenían una fuerza laboral que sobrepasaba de 100.

Al igual que la industria de la minería, el régimen de Díaz consideró a la agricultura como una pieza fundamental del desarrollo económico de la nación. El gobierno creía que si el país alcanzaba a satisfacer sus propias necesidades agrícolas, la dependencia de México con países extranjeros disminuiría, y por lo tanto la nación sería libre de seguir un curso políticamante independiente. Durante los 34 años que duró su régimen, Díaz adoptó medidas destinadas a expandir la capacidad agrícola de México. Unos de los planes estaban basados en la venta de grandes extensiones de terrenos a los inversionistas que estuvieran dispuestos a desarrollarlos. Varias compañías norteamericanas dedicadas a la adquisición de tierras con el objeto de colonizarlas, establecer ranchos o madereras, aceptaron la invitación para comprar tierras. Por ejemplo, en 1888 William Hearst recibió autorización para comprar terrenos en los estados de Sonora, Chihuahua y Coahuila.[10] Hearst tuvo éxito en forjar un latifundio que se extendía desde Chihuahua hasta el este sonorense. Deseando tener una fuente de madera disponible para el complejo minero de Cananea, el coronel William Greene, a través de la Sierra Madre Land & Lumber Company, obtuvo 72,884 hectáreas de terreno ubicado en Sonora y Chihuahua.[11]

La compañía Richardson Construction jugó el rol más dinámico en la transformación de la agricultura sonorense. Esta compañía, que al mismo tiempo reclamaba nacionalidad mexicana y norteamericana, tomó posesión de 550,000 acres de tierra, las cuales habían pertenecido a la Sonora y Sinaloa Irrigation Company.[12] La Richardson más tarde haría una compra adicional de 77,000 acres. Otras compañías norteamericanas también lograron adquirir extensos terrenos en el estado.

Aunque el gobierno de Díaz confiaba en los inversionistas extranjeros para desarrollar la economía, los empresarios nacionales continuaron controlando los sectores comerciales, agrícolas y manufactureros. Los comerciantes

---

[9] AHGES, Tomo 1807.

[10] AHS, Carpetón 678-37 (457). Correspondencia del Secretario de Fomento al Gobernador de Sonora, 24 de enero de 1888.

[11] AHGES, Tomo 2106-2.

[12] AHGES, Tomo 2323. Correspondencia de W.E. Richardson al Gobernador de Sonora, 21 de noviembre de 1908.

del puerto de Guaymas dominaban el comercio del estado. Las casas comerciales de Aguayo, Camou y F.A. Aguilar tenían tiendas en las ciudades más grandes. Alrededor de 1880, Wenceslao Iberri y Luis Martínez se contaban entre los más dinámicos empresarios sonorenses. Ambos tuvieron éxito en equilibrar sus intereses de negocios con los de la política. Al mismo tiempo de haber servido en el consejo de la ciudad de Guaymas y en el congreso nacional, Iberri transformó un modesto negocio que él mismo fundó en 1868, en un respetable establecimiento para 1883.[13] A fines de la década de 1870, Iberri había agrandado sus negocios con la inclusión de oficinas, salas de venta, y cuatro bodegas. No satisfecho con su éxito en los negocios, se convirtió además en agente de varias compañías de seguros extranjeras tales como la New York Life y la Union Assurance Society of London. También se vio envuelto en la incipiente industria banquera de Sonora. Los logros políticos y comerciales de Luis Martínez superaron fácilmente los de Iberri. Martínez mientras estrechaba lazos con los más importantes porfiristas sonorenses, convirtió su pequeño negocio en una gran casa comercial. Alrededor de 1900, Martínez se había elevado meteóricamente en el mundo de los negocios. Además de ser uno de los fundadores del Banco de Sonora —el primero en el estado— construyó una flota de veleros y barcos a vapor.[14]

Las actividades económicas de los empresarios de Hermosillo no se restringían solamente al comercio, porque además de residir en una fértil región agrícola, la zona contenía una gran cantidad de minas y la población más numerosa del estado. En vez de concentrarse en un solo campo, los empresarios hermosillenses prefirieron diversificar sus actividades y participar en las áreas de la agricultura, la minería y el comercio. Un pequeño número de empresarios tenía intereses en los tres rubros. Las diversas actividades económicas de estos hermosillenses establecieron una tradición que inspiró a otros en la búsqueda de nuevas oportunidades.

Como la mayoría de los sonorenses dependían del comercio de Guaymas y Hermosillo, el número de comerciantes en otras ciudades era relativamente bajo. La limitación de sus mercados a menudo los relegaba a un segundo plano que siempre los sometía al dominio de las grandes ciudades. A pesar de todo, varios de ellos pudieron superar numerosos obstáculos y establecieron florecientes casas comerciales en Ures, Magdalena, Cananea y Nogales. En 1888, los principales comerciantes de Ures eran Francisco C. Aguilar, Lucas Arvizú, Francisco Bustamante, Sicre Hermanos, Matías Tamayo y Ricardo Laborín.[15] Miguel Latz, J.B. Storman y Alberto Azcona poseían los estableci

[13] AHS, Carpetón 480–236. Correspondencia del Gobernador de Sonora al Gobierno Federal, 7 de mayo de 1883.

[14] Alfonso Iberri, *El viejo Guaymas* (Hermosillo: Publicaciones del Gobierno del Estado de Sonora, 1982), 23.

[15] AHS, Carpetón 594–06. ''Lista de los principales Comerciantes y Agentes Comisionistas del Estado (1888)''.

mientos comerciales más grandes en Magdalena.[16] Los comerciantes más destacados en Nogales eran Cirilo Ramírez, Próspero Sandoval, Benjamín Schob, Antonio Campillo, Donnadieu Hermanos y León Horvilleur.[17] Los dos últimos también operaban negocios en Guaymas, Hermosillo y Cananea.

De la misma manera que la explosión económica de 1880 produjo en los empresarios sonorenses una ola de crecimiento comercial, despertó en ellos un gran interés en la adquisición de tierras. Comerciantes, mineros y hacendados se sintieron atraídos primeramente porque una población creciente y la subsecuente expansión de mercados para la floreciente industria agrícola convertiría la propiedad de la tierra en una inversión muy valiosa. Los empresarios podían obtener tierras a través de la compra de propiedad privada o por medio de peticiones de tierras públicas a las autoridades pertinentes. Además de dedicarse a la compra de tierras o al cultivo de éstas, los empresarios se aseguraban otra forma de aumentar su riqueza. Entre los personajes de más éxito se encontraba Matías Alzúa, famoso por su valiente oposición a la invasión francesa. Consciente de la gran escasez de tierra que existía en Guaymas y esperando beneficiarse de la necesidad del Ferrocarril de Sonora, que tenía que obtener terrenos para levantar su infraestructura, Alzúa y varios otros porteños solicitaron al gobierno federal la tierra entre Punta Lastre y Punta Arenas.[18] El 19 de diciembre de 1881, el Ministerio de Fomento le dio a Alzúa el título de las demasías de su hacienda Santa Teresa de Jesús, ubicada en el distrito de Magdalena.[19] Diez años más tarde, el gobierno concedió a la esposa de Alzúa 2,247 hectáreas adyacentes a su propiedad La Trinidad.[20] Finalmente, el Ministerio de Fomento le concedió 8,750 hectáreas situadas cerca de su propiedad El Recodo en el distrito de Guaymas.[21]

El gobierno mexicano concedió miles de hectáreas de tierra a aquellos empresarios dispuestos a mejorarlas. Las cesiones de tierra se sucedían en todo el estado, pero el gobierno puso mayor énfasis en la distribución de tierras en el sur de Sonora. La mayoría de los solicitantes que hacían peticiones de tierras públicas lo hacían con el propósito de aumentar sus propiedades. El comerciante alamense Oscar Ocharán era un ejemplo típico. En septiembre de 1891 el Ministerio de Fomento le concedió las demasías —4,947

---

[16] AHGES, Tomo 1738. "Lista de los Principales Comerciantes del Estado".

[17] AHGES, Tomo 2243. "Establecimientos Mercantiles existentes en el Municipio de Nogales, 1906"; Southworth, *El Estado de Sonora*, 57.

[18] AHS, Carpetón 1042–411. Correspondencia del Gobierno de Sonora al Ministerio de Fomento, 5 de julio de 1880.

[19] AHS, Carpetón 1042–411.

[20] AGN, Ramo: Fomento/Colonización, caja 13.

[21] AGN, Ramo: Fomento/Colonización, caja 13.

hectáreas— de sus ranchos Cacevi, Juvarebampo y Furveobampo.[22] Pero a pesar de la política del gobierno de conceder tierras a todos los que la solicitaban, se tendía a favorecer a un selecto grupo de empresarios. En septiembre de 1885 el gobierno federal autorizó a una compañía encabezada por Eduardo Valdez para "desarrollar" tierras públicas desocupadas y demasías en Sonora y Sinaloa.[23] El general García Peña, director de la Comisión Científica de Sonora, obtuvo 123,000 hectáreas en la región del río Mayo.[24] Angel Almada recibió las 21,842 hectáreas de la propiedad Casacevi.[25]

La mayoría de los empresarios sonorenses rara vez participaron en la industria manufacturera. Su poco interés se originaba probablemente en la falta de conocimiento de este rubro o tal vez porque no lo encontraban suficientemente remunerativo. Sin embargo, unos pocos empresarios decidieron invertir modestos capitales en empresas industriales. A comienzos de la década de 1900, Francisco Seldner y las casas comerciales de Roldán & Honrado y Francisco Loaiza en Hermosillo decidieron invertir más de 20,000 pesos en la instalación de fábricas de calzado.[26] Otros hombres de empresa también trataron de introducirse en el potencialmente provechoso mercado de consumo: el comerciante de Guaymas Juan Zenizo construyó un molino de café. Varios de los Almada operaban destilerías de mezcal, y Juan Fenochio, jefe de los Rurales en Sonora, fundó una fábrica de whisky.

A diferencia de los empresarios envueltos en el comercio y la agricultura, aquellos dedicados a la minería debieron recurrir a la capitalización intensiva de sus operaciones para poder enfrentar la competencia. Sin embargo, los esfuerzos de los mineros sonorenses fueron inútiles. La enorme fuente de capital de las compañías extranjeras, que les permitía mantener una producción superior por medio del uso de tecnología moderna y una mayor fuerza de trabajo, terminó con todos, excepto los mineros sonorenses más empecinados. A pesar de los crecientes obstáculos, éstos seguían adelante empujados por la posición de simpatía del gobierno hacia las denuncias de minas y con la esperanza de que les tocara un golpe de suerte.

Sonora experimentó un gran resurgimiento de la minería en la década de 1880. Aunque el capital foráneo influyó en este renacimiento, numerosos sonorenses hicieron inversiones substanciales en la industria minera. Estos operaban en todo Sonora pero la mayoría venía de los tres principales cen-

---

[22] AGN, Ramo: Fomento/Colonización, caja 12.

[23] AGN, Carpetón 634–411.6 Correspondencia del Ministro de Fomento Fernández Leal al Gobernador del Estado, 13 de abril de 1893.

[24] Francisco R. Almada, *La Revolución en el Estado de Sonora* (México: Biblioteca del Instituto Nacional de Estudios Históricos de la Revolución Mexicana, 1971), 16.

[25] AHS, Carpetón 678–37 (411).

[26] AHGES, Tomo 1720–3; Tomo 2246. "Noticia de los Establecimientos Industriales en el Municipio de Hermosillo".

tros de población. Manuel Monteverde, Celedonio Ortiz, Dionisio González, José de Aguilar y varios miembros del clan Camou eran de Hermosillo.[27] Juan A. Robinson, Fernando Cubillas y Matías Alzúa residían en Guaymas. Varios de los miembros de las familias Salido y Almada, Oscar Ocharán, Antonio Goycoolea y Quirino Corbalá dirigieron a un grupo de personas comprometidas a preservar la tradición minera de Alamos.[28] Pero a pesar de sus esfuerzos por competir con los rivales extranjeros, la suya era batalla perdida. En 1888, catorce sonorenses, incluyendo a Ramón Corral, Celedonio Ortiz, Pedro Chisem y Antonio Calderón poseían minas en la región de Ures.[29] Solamente José Gastelum y Fernando P. Serrano operaban minas de tamaño mediano en Altar, mientras que los hermanos Aguayo lo hacían en Sahuaripa.[30] La industria minera encabezada por sonorenses sólo tuvo auge en Alamos. Más de veinte compañías mineras propiedad de sonorenses funcionaban en el área. El empresario más activo era Oscar Ocharán, quien individualmente o en sociedad poseía las minas California, La Suerte, Santa Rosa, Guadalupe, Libertad y Nuevos Mulatos.[31]

Mientras que el número de pequeños mineros sonorenses problablemente no tuvo mayores cambios en la década de 1890, el de aquellos envueltos en la minería mediana disminuyó. Obviamente, los últimos no estaban dispuestos a invertir grandes cantidades de capital (aunque tampoco lo tenían) en precarias empresas mineras. Puesto que al contrario de las compañías extranjeras que frecuentemente contrataban cientos de trabajadores, las empresas domésticas rara vez empleaban una fuerza de trabajo comparable. Y aunque la producción de las compañías extranjeras comúnmente llegaba a los millones de pesos, la producción de los competidores sonorenses apenas sobrepasaba los trescientos mil pesos. Esto los indujo a buscar operaciones empresariales más prometedoras en otros sectores económicos.

La sociedad sonorense

El éxito económico permitió a los empresarios sonorenses ingresar a la clase alta, tal como sucedió a muchos de sus predecesores, que entraron a las filas de la nobleza mexicana durante el período colonial. Aunque estos sonorenses no poseían ni los títulos de nobleza ni los privilegios correspondientes, compartían muchas de las características de sus antecesores. Los empresarios también tendían a ser un grupo extremadamente cerrado y usaban

[27] Stuart Voss, ''Towns and Enterprises in Sonora and Sinaloa'' (Disertación Doctoral, Harvard University, 1971), 87.

[28] AHS, Carpetón 593-84. ''Negociaciones Mineras en el Distrito de Alamos, 1888''.

[29] Ibid. ''Negociaciones Mineras en el Distrito de Ures, 1888''.

[30] Ibid. ''Negociaciones Mineras en el Distrito de Sahuaripa, 1888''.

[31] Ibid. ''Negociaciones Mineras en el Distrito de Alamos, 1888''.

la institución de la familia para incrementar los lazos familiares entre mercaderes, mineros, hacendados y políticos porfiristas. Por ejemplo, los líderes porfiristas Luis Torres, Rafael Izábal y Ramón Corral se casaron con Amelia Monteverde, Dolores Monteverde y Amparo V. Escalante respectivamente, todas hijas de familias de empresarios.[32] De manera similar, Susana Aztiazarán se casó con Remigio González y Catalina Cubillas, hija del entonces Gobernador Cubillas, se casó con Paulino Monteverde.[33] Las familias empresariales generalmente reforzaban su status económico casándose dentro de su clase.

La élite sonorense exhibía fascinación y un deseo vehemente de parecerse a las sociedades patriarcales del pasado. Como la nobleza mexicana, invirtió una considerable cantidad de tiempo y dinero en la construcción de casas majestuosas, en compras excesivas y en la organización de eventos cívicos con el fin de lograr status, prestigio y respetabilidad. Ademas adoptó muchos de los gustos de la aristocracia europea, a juzgar por las descripciones de R.R. Palmer.[34]

> [La] . . . aristocracia era nobleza civilizada, pulida por ese "refinamiento de maneras" de la cual la gente hablaba, disfrutando no sólo superioridad de nacimiento sino también un modo de vida superior. Era una manera de vivir tan placentera como cualquiera que el hombre haya desarrollado nunca, en el cual la clase media iba a imitar cuanto pudiera, un modo de vida caracterizado por casas dignificadas y por muy bien cuidados jardines, por tutores privados, por grandiosas giras y visitas a clubes sociales muy exclusivos, por una migración anual entre la ciudad y el campo y una abundancia de sirvientes respetuosos y obedientes.

Estos gustos y valores estaban impresos en la cultura de la "Sociedad Sonorense".

Para muchos miembros de la clase alta de Sonora, la percepción que el público tenía de ellos era de gran importancia. En Alamos, Guaymas y Hermosillo proyectaron una imagen que mostraba una vida de placer y glamour. Por ejemplo, en agradecimiento por su valiosa contribución en el logro de un tratado de paz "permanente" con los indios Yaquis, la clase alta sonorense patrocinó, en 1909, un elegante baile para el Gobernador Luis Torres y el senador Rafael Izábal.[35] El baile tuvo un éxito rotundo porque a él asistieron las familias más distinguidas del estado como los Bley, los Camou, los González, los Aguilar, los Monteverde y los Mascareñas. Es probable que un grupo de tan renombrados ciudadanos nunca se haya reunido anteriormente. Los miembros de la clase alta también buscaban hacerse visibles y respetables a

---

[32] Voss, "Towns and Enterprises in Sonora and Sinaloa", 338.
[33] AHS, *El Cronista Sonorense*, 8 de mayo de 1909.
[34] R. R. Palmer, *A History of the Modern World* (New York: Alfred R. Knopf, 1971), 270.
[35] AHS, *El Cronista Sonorense*, 10 de febrero de 1910.

través de su participación en eventos culturales. En 1880, las principales familias de Hermosillo se reunieron en el Casino del Comercio para celebrar el 5 de mayo.[36] En 1905, una delegación aceptó la responsabilidad de organizar y coordinar la ceremonia para conmemorar el centenario del natalicio de Benito Juárez.[37] Paradójicamente, algunos de los miembros de la delegación provenían de familias cuyo patriotismo se puso en duda durante la ocupación francesa en México.

La clase alta también logró el reconocimiento público por medio de su participación en eventos cívicos, especialmente en las ceremonias de inauguración de proyectos públicos. El 17 de enero de 1897, algunos de sus miembros asistieron a la ceremonia de apertura de la cárcel de Guaymas.[38] Quizás porque deseaba ser asociada con las fuerzas del progreso, la élite sonorense también estuvo presente en todas las inauguraciones del ferrocarril. Organizaron o estuvieron presentes en los festejos de inauguración del Ferrocarril de Sonora y del Ferrocarril Cananea, Río Yaqui y Pacífico.[39] Finalmente, en 1909, el Gobernador Luis Torres condujo a un exclusivo grupo de sonorenses en una excursión en tren para acompañar a los sinaloenses en las ceremonias de apertura del trayecto Culiacán–Mazatlán del Ferrocarril Sur Pacífico.[40]

La incesante búsqueda de reconocimiento de la élite sonorense llegó a ser inseparable de lo que se percibió como su responsabilidad social. Su participación y contribución a la educación ilustra muy bien este punto. Comenzando en las escuelas primarias, las familias de la clase alta imponían a sus niños el espíritu de competencia y excelencia académica. La actuación sobresaliente de los estudiantes en las aulas y en las competencias escolares aumentaba el prestigio de sus familias. El 3 de abril de 1880, por ejemplo, el prefecto del distrito de Hermosillo, el presidente municipal y el Gobernador Luis Torres fueron testigos de una competencia en la cual Mariana Lacarra, Catalina y Teresa Camou, y Carlota y Mariana Cárpena ganaron los más altos puntajes en sus respectivos cursos.[41] En Guaymas, los hijos e hijas de las familias comerciantes desarrollaron un patrón de excelencia en esos concursos. En la ceremonia de entrega de premios del 7 de abril de 1882, en la que estuvo muy bien representada la ''Sociedad Guaymense'', los niños de los Claussen, Spence, Aztiazarán, Iberri y Fourcade recibieron los más altos honores.[42]

[36] AHS, *La Constitución*, 6 de mayo de 1880.
[37] AHS, *El Sonorense*, 31 de mayo de 1905.
[38] Iberri, *El viejo Guaymas*, 103.
[39] Gilberto Escobaza Gámez, ''El Ferrocarril del Pacífico'', *Memoria*, VIII Simposio de Historia de Sonora, Hermosillo, Sonora, 1982, p. 272.
[40] AHS, *El Cronista Sonorense*, 8 de mayo de 1909.
[41] AHS, *La Constitución*, 8 de abril de 1880.
[42] AHS, Carpetón 572–87, Carta del Prefecto de Guaymas al Secretario de Estado, abril de 1882.

Debido a su interés en la educación, la élite sonorense reconoció la crítica ausencia de profesionales en el estado. Siendo la única clase que contaba con los medios económicos, envió un numeroso grupo de estudiantes para que fueran educados en el centro de México y en el extranjero. A su regreso, los jóvenes profesionales monopolizaron sus respectivos campos. Las autoridades gubernamentales contaron con este grupo de profesionales, además de algunos intelectuales autodidactas, para formar comités de consejos para asuntos técnicos y especializados. Algunos de ellos pertenecían a la Junta de Consulta Científica y la Junta Auxiliar Sonorense de la Sociedad Mexicana de Geografía y Estadística.[43] En 1895, el gobierno de Sonora invitó a algunos profesionales a participar en el XIavo Congreso de Americanistas, cuya función era la de alentar el estudio de la etnografía, lingüística e historia de las sociedades pre-Colombinas de América del Sur y América del Norte.[44]

Considerando las limitaciones financieras del gobierno, la clase alta sonorense aceptó la responsabilidad de llevar a cabo tareas sociales que le parecían valiosas. Muchos de sus miembros contribuyeron dinero con el fin de organizar festividades, construir escuelas y hospitales, y ayudar a víctimas de desastres naturales. También aportaron su apoyo incondicional al gobierno como parte de su deber social. Además de mantener puestos públicos, muchos de ellos sirvieron en comisiones especiales. En 1896, ciudadanos importantes de Alamos aceptaron puestos en la Junta de Mejoramiento Material cuyo objetivo era recaudar fondos para la construcción del Palacio Municipal de Alamos.[45] Doce años más tarde, distinguidos hermosillenses asistieron en masa a una conferencia especial con el Gobernador Luis Torres para escuchar una ambiciosa propuesta de expansión y modernización de los sistemas de agua y alcantarillado de su ciudad.[46]

La élite sonorense entendió muy bien el *quid pro quo* político de intercambiar apoyo por patrocinio. El 4 de septiembre de 1909, por ejemplo, la Cámara de Comercio, en la que se incluía a hombres de negocios tales como F. Loaiza, los hermanos Bley, Ismael M. Ruiz, José Camou y Juan Bojórquez, compraron espacio en el periódico *El Comercio* para felicitar al Vicepresidente Ramón Corral con motivo de su cumpleaños.[47] Pequeños gestos como éste y demostraciones de apoyo político más extensas, sin lugar a duda influyeron en que los porfiristas dedicaran especial atención a las preocupaciones y problemas de la élite. Por lo tanto, es muy probable que cuando la Compañía

---

[43] AHS, DSC 442. Carta de Enrique Monteverde al Gobernador, 26 de marzo de 1880; AHS, DSC 236.1. "Junta Auxiliar de la Sociedad Mexicana de Geografía y Estadística".

[44] AHS, Carpetón 691–06.

[45] AGHES, Tomo 1584–4.

[46] AHS, "Setecientos mil pesos en mejoras materiales", *Revista de Sonora*, 13 de abril de 1908.

[47] AHS, *El Comercio*, 4 de septiembre de 1909.

del Sur Pacífico intentaba reubicar su estación de ferrocarril en las afueras de puerto de Guaymas, el Vicepresidente Corral se haya opuesto al darse cuenta del descontento que causaba esta medida entre los hombres de negocio.[48]

Así como aprendieron a usar los medios de información para obtener la atención del régimen porfirista, los grupos de la élite sonorense también aprendieron el arte de mobilizarse para lograr sus intereses específicos. De esta manera influían en las decisiones del gobierno. Los comerciantes organizaron cámaras de comercio en Guaymas y Hermosillo para que los representaran ante las autoridades. Para resolver los problemas que enfrentaba la ganadería, los grandes ganaderos formaron en 1909 la Junta Ganadera de Sonora.[49] El gobierno también tomó la iniciativa para fundar este tipo de organizaciones. En 1910, el Ministro de Fomento Olegario Molina escribió al Gobernador Luis Torres exponiéndole el deseo del gobierno federal de acabar con el aislamiento de los agricultores para así mejorar su industria.[50] Molina propuso la integración de los agricultores por medio de una red nacional de cámaras. De completo acuerdo con Molina, el gobernador organizó una reunión de agricultores que dio vida a la Cámara Agrícola del Estado de Sonora. La nueva organización no esperó mucho para presentar al gobierno un pliego de peticiones mayores. El 30 de junio, le pidió al Gobernador Torres la introducción de una ley que regulara específicamente los aumentos de sueldo y las responsabilidades de los trabajadores agrícolas, pero debido al comienzo de la Revolución, es probable de que el gobierno no haya pasado tal legislación.[51] Sin embargo, la diligencia del gobierno en satisfacer los deseos de la élite confirmaba su respeto por la privilegiada posición social, política y económica que esta clase disfrutaba en el estado.

Depresión económica y descontento político

La prosperidad económica que permitió la época dorada de la élite sonorense duró desde principios de la década de 1880 hasta alrededor de 1900. La depresión mundial disminuyó el crecimiento económico del estado durante la primera década del nuevo siglo, y aunque su impacto variaba de industria en industria, logró afectar a casi todos los sonorenses. El fracaso del ''milagro económico'' causó un descontento creciente que no terminó hasta el derrocamiento del régimen porfirista.

---

[48] Condumex, Carpetón 1–10. Carta de Alberto Cubillas al Vicepresidente Ramón Corral, 4 de julio de 1908.

[49] AHS, *El Comercio*, 3 de abril de 1910.

[50] AGHES, Tomo 2559. Carta de Olegario Molina al General Luis E. Torres, 19 de abril de 1910.

[51] AGHES, Tomo 1558–22. Carta de Dionisio González al Gobernador de Sonora, 30 de junio de 1910.

Una aguda caída en los precios del cobre y de la plata en el mercado mundial casi paralizó la industria minera sonorense. Las compañías mineras establecieron fuertes medidas tales como reducciones de salarios y de mano de obra, para salvar sus operaciones. Convencidos de que eran ellos quienes llevaban el peso del sacrificio debido a los recortes salariales, los trabajadores iniciaron huelgas en varias compañías.[52] Ni ellos ni los nacionalistas mexicanos jamás perdonaron al gobierno porfirista por el abierto apoyo que éste brindó a la Cananea Consolidated Copper Company durante la Huelga de Cananea de 1906.

La agricultura sufrió más por la pérdida de la mano de obra Yaqui que por la depresión. Desde la década de 1860, las autoridades de gobierno habían tratado de subyugar a los indios y al mismo tiempo apropiarse de sus tierras para una colonización general. Insistiendo en su derecho a retener sus tierras y preservar la autonomía de su territorio, los Yaquis llevaron a cabo una serie de rebeliones que continuaron por largos años. El gobierno decidió finalmente adoptar fuertes medidas para lograr una paz permanente y empezó una campaña para desterrar a los Yaquis rebeldes y enviarlos a Yucatán. Al principio, el retiro de los indios gozó del respaldo total de la mayoría de los sonorenses. Pero el apoyo inicial a las deportaciones se transformó en oposición cuando el gobierno se vio forzado a intensificarlas para presionar a los Yaquis a que se rindieran. Muchos sonorenses, especialmente hacendados, observaban impotentes como el ejército no sólo capturaba a los rebeldes, sino también a familias enteras, a las que llevaban a Guaymas. Al Dr. Robles del Campo, dueño del periódico *El Eco de la Frontera*, por ejemplo, le afectó profundamente la triste separación entre trabajadores Yaqui y la rica familia Gabilondo.

> Entre las personas que tenían Yaquis trabajando y les fueron recogidos, merecen especial mención los Srs. Gabilondo, por su generoso comportamiento; no sólo les perdonaron las muchas deudas que la mayor parte de los Yaquis que con ellos trabajaban, les debían, sino que les mataron reses para que contaran con recursos durante su doloroso éxodo. Los Srs. Gabilondo estaban verdaderamente emocionados con la partida de los Yaquis que vivían en sus propiedades, y con razón, pues según dijeron, con sus indios habían nacido y se habían criado y al separarse de ellos hacían de cuenta que se separaban de personas de sus familias.[53]

Además del afecto que sentían por ellos, la pérdida de los Yaquis significaba para los hacendados no solamente la desaparición de la principal fuente de obra barata sino también el cese de las labores. Los hacendados nunca per-

---

[52] AGHES, Tomo 2184. Telegrama del Prefecto de Guaymas al Secretario de Estado, 6 de junio de 1906.
[53] AHS, "Viaje a Nacozari y Fronteras del Dr. A. Robles del Campo", *El Eco de la Frontera*, 22 de marzo de 1908.

donaron a los porfiristas la devastación que su política causó en la agricultura. Los Yaquis, por su parte, nunca olvidaron que el porfirismo era responsable de los incontables crímenes cometidos en su contra, de la desintegración de sus familias, y de la expropiación de sus tierras.

El descontento con el régimen de Díaz también se esparció a los miembros de la clase media baja. Su falta de confianza se centraba principalmente en la insensibilidad del gobierno para hacerles partícipe de las oportunidades económicas cuando ellos más ansiaban superarse. El análisis que Mark Wasserman hace sobre la cerrada élite chihuahuense, que impedía a miembros de la clase media disfrutar de los beneficios del régimen, también puede ser aplicada en Sonora.

> . . . el sistema empresarial nativo-extranjero dañaba el desarrollo económico y a otros sectores de la sociedad chihuahuense. Una amplia gama de oportunidades estaba cerrada para la creciente clase media, que no podía competir contra los extranjeros y la élite, que gozaban de excepciones de impuestos y favoritismo en las cortes. Sin influencia política o acceso a los puestos públicos, la clase media no pudo compartir las regalías del sistema.[54]

Los Mendoza, aunque probablemente no eran una familia típica de la clase media sonorense, reflejan las frustraciones y angustias en la que se incurría como resultado del sistema económico del porfiriato.

Aún cuando los Mendoza aceptaron complacientemente el régimen de Díaz, éste no les ofreció nada excepto un futuro incierto y oscuro. Juan Mendoza padre —un mecánico— estuvo dispuesto a sacrificarse para que sus hijos pudieran ascender social y económicamente. Su ocupación —de necesidad vital para el funcionamiento de la maquinaria de las grandes haciendas— lo obligaba a vivir lejos de su familia. En 1901, mientras su familia vivía en Hermosillo, Mendoza empezó a trabajar para Reinaldo Monteverde y Dionisio González en la hacienda La Verbena ubicada en Altar.[55] Consciente de que su talento no era arma suficiente para asegurarle una vida mejor, Mendoza comprendió la importancia de cultivar la amistad y obtener la protección de gente influyente. En 1908, Mendoza persuadió al Gobernador Sustituto Alberto Cubillas para que le diera empleo a su hijo Juan.[56] El mismo año, trató de conseguir empleo con Rafael Izábal, quien poseía haciendas en Hermosillo, para así poder vivir con su familia.[57] Pero este intento no prosperó, y Men-

---

[54] Mark Wasserman, *Capitalists, Caciques, and Revolution: The Native Elite and Foreign Enterprise in Chihuahua, Mexico, 1854-1911* (Chapel Hill: The University of North Carolina Press, 1984), 94.

[55] AHS, ''Muerte de Juan Mendoza'', *El Progreso*, 5 de abril de 1913.

[56] AHS, Carta de Alberto Cubillas a Juan Mendoza, 8 de abril de 1908. Los Papeles de la Familia Mendoza (PFM) están en posesión del Sr. Leo Sandoval, Encargado del Museo Regional Histórico de Sonora en la ciudad de Hermosillo.

[57] AHS, PFM. Carta de Rafael Izabal a Juan Mendoza, 26 de agosto de 1908.

doza se vio obligado a continuar en La Verbena. Como un escape a sus frustraciones, aburrimiento y soledad, Mendoza produjo un tabloide satírico escrito a mano, *El Cronómetro*, en el que ávidamente insultaba a curas y vendedores viajeros.[58] Mendoza murió en 1913, pocos meses después de haberse retirado de la hacienda La Verbena para por fin establecer su propia herrería en Trincheras.

Juan Mendoza padre debería haber estado muy orgulloso de los logros profesionales de su hijo Juan, quien parecía estar avanzando a un puesto respetable en el gobierno sonorense. En 1901, Mendoza hijo obtuvo el rango de subteniente en el ejército.[59] En enero de 1904, comenzaba una carrera en educación cuando fue nombrado "asistente" en la Primera Escuela para Niños en Guaymas, con un salario de 80 pesos mensuales.[60] Casi dos años más tarde, el Gobernador Ramón Corral lo ascendió como asistente en el Colegio de Sonora, que era la única escuela secundaria en el estado.[61] Pero muy pronto Mendoza dejó su carrera en educación por la de servicio en el gobierno. En 1906, aceptó un nombramiento del Gobernador Cubillas como recolector de impuestos de Guaymas, aunque éste significó una reducción en su salario.[62] En junio, el presidente de Guaymas lo designó como oficial para registrar votantes en doce manzanas.[63] Un mes más tarde, el gobernador nombró a Mendoza como escribiente interino del Juzgado 2º de la 1ª Instancia del distrito de Guaymas.[64] Finalmente, en abril de 1908, Francisco M. Aguilar, el Prefecto de Hermosillo, lo eligió para el puesto de secretario de la prefectura.[65]

A pesar de sus nombramientos, la carrera de Juan comenzaba a tener tropiezos. Una semana antes de que recibiera su designación oficial, el Gobernador Cubillas escribió a su padre de que Juan había sido "colocado", pero que debido a su adicción a la bebida, él dudaba de que fuera capaz de conservar su trabajo por mucho tiempo.[66] Juan, quien se auto-proclamaba bohemio, probablemente nunca negó de que su vicio afectaba su carrera profesional. En una carta a su padre, reveló una profunda desilusión con el sistema que sólo ofrecía a él y a su hermano pequeños trabajos gubernamentales sin ningún futuro.

> Por carta que recibí de Lupe, estoy enterado de que nuestro querido Pepe, es empleado, que está contentísimo ganando su pequeño sueldo . . .

[58] AHS, PFM.
[59] Ibid.
[60] Ibid.
[61] Ibid.
[62] Ibid.
[63] Ibid.
[64] Ibid.
[65] Ibid.
[66] AHS, PFM. Carta de Alberto Cubillas a Juan Mendoza, 8 de abril de 1908.

Tengo gusto de que Pepe se incline del lado del trabajo; pero sería lamentarse que una vez concluya sus estudios, y se aliste para ingresar a las filas de los que luchan por la vida, se inclinara de preferencia, por los empleos en general, y peor todavía, por los del gobierno. Y lo digo, por que, por una dolorosa experiencia adquirida durante algunos años, he llegado a comprender lo que pasa y pasará siempre a los que adquieren el vicio de *empleomanía*: los golpes tan rudos como inesperados, las decepciones amargas, inherentes a todos los empleos, hace que, prematuramente, venga el desaliento completo, la duda, la apatía para brega.[67]

Juan Mendoza hijo expresaba de que los puestos en el gobierno eran para gente dispuesta a sacrificar su dignidad por la seguridad de sus trabajos. Puesto que él nunca se humillaría, su futuro se vislumbraba muy incierto.

Los empleos son de preferencia, para aquellos que, despojándose de su dignidad de hombres, saben hacer la barba al jefe (aún cuando sea éste un canalla), con el único objeto de asegurar la torta. Y sólo de ese modo la asegura la mayoría de los empleados. Yo no he sabido hacer genuflexiones jamás, ni aprenderé a hacerlas nunca: he ahí el secreto de mi situación y solo así se explica que, en mi camino, haya encontrado siempre riscos los que, a medida que transcurre el tiempo, más se agigantan.[68]

Mientras Mendoza se hundía en la bebida como un escape a sus frustraciones, otros miembros de la clase media expresaban su angustia en contra del porfirismo uniéndose al creciente movimiento de oposición.

La Revolución en Sonora

Aún a comienzos de la Revolución, el régimen de Díaz irradiaba un aire de invencibilidad. Su control del país era incuestionable. Para corroborar su pretensión de democrático, el gobierno permitió la existencia de pequeños grupos disidentes, a los que reprimía rápidamente si llegaban a convertirse en una amenaza real. Más aún, su gran ejército parecía demasiado formidable como para que alguien lo desafiara seriamente. En vez de emplear la fuerza en contra de los disidentes, el régimen prefería ganar "los corazones y las mentes" del pueblo. El gobierno obtuvo la lealtad de la élite por medio de beneficios, y aseguró el apoyo de las masas a través de un aparato cívico-militar a nivel nacional, y del uso efectivo de la propaganda. Sus bases empezaron a debilitarse porque los líderes políticos perdían el control de las masas de manera progresiva, y porque los propagandistas ya no encontraban oídos receptivos entre el pueblo.

El régimen de Díaz usaba la propaganda para fortalecer su dominio en el país. Este dio subsidios a numerosos periódicos para garantizar sus acciones y así obtener defensores ante el público. De más de veinte periódicos que se

[67] AHS, PFM. Carta de Juan Mendoza hijo a Juan Mendoza, 25 de agosto de 1907.
[68] Ibid.

publicaban en Sonora, la mayoría recibía subsidios monetarios del gobierno. La clase de asistencia que obtenían los periódicos dependía de sus relaciones con las autoridades. En 1900, el gobernador dio a Belisario Valencia, el propietario y editor del diario *El Sol* de Hermosillo, un modesto subsidio mensual de 25 pesos.[69] Por el contrario, el 29 de julio de 1909, Aurelio Pérez Peña solicitó 12,000 pesos al Vicepresidente Corral para comprar una prensa "Dispatch", tipos adicionales, equipos fotográficos, y papel de imprenta.[70] Un año más tarde, el propietario de *El Distrito de Álamos* pidió ayuda al gobierno para la reconstrucción de su negocio que había sido destruido por el fuego.[71]

A base de subsidios, el aparato porfirista manipulaba con habilidad a periódicos "amigos" pero también fundaba otros con el objetivo expreso de propagar sus puntos de vista y hacer campañas para los candidatos porfiristas. En 1907, el diario *El Comercio*, órgano oficial del Club Central Porfirista de Sonora, imprimió una larga declaración apoyando la candidatura para gobernador del General Luis Torres.[72] A principios de 1909, porfiristas sonorenses fundaron *El Cronista Sonorense* para asegurarle a Díaz una clara victoria en las elecciones presidenciales de 1910.[73] Alrededor del 20 de marzo, este diario había hecho efectivo su apoyo a Porfirio Díaz y Ramón Corral para sus respectivos puestos.[74] El 4 de septiembre, el diario *El Comercio* felicitó a Corral para su cumpleaños, al mismo tiempo que apoyaba fervorosamente su candidatura a la vicepresidencia.[75] Por supuesto, el respaldo del periódico hacía Díaz era incondicional.

Las actividades de la campaña porfirista dieron rápidos resultados. En pocos meses, el Club Político Democrático de Cananea, el Club Reeleccionista "Trabajadores de Magdalena", y otros grupos similares en el estado se unieron al Gran Club Central Porfirista de Sonora en su respaldo ferviente a la lucha presidencial de Díaz.[76] Pero debido a que la edad de Díaz podía hacer posible que un hijo de Sonora asumiera la presidencia, estos grupos apoyaban celosamente la nominación de Ramón Corral como el compañero de Díaz para la vicepresidencia. *El Cronista Sonorense* insistía en que la actuación de Corral en la gubernatura de Sonora era prueba fehaciente de que él era el candi-

---

[69] AGHES, Tomo 1616-2. Carta de Belisario Valencia al Gobernador de Sonora, 30 de junio de 1900.

[70] Condumex, Carpetón 2-3. Carta de A. Pérez Peña al Vicepresidente Ramón Corral, 28 de junio de 1909.

[71] Condumex, Carpetón 3-159.

[72] AHS, *El Comercio*, 7 de marzo de 1907.

[73] AHS, *El Cronista Sonorense*, 10 de febrero de 1909. El periódico había sido registrado algunas semanas antes.

[74] AHS, *El Cronista Sonorense*, 20 de marzo de 1909.

[75] AHS, *El Comercio*, 4 de septiembre de 1909.

[76] AHS, *El Cronista Sonorense*, 8 de mayo de 1909; Condumex, Carpetón 3-47.

dato más competente.[77] El Club Reeleccionista y el Club Político Democrático ya vislumbraban a Corral como presidente. El Club Político Demócratico implicaba que Corral continuaría con el compromiso de su predecesor de mantener orden, paz y progreso.

El pueblo Mexicano duerme tranquilo bajo el olivo de la Paz, sembrado por el caudillo, y al cuidado de su inteligente ministerio en que figura en primera línea el Sr. Ramón Corral, de quien el pueblo espera la prosecusión en el adelanto del bienestar y el progreso del país.[78]

El Club Reeleccionista cándidamente argumentaba que los numerosos logros de Corral en Sonora, reforzaban la idea de que él debería ser el heredero de Díaz.

Todos estos conocidos hechos, son elocuentes testimonios de la habilidad de nuestro candidato para regir los destinos de nuestros pueblos: para conducir a feliz puerto, la complicada nave del Estado.[79]

A pesar de las muchas organizaciones que hacían campaña a favor de Díaz y Corral, un creciente grupo de sonorenses desaprobaba un nuevo período de Díaz en el gobierno.

La oposición al régimen porfirista no era nada nuevo en Sonora. Desde principios de la década de 1880, pequeños partidos disidentes criticaban, aunque débilmente, la falta de democracia que caracterizaba al gobierno estatal. Alrededor de 1900, la "democracia" porfirista había llegado a ser una farsa tan evidente, que aún los hijos de la élite de Hermosillo la repudiaba. En efecto, algunos de ellos fundaron el Club Verde, de corta duración, para traer más democracia a la política de la ciudad. Aunque los grupos opositores continuaron apareciendo durante la primera década del siglo XX, la carencia de una causa común los mantenía separados. El anuncio de que Díaz postularía para otro período presidencial produjo el renacimiento de un extenso movimiento antireeleccionista en Sonora.

Estudiosos del tema no llegan a un acuerdo en lo que se refiere a la composición del liderazgo revolucionario sonorense.[80] Aún así, y a pesar de las obvias diferencias en identificar los orígenes socioeconómicos de los líderes, éstos concurren en que la mayoría de ellos surgieron de sectores pertenecientes a la clase media. En su gran mayoría, eran jóvenes profesionales que enfrentaban un futuro incierto o eran miembros de familias pertenecientes a la élite

[77] AHS, *El Cronista Sonorense*, 20 de marzo de 1909.
[78] AHS, *El Cronista Sonorense*, 5 de mayo de 1909.
[79] Condumex, 3–147.
[80] Vea Barry Carr, "Las peculiaridades del Norte Mexicano 1880–1927: ensayo de interpretación", *Historia Mexicana* 22 (1972–1973), 320; D. A. Brading, ed., *Caudillo and Peasant in the Mexican Revolution* (New York: Cambridge University Press, 1980), 117; Voss, "Towns and Enterprises in Sonora and Sinaloa".

que sufrieron reveses económicos. Con la excepción de unos pocos, la mayoría de ellos eran partidarios de los principios del liberalismo que eran individualismo, libre empresa, y democracia política.

La mayor parte de los líderes revolucionarios eran profesionales con un alto nivel de educación. Muchos de ellos, que venían de la clase media baja, ansiaban mobilidad social y económica. Por ejemplo, a su llegada de Sinaloa, Salvador Alvarado trabajó temporalmente en la farmacia de Luis G. Dávila en Guaymas, y luego se mudó a Cananea, donde estableció un pequeño negocio.[81] Después de estudiar ingeniería en la ciudad de México, Eugenio Gayou volvió a Sonora para practicar su profesión.[82] Más tarde, Gayou sobresalió como agente minero del gobierno en Cananea. Por otra parte, Manuel M. Dieguez y Esteban Baca Calderón, que trabajaban en las minas del Coronel Greene, se hicieron merecedores de cómodos trabajos administrativos gracias a su extensa educación. Aunque estos ejemplos muestran cierta mobilidad, no satisfacían las ambiciones económicas de estos individuos. Esto los volvió en contra del porfiriato.

Miembros de prominentes familias sonorenses formaban un segundo aunque pequeño grupo de líderes revolucionarios. Su desencanto con el régimen era el resultado de múltiples factores, pero la causa principal parecía ser la ausencia de democracia política. El rico hacendado José María Maytorena —a cuyo padre se le había negado la gubernatura, a pesar de haberla ganado— desafió al porfiriato debido a que éste se rehusaba a democratizar el sistema político. Otro ejemplo era el caso de Benjamín Hill. Aunque éste estaba emparentado con la familia Salido, que apoyaba a los porfiristas, la decadencia del régimen lo persuadió a hacer un llamado para reemplazarlo. En una carta que envió al periódico *La Voz de Juárez* en 1908, Hill proponía que la campaña electoral de 1910 debía ser "completamente antiporfiriana", puesto que había una necesidad vital de "un influjo de sangre nueva para reemplazar la sangre estancada que, existiendo en las venas del República, se ha contagiado con viejos inútiles . . .".[83] Hill consideraba a los porfiristas como momias que "detenían efectivamente la marcha del progreso". Nada explica el porqué Ignacio Bonillas, un ingeniero de minas de mucho éxito que había servido como juez municipal, como presidente de Nogales, y como prefecto del distrito de Magdalena, pudiera haber abandonado el régimen.[84] Solamente una completa desilusión con su política puede haberlo inspirado. Entre los líderes que pertenecían a familias distinguidas, figuraban Adolfo de la Huerta y Eduardo Ruiz, hijos de comerciantes; los hermanos Urrea, hacendados; Adrián Marcor, hacendado; Ignacio

[81] Francisco Almada, *Diccionario de historia, geografía, y biografías sonorenses* (Hermosillo: Publicaciones del Gobierno del Estado de Sonora, 1983).

[82] Ibid.

[83] Brading, *Caudillo and Peasant in the Mexican Rvolution*, 118.

[84] Alamada, *Diccionario de historia*.

Pesqueira, agente de negocios; y Manuel Mascareñas, ranchero.[85] Sus razones para protestar variaban desde la falta de interés del régimen para introducir reformas políticas, hasta la insatisfacción con las medidas que dañaban su bienestar económico. Debido a las conexiones de sus familias con los porfiristas, Alvaro Obregón y Plutarco Elías Calles nunca participaron en la rebelión en contra de Díaz.

El antagonismo de los líderes revolucionarios con la administración de Díaz no fue repentina. En 1909, Eugenio Gayou, Carlos Randall, Carlos Plank, Adolfo de la Huerta, y José María Maytorena encabezaron la campaña para Vicepresidente del General Bernardo Reyes, con la esperanza de que éste pudiera rehabilitar el régimen después del retiro de Díaz.[86] Sin embargo, perdieron la fe en el porfiriato cuando Díaz, pensando que Reyes estaba tratando de reemplazarlo, respaldó a Corral, al mismo tiempo que obligaba al general a exiliarse en Europa. Sin Reyes, este grupo de sonorenses decidió apoyar a Francisco I. Madero. Pronto otros futuros revolucionarios secundaron el quijotesco intento de Madero para ganar la presidencia.

Intentando expandir su base popular, Madero empezó una gira por Sonora a comienzos de 1910. Sabiendo ya del trabajo increíble que habían hecho sus seguidores alamenses Adrián Marcor y Benjamín Hill para atraer simpatizantes, Madero decidió hacer su primera gran escala en esa ciudad. El 2 de enero, una gran multitud le brindó una entusiasta bienvenida.[87] En su discurso, Madero censuró a Díaz por violar los derechos más básicos del pueblo. Le reprochó además la preservación de un sistema económico que sólo favorecía a un cerrado círculo de amigos y asociados. Aparentemente, la audiencia debe haber reaccionado de manera muy favorable a su mensaje, puesto que Madero concluyó que los sonorenses formaban la vanguardia del movimiento antirreeleccionista. En una carta a Emilio Vásquez Gómez, fechada el 10 de febrero, Madero escribió: "En el mitin pudimos observar que el pueblo de Sonora es el que está más ansioso por un cambio y en todos los semblantes vimos retratada la serena resolución de secundarnos vigorosamente".[88] Sin embargo, sus otras paradas hicieron que su optimismo original disminuyera. En Guaymas, el prefecto trató, sin éxito, de convencerlo de que no hablara en esa ciudad, rehusando a sus partidarios permiso para congregarse. En Hermosillo, Brígido Caro dirigió a un grupo de agitadores, que incluía a Luis G. Noriega, Moisés Canale, Manuel Lacarra, y también a Juan Mendoza hijo, para arruinar la reunión de Madero.[89] No obstante

---

[85] Voss, ''Towns and Enterprises in Sonora and Sinaloa'', 587.

[86] Susan M. Deeds, ''Jesús María Maytorena and the Mexican Revolution (Part I)'', *Arizona and the West* 18 (1976), 24.

[87] AHS, *El Hijo del Fantasma*, 2 de enero de 1910.

[88] Manuel Acuña Corbalá, *Alamos de Sonora* (México, 1977), 328.

[89] Alberto Calzadíaz Barrera, *El Gral. Ignacio L. Pesqueira . . . y surgen Obregón y Calles* (México, 1973), 33.

el hostigamento del gobierno, Madero dejó el estado convencido de que había
conquistado los corazones y la confianza de los sonorenses.

A pesar de la fe que Madero tenía en ellos, los maderistas sonorenses
abandonaron su militancia cuando Díaz se declaró vencedor en las elecciones
de julio. Si no hubiera sido porque Madero escapó a los Estados Unidos, desde
donde hizo un llamado a la revolución bajo el Plan de San Luis, la mayoría
habría olvidado su asociación con el movimiento maderista. Pero el plan terminó por incriminarlos aún más. En éste, Madero anulaba las elecciones, lo
que le permitía convertirse en presidente provisional hasta que se pudiera
celebrar un nuevo proceso electoral. Con los poderes asumidos, Madero eligió a José María Maytorena para el puesto de gobernador provisional de
Sonora.[90] Careciendo de un ejército y enfrentándose a persecuciones, Maytorena y otros prominentes Maderistas huyeron a Arizona. Allí, Maytorena,
Carlos Randall, Víctor Venegas, Manuel Mascareñas, Carlos Harmand y
Alejandro McKiney organizaron la Junta de Nogales para dirigir la revolución
en Sonora.[91]

Aunque la Revolución estaba programada para comenzar el 20 de
noviembre, la desorganización y la falta de un jefe militar entre los revolucionarios permitió a las autoridades sonorenses suprimir facilmente los pequeños focos de insurrección.[92] Durante los próximos dos meses, las fuerzas
del gobierno derrotaron a los maderistas en todos los enfrentamientos
mayores. Por el contrario, los rebeldes sólo experimentaron éxito temporal cuando ocupaban ciudades estratégicamente insignificantes en la parte este del
estado. Sin embargo, la insistencia del gobierno en que las municipalidades
obtuvieran y entrenaran a sus propias milicias, permitió a los maderistas tomar gradualmente la delantera. Sin saberlo, el gobierno puso en su contra
a numerosos sonorenses cuando implementó la conscripción de servicio militar
obligatorio con el fin de mejorar sus ya inefectivas y débiles milicias. A principios de 1911, los porfiristas habían perdido el apoyo popular y la ventaja
militar.

La inhabilidad del gobierno para erradicar el tumor maderista impulsó
al gobernador Luis Torres a llamar a prominentes sonorenses a una reunión
de emergencia. El 11 de enero estos individuos, incluyendo a muchos miembros de familias empresariales, asistieron a la Junta de Notables en Hermosillo.[93] Presintiendo la gravedad de la crisis y creyendo que la reconciliación
era esencial para la salvación del porfiriato, Torres invitó a maderistas impor-

---

[90] Héctor Aguilar Camín, *Frontera nómada: Sonora y la Revolución Mexicana* (México: Siglo
Veintiuno, 1977), 130.

[91] Ibid.

[92] Para más detalles sobre las batallas libradas vea los libros de Héctor Aguilar Camín y de
Antonio G. Rivera.

[93] Antonio G. Rivera, *La Revolución en Sonora* (Hermosillo, 1981), 168.

tantes como José María Maytorena, Carlos Randall, Manuel Mascareñas, Adrián Marcor y Benjamín Hill a participar en ella. Mientras buscaban una solución al conflicto, un sentimiento de derrota prevalecía en la conferencia. Prueba de ello era que Jesús Ruy Sánchez advirtió que, a menos de que se accediera a las demandas de la gente, un levantamiento de mayores proporciones barrería con el régimen porfirista.

"La Bola" que viene es grande, muy grande! El problema en toda su magnitud, para que lo aborde no desde el punto de vista estimativo de una simple alteración del orden . . . sino como una conmoción que tiene todas las trazas de querer desarraigar al régimen. . . . Yo creo que en estos momentos se abren las puertas de la Historia para dar entrada a uno de nuestros grandes eventos políticossociales. Que el gobierno dé al pueblo la libertad que reclama y sólo así se salvara de la vorágine.[94]

Sin embargo, a la sombría conferencia no le faltaron sus momentos de humor. Después que las autoridades leyeron una lista de las armas y municiones en su posesión, un preocupado Miguel Latz hizo un apasionado discurso en el cual declaraba: "Señor Gobernador, yo pongo a disposición del supremo gobierno, para la defensa de las instituciones amenazadas, una escopeta casi nueva, nomás que no tiene tiros".[95] Aunque estas palabras provocaron risas incontrolables entre los desmoralizados notables, eran una clara indicación de que no estaban dispuestos a defender al porfiriato.

El fracaso del gobierno y de la élite sonorense para controlar la insurrección maderista durante su estado embrionario permitió al movimiento esparcirse por todo el estado. En los primeros meses de 1911, una serie de traspiés hicieron temblar la confianza del gobierno en su habilidad para sofocar la rebelión, la que lo hizo adoptar estrategias puramente defensivas. Alrededor de marzo, el redoble de muerte del régimen de Díaz empezaba a escucharse. En la supuesta batalla decisiva que debía pelearse el día 26, Alberto Cubillas estimaba el número de las fuerzas enemigas en más de 800 hombres, mientras que el gobierno solamente tenía a su disposición un destacamento de 600.[96] Los maderistas perdieron la batalla, pero obstinadamente persistieron en continuar la guerra. Esta determinación, común entre todos ellos, finalmente obtuvo un resultado impresionante: en vez de prolongar una lucha que él creía inútil, Díaz abandonó el país el 10 de mayo. Once días más tarde, el general Luis Torres, el Gobernador Cubillas y oficiales y colaboradores cercanos al régimen, tomaron un tren especial a los Estados Unidos.[97]

[94] Héctor Aguilar Camín, "La insurrección maderista en Sonora", *Memoria*, I Simposio de Historia de Sonora, 1975, 363.

[95] Rivera, *La Revolución en Sonora*, 171.

[96] Condumex, Carpetón 3–198. Telegrama de Alberto Cubillas al Vicepresidente Ramón Corral, 27 de marzo de 1911.

[97] Voss, "Towns and Enterprises in Sonora and Sinaloa", 558.

Los revolucionarios triunfantes no destruyeron inmediatamente todos los vestigios del porfiriato. Mientras no se pudiera llamar a nuevas elecciones, éstos permitieron a los viejos políticos porfirianos que continuaran administrando Sonora hasta que un nuevo gobierno asumiera el poder. En agosto, José María Maytorena y Eugenio Gayou respectivamente ganaron la gubernatura y la vicegubernatura, mientras que Ignacio Bonillas, Ignacio L. Pesqueira, Francisco Langston, Alfredo Caturegli, Carlos Plank, Adolfo de la Huerta y Flavio A. Bórquez, adquirieron asientos en el congreso del estado.[98] Deseando acomodarse con el nuevo régimen, los líderes empresariales se reunieron para discutir la manera de alcanzar un entendimiento con éste. Pero conscientes de que no obtendrían ni los privilegios especiales ni las buenas relaciones que solían tener con sus protectores porfiristas, un gran número de empresarios optó también por el exilio.

[98] Rivera, *La Revolución en Sonora*, 217.

II

The Revolution

Osuna Collection Photographs, 1911–1918

Courtesy of Tomás Rivera Library
University of California, Riverside

Pro Madero demonstration, 1911

The Zócalo, Mexico City, 1911

A rural scene, 1911

Ladies on the way to market, 1911

A market scene, 1911

President Francisco Madero decorating a *rural*, a
rural policeman, 1911

The Madero family, 1911

Supporters of Félix Díaz, 1913

Supporters of Félix Díaz, 1913

General Victoriano Huerta and staff, 1913

Generals Victoriano Huerta and Felipe de los Angeles, 1913

Local insurgents, 1913

Batallón de Indios Yaquis en el ejército Constitucionalista

Yaqui Indians in the Constitutionalist forces

General Francisco Villa, Antonio Díaz Soto y Gama,
and General Emiliano Zapata in Mexico City, 1914

Antonio Díaz Soto y Gama and Emiliano Zapata

Entry of Constitutionalist forces in Mexico City, August 20, 1914

The prefect of Tacámbaro, Michoacán, after a battle, 1914

General Pascual Orozco

El Gral. Fco. Villa
al apearse del caballo.

Osuna-prop.

General Francisco Villa

Venustiano Carranza, first chief of the Constitutionalists

General Alvaro Obregón

Explaining the Mexican Revolution

Paul J. Vanderwood

I T IS BECOMING MORE DIFFICULT TO EXPLAIN the Mexican Revolution; proof lies in new syntheses of the great conflict. While the authors may agree on some casual generalities, they differ sharply about cause and result. John Hart, for example, bases his argument in class struggle, and places major causal emphasis on foreign (primarily American) economic penetration. For him, the rebellion becomes one of national liberation.[1] Alan Knight will have little of this. He drains nationalism of any force in the Revolution, labels the revolt "popular" and locates its origins in issues concerning land and local autonomy. Hart assigns labor a major role in the process of the struggle; Knight denies it. And when it comes to evaluating the revolt as revolution, both Hart and Knight agree that it really *was* a revolution, a conflict that recast Mexican society in important ways. Knight even avers that it changed the way Mexicans thought of themselves—an all too brief excursion into *mentalidad*.[2] Remember here that others have drawn entirely different conclusions. For instance, Ramón Ruiz found that the rebellion changed little, if anything, in the prevailing structure, a point with which John Womack generally agrees. For Womack, writing in the latest volume of *The Cambridge History of Latin America*, the Revolution much more concerned political management than social movements, if mainly because the popular uprisings failed. The country remained capitalist and bourgeois, even if some new actors (mainly from the northwest) took center stage.[3] And finally we have the

---

[1] John M. Hart, *Revolutionary Mexico: The Coming and Process of the Mexican Revolution* (Berkeley: University of California Press, 1987).

[2] Alan Knight, *The Mexican Revolution*, 2 vols. (London: Cambridge University Press, 1986).

[3] Ramón E. Ruiz, *The Great Rebellion: Mexico, 1905–1924* (New York: W. W. Norton, 1980); John Womack, Jr., "The Mexican Revolution, 1910–1920," in Leslie Bethell, ed., *The Cambridge History of Latin America*, vol. 5 (Cambridge: Cambridge University Press, 1986), 74–153.

contribution of François-Javier Guerra with its focus on the long-term tension between traditional thought anchored in the structure and *mentalidad* of the colonial period contradicted by the so-called modern ideas of the nineteenth-century liberal reformers. Influenced by François Furet's new forays into the French Revolution, Guerra asserts that at its core, the Mexican struggle was ideological. He finds that this fundamental ideological cleavage created a political rift among Porfirian elites through which the rebellion erupted and argues that the conflict was only one blip, albeit a major one, along the main continuum of Mexican history.[4]

All of these theses which I have rather cursorily summarized are but the tip of the iceberg; such brief observations hardly do their authors justice. There are so many provocative points of contention encompassed in these fine works that they will fuel studies of the Revolution for some time to come. One thing for sure: in our history survey classes it is becoming very difficult to explain the Mexican Revolution in a fifty-minute lecture.

But where do we go from here? It is not the purpose of this essay to fully compare and critique these recently published works, as exacting and worthwhile as that task would be. Instead, permit me to address three major themes which are crucial to explaining the revolution, and which so far I find ill-defined or underaddressed, even in these new syntheses. They concern: (1) the nature of peasant communities in pre-revolutionary Mexico; (2) the structure of the Porfirian political system; and (3) the search for historical change and continuities within the Revolution. In other words, what changed where and when during the fighting phase and how do we spot it.

Part of this discussion is based upon my research in the Valley of Papigochic, among the *llanos* in western Chihuahua, nudged up against the Sierras, a district which is now known as the "cradle of the Mexican Revolution." In some cases, I feel quite comfortable with my observations and conclusions, as tentative as they well might be. Traversing other, much less certain paths, I will simply point out directions for further exploration. So with these reservations in mind, we will embark on our consideration of Porfirian peasant communities.

In the main, and certainly represented by Hart, Knight, and Guerra, scholars view the nations's pre-revolutionary rural villages as essentially closed corporate and defense-minded communities.[5] Such a concept is essential to their theses concerning causation, because they assure us that it was an in-

---

[4] François-Xavier Guerra, *Le Mexique: de l'ancien régime à la Révolution*, 2 vols. (Paris: L'Harmattan, 1985). For a discussion of the influence of François Furet, see Jack R. Censer, "The Coming of a New Interpretation of the French Revolution?," *Journal of Social History* (Winter 1987), 295–309.

[5] I am using the term in a generic rather than a precise anthropological sense. Naturally, villages differed as to degree of openness or closeness. Regardless of degree, these authors see the villages as basically inward-looking and defense-minded. I disagree.

fringement of their local autonomy which drove the villagers into revolution. Land might also have been at issue, especially among the Zapatistas, but encroaching central authority lit the long-burning fuse. None of these authors has toiled with very much documentary evidence concerning these villages; hence their findings are largely impressionistic, especially when they wander into the precarious arena of mentalidad, which posits how the campesinos viewed their world and how they felt about it. Guerra, whose work weighs intellectual constructs, equates the mentalidad of Mexican peasants with their counterparts of the Merovingian age, for him a scholarly embarrassment at best. But Guerra does so to highlight the struggle between traditional and new ideas so central to his argument. Historians have been known to exaggerate, and occasionally worse, in order to reinforce their viewpoint.

The concept of the closed corporate community harkens (and that romantic verb is appropriate) back to Robert Redfield, and more recently Eric Wolf,[6] even though relative newcomers such as Eric Van Young and William Taylor have in very convincing ways challenged that image, albeit to varying degrees, for the colonial period.[7] Furthermore, in her current work on Mexico, Florencia Mallon has done much the same for Puebla during the Reform and French Intervention.[8] Jack Womack certainly does not consign the Zapatistas to closed communities; and Cheryl Martin, in fact, regards them as quite open even before Independence in Morelos.[9]

By the time of the Pofiriato in the course of Mexican history it probably could be said that some genuinely Indian villages remained relatively closed and communal, but this probably would not hold true for villages of largely mestizo campesinos in much of Mexico, and I know that it was not true in the Valley of Papigochic where trade, migration, demography, opportunity, and custom had for a long time combined to open (if they had ever been closed) those villages in both a physical and psychological sense—and this despite the persistence of the village ejido, which had much more to do with individual rights than with communality.

Of course, there were differences in the natures of villages, even in the

---

[6] Eric Wolf, *Peasants* (Englewood Cliffs: Prentice Hall, 1966).

[7] William B. Taylor, *Drinking, Homicide and Rebellion in Colonial Mexican Villages* (Palo Alto: Stanford University Press, 1979); Eric Van Young, *Hacienda and Market in Eighteenth Century Mexico: The Rural Economy of the Guadalajara Region, 1675-1820* (Berkeley: University of California Press, 1981). For a good overview of the issues involved here see the introduction of James B. Greenberg, *Santiago's Sword: Chatino Peasant Religion and Economics* (Berkeley: University of California Press, 1981).

[8] Florencia E. Mallon, ''Peasants and the 'National Problem' during the Middle Period of Latin American History: Alternative National Projects in Mexico and Peru: 1850-1910,'' paper presented at the meeting of the American Historical Association, Washington, D.C., December 1987.

[9] John Womack, Jr., *Zapata and the Mexican Revolution* (New York: Knopf, 1968). Cheryl E. Martin, *Rural Society in Colonial Morelos* (Albuquerque: University of New Mexico Press, 1985).

somewhat restricted area of the Papigochic. Those pueblos like Arisiachic, to
some extent remote in the Sierra and 100 percent Tarahumara, seem to have
been quite closed (though how corporate is questionable, as the Tarahumara
did not much practice collectivity) but not to the extent that it did not voluntarily reinforce (for pay) the state militia with scouts and riflemen to battle
the Apaches.[10] Tutuaca, higher in the Sierra, was also largely Tarahumara and
perhaps somewhat closed, although mining opportunities in the region abet-
ted the development of mestizo *caciquismo* in the village and helped to open
it up.[11] But these villages were "closed" to the extent that they seldom became involved in the political and other relationships which overall characterized the region.

Down in the broad Papigochic Valley, which housed most of the population of the region, the largely Tarahumara communities of Cocomórachic
and Pachera were wholly enmeshed in the administrative bureaucracy of the
mestizo notables, but still retained a kind of cohesiveness not evident in the
surrounding much larger and predominantly mestizo villages. And without
delving into the specific reasons, very few Tarahumaras from these villages
(or elsewhere) joined—or fought against—the Revolution.

Life and mentalidad in the mainly mestizo Papigochic villages such as
Santo Tomás, Mátachic, Temósachic, Bachíniva, Namiquipa, and Tomochic,
not to speak of the regional center at Guerrero, which was called *ciudad* but
in most ways was a large village, were quite different; these pueblos were
much more open. Here people lived mainly in nuclear families, owned land,
and practiced employment specialties. Most were *labradores* or *agricultores*,
but census accounts from the area around the year 1900 list nearly sixty different jobs as primary employment.[12] Some supplemented their incomes with
other jobs (by the way, not the poor but the better-off tended to double-up
on revenue producing labor), and judging by notarial records there was a
good deal of money in circulation and plenty of energetic business enterprise.[13] As Hart shows, foreign investment was picking up; it even created a
brand new village called Miñaca, which was anything but closed. Some villagers throughout the Papigochic joined the revolution; others did not, but
almost all of them inhabited these open and heterogeneous villages.

[10] Archivo Municipal del Distrito de Guerrero (Chihuahua), Box 11, Exp. 139, Comunicaciones con inferiores, 6 July 1874; Box 12, Exp. 151, Borradores de comunicaciones con inferiores, 2 July 1878. Hereinafter cited as AMDG, Box, Exp., correspondents and date.

[11] AMDG, Box 42, Exp. 380, Vecinos de Tutuaca al Jefe Político, 5 July 1900.

[12] AMDG, the *padrones* are situated in various boxes throughout the archive. The author
is currently in the process of coding them for computer analysis. Some 35,000 individual names
are involved, each with four to six variables: sex, age, marital status, profession, literacy, and
religion. The names are also grouped by household.

[13] Notarial records for Chihuahua are situated in the Palacio del Gobierno, Chihuahua City.

As historians move inside these rural villages they describe as closed and collective, most of them find a homogeneous society functioning in the kind of moral economy best elaborated by James C. Scott.[14] Once again, their observations are more intuitive than documented, but they record economic distinctions (some go as far as to identify classes) and individual peculiarities among the villagers, who mediate their differences in customary and cultural ways so that a rhythm of social harmony is achieved. Scott cogently discusses the myriad ways in which peasants (in his case studies they are Malaysian) protest their penurious condition and defend themselves against commercialization and political intrusion.[15] His sensitivity for the peasantry is akin to that of E. P. Thompson for the industrial worker; they emphasize a sense of justice that common country people *must* have felt. Whether they did or not is currently the subject of much scholarly controversy. Samuel Popkin, for instance, disagrees sharply with Scott. Instead of living quite harmoniously in their villages, Popkin's peasants (Vietnamese) are mean-spirited, aggressive, calculating, opportunistic, pragmatic, and disruptive of village custom.[16] Who is right?

I find Scott and Popkin both right and wrong. I disagree with their generalizations in the same way that I disagree with Joel Midgal, who labels peasant villages as either backward- or forward-looking.[17] Why can't they be both—meaning, of course, that some villagers fit Scott's model of backward-looking, defensive peasants, while others more resemble Popkin's explanation; they are competitive and forward-looking and their conflicting mental sets could cause controversy. Their differences seem to be more psychological than sociological; analysis based on class does not work well in the Papigochic Valley where social distinctions were more obviously ethnic than class.

This is a concept which may help to explain what really happened in the Valley of Papigochic. When rebellion per se approached that region—whether it was the wars of the Reform, the French intervention, or the Mexican Revolution—villagers never agreed in toto on a response. Some viewed the disruption as opportunity, a splendid chance to pursue their goals even at the expense of village solidarity; others determined to maintain the status quo. So they split apart; some joined the revolt, others did not. The lines of

[14] James C. Scott, *The Moral Economy of the Peasant: Subsistence and Rebellion in Southeast Asia* (New Haven: Yale University Press, 1976).

[15] James C. Scott, *Weapons of the Weak: Of the Everyday Forms of Peasant Resistance* (New Haven: Yale University Press, 1985).

[16] Samuel L. Popkin, *The Rational Peasant* (Berkeley: University of California Press, 1979).

[17] Joel S. Midgal, *Peasants, Politics and Revolution: Pressures toward Political and Social Change in the Third World* (Princeton: Princeton University Press, 1974).

cleavage are extremely difficult to define with any certainty. At times, the split represented the reenactment of a long-time, local dispute. *Parentesco*, status, wealth, land, religion—so many possibilities and combinations could explain the rifts. But there they were: Tomochic in 1891, perhaps twenty heads of families in rebellion, and some forty not. Santo Tomás the following year: the Simón Amaya group in revolt, opposed by a majority in the town. Fifteen years later in Namiquipa, the Bencomos and their followers versus those who adhered to Espinosa. As the Revolution approaches, in Cuchillo Parado, where those in possession of the "upper lands" had been in dispute with owners of the "lower lands," Toribio Ortega rises in revolt; most join, others oppose his movement. The pattern is repeated in Santa Isabel where the Herrera boys linked to Pancho Villa rebel but most of their fellow-villagers do not. This seems to have been the situation everywhere in the Papigochic, and perhaps over a much larger expanse of national territory. Villages did *not* rebel as entities; they split apart and probably along faults long established by local feuds and differences. Of course, these realities speak to the nature of village life.[18]

But how does it help us to understand the Mexican Revolution? Or, at least what does it suggest for future analysis? Simply said, these divisions may shed some light on the so-called *pacíficos*; it may place them in opposition to, rather than in sympathy with, the rebels. It also may help to explain the mind-set of those who did rebel, or the bewildering patchwork of allegiances and alliances which developed in the region during the fighting. It could say something important about the entire nature of Orozquismo and Villismo— and by that I mean the motivations of those who joined and deserted these movements. It might help to explain the defeat of Villismo and the eventual success of Carrancismo. Perhaps the difference between the two—especially at the level of the ordinary soldier—was not all that great. Many rebels appear to have been much more "forward-looking" than defensive of their past. Certainly they crowed about local autonomy. But the real question is, *local autonomy to do what*? To shrink back into village security? Or the freedom to partake of the new energies evident in the region? Were the thousands of villagers who followed Pancho Villa, even to the capital itself, days, weeks, some perhaps two thousand kilometers from their homes, all that determined to defend their old ways? Mallon explains that during the Reform in Puebla the peasants demanded more of the national Liberal leadership than those

[18] For Tomochic see Francisco R. Almada, *La Rebelión de Tomochic* (Chihuahua: La Sociedad Chihuahuense de Estudios Históricos, 1938), appendix; for Namiquipa see Daniel F. Nugent, "Land, Labor and Politics in a *Serrano* Society: The Articulation of State and Popular Ideology in Mexico" (Ph.D. Dissertation, University of Chicago, 1988); for Cuchillo Parado see María Teresa Koreck, "Social Organization and Land Tenure in a Revolutionary Community in Northern Mexico: Cuchillo Parado, Chihuahua, 1865–1910," paper presented at the VII Conference of Mexican and United States Historians, Oaxaca, Mexico, October 1985.

leaders were willing to grant; these campesinos demanded full and equal participation in the new society promised by the Liberals.[19] The same, in this sense, is true for the Papigochic prior to the Revolution. One can feel in the documents the quickened pulse of these country people; economic development and demographic growth had produced new possibilities, encouraged competition, and created tensions. These people hardly saw themselves as members of closed corporate communities—not here in what was soon to become the "cradle of the Mexican Revolution."

However, what caused them to rebel? Some of the best minds in the profession are pondering that question. In the main, these scholars have focused upon long-time, worsening conditions, although historical sociologists like the Tillys have tested that theoretical stance and declared it inadequate.[20] Or, for the short-term, they have relied on the unreliable Davies J-curve of frustrated rising expectations (even though the Davies position challenges the idea of closed corporate communities).[21] They point to the global depression of 1907 accompanied by drought as the catalyst for rebellion, at least in the state of Chihuahua.[22] In an attempt to examine this thesis I have driven a group of history majors at my university into the primary sources—newspapers, diplomatic dispatches, company papers, eyewitness accounts, and the rest, and to date we have been unable to substantiate much social disruption, especially among Chihuahua's common people, as a result of depression and drought. In fact, we cannot even find much of a drought. There is no reference to it in the Hearst cattle ranch papers nor in those of Corralitos, a bit to the north. In fact, both of these companies reported booming cattle sales in 1908. Nor do the North-West Railroad papers reveal anything about drought, nor the El Paso and the San Antonio newspapers. From 1908 to 1911, *El Correo de Chihuahua*, reporting from Chihuahua City, featured no stories about drought.[23]

---

[19] Mallon, "Mexico and Peru."

[20] Charles Tilly, Louise Tilly, and Richard Tilly, *The Rebellious Century, 1830-1930* (Cambridge: Harvard University Press, 1975), Chapters 5 and 6.

[21] James C. Davies, "The J-Curve of Rising and Declining Satisfactions as a Cause of Revolution and Rebellion," in Hugh D. Graham and Ted R. Gurr, eds., *Violence in America: Historical and Comparative Perspectives* (Beverly Hills: Sage, 1974), 690-730.

[22] For example, see Mark Wasserman, *Capitalists, Caciques, and Revolution: The Native Elite and Foreign Enterprise in Chihuahua, Mexico, 1854-1911* (Chapel Hill: University of North Carolina Press, 1984), 112-115.

[23] William Randolph Hearst papers pertaining to Mexico are in the Phoebe Hearst Collection at the Bancroft Library, University of California, Berkeley; Corralitos documentation is in the Benson Latin American Collection at the University of Texas, Austin, and the North-West Railroad Papers are also in the Benson Collection and in Special Collections at the University of Texas, El Paso. The newspapers searched for the period under review included: *El Paso Morning Times, El Paso Herald,* and the *San Antonio Light. El Correo de Chihuahua* is on microfilm at San Diego State University.

There is occasional mention in these sources about dryness, and the U.S. Weather Service reported a shortage of rain around El Paso during the years of concern.[24] But sources also speak of rain, even floods, and confirm the customary irregularity of rainfall in the area. Proclaiming drought is a guesser's game. California has had relatively little winter rain for the past two years, and as a result meterologists have now (as of mid-1988) pronounced the state officially in drought. But, they hasten to add, it is not expected to cause any inconvenience.

This is the point. It is not the heralding of drought from above that counts—governments do that for their own purposes—but how weather affects the people down below, and even more important, how they respond to it. Most ride out such difficulties. Studies of Brazil's Northeast confirm the point, although especially prolonged drought can lead to migration.[25] All the evidence may not yet be in for Chihuahua, but drought neither caused migration nor loaded the rifles of rebels in this region.

Nor did the depression. No doubt the economic downturn occurred but to what extent it unsettled the population of Chihuahua, caused unemployment and migration, if at all, is entirely open to question. The primary sources do not reveal massive unemployment and misery, not to mention much dissatisfaction, at least the kind which would encourage the step from grumbling to rebellion. There were, in fact, a good many seasonal workers among those laid off due to the downturn in mining enterprise, and others could have found work among the burgeoning railroad and lumbering business in the district.[26] Those who decided to last out the temporary downturn in the mining towns and camps may have required some relief; at Jesús María the wives of the managers formed a charitable society to aid the working class,[27] but there were jobs for those who looked elsewhere, and mining itself soon recovered. As William French has shown, many ordinary people of the Papigochic, even as the revolution raged, proved themselves much more interested in working than in fighting.[28] The J-curve might fit the frustrations of those already accustomed to better economic circumstances and looking to improve, but it does not work for the lower groups in Chihuahua. We need to look elsewhere to explain their participation in the revolt, and it may well

---

[24] *Report of the Chief of the Weather Service, 1908*, H. doc. 120(60–3)6033; same for 1909, H. doc. 1328(61–3)6033; same for 1900, H. doc. 135(62–2)6266.

[25] Anthony L. Hall, *Drought and Irrigation in North-East Brazil* (Cambridge: Cambridge University Press, 1978), 2–8.

[26] Knight, *Mexican Revolution*, I, 141; *Mexican Herald*, 5 July 1907 and 11 August 1907.

[27] Archivo Municipal del Archivo del O'Campo (formerly Jesús María), Documentos de la Presidencia Municipal, 1910. This archive is not organized into *legajos* and *expedientes*.

[28] William E. French, "The Business of Revolution: Foreign Mining Companies and Mexico, 1900–1920," paper presented at the meeting of the Southwestern Historical Association, Dallas, March 1987.

not be a matter of what *caused* them to participate but rather, what *allowed* them to join the rebellion. And this leads me to my second major consideration; it concerns the Porfirian political system.

The search for causation naturally leads us to examine the nature of the Porfirian regime, a topic much too broad and complicated for an all-encompassing overview here. But all authors point to a breakdown of the Porfirian system as a cause for the revolution; the problem is to explain the system. Much attention has been allotted the aging process. According to this thesis, arteriosclerosis had damaged the brain trust of the regime, and a clot had prevented new blood in the form of aspiring politicians and bureaucrats from entering the more rewarding sectors of the system. The advanced ages of the president, his cabinet ministers, some generals, and advisors are used to prove the point, although this kind of geriatric history is uninteresting at best.

Of course, many scholars correctly cite other factors contributing to the political crisis, economic, for instance, such as the gyrations of international capitalism, and political, including the succession issue, and now Guerra has propounded an additional explanation, both cultural and political. In concert with his overall thesis concerning the persistent social tension between traditional and modern ideas, Guerra links that clash to the succession question; while Díaz had constructed, and for most of his administration protected, his regime by balancing and thereby neutralizing the competing ideologies, he had by the turn of the century inclined toward the modernizers (*científicos*) at the expense of the traditionalists (*Reyistas*). In doing so he fatally altered the mechanism which had held his dictatorship in place. In fact, says Guerra, the científicos began to replace traditionalists with more modern bureaucrats at the regional and local levels, which for him explains why so many traditionalist, *petit bourgeois* types went into revolution.[29] This heady thesis lacks proof, but it properly directs our attention away from the aged superstructure and down to the level where it belongs—focused upon governors, state legislators, caciques, *jefes políticos*, and municipal officials. None of them has received sufficient attention in our own work to date. And it is crucially important that we do so, because it is our link to class, cross-class, or at least group, analysis.

What I am suggesting is that we examine the Porfirian system precisely at the juncture at which it wrenched apart—the regime's relationship to the dominant groups which supported it (of course, to suit their own ends)—with emphasis on those notables and power brokers at the regional and local levels. This approach has received a recent endorsement from Raymond Carr, who in his review of Stanley Payne's new book on the Franco regime, criticized Payne's reliance on comparisons with other authoritarian regimes to explain Francoism. Carr insists that "It is my profoundest conviction that

---

[29] Guerra, *Mexique*, his conclusions.

authoritarian political systems can truly be understood *only by* [my emphasis] intensive study of activities at the local levels for such studies reveal the mechanisms of compliance as they function in daily life.''[30] Hart, Knight, and Guerra, but especially Hart, are all impressed by the participation of regional and local elites in the Revolution. So, all along, just what was the relationship of these elites to the regime?

Part of the answer to this question lies in our concept of the Porfirian government. Burdened by the official rhetoric which has succeeded the revolution, we have, in my opinion, tended to view the Porfirian system as much more monolithic, bureaucratic and coercive than it actually was. Guerra stresses this point, and in doing so has caught the wrath of Moises González Navarro, who in a *Secuencia* book review accuses Guerra of whitewashing the Porfirian administration.[31] But for me, Guerra is closer to right, although it is going to take a very long time for his position to reach the textbooks.

The Porfirian system was what Theda Skocpol would call ''proto-bureaucratic.''[32] Only some of its offices were organized and very few of its positions subject to rules and to supervision. My study of the Rurales, a typical Porfirian institution, confirms the point. The rural police force was very loosely administered and its members, especially the officers, rarely held accountable for their actions. Inspectors infrequently reviewed the units, including their book work, but when they did, they were stunned by the lack of adherence to printed regulations and the ignorance of bureaucratic procedures.[33] These circumstances help us to define the limits of Porfirian control.

There are different ways to think of these limitations. Most insist that the dictator overcame them, that Díaz cleverly employed the carrot and the stick, but that *he* decided when to do what. In my view these observers have confused insistence and perseverance with effective control; personal dictators can don the authoritarian mantle more out of weakness than of strength. Limits, instead, were forced upon Díaz, mainly by dominant groups, but also by his relationship to the campesinos. The Díaz archive at the Iberoamerica is replete with documents which show Díaz doing things he probably did not want to do—or that a dictator in control of his regime would not want to do. He weasels and waffles; he can be indecisive and switches tack when ill-winds

[30] Raymond Carr, ''How Franco Made It,'' review of Stanley G. Payne, *The Franco Regime: 1936-1975* (Madison: University of Wisconsin, 1987), in *New York Review of Books* 35:1 (February 4, 1988), 26.

[31] Moisés González Navarro, ''La Guerra y la paz, o un nuevo francés a la derecha mexicana,'' *Secuencia* (January–April 1987), 57–69.

[32] Theda Skocpol, *States and Social Revolutions: Comparative Analysis of France, Russia, and China* (Cambridge: Cambridge University Press, 1979).

[33] Paul J. Vanderwood, *Disorder and Progress: Bandits, Police and Mexican Development* (Lincoln: University of Nebraska Press, 1981), Part III.

blow. So when we consider the important issue of the centralization of the regime, the answer is "yes," but only to a degree.[34]

All have correctly identified the centralizing intentions of the government, but how much did it really accomplish? Judging by their participation in the revolution, elites, even non-elites who enjoyed some power, had their share of quarrels with the regime. Some disputes concerned the control of local manpower; hacendados frequently protested the induction of their workers into military service. Some counseled common people on use of the *amparo* to escape recruitment.[35] Other conflict with the central government concerned profit: who was to benefit from the proceeds of this agrarian commercial economy? Local and regional better offs certainly meant to retain control of their accustomed power base, a position which certainly could place them in opposition to the goals of national government. Alan Knight notes that it was just this kind of dispute which launched the Constitutionalist movement. Carranza and Sonoran leaders were ready to deal with Huerta—as they and others had done with Díaz. They demanded the right to rule and to profit in their own regions, but Huerta would not compromise, so the regional elites went to war. Knight is quite correct: Huerta meant to centralize his government in the form of a military dictatorship, and his political obstinacy cost him his presidency.[36] Díaz had survived because he knew when to compromise, even if he did so because there were limits to his power. Dictators rarely compromise out of strength.

A year or so after Huerta's intransigence, the shoe was on the other foot. The Constitutionalists faced regional opposition in their efforts to consolidate their movement (Knight is again sure on this point). But the Constitutionalists had the military power to enforce their will—or did they? Alicia Hernández disagrees and explains: Carranza, in order to hold his movement together, had to respect his own military leaders; he had to grant them autonomy in those regions that the generals desired to dominate.[37] In sum, what the Revolution seems to have done in this case is to reveal the tension which had always existed between government and dominant groups, especially those driven by the profit incentive.

This tension between dominant groups and the federal government during the Porfiriato can be studied and at least one crucial facet of it verified through the institution of the *jefe político*, one of the most important and least examined individuals on the regional scene, or through the local cacique;

---

[34] Archivo Porfirio Díaz, Universidad Iberoamérica, Mexico City, Mexico.

[35] Robert M. Alexius, "The Army and Politics in Porfirian Mexico" (Ph.D. Dissertation, University of Texas at Austin, 1976), 52–67.

[36] Knight, *Mexican Revolution*, Vol. 2, Part I, "The Huerta Regime."

[37] Alicia Hernández Chávez, "Militares y negocios en la Revolución mexicana," *Historia Mexicana* 134 (October–December 1984), 181–212.

at times the jefe was no cacique, or he was controlled by caciques; or he competed with caciques. Power, or the lack of it, did not emanate from these individual jefes but rather from their relationships with other notables.

But presuming that these officials exercised power, as a good number of them certainly did, whose interests were served by these jefes and caciques, those of the national government or of the regional and state elites? By and large, it was the latter, and Díaz persistently attempted to shift that unwelcome balance by imposing his choices for jefes on the state governments. How successful he was (which could mean how many enemies he made) is still to be learned, but prevailing historical description of the jefe político is quite distorted, at least, if the Papigochic is to serve as an example.

No doubt Keith Wrightson's analysis of "local notables" for seventeenth-century English society as a bridge between the customs of the peasantry and the regulations and the demands of the state provides a conceptual model for the jefe político, but it does not very well explain how the system worked.[38] Anthropologists such as Paul Friedrich and Richard Adams have found similar middlemen at work in more contemporary Latin America. Yes, the jefe político was a kind of mediator, but in the Papigochic common people with complaints frequently went around him and straight to the governor, even to the president himself, in the search of relief. And ordinary people did not necessarily employ this approach because they felt themselves frustrated by their jefe político; at times, the jefe himself recommended that route. Frequently the jefe found himself embroiled in local disputes he could not resolve, so he passed them on to the governor's office. He then relayed the governor's decision to contending parties. But he was not handmaiden to the governor; the archival evidence frequently finds the jefe at odds with the governor and reluctant to fulfill orders from higher authority.[39]

Over time, the institution of jefe político undoubtedly changed. For example, before 1890 the jefes were elected in the Papigochic and, after that, appointed by the governor, but no one overtly claimed at the time that their power had been usurped. People rebelled in the early 1890s, but local autonomy does not seem to have been at issue, probably because the change in the process of selecting jefes did not alter the personnel involved. The governor of Chihuahua deliberately appointed representatives who were not foreign to the political and social activity of the region served by the jefe. Formerly elected jefes now served by official appointment. Whether the governor acted from strength, weakness, or wiseness still needs to be evaluated. Nonetheless, when jefes left office, men such as Tomás Dozal y Her-

---

[38] Keith Wrightson, *English Society, 1580–1680* (New Brunswick: Rutgers University Press, 1982), 226.

[39] Conclusions from documentation in AMDG.

mosillo in Ciudad Guerrero, they were hired (meaning paid) by their campesino constituents to represent their interests at higher political and legal echelons, as happened at Namiquipa just before the Revolution.[40]

Jefes did a lot of dirty work. Their main job was to maintain order, to protect the interests of those in control, but that did not only involve crude oppression; much more often they employed finesse. They not only considered complaints of electoral fraud, or raised local militia to combat rebel groups, Apaches, and cattle rustlers, but also they were intimately involved in some of the most sensitive aspects of human relationships and behavior. For example, if a teenager wished to marry without a father's consent, the jefe decided the dispute, very often in favor of young love. If a woman complained that her husband beat her, the jefe might have the husband jailed. When parents charged that a schoolteacher was a drunkard and illiterate, the jefe judged the teacher's competence. Or if a civil magistrate charged that a family had not paid the required fees to bury their baby, dead of dysentery soon after childbirth, the jefe weighed the facts. If the family was poor, he normally absolved them of the fees.[41]

What all this means is that the jefe político could not help but make a lot of enemies in the discharge of his duties, but more important for historical purposes, he was often enough considered by local people to be a representative of their personal concerns and community interests. This explains why he could become the target of rabid enmity when the Revolution broke out, and also why any number of towns retained their jefe even as the fighting raged and recognized his authority during the lulls, although some villages split over the issue. Of course, new individuals became jefes; they replaced the old ones, as the revolution played out its game. But the new ones, at least at first, seemed to have used their authority to favor local communities, to build or rebuild their power base from below, where ordinary people had become better organized and more determined.

There are, of course, examples of jefes who were extremely cruel and absolutely wanton in the pursuit of their duties. A number of them were not native to the regions they represented, but had been sent there by governors and higher-ups, even the president himself.[42] Some governors nominated prospective jefes to Díaz, who then approved or rejected them. In the process the national government seems to have increasingly aimed to capture the institution for its own national purposes; Guerra's research inclines in this direction. According to his thesis, the jefe became a major point of contention between regional elites and the federal government who vied for control of

---

[40] Notarial Archive, Chihuahua, Protocolos, Namiquipa, 1896–1919, 11 September 1906.

[41] Examples may be found throughout AMDG.

[42] For example, see Vanderwood, *Disorder and Progress*, 153–155.

the rural populace, both in a political sense and for the product of their labor. It is an interesting idea worthy of pursuit. One thing for sure, where I have encountered the jefe político in primary materials, he has not resembled the *bête noire* described by most analysts of the Revolution. He was a bridge between local, regional, and national interests, all right, but he remained determined to serve the local populace—the people from whom he derived much of his power and most of his profit. This inclination could place the jefe at odds with the centralizing aims of the federal government, and Díaz, more out of awareness than strength, seems to have accommodated and compromised with them. Admittedly, at this juncture, this contention is more hypothesis than conclusion, but it seems worthy of pursuit.

I now propose to move on, through time, deeply within the fighting phase of the Revolution, to further examine, albeit briefly, this conflict between regional autonomy and national concerns in relation to state-building. The question is this: How did the rebellion itself affect the relationship between state and regional power at the time that the revolutionaries (in this case, the Constitutionalists) aimed to consolidate their gains? We are in the years 1915 to 1920 or so.

We all know the final result, don't we? A national government eventually emerged from the conflict and its aftermath more bureaucratic, more centralized, and much more powerful than its Porfirian predecessor. Describing how this came about is the problem, and to date, for my taste, too much attention has been focused from above on initial state-building and on the relentless campaign of the national government, led by Norteños and allied with organized urban workers, to crush regional and local autonomy. Accepting for the moment the thesis that the Porfirian regime collapsed, in the main, because of a failed relationship with regional and local dominant groups, then it is precisely at this juncture that we should begin our research and analysis in order to understand the reconstruction of the state apparatus and the design that it assumed. Once again conditions in the Papigochic are suggestive, but certainly not conclusive.

Let me re-create the scene around Casas Grandes in northwestern Chihuahua around the year 1920. Revolution has ravaged the region for almost a decade. The American-owned Corralitos Cattle Company, which some three decades earlier had bought and then developed a one-million-acre ranch just north of the city, has been hard pressed to sustain its 50,000 head of quality cattle plus its diversified farming operation. It is a wonder that the ranch survived at all, but through a series of arrangements with a diversity of rebel leaders—this in itself is a fascinating story which I intend to tell elsewhere at another time—the battered ranch remained largely intact. In November 1920 the ranch manager, E. C. Houghton, returned from his war refuge in El Paso to regenerate the business. Among the immediate problems he faced: *squatters*.

Some 250 campesinos from Casas Grandes and environs had been aroused by the state's new agrarian reform law and had organized into clubs and leagues. Urged to action by local self-styled campesino leaders, they had occupied 12 miles of the company's best farmland on both sides of the Janos River—and they insisted that they intended to stay. Note the timing of the takeover. No squatters to speak of until the summer of 1920. But following the federal government's declaration of the Law of Idle Lands on June 25, peasant mobilization and occupation quickly follow. The Revolution, it seems, had caused a very definite permutation in campesino consciousness, one of those rather abrupt leaps that occasionally occurs in the evolution of mentalidad. They may not yet have been self-starters, but it did not take much to spur them to action. They were ready to be organized and were more determined to press and to defend their claims. Manager Houghton understood this change in mentalidad better then than most historians do today. He was worried and with reason, but what to do?

Houghton did what he and other ranch managers with similar problems had done before the Revolution; he went to consult with the jefe político at Casas Grandes (note it is 1920, and the institution of jefe político is firmly in place). There Houghton learned that it was the jefe himself who had approved the squatters' rights under the new agrarian program. Times had certainly changed. However, Houghton persuaded the jefe to suspend further allocations, pending clarification from the state governor's office, which took Houghton to Chihuahua City where he pled his case before Governor Enríquez. As a result, the governor promised to respect the company's rights, and ordered the municipal president at Casas Grandes to suspend the distribution of Corralitos lands. But Houghton suspected the worst, and he was right.

By January 1, 1921, the number of squatters—or "squatters" at least from the Corralitos point of view—had tripled. But their absolute numbers had now become less important than their deeds, for the campesinos had begun to open up ditches along the river, and water critical for cattle began to irrigate the gardens and farms of the peasants. Houghton complained to the *presidente municipal*, but received no relief. In fact, the president told him that he had received instructions from higher authorities (meaning the governor) to certify campesino claims on Corralitos property. The web of bureaucracy was catching its fly.

Late January found Houghton back at the governor's palace with the U.S. vice consul in tow. The governor spun another strand in the web; it seems that state authorities could not interfere in the matter because federal law was involved and had to be recognized (although enforced at the governor's whim). So the occupation of Corralitos property proceeded apace, and to assure its continuance, the governor sent an engineer to Casas Grandes to advise the local peasants to seize lands as they wished with the assurance of government protection. Houghton's continuing protests remained unanswered, and on November 10 the harassed manager wrote his company bosses in New York City that he had been hog-tied. In response, the corporation played its trump card and ordered Houghton to plead its cause before President Obregón in Mexico City. And just to make sure that Obregón listened, it armed Houghton with a letter from Judge Elbert A. Gray, a lawyer located near the pinnacle of J. P. Morgan's empire, and a man obviously familiar with doing big business (mainly financial) with Obregón. Judge Gray pulled all the levers that used to work. He dropped the names of E. D. Morgan, ex-governor of New York state; Cornelius L. Bliss; and Levi Morton, no less than former vice president of the United States, all of them founders and owners of Corralitos. Then in precise detail he presented the company's case; Houghton was there in person to back it up.

Obregón listened. In fact, Houghton had no less than four sessions with the President, but now it was Obregón's turn to plead helplessness. In general, he favored land reform and at the same time a fair shake for land-owners, especially the larger ones, but the Corralitos affair was after all a state matter—and the President, of course, respected the sovereignty of the states. With that dismissal, Obregón sent Houghton back to the governor's office, where the ranch manager learned that the director of the state agrarian re-form program had grown truculent and the governor adamant. "It is an ut-ter impossibility," asserted the governor, "for the government to remove these people [from Corralitos]," So that was that.[43]

It is not my purpose here to proceed to the final resolution of the Cor-ralitos case, but instead to emphasize what it indicates for the analysis of early state-building. When confronted with his problem, E. C. Houghton sought help where he had always received it: from the local authorities, including the jefe político. But the actors had changed, if not their person, certainly their *mentalidad*. Not only had the revolution shuffled authorities around and created some new ones, but the attitudes of those who had survived the storm had changed.

But precisely what had changed?: (1) the peasants themselves had de-veloped a militant group-consciousness; previous piecemeal squatting on the property of others had become determined land invasion. These peasants no longer only encroached on hacienda lands, but also they meant to dispute former property relations; (2) new leaders had appeared from the ranks of the campesinos to organize them into a league; (3) local officials were forced to (or it served their instincts and interests to) support campesino aims; (4) same for state authorities; and (5) same for the national government. This does not

---

[43] These events are reconstructed from the Corralitos papers at the Benson Collection, spe-cifically the U.S.–Mexico Mixed Claims Commission Report in that archive. The complete record of the case is at Washington National Records Center, Suitland, Md., U.S.–Mexico Claims Com-mission, Record Group 76.

mean that Chihuahuan and national officials were in agreement; just the opposite. Each aimed to control the peasantry—to exploit it for its divergent purposes. But they seem to have been forced into an uneasy alliance by the newly honed insistence of the peasants and their tough-minded organizers. It is this tension which so clearly reveals an important—a fundamental—change wrought by the Revolution. Precisely how these conflicts and cross-purposes were related to the construction of the new truly bureaucratic and much more authoritarian state is what needs to be explained. Involved, of course, is the eventual linkage between regional bosses and state governments with the national enterprise, all to the detriment of the campesinos. At present we know relatively little about how this came to pass. No doubt a study of revenue sources would illuminate the issue, but genuine understanding of this process lies waiting in the state and regional archives as well as in the well-worked, but still not exhausted, presidential papers at the Archivo General de la Nación in Mexico City.

The emergence of new power groups, and just as important, a new mentalidad, at the local and regional levels has been noticed by other researchers of the Mexican Revolution. Gil Joseph, for instance, notes the necessity of a beleaguered governor, Carrillo Puerto, to support his regime through an alliance of compromise with new caciques in the countryside.[44] Jack Womack underlines Zapata's concern with earning the sympathy of caciques in Morelos.[45] In her review of Knight's book, Romana Falcón relates that a cacique in San Luis Potosí retained his power before, during, and after the rebellion.[46] Raymond Buve is explicitly examining the rise of local leaders during the revolution in Tlaxcala, and how they employed peasant support to compete with opponents for power. He has given special attention to the operations of agrarian commissions at various political levels to learn how those institutions orchestrated relationships and power in the process of state-building.[47] Buve, for my money, is right on track. So was David Brading when he assembled essays into a book called *Caudillo and Peasant in the Mexican Revolution*, although the content of the writings does not often live up to the promise of the title, which does not mean that the articles do not have other merits.[48] So a number of us have touched upon the theme; now we need to grasp it and to wring it out.

In sum, with much genuine admiration and some awe for the work done

[44] Gilbert M. Joseph, *Revolution from Without: Yucatán, Mexico and the United States, 1880-1924* (Cambridge: Cambridge University Press, 1982).

[45] Womack, *Zapata*, passim.

[46] Romana Falcón, " 'Knight' Revolution: un regreso apasionado," *Nexos* (April 1987), 67.

[47] Raymond Buve, "State Governors and Peasant Mobilization in Tlaxcala," in D. A. Brading, ed., *Caudillo and Peasant in the Mexican Revolution* (Cambridge: Cambridge University Press, 1980), 222–224.

[48] Brading, *Caudillo*.

on the Revolution in the 1980s, I believe we cannot hope to explain it fully and properly without some serious and brave conceptual adjustments reinforced by dedicated research in the right archives. In this essay I have pointed out several possible new, and undoubtedly controversial, routes to understanding and intellectual adventure. Reassessment of village life is crucial to our conceptual approach to the Mexican Revolution. Even James Scott in his continuing fine examination of local communities is beginning to open them up. He now places much more emphasis on stratification within the community, although he still stresses their tendency to regroup when faced by outside threat.[49] I believe that such threat tends to split them apart, to break down homogeneity and the so-called moral economy. Likewise, the nature of the Porfirian dictatorship deserves reappraisal, and the way to understand it best is through local level research. Finally, there is the question of change during the actual fighting phase of the rebellion. Research on this issue has virtually all been limited to political adjustments at the upper echelons— the changing of the guard. But much more substantial change occurred ''down below,'' and it did not only involve a reshuffling of the old deck of actors.

Naturally, my hypotheses and observations are wide open to discussion and debate. I invite such discourse, not only because it is good for topical conferences and the profession at large, but because—and I am not afraid to admit it—such interchange will help me to ponder my own rather insecure attempts to explain the Mexican Revolution.

[49] Scott, *Weapons*, passim.

Movimientos estudiantiles durante la Revolución mexicana

Javier Garciadiego Dantan

CONSIDERANDO QUE PARA MUCHOS ESTUDIOSOS la Revolución Mexicana fue una lucha de los elementos jóvenes de la clase media contra un sistema gerontocrático y "cerrado" que les vedaba el acceso y el desarrollo de sus potencialidades, y considerando que los movimientos estudiantiles universitarios han tenido una gran injerencia en las otras revoluciones latinoamericanas del siglo XX,[1] ¿cómo puede explicarse la afirmación de José Vasconcelos de que los estudiantes universitarios capitalinos de 1910 formaban una clase degenerada, que se había vendido al gobierno de Porfirio Díaz y que se había opuesto al Maderismo?[2]

Falsos argumentos morales

Militante de jerarquía en el maderismo, egresado reciente de la Escuela de Jurisprudencia y hombre profundamente involucrado en los asuntos culturales de las postrimerías del porfiriato, Vasconcelos era un testigo excepcional. Sin embargo, es preciso preguntarse si dicha aseveración no fue otra más de sus socorridas verdades "a medias", paradójicamente irrefutables gracias a la mordaz ironía y al justo reclamo moral, o si era uno de sus hábiles y lapidarios alegatos contra sus enemigos.[3] Por otro lado, Emilio Portes Gil,

---

[1] Respecto a Cuba, véase Jaime Suchlicki, *University Students and Revolution in Cuba, 1920-1968* (Coral Gables, Fla.: University of Miami Press, 1969); respecto a Nicaragua, Marta Harnecker, *Estudiantes, cristianos e indígenas en la Revolución* (México: Siglo XXI Editores, 1987).

[2] Recorte de *El Diario* [25 o 26] enero 1912, Morris Library, Southern Illinois University, Carbondale, Illinois, Archivo Francisco Vázquez Gómez, caja 28, folder 232 (en adelante AFVG).

[3] El mismo Vasconcelos luego aseguró que criticó a los estudiantes porque se habían opuesto al nombramiento de su amante, "Adriana", para un alto puesto en la Cruz Blanca Neutral o en el sistema hospitalario federal. Véase la parte conducente del célebre *Ulises Criollo*, en sus

en buena medida miembro de aquella generación estudiantil, siempre sostuvo que los estudiantes universitarios habían tenido una participación considerable en la lucha antiporfirista y que su posterior enfrentamiento con Madero había sido provocado por éste.[4] Es evidente que Portes Gil, como casi todos los políticos, buscaba el autoelogio y el encubrimiento. Las afirmaciones de ambos son exageradas e incorrectas. Por ello es que resulta estimulante preguntarse ¿cuál fue la actitud realmente asumida por los estudiantes universitarios capitalinos durante la Revolución Mexicana de 1910 a 1920?

La acusación de Vasconcelos implica una cooptación[5] para finiquitar una postura oposicionista previa. En efecto, entre 1875 y 1892 los estudiantes universitarios capitalinos sostuvieron una política considerablemente independiente, y en tres momentos fueron, incluso, abiertamente antigubernamentales. En 1875 tuvo lugar una protesta contra el régimen disciplinario de la Escuela de Medicina, pero el sentimiento de inconformidad pronto se generalizó a casi todos los estudiantes, quienes apoyados por un nutrido grupo de intelectuales propusieron la creación de una llamada Universidad Libre.[6] En 1884 se protestó unánimemente contra el presidente Manuel González, acusándolo de corrupto, de incapaz, y de falto de patriotismo por su decisión de pagar la deuda pública contraída con Inglaterra.[7] Por último, en 1892 un buen número de estudiantes se opuso a que don Porfirio asumiera por cuarta vez la presidencia del país.[8]

Si el primero de estos movimientos fue académico, los otros tuvieron motivos políticos; si los dos primeros fueron mayoritarios, en 1892 el estudiantado estaba muy escindido: por un lado los oposicionistas, encabezados por Joaquín Clausell, Querido Moheno y los hermanos Jesús y Ricardo Flores

---

Memorias, 2 vols. (México: Fondo de Cultura Económica, 1982), I, 400–404. Hasta la fecha, el único trabajo sobre las actividades de Vasconcelos durante la Revolución Mexicana que no se limita a sus escritos autobiográficos es el de Angeles Ruiz, "José Vasconcelos durante la Revolución Mexicana" (Chicago, 1981) (mecanografiado).

[4] Emilio Portes Gil, *Autobiografía de la Revolución Mexicana: un tratado de interpretación histórica*. Introducción de Antonio Luna Arroyo (México: Instituto Mexicano de Cultura, 1964), 99–100.

[5] Aquí se entiende la cooptación como un procedimiento de integración que el grupo dirigente hace de personas, ideas y programas de la oposición, con el fin de reducir los conflictos. En el lenguaje político contemporáneo tiene un significado peyorativo, pues las formas de dicha integración son muchas veces indecorosas.

[6] María del Carmen Ruiz Castañeda, *La Universidad Libre (1875): antecedentes de la Universidad Autónoma*. Serie Deslinde no. 110 (México: Universidad Nacional Autónoma de México, 1979).

[7] Al respecto consúltense varios documentos que se encuentran en el Fondo Carlos Basave y del Castillo Negrete, del Archivo Histórico de la UNAM.

[8] Samuel Kaplan, *Combatimos la tiranía*. Traducción de Jesús Amaya Topete (México: Instituto Nacional de Estudios Históricos de la Revolución Mexicana, 1985), 25–34; Alfonso de María y Campos, "Protesta estudiantil durante el Porfiriato" (México, 1985) (mecanografiado).

Magón; por el otro los que formaron el Club Porfirista de la Juventud, como Jesús Urueta, Manuel Calero y Ezequiel A. Chávez. La conducta posterior de algunos de los primeros —señaladamente la de Moheno— y la de todos estos últimos, así como la de la gran mayoría de los líderes de 1875 y 1884 — quienes pronto se hicieron destacados políticos y educadores, como Miguel Schultz, Porfirio Parra, Miguel Macedo y Manuel Flores, o como Carlos Basave, Diódoro Batalla y Ezequiel A. Chávez—[9] es prueba de que el proceso de cooptación fue innecesario para un amplio número de estudiantes, y que, en todo caso, fue muy anterior a 1910. Además, si bien es cierto que desde 1892 había muchos jóvenes que eran de suyo porfiristas, también lo es que hubo quienes persistieron en su rebeldía, como los hermanos Flores Magón. Así, puede concluirse que la cooptación fue mucho más temprana a 1910, y que ni fue el único recurso de Díaz ni siempre obtuvo un éxito absoluto. Por otra parte, los movimientos de 1875 y 1884 no fueron contra don Porfirio, sino tan sólo el de 1892, lo que para más de treinta años de gobierno es prueba de una magnífica relación con los estudiantes de la ciudad de México.

El argumento moral de la cooptación de la generación de 1910, en los siempre atractivos y convincentes términos de Vasconcelos, debe ser sustituido por uno basado en razones socioeconómicas y político-ideológicas. La simpatía de los estudiantes y de sus profesores por don Porfirio y el apoyo de éste a la educación media y superior[10] eran incuestionables manifestaciones de una relación de mútua conveniencia: aquellos se beneficiaron del desarrollo económico y de la política estable y civilista del período, para lo cual eran imprescindibles los servicios de una creciente clase media profesional. Un proceso más generalizado y de impacto más profundo que el de la cooptación fue el de la socialización:[11] junto con las ventajas de gozar de paz social, tranquilidad

---

[9] Chávez participó en los disturbios de 1884 y criticó abiertamente, por su apoyo al pago de la deuda inglesa, al entonces diputado gonzalista Justo Sierra, de quien años después sería el colaborador principal. Véase Juan Hernández Luna, *Ezequiel A. Chávez, impulsor de la educación mexicana* (México: Universidad Nacional Autónoma de México, 1981), 20–22.

[10] La Escuela Nacional Preparatoria fue la principal institución del sistema educativo porfirista; de otra parte, las escuelas profesionales de Ingenieros, Jurisprudencia y Medicina pasaban entonces por un gran momento. Respecto a éstas, véase Mílada Bazant, "La República restaurada y el Porfiriato", *Historia de las profesiones en México* (México: El Colegio de México, 1982), 129–222; respecto a la primera, véase Clementina Díaz y de Ovando, *La Escuela Nacional Preparatoria, los afanes y los días*, 2 vols. (México: Universidad Nacional Autónoma de México, 1972). Un universitario de entonces asegura que la "inmensa mayoría" de los estudiantes, profesores y profesionistas eran porfiristas. Véase Jorge Prieto Laurens, *Cincuenta años de política mexicana: memorias políticas* (México: s.e., 1968), 17, 53–54.

[11] Socialización, como el procedimiento mediante el cual toda sociedad garantiza entre sus miembros el aprendizaje e interiorización de su cultura política —conocimientos, creencias, sentimientos, valores, normas y símbolos—, para que puedan así actuar política y socialmente de manera no conflictiva.

política y progreso material, la comunidad universitaria asimiló las ideas positivistas sobre la necesidad de que el país continuara por la vía de la evolución moderada, dirigido por el personalmente insustituible don Porfirio.

Como miembros de las clases media y alta, los estudiantes y profesores universitarios capitalinos eran de los grupos comparativamente beneficiados por el sistema. Por ello es explicable su apoyo al mismo y su rechazo a cualquier intento por modificar radicalmente el *status quo*. Dado que el sistema portifista se tornó considerablemente "cerrado", con pocos accesos para la generación joven, es comprensible que ésta simpatizara con algunos ofrecimientos de reforma. A pesar de esto, puede afirmarse que de 1890 a 1910, aproximadamente, la comunidad universitaria fue muy apolítica y poco contestaria. Enmarcadas en una ciudad en rápida modernización y acordes con su tiempo —la llamada belle époque—,[12] las actividades extracurriculares estudiantiles eran de tipo absolutamente mundano: veladas, serenatas y "juegos florales". Un par de excepciones lo confirman: en 1896 algunos estudiantes de Jurisprudencia, encabezados por José Ferrel —posteriormente candidato independiente a la gubernatura de Sinaloa en 1909—, protestaron por la reelección de Díaz; en 1907 y 1910 los alumnos de medicina, encabezados por Alfonso Cabrera y José Siurob —poco después participantes en las filas revolucionarias—, protestaron por problemas propios de su escuela.[13]

A pesar del prolongado apoliticismo, es un hecho que la crisis económica de 1907 y 1908 y los conflictos de 1909 entre la élite porfirista tuvieron un gran impacto en la comunidad universitaria. Por un lado, la competencia entre "científicos" y reyistas por obtener apoyos sociales benefició por partida doble a los estudiantes. Entre los primeros, Rosendo Pineda integró a varios jóvenes al aparato gubernamental, José Ives Limantour actuó como filántropo —recuérdese su donación de la Casa del Estudiante—, los hermanos Macedo promovieron a sus mejores alumnos y Joaquín Casasús protegió a varias promesas culturales. Por sobre todo ellos, Justo Sierra, también "científico", empleaba a unos, becaba a otros y defendía a todos.[14] Como

---

[12] Juan Somolinos, *La "Belle Epoque" en México*, Serie Sep Setentas no. 13 (México: Secretaría de Educación Pública, 1971). Somolinos prolonga incorrectamente el período a 1915, pero es indudable que la Revolución modificó desde un principio la vida cultural y cotidiana de la ciudad de México.

[13] Donald J. Mabry, *The Mexican University and the State: Student Conflicts, 1910-1971* (College Station: Texas A & M University Press, 1982), 19-21.

[14] Para la integración de algunos jóvenes a los cuadros político-burocráticos a través de Pineda, véase Nemesio García Naranjo, *Memorias*, 10 vols. (Monterrey: Talleres El Porvenir, 1956-1963), V, 24-25; para la donación de la Casa del Estudiante por Limantour, véase *Boletín de Instrucción Pública* 14(1), 190-202 (en adelante *BIP*); si Joaquín Casasús protegió a Alberto María Carreño, entre muchos de los becados por Sierra figuraron Jesús Urueta, Diego Rivera y Félix Palavicini.

quiera que fuese, Reyes fue más exitoso en la competencia por el apoyo juvenil, debido a que prometía a los jóvenes de clase media urbana un sistema menos aristocratizante y gerontocrático, y a que dos de sus hijos eran miembros influyentes en la comunidad universitaria: Rodolfo, distinguido profesor de Derecho Constitucional, incorporó a muchos colegas y alumnos; Alfonso, estudiante en Jurisprudencia y miembro del "Ateneo de la Juventud", atrajo a varios compañeros y amigos, como Julio Torri, Mariano Silva y Aceves y Martín Luis Guzmán.[15]

Los beneficios aportados por los "científicos" habrían de acabarse hacia 1911, con el declive de ese grupo. La esperanza en Reyes incluso poco antes, con su estrepitosa derrota ante Ramón Corral. Por otro lado, las principales razones para apoyar a Díaz habían decrecido por la crisis económica, pues la comunidad universitaria vio repentinamente afectadas sus expectativas. Además, por entonces ésta descubrió que el mercado de trabajo se satisfacía primero con extranjeros y favoritos, y que los empleos sobrantes no eran suficientes ni adecuados para el número de profesionistas o de egresados de estudios intermedios de la capital o del interior. El desencanto y la insatisfacción hizo presa de muchos. Dado que los "científicos" fueron vistos como los culpables de dicha crisis, y dado que Reyes dejó de ser una alternativa, los universitarios sufrieron una severa indefinición política hacia 1910.

Dicha indefinición habría de manifestarse de manera sorpresiva. En 1910, año parteaguas en la historia de México, Porfirio Díaz se dedicó a mostrar al mundo los avances del país, Madero a probar que éste se encontraba apto para la democracia, y Sierra a fundar una universidad. Por su lado, los estudiantes decidieron hacer pública su fuerza, sus ideas y sus inquietudes. Para ello organizaron el Primer Congreso Nacional de Estudiantes, que se efectuó en la ciudad de México durante la segunda semana de septiembre.

Bautizo político

Al principio el gobierno pensó que los jóvenes buscaban aprovechar los festejos por el centenario de la Independencia para expresar su deseo de ser

---

[15] Para el impacto de Rodolfo Reyes entre sus alumnos, véase Isidro Fabela, *Mis memorias de la Revolución* (México: Editorial Jus, 1977), 14–15; también véase García Naranjo, *Memorias*, III, 61, 69. Sobre la militancia reyista de los compañeros escritores del joven Alfonso, véase carta de Pedro Henríquez Ureña a Alfonso Reyes, 3 abril 1909, en *Alfonso Reyes-Pedro Henríquez Ureña. Correspondencia 1907-1914.* Editada por José Luis Martínez (México: Fondo de Cultura Económica, 1986), 142, 144 (en adelante *Correspondencia AR-PHU*). Queda claro en dicha carta que Mariano Silva y Aceves y Julio Torri se dedicaron a abuchear los mítines corralistas, y que Martín Luis Guzmán se negó a ser orador en ellos. Tal parece que para 1910 éste último ya era maderista. Véase Prieto Laurens, *Cincuenta años*, 9. Este último autor insiste en que el reyismo era muy popular entre la generalidad de los estudiantes. Ibid., 14.

incluidos en el aparato gubernamental. Muy pronto vino el desengaño: los estudiantes buscaban, en efecto, participar en política; sin embargo, varios pretendían hacerlo en contra del propio sistema porfirista.

El objetivo de aquella reunión estudiantil era, supuestamente, discutir asuntos académicos tales como métodos de enseñanza, medios para evaluar el aprendizaje, conveniencia de los castigos y premios y situación de los alumnos "supernumerarios" y "oyentes".[16] Cuando más podría discutirse si convenía solicitar participación estudiantil en el diseño del sistema educativo, demanda extremadamente novedosa en un régimen autoritario donde la juventud ya no tenía ni poder ni cabida. Para sorpresa de muchos, el desarrollo del congreso fue muy distinto a lo planeado. Para otros, en cambio, fue en cierto sentido previsible, dado que fue organizado a iniciativa del líder oposicionista de Medicina, Alfonso Cabrera;[17] por la elección de varios delegados reconocidamente reyistas, como Aarón Sáenz, el propio Cabrera y Francisco Castillo Nájera; por la de algunos maderistas, como los poblanos Alfonso G. Alarcón y Luis Sánchez Pontón, y por el papel otorgado a los representantes del interior, menos favorecidos y socializados que los capitalinos. Según la prensa nacional el congreso fue fundamentalmente académico y moderado en cuestiones políticas. Sin embargo, es innegable la disidencia: los estudiantes mostraron tener un concepto sobre la educación superior muy distinto al de Sierra, como lo demuestra la presencia y actividad de muchos estudiantes de provincia y de escuelas profesionales a las que don Justo se negó a integrar a la Universidad Nacional, como la Normal o la de Agricultura. La demanda de que el gobierno apoyara la educación agrícola e industrial confirma las diferencias sociales entre los estudiantes propiamente universitarios y los delegados al congreso; prueba también que el proyecto educativo sierrista era obsoleto para 1910.

Es innegable que el congreso estudiantil demostró que la alianza entre la comunidad universitaria y el sistema porfirista se había erosionado. Además de las razones socioeconómicas, en distinta proporción influyeron la radicalización de muchas reyistas, el reciente fraude electoral, el ascenso del movimiento maderista, el conflicto diplomático por Rubén Darío y el lujo excesivo con que el gobierno celebró el centenario de la Independencia.[18] Aunque hay divergencias respecto a si el rompimiento sobrevino desde el principio o hacia finales del congreso, es un hecho que varios delegados organizaron incluso

[16] *El Imparcial*, 1,7,27 julio 1910 (salvo indicación en contrario, los periódicos citados fueron publicados en la ciudad de México).

[17] Alfonso Cabrera colaboró con su tío Daniel Cabrera en la edición del periódico *El Hijo del Ahuizote*, de 1899 a 1901. Véase Instituto Nacional de Estudios Históricos de la Revolución Mexicana, México D.F., Fondo Silvino M. González, expediente 186 —en reclasificación— (en adelante AINEHRM, FSG).

[18] Entrevista a Aarón Sáenz, en Píndaro Urióstegui Miranda, *Testimonios de la Revolución Mexicana* (México: Talleres de Argrin, 1970), 355.

protestas callejeras: según unos, estas tuvieron lugar en "la Alameda"; según otros frente al domicilio particular de Díaz. Para unos estaban dirigidas contra la intervención norteamericana en el caso Rubén Darío;[19] para otros, contra la reelección de Díaz y la aprehensión de Madero.[20] ¿Qué versión es más verosímil?, ¿eran meramente nacionalistas los estudiantes, o se habían hecho antireeleccionistas? De ser lo segundo, ¿actuaron como reyistas o como maderistas? El nacionalismo era un principio ideológico común a todos los estudiantes, como habría de confirmarse en varias ocasiones en los años subsiguientes. El maderismo, por su parte, era aún minoritario entre éstos. De los delegados al congreso sólo Alarcón y Sánchez Pontón, de Puebla, eran conocidos como maderistas. De hecho, durante las sesiones del congreso sólo hubo una mención indirecta al maderismo.[21] Como quiera que haya sido, es un hecho que el congreso fue muy distinto a la sosegada reunión descrita por la prensa.

Con todo, a pesar de la represión a los congresistas —fue encarcelado Jesús Acuña, representante de Jurisprudencia nacido en Coahuila—, no debe exagerarse el oposicionismo del congreso, y menos aún generalizarse a todo el estudiantado: la Unión Universal de Estudiantes, muy ligada a los "científicos", organizó una kermes mientras se celebraban las sesiones; además, sólo una parte de los congresistas continuó activa en política en el futuro inmediato. Sin embargo, cualitativamente su impacto fue considerable: Jesús Acuña y Aarón Sáenz fueron, entre otros cosas, secretarios de Venustiano Carranza y Alvaro Obregón, respectivamente; Francisco Castillo Nájera, José Domingo Lavín, Luis L. León, Aurelio Manrique y Luis Sánchez Pontón, entre muchos, destacaron como políticos revolucionarios; además, Emilio Portes Gil, electo representante de la Normal de Tamaulipas aunque imposibilitado de asistir por intrigas locales, llegó a ser presidente del país.[22] Su importancia fue tal que hay quien habla de "la generación de 1910".[23]

El oposicionismo de los congresistas fue el inicio de una nueva pero efímera conducta estudiantil. A principios de noviembre —otra coincidencia cronológica con los grandes sucesos políticos nacionales— llegó a México la noticia del linchamiento de un mexicano en Texas, lo que provocó un par

[19] Francisco Castillo Nájera, en Prólogo a Alfonso G. Alarcón, *Burla, burlando . . . Anales epigramáticos del grupo de delegados al primer Congreso Nacional de Estudiantes* (México: Editorial Stylo, 1951), 12–14; también *El País*, 7 septiembre 1910.

[20] Portes Gil, *Autobiografía*, 99–100.

[21] El vicepresidente del congreso, Gustavo Serrano, de la Escuela de Ingenieros, alegó que era injusto obstaculizar a los profesores antirreeleccionistas o impedir su contratación. *El País*, 10 septiembre 1910.

[22] Alarcón, *Burla*, 513–519; Portes Gil, *Autobiografía*, 99–100.

[23] Alfonso Reyes, también delegado al congreso, la llama, galante y perspicazmente, "generación del Centenario"; al respecto véase "Pasado Inmediato", en *Obras Completas*, 21 vols. (México: Fondo de Cultura Económica, 1955–1981), XII, 186.

de violentos actos de xenofobia estudiantil.[24] En rigor, fueron mucho más que
esto: si bien no se cuestionó directamente al gobierno porfirista, los estudiantes atacaron el diario oficialista *El Imparcial*. Aunque los daños físicos y económicos fueron mínimos,[25] los desmanes estudiantiles provocaron algunos
problemas diplomáticos.[26] Por sobre todo, constituyeron la primera oposición
política violenta en la capital del país en mucho tiempo. Considerando que
las críticas del congreso de septiembre se habían transformado en luchas
callejeras, todo parecía indicar que, para principios de noviembre, los estudiantes universitarios capitalinos eran un grupo social decidido a buscar un
cambio sociopolítico a cualquier costo.

Los motines de noviembre tuvieron, como las protestas de septiembre,
razones de política internacional y nacional: el ataque a *El Imparcial* demuestra esto último; sin embargo, de ninguna manera deben ser vistos simplemente como una maniobra de Díaz para desacreditar a los maderistas, o
viceversa. ¿Cuáles fueron, entonces, las causas directas de dichos motines?,
¿cuáles sus principales características?, ¿quiénes fueron sus principales acto-
res?, ¿existe alguna continuidad entre las jornadas estudiantiles de septiembre y noviembre?, ¿por qué la xenofobia estudiantil se manifestó de manera
violenta a partir de la segunda mitad de 1910, si antes hubo otros motivos
para ello?, ¿hasta qué grado la violencia fue desatada, en realidad, por motivos internos?

Tal parece que en la primera noche de disturbios participaron aproximadamente mil personas, y que al día siguiente —9 de noviembre y clímax del
conflicto— la cifra aumentó a cinco mil. Significativamente, la población de
las escuelas universitarias no llegaba a los mil, y la de la Preparatoria era casi
idéntica.[27] Aunque en menor grado que en el congreso, los alumnos de las
escuelas profesionales no universitarias, como Agricultura, Normal y Dental,
también participaron.[28] Sin embargo, aún incluyendo a estos, se tiene que

[24] Existe una inútil controversia historiográfica acerca de la nacionalidad y destino de Antonio Rodríguez, el linchado en Rock Springs, Texas. Lo importante —y además irrefutable—
es que la noticia provocó los motines. Por otro lado, los estudiantes habían mostrado su nacionalismo desde los festejos por la Independencia organizados por ellos, tales como el homenaje
a "los niños héroes". Véase *El Imparcial*, 25, 31 agosto; 11, 19, 21 septiembre 1910.

[25] National Archives, Washington, D.C., Records of the Department of State, Record Group
59, 812.00/356–357, 378, 387, 450 (en adelante RDS); *The Mexican Herald*, 9, 12 noviembre
1910.

[26] Véase varias versiones del embajador Henry Lane Wilson, todas exageradas y tendenciosas,
en RDS, 812.00/357, 364, 385. La opinión más mesurada del Secretario de Estado, en ibid.,
812.00/358.

[27] Ibid., 812.00/385. Para ser precisos, la Preparatoria tenía 991 alumnos, y las escuelas
universitarias, en conjunto, 978.

[28] Para la participación de alumnos de Agricultura véase *The Mexican Herald*, 9 noviembre
1910; *El País*, 15 noviembre 1910; entrevista a Luis L. León, en Urióstegui, *Testimonios*, 479.
El principal participante de la Escuela Dental fue José Domingo Ramírez Garrido, para lo cual

aceptar la participación de sectores no estudiantiles. De cualquier modo, el liderazgo fue siempre de estos últimos: ellos dieron los discursos y decidieron las rutas de marcha, y las reuniones siempre fueron en recintos educativos; más aún, los aprehendidos, heridos y el muerto eran escolapios.

Como sucedía desde unos años antes, los más radicales fueron los de Medicina, entre ellos José Siurob y León Gual, y los más moderados los de Jurisprudencia,[29] a pesar de que Jesús Acuña, estudiante avanzado de ésta y participante radical en el congreso, actuara como abogado de sus compañeros.[30] Esto último justifica establecer una cierta continuidad entre ambos movimientos: los dos fueron xenófobos y parcialmente oposicionistas. La mayor diferencia estriba en que los sucesos de noviembre se redujeron, esencialmente, a estudiantes universitarios de la capital del país. Sólo tuvieron, lugar sucesos similares en Guadalajara,[31] cuyos delegados habían sostenido, por otra parte, una postura muy moderada en el congreso. A su vez, los poblanos Alfonso G. Alarcón y Luis Sánchez Pontón, delegados oposicionistas en el congreso y abiertos simpatizantes de Madero, propusieron tan sólo que los estudiantes del país suscribieran una protesta por el linchamiento.[32] Los escolapios de muchas otras ciudades simplemente se solidarizaron con los capitalinos u organizaron pacíficas progestas contra los Estados Unidos.[33] Significativamente, los disturbios estudiantiles de la segunda semana de noviembre duraron sólo unos días, no teniendo continuidad alguna con la lucha armada iniciada inmediatamente después. Esto confirma que el estudiantado capitalino no era maderista. A pesar de su reciente distanciamiento de Díaz y su sistema, no participaron en la lucha —electoral y armada— contra don Porfirio. Esto no se debió a una cooptación tardía, pues la mayoría de los estudiantes capitalinos habían apoyado a Díaz a lo largo de su mandato. En efecto, los beneficios que les otorgaba el régimen eran mejores, a corto plazo, que los ofrecimientos maderistas de un sistema más abierto a las nuevas generaciones. Hasta 1910, salvo excepciones, los estudiantes universitarios capi-

---

véase *The Mexican Herald*, 15 noviembre 1910. La versión del propio Ramírez Garrido en, *Así fue... Prólogo de Ernesto Higuera (México: Imprenta Nigromante, 1943), 109–110.

[29] Se pueden comparar las actitudes de Jurisprudencia y Medicina en, RDS, 812.00/360; *The Mexican Herald*, 11 noviembre 1910; *El País*, 11 noviembre 1910.

[30] *The Mexican Herald*, 15 noviembre 1910; *El País*, 15 noviembre 1910. Acuña se graduó como abogado en abril de 1911. Véase AINEHRM, FSG, exp. 14.

[31] Servando Ortoll, "Turbas antiyanquis en Guadalajara en vísperas de la Revolución de Díaz", *Boletín del Archivo Histórico de Jalisco*, segunda época, 1:2 (mayo–agosto 1983), 2–15.

[32] *El País*, 12 noviembre 1910.

[33] Por ejemplo, los del Instituto Científico y Literario de Toluca y los del Colegio de San Nicolás Hidalgo, en Morelia, así como los estudiantes de Oaxaca y San Juan Bautista, capital de Tabasco. Véase RDS, 812.00/379, 450, 479; *El País*, 11–12, 14–15 noviembre 1910. Los de San Luis Potosí intentaron hacer una manifestación, la que prohibió el gobierno local por miedo a que se aliaran con los telegrafistas, por entonces en huelga. Véase RDS, 812.00/450; *The Mexican Herald*, 13 noviembre 1910; *El País*, 12, 14–15 noviembre 1910.

talinos rechazaban cualquier cambio profundo. Sin embargo, considerando su actitud durante los veinte años precedentes, su conducta de 1910 debe ser vista como oposicionista . . . a pesar de lo que diga Vasconcelos.

Distinto escenario, distintas actitudes

El comportamiento de los estudiantes en la provincia fue distinto. Por lo que se refiere al período electoral, es indudable que hubo grupos estudiantiles activos en el antirreeleccionismo en San Luis Potosí, Puebla y Tamaulipas, entre otras entidades.

En San Luis Potosí se tenía una tradición más viva de oposicionismo: Antonio Díaz Soto y Gama y otros jóvenes del Instituto Científico y Literario local protestaron a principios del siglo contra las componendas entre Díaz y la Iglesia Católica. El mismo Soto y Gama fundó el Comité Liberal Estudiantil, que formó parte de los clubes liberales que proliferaron en la entidad por entonces, y en los que participaron también algunos miembros de la escuela Normal local, como Librado Rivera y Antonio I. Villarreal.[34] En 1910 los jóvenes potosinos apoyaron al movimiento antirreeleccionista: en junio, cuando Madero visitó la entidad durante su gira electoral, más de cincuenta lo recibieron en la estación ferroviaria,[35] al tiempo que se había formado un club maderista en el Instituto Científico y Literario, con Pedro Antonio de los Santos como presidente, Juan Barragán como secretario y Manuel Aguirre Berlanga y Samuel Santos como miembros destacados.[36] Todos ellos habrían de sobresalir en el movimiento revolucionario: Pedro Antonio de los Santos llegó a ser el principal maderista de la región, política y militarmente;[37] Juan Barragán habría de ser uno de los más cercanos colaboradores de Venustiano Carranza; lo mismo Aguirre Berlanga, su Ministro de Gobernación durante los tres años que duró su período presidencial.

En Puebla había por lo menos dos grupos de simpatizantes con Madero: uno de ellos estaba encabezado por Alfonso G. Alarcón y Luis Sánchez Pontón, acusados públicamente como "revoltosos" por un grupo de compañeros

---

[34] AINEHRM, FSG, exp. 359, James Cockcroft, *Intellectual Precursors of the Mexican Revolution* (Austin: University of Texas Press, 1968), 72–73, 83, 94.

[35] Entre ellos estaba Jesús Silva Herzog, quien por una afección ocular había tenido que dejar los estudios, aunque seguía vinculado al ambiente cultural juvenil. Véase las conmovedoras páginas autobiográficas sobre su primera juventud en *Una vida en la vida de México* (México: Siglo XXI Editores, 1972), 13–19, 21.

[36] AINEHRM, FSG, exp. 27; *El País*, 8 septiembre 1910; entrevista a Juan Barragán, en Urióstegui, *Testimonios*, 192–193; Silva Herzog, *Una vida*, 22; Gonzalo N. Santos, *Memorias* (México: Editorial Grijalbo, 1986), 31–32.

[37] A pesar de ser aún estudiante de abogacía, Pedro Antonio de los Santos actuó como defensor de Madero cuando el gobierno lo encarceló en San Luis Potosí, sin delito alguno, para entorpecer su campaña electoral. Obtuvo su título en 1912. Véase AINEHRM, FSG, exp. 988.

tradicionalistas.[38] El otro no era propiamente estudiantil sino que era el principal club antirreeleccionista de la entidad, encabezado por Aquiles Serdán y que incluía miembros de la clase media local, obreros, artesanos y varios estudiantes, como Juan Andreu Almazán, de Medicina, Epifemio Martínez, de la Normal, Manuel Paz y Puente y Adolfo León Ossorio, más joven que los otros y adscrito todavía al sistema de educación intermedia.[39] El primero y el último habrían de ser figuras prominentes, aunque contradictorias, en los años subsiguientes.

En otras zonas hubo activismo maderista de menor intensidad, como en Ciudad Victoria, Tamaulipas, donde varios estudiantes se solidarizaron con Madero durante su campaña de propaganda política; por ejemplo, Emilio Portes Gil y José Domingo Lavín fundaron la Sociedad Democrática Estudiantil y recorrieron la entidad haciendo proselitismo.[40] En Saltillo, Coahuila, a finales del porfiriato fue formada la asociación cultural "Juan Antonio Fuente"; según Aarón Sáenz, miembro de ella, pronto se pasó del abstencionismo al activismo político, dividiendo sus simpatías entre Bernardo Reyes y el antirreeleccionismo.[41] En Jalapa, Veracruz, los principales estudiantes maderistas eran los hermanos Eduardo y Rodolfo Neri, nativos del estado de Guerrero.[42] En este último estado se sobrepasó la mera simpatía o colaboración electoral: los jóvenes Vicente González y Miguel Ortega, de familias oposicionistas locales, encabezaron a un pequeño grupo de estudiantes de la Escuela de Jurisprudencia de la capital del país que pretendió levantarse en armas en su tierra natal en enero de 1911.[43] En forma parecida, el preparatoriano Ernesto Aguirre Colorado se trasladó a su natal Tabasco para hacer armas contra Porfirio Díaz.[44]

Puede concluirse que en la provincia hubo cierta militancia maderista entre los estudiantes. En la capital, en cambio, durante los seis meses que

[38] *El Imparcial*, 9 julio 1910.

[39] Para el primero véase *Revista Mexicana* (San Antonio, Texas), 11 noviembre 1917; *El Universal*, 13–15, 18–20 septiembre 1957. Para el último véase AINEHRM, FSG, exp. 610 bis; Agustín Aragón Leyva, *La vida tormentosa y romántica del general Adolfo León Osorio y Agüero* (México: Costa-Amic Editor, 1962), 45–56. Hay quien afirma que Paz y Puente no era un escolapio sino un joven obrero. Véase AINEHRM, FSG, exp. 833.

[40] Ibid., exp. 861; entrevista a Emilio Portes Gil, en James W. Wilkie y Edna Monzón de Wilkie, *México visto en el siglo XX* (México: Instituto Mexicano de Investigaciones Económicas, 1969), 493; Ciro de la Garza Treviño, *La Revolución Mexicana en el estado de Tamaulipas*, 2 vols. (México: Librería de Manuel Porrúa, 1973-1975), I, 57.

[41] Entrevista a Aarón Sáenz, en Urióstegui, *Testimonios*, 151, 155–156.

[42] Entrevista a Eduardo Neri, en ibid., 437–441.

[43] Ian Jacobs, *The Ranchero Revolt: The Mexican Revolution in Guerrero* (Austin: University of Texas Press, 1982), 27.

[44] AINEHRM, FSG, exp. 28. Aguirre Colorado había participado, junto con su coterráneo José Domingo Ramírez Garrido, en los motines antinorteamericanos de noviembre.

duró la lucha armada, los oficialistas estudiantes de Jurisprudencia se dedicaron a organizar una función teatral y un concurso de poesía, invitando a don
Porfirio a presidir ambas.[45] Por su parte, el estudiantado en general tuvo como
principal preocupación la creación del Casino del Estudiante —pretexto de
los ataques de Vasconcelos—, lugar de reunión social con biblioteca, gimna-
sio, billares y cafetería, y para cuyo financiamiento organizaron kermesses,
funciones teatrales y corridas de toros. Su inauguración tuvo lugar en febrero
de 1911,[46] precisamente en los días en que Madero penetraba al país para en-
cabezar la lucha armada. Más aún, los directores del flamante Casino del Estudiante viajaron luego a Guadalajara para asistir a una representación de la
actriz Virginia Fábregas durante los días de los decisivos combates de Ciudad
Juárez.[47]

Esta actitud no debe ser vista como un simple apoliticismo frívolo. Es incuestionable que los estudiantes universitarios capitalinos tenían su postura
política, y que esta era mayoritariamente conservadora, especialmente entre
los de Jurisprudencia, los que organizaron una manifestación de bienvenida
a Limantour cuando regresó de Europa para tratar de solventar el problema
planteado por la lucha armada maderista;[48] asimismo, cuando Díaz reorganizó
su gabinete en abril de 1911, expresaron públicamente su felicidad por la inclusión de sus profesores Jorge Vera Estañol y Demetrio Sodi, así como por
la del exmaestro de la Escuela Nacional Preparatoria, Francisco Leon de la
Barra.[49] ¿Acaso vieron en ello una puerta abierta para su entrada al gobierno?,
¿compartían la ideología moderada de los nuevos funcionarios?, ¿confiaban
en que esa maniobra política salvaría el régimen?

Las diferencias y los matices entre los estudiantes capitalinos no deben
ser soslayados. Además de un par de alumnos de la Preparatoria —José Inclán y el exreyista Jorge Prieto Laurens— que pretendieron incorporarse a unos
alzados que operaban en la zona fronteriza entre Morelos y Puebla, hubo un
"puñado" más de estudiantes que lucharon contra Díaz.[50] Por otro lado, dos
conflictos académicos durante los primeros meses de 1911 terminaron siendo
políticos.[51] En abril los estudiantes de Agricultura exigieron la renuncia del

---

[45] *El Imparcial*, 4, 28, 31 enero 1911. El ganador del concurso fue el entonces joven poeta
Rafael López.

[46] *El Correo Español*, 17 noviembre 1910; 25 enero 1911; 4, 11–12 febrero 1911; *La Patria*,
14 diciembre 1910. La acusación de Vasconcelos también se basaba en la donación de la Casa
del Estudiante por Limantour.

[47] *El Imparcial*, 25 abril 1911; 2 mayo 1911.

[48] Ibid., 17, 21 marzo 1911.

[49] RDS, 812.00/1210; *El Imparcial*, 2 abril 1911.

[50] Prieto Laurens, *Cincuenta años*, 10–11.

[51] También hubo desórdenes en el Internado Nacional a principios de enero. Archivo
Histórico de la UNAM, México, D.F., Fondo Universidad Nacional, Ramo Rectoría, caja 3, folder
5 (en adelante AHUNAM, FUN, RR).

director, Basilio Romo, para lo cual se pusieron en huelga. Como respuesta a la negativa y a la actitud represiva del gobierno, los futuros agrónomos se lanzaron contra éste, mediante un par de manifestaciones callejeras y una demanda de renuncia a Díaz copiosamente firmada. Los líderes del movimiento fueron el congresista y presidente de la sociedad de alumnos Luis L. León, así como Juan de Dios Bojórquez y Marte R. Gómez, todos norteños.[52] El primero habría de ser tiempo después un importante político del grupo "sonorense"; el segundo sería funcionario agrario en Sonora, diputado constituyente y cronista del llamado grupo "jacobino";[53] el último sería destacado político de las décadas posrevolucionarias, especialmente en el área agrícola. Aunque estudiante en la Escuela de Ingenieros, Enrique Estrada también se involucró en el conflicto. Por ser ajeno a Agricultura y por las actividades de su hermano Roque, el colaborador más cercano de Madero, el joven Estrada tuvo que huir de la ciudad y levantarse en armas. Aunque luego reanudó sus estudios, es indiscutible que en las postrimerías de la lucha contra Díaz inició su carrera político-militar.

El conflicto en la Escuela de Medicina fue más claramente académico. Sin embargo, por las fechas en que aconteció y por las personalidades involucradas se le debe conceder un matiz político. A finales de abril los estudiantes exigieron cursos y exámenes menos difíciles. Para evitar cualquier disturbio o problema mayor, como una posible alianza con los alumnos de Agricultura, el gobierno decidió clausurar temporalmente el plantel. Sin embargo, los jóvenes adoptaron una actitud más decidida, lanzándose a la huelga, exigiendo la renuncia del director Eduardo Liceaga y provocando "graves desórdenes". Como se había previsto, los estudiantes de Agricultura les ofrecieron su apoyo para desarrollar "el mayor" movimiento estudiantil en mucho tiempo.[54] En cualquier otro momento Díaz hubiera respondido de manera más severa al desafío, pero durante la primera mitad de mayo enfrentaba las negociaciones de Ciudad Juárez con los maderistas, para lo que convenía un clima de absoluta tranquilidad en su escenario más próximo. Sólo así puede entenderse que haya aceptado sacrificar a Liceaga, su médico particular y el más leal y cercano de los funcionarios de la Universidad Nacional.

[52] *El Correo Español*, 21 abril 1911; *El Imparcial*, 21-22, 24 abril 1911. Luis L. León asegura que en la Escuela de Agricultura había gran "agitación" por "la lucha revolucionaria", y que aunque protestaban por motivos académicos, "en el fondo protestábamos contra aquel régimen vetusto". Véase su autobiografía, titulada *Crónica del poder, en los recuerdos de un político en el México revolucionario* (México: Fondo de Cultura Económica, 1987), 18-19. Otro líder importante fue Jesús M. Garza, expulsado del plantel, por lo que se hizo maderista de tiempo completo.

[53] AINEHRM, FSG, exp. 167.

[54] AHUNAM, FUN, RR, c. 4, f. 63, f. 1477; *El Imparcial*, 21-23 abril 1911; 1-2, 4-7, 9, 11, 13, 17-19 mayo 1911.

Aunque no fue un movimiento propiamente estudiantil, el "Complot de Tacubaya" —organizado por Camilo Arriaga y José Vasconcelos para atraer al movimiento maderista a los soldados federales allí acuartelados— incluyó al estudiante dental José Domingo Ramírez Garrido, y a los de Medicina José Siurob y León Gual,[55] todos ellos participantes en los motines antinorteamericanos de noviembre. Es indudable que Medicina era más oposicionista que Jurisprudencia e Ingenieros. Seguramente esto se debía a que era la escuela con mayores problemas financieros y de instalaciones —su edificio estaba en ruinas—; además, sus egresados encontraban los mayores problemas para conseguir empleo: los de Jurisprudencia tenían acceso al aparato gubernamental o a los bufetes donde se arreglaban los negocios de los inversionistas extranjeros;[56] los de Ingenieros se beneficiaban de un régimen proclive a la construcción de grandes obras públicas;[57] por su parte, el sistema de salud pública fue comparativamente menos favorecido, lo que repercutió en el mercado de trabajo de los médicos, quienes, para colmo, conformaban la población más numerosa de entre las escuelas profesionales.[58]

Algo parecido podría decirse de los estudiantes de Agricultura. Su procedencia rural y sus orígenes sociales más bajos que los de los estudiantes propiamente universitarios habrían de dar lugar a una mayor proclividad por la Revolución, como se confirmaría en los años subsiguientes. Sin embargo, tampoco esto debe exagerarse: a principios de 1911 los estudiantes de Agricultura tenían una relación especialmente buena con el ministro de Fomento, Olegario Molina.[59] Más aún, tanto éstos como los estudiantes de Medicina participaron activamente en las manifestaciones de simpatía a Díaz por su decisión de renunciar al poder sin mayor derramamiento de sangre, manifestaciones en las que también se le solicitó que permaneciera en el país, comprometiéndose ellos a que fuera debidamente honrado.[60]

En resumen, puede decirse que no hubo grandes contingentes estudiantiles en la lucha contra Díaz porque, primero que todo, numéricamente eran muy pocos; segundo, porque la gran mayoría pertenecía a las clases media y

[55] Se dice que Siurob colaborada hacia 1909 con el periodista de oposición Filomeno Mata. Véase AINEHRM, FSG, exp. 1007; Vasconcelos, *Ulises Criollo*, en *Memorias*, I, 356–357; Cockcroft, *Intellectual Precursors*, 188–189; Ramírez Garrido, *Así fue...*, 110–119.

[56] Recuérdese que, entre otros, José Vasconcelos y Luis Cabrera fueron empleados en bufetes de extranjeros.

[57] Por ejemplo, Alberto J. Pani trabajó en la construcción del Palacio Legislativo Federal y en la Comisión de Aguas del Valle de México. Véanse sus *Apuntes autobiográficos*, 2 vols. (México: Librería de Manuel Porrúa, 1950), I, 47–49.

[58] En 1910 Medicina contaba con 443 alumnos, mientras que Ingenieros y Jurisprudencia tenían 232 y 229, respectivamente.

[59] *El Correo Español*, 23 febrero 1911; *El Imparcial*, 23 febrero 1911; 1 abril 1911.

[60] *El Diario*, 24 mayo 1911.

alta, o sea, a los sectores beneficiados del sistema; tercero, porque no había una tradición oposicionista entre los jóvenes capitalinos, ni una organización gremial sobre la cual estructurar cualquier movimiento; por último, por las características urbanas de los capitalinos y por el mayor acopio de fuerzas represivas, era más difícil levantarse en armas en la ciudad de México que en la provincia. Con todo, lo más importante fue que los estudiantes universitarios capitalinos estaban mucho más integrados al sistema porfirista que lo que tradicionalmente se ha aceptado.

De apolíticos frívolos a celosos oposicionistas

Cierto es que algunos estudiantes participaron en las manifestaciones para celebrar el triunfo y la llegada del victorioso Madero a la ciudad de México; es más, algunos pronto organizaron una velada para honrarlo. Sin embargo, al mismo tiempo organizaban también festejos de bienvenida a una actriz italiana.[61] Indubablemente, los estudiantes universitarios capitalinos podían haber participado en un congreso considerablemente crítico y aún organizado unos violentos motines antinorteamericanos; sin embargo, no estaban dispuestos a perder su vida cotidiana estilo *belle époque*, ni al régimen porfirista ni al sistema sierrista de privilegio a la educación media y superior. Su conducta de los próximos dos años lo confirmaría constantemente: dejaron de ser simples comparsas en la política y en las festividades cívico-culturales y se convirtieron en irredentos activistas de la oposición.

El primer pretexto se los dio Francisco Vásquez Gómez, secretario de Instrucción Pública en el gobierno transicional de León de la Barra. En términos político-ideológicos, Vázquez Gómez era un furibundo enemigo de los científicos y del positivismo. Consecuentemente, buscó reorientar la educación nacional, lo cual hizo mediante procedimientos bruscos e impolíticos, al grado de provocar un serio enfrentamiento con las autoridades y los órganos colegiados de la Universidad Nacional; por ejemplo, Antonio Caso, secretario de ésta, renunció públicamente.[62] Si bien Vázquez Gómez recibió el apoyo de algunos profesores y estudiantes reyistas, como fue el caso del líder oposicionista de Medicina, Alfonso Cabrera, su actitud fue repudiada por la mayoría de los estudiantes.[63] La situación se agravó cuando Vázquez Gómez decidió, sin previa consulta a la comunidad, modificar abruptamente los calendarios escolares: los jóvenes consideraron la decisión injusta y absurda,

---

[61] *El Imparcial*, 26 mayo 1911; 6-7, 14 junio 1911.

[62] AHUNAM, FUN, RR, c. 4, f. 56, ff. 1150, 1154; c. 4, f. 57, ff. 9, 12; c. 4, f. 63, ff. 1455-1456; *BIP* 18(1), 191-192; *El Imparcial*, 1 julio 1911.

[63] Ibid., 29 junio 1911; 2 julio 1911.

y radicalizaron su oposición.[64] Como quiera que haya sido, Vázquez Gómez procuró beneficiar a la Escuela de Medicina, donde había sido alumno y profesor, lo que le granjeó el apoyo de esa comunidad.[65] Específicamente, Vázquez Gómez buscó favorecer a los estudiantes activistas en el congreso, en los motines antinorteamericanos o en el Complot de Tacubaya, prueba de su filiación reyista, nacionalista y revolucionaria. En efecto, Alfonso Cabrera fue nombrado asistente del inspector médico de la Preparatoria; Francisco Castillo Nájera fue hecho "practicante" en el Hospital General; José Siurob fue designado adjunto de profesor, y Aurelio Manrique recibió una beca.[66]

Considerando que los cambios que pretendió imponer en los *curricula* y en los calendarios eran más impolíticos que incorrectos, y considerando que Vázquez Gómez no era un ajeno al ámbito educativo,[67] es preciso concluir que la oposición contra él se debió a sus procedimientos despóticos y autoritarios, a sus medidas contra los científicos y a que fue el primero en tratar de implementar cambios significativos en la educación superior del país. Como en el fondo los estudiantes se oponían al cambio que implicaba la Revolución, el resultado fue que se distanciaron aún más la Universidad Nacional y el movimiento revolucionario, como habría de hacerse evidente desde principios de 1912. Durante el interinato de León de la Barra se opusieron al ministro Vázquez Gómez pero no al llamado "presidente blanco": no fueron pocas las celebraciones para honrarlo organizadas por los estudiantes.[68] Sin embargo, no lo hacían por un interés inmediato, puesto que sabían que su mandato sería breve, sino porque simpatizaban con su política conservadora, antirrevolucionaria: por ejemplo, aplaudieron su decisión de licenciar y desarmar a los zapatistas, y organizaron el Club de Estudiantes Católicos, para postular a León de la Barra como candidato a la vicepresidencia;[69] no sólo los estudiantes sino también las autoridades universitarias apoyaron a De la Barra.[70] Más ilustrativo fue que no sólo se apoyó a éste sino también al derrotado y resentido Ejército Federal.[71]

[64] Archivo General de la Nación, México D.F., Fondo Instrucción Pública y Bellas Artes, caja 284, folder 13 (4), ff. 5, 57 (en adelante AGN, FIP y BA); *BIP* 18(1), 180–190; *La Actualidad*, 7, 19 julio 1911; *El País*, 13 septiembre 1911; 30 noviembre 1911.

[65] AGN, FIP y BA, c. 284, f. 13 (4) ff. 5, 57; *BIP* 18(1), 206–208, 586; *El Imparcial*, 26 junio 1911; 28 julio 1911; 29 agosto 1911.

[66] AHUNAM, FUN, RR, c. 3, f. 51, ff. 1034–1035; c. 4, f. 63, ff. 1443, 1473; *El País*, 26 noviembre 1911.

[67] Destacado estudiante y profesor en Medicina, Vázquez Gómez publicó en 1907 un folleto contra el dominio positivista de la Preparatoria; fue miembro, además, del Consejo Superior de Educación, grupo de expertos donde se discutían los principales asuntos educativos.

[68] *El País*, 18, 22, 29 septiembre 1911; 7, 17, 29 octubre 1911.

[69] *El Imparcial*, 3–4 julio 1911; *El País*, 13 octubre 1911.

[70] AHUNAM, FUN, RR, c. 4, f. 63, f. 1464; *El País*, 26 septiembre 1911.

[71] *El Imparcial*, 4 junio 1911.

A pesar de esto, es innegable que un grupo minoritario de estudiantes y profesores simpatizaba con el maderismo desde principios de 1910. Más aún, es de suponerse que el número de simpatizantes haya aumentado con el triunfo militar de mayo de 1911 y con el hecho de haber dominado ampliamente las elecciones después. Si bien es cierto que se crearon entonces agrupaciones electorales estudiantiles delabarristas y reyistas,[72] también lo es que se organizaron algunas de filiación maderista, como la Agrupación Democrática Educativa Estudiantil, auspiciada por los profesores de Ingenieros Valentín Gama y Alberto J. Pani, y que tenía como objetivo promover y velar por un adecuado ejercicio electoral, o como el Centro Liberal de Estudiantes, en el que destacaba Enrique Estrada.[73] Obviamente, la toma de posesión de Madero dio lugar a los consabidos actos celebratorios: un grupo de jóvenes encabezado por Ezequiel Padilla, de Jurisprudencia, le cantó "Las mañanitas" en la madrugada de ese día; otros organizaron corridas de toros y veladas literario-musicales. Más importante: los estudiantes convocaron a una manifestación el 6 de noviembre, para expresar su profundo respeto por la decisión electoral del pueblo y su deseo de colaborar con la administración de Madero. Sin embargo, arrogante y amenazadoramente, los estudiantes aseguraron que ellos iban a ser los primeros en recordarle a Madero sus promesas al pueblo y en señalarle el camino adecuado.[74] El apoyo estudiantil a Madero resultó parco en cantidad y duración; en efecto, un estudiante de la época afirma que los escolapios partidarios del presidente Madero eran "muy contados".[75] A finales de 1911, menos de dos meses después de haber tomado posesión, algunos colaboradores de Madero pidieron a los estudiantes su apoyo contra los periódicos antigobiernistas, a los que acusaban de extralimitarse en sus críticas. Como respuesta, los estudiantes de Jurisprudencia, encabezados por Luis Jaso, Ezequiel Padilla e Hilario Medina —posteriormente un influyente diplomático carrancista—, alegaron que el gobierno maderista buscaba acabar con la libertad de prensa. Junto con los alumnos de Ingenieros pretendieron organizar una manifestación, y aunque ésta finalmente no se llevó a cabo, su actitud debe considerarse como el inicio de los conflictos de 1912.[76]

El problema de la prensa o la imposición de Pino Suárez como Vicepresidente no fueron las causas principales del enfrentamiento de los estudiantes

---

[72] A mediados de agosto, Francisco Castillo Nájera, Luis Tornel y Octavio Paz, estudiante de Jurisprudencia y luego intelectual zapatista, organizaron el Club Reyista de Estudiantes. Véase *El Imparcial*, 8, 11 agosto 1911.

[73] Ibid., 21 junio 1911; 7 julio 1911; 17–18, 22 agosto 1911; *El País*, 24, 29 septiembre 1911; 2, 16 octubre 1911; Pani, *Apuntes autobiográficos*, 1: 109–111.

[74] *El Diario*, 7 noviembre 1911; *El País*, 5, 8–10, 29 noviembre 1911.

[75] Prieto Laurens, *Cincuenta años*, 17.

[76] *El Imparcial*, 4, 6–7, 9 enero 1912; 20 febrero 1912; *El País*, 31 diciembre 1911.

capitalinos con Madero, como tampoco lo fue el que éste pudiera haberse erigido en enemigo de la institución; todo lo contrario: a diferencia de Vázquez Gómez, fue muy respetuoso con ella, el grado de nombrar como Secretario y Subsecretario de Instrucción Pública a dos miembros de la comunidad universitaria, como Miguel Díaz Lombardo y Alberto J. Pani.[77] ¿Cómo explicar entonces los conflictos por Ugarte y Cabrera, a principios y mediados de 1912, respectivamente? Sin lugar a dudas que el primero debe explicarse en referencia al nacionalismo estudiantil; el segundo, como respuesta al intento de reducir el dominio científico sobre la educación superior.

A principios de enero de 1912 llegó a México el escritor argentino Manuel Ugarte, invitado por el Ateneo de la Juventud para disertar sobre temas literarios. Sin embargo, en el último momento Ugarte decidió hablar sobre el peligro norteamericano para América Latina, a lo que se opuso el gobierno, con el argumento de que era inconveniente que se atacara a un país con el que se mantenían buenas relaciones diplomáticas.[78] Como respuesta al intento de persuadir a Ugarte —a través de Justo Sierra— y a los varios obstáculos organizativos puestos por el gobierno y el Ateneo, los estudiantes de Ingenieros y Medicina y la mesa directiva del Casino de Estudiantes organizaron una manifestación en favor de Ugarte y del espíritu latinoamericanista, la que reunió a más de tres mil estudiantes —cifra superior a la totalidad de jóvenes inscritos en las escuelas profesionales y universitarias. En ella destacaron las arengas de Basilio Vadillo, estudiante de la Normal nacido en Jalisco, de importante participación en el congreso de 1910; de Enrique Soto Peimbert, de Ingenieros, miembro fundador del moderadamente maderista Centro Liberal de Estudiantes, y de Manuel Jiménez Rodríguez, de Medicina, quien criticó la política norteamericana hacia Cuba y Nicaragua.[79]

El número de asistentes a la manifestación obliga a considerar la participación de otros grupos, tales como el Partido Antirreeleccionista, conformado por viejos maderistas inconformes por el desplazamiento de Vázquez Gómez en favor de Pino Suárez, y la Asociación de Periodistas Metropolitanos y la Prensa Asociada de los Estados,[80] con lo que los estudiantes se entremezclaron con oposicionistas a nivel nacional. Explícitamente ajenos a cualquier objetivo académico, demandaban respeto a la libertad de expresión y la

[77] *BIP* 19(1), 6–7.
[78] Recorte hemerográfico sin identificación, en AFVG, c. 28, f. 4, f. 232; *El Imparcial*, 4–5, 15, 21, 23–25 enero 1912; Vasconcelos, *Ulises Criollo*, en *Memorias*, I, 398–399.
[79] AGN, FIP y BA, c. 284, f. 13 (4), f. 58; c. 284, f. 14, f. 14; recorte de *El Diario*, 27 enero 1912, en AFVG, c. 28, f. 5, f. 233; véase también otros recortes de *El Diario*, en c. 28, f. 4, f. 232 (59, 67); *El Imparcial*, 6, 19, 23–29 enero 1912.
[80] Recorte de *El Diario*, sin fecha, en AFVG, c. 28, f. 4, f. 232 (59–60, 67); *El Imparcial*, 25–26, 28 enero 1912.

renuncia del secretario de Relaciones Exteriores, Manuel Calero, a quien acusaron de ser proyanqui. Por los ataques que les dirigiera Vasconcelos, presidente del Ateneo,[81] los estudiantes organizaron otras manifestaciones menos concurridas pero más propias del gremio; además en forma parecida a los motines de noviembre, los manifestantes intentaron atacar ahora al periódico Maderista *Nueva Era*, por una supuesta actitud antinacionalista; asimismo, los oradores Enrique Estrada, Basilio Vadillo, Luis Jaso y Manuel Buenavad extremaron sus agresiones contra Vasconcelos, Calero y los Estados Unidos; más aún, un alumno de Jurisprudencia, Flores Miranda, propuso acusar formalmente como "traidor" a Madero ante la Cámara de Diputados.[82] Aunque esta propuesta no progresó, lo grave fue que, al menos en lo referente a Estrada y Vadillo, Madero comenzo a perder incluso a sus escasos simpatizantes.

Las consecuencias del conflicto fueron desastrosas para el gobierno: empeoraron sus relaciones con el estudiantado; finalmente Ugarte no dio una sino varias conferencias, todas ellas muy concurridas; los estudiantes no sufrieron gran represión, y en cambio fueron muy elogiados por la opinión pública; por último, queriendo el gobierno acallarlos, el nacionalismo y el antinorteamericanismo fueron enormemente publicitados: se organizaron manifestaciones estudiantiles en favor de Ugarte y contra Vasconcelos, Calero y los Estados Unidos en ciudades como Guadalajara, Puebla, San Luis Potosí, Aguascalientes, Toluca y Guanajuato.[83] La derrota y el desprestigio del gobierno fueron enormes: Calero fue sustituido en la Secretaría de Relaciones Exteriores por Pedro Lascuraín, profesor en Jurisprudencia, lo que significaba una concesión a los estudiantes.[84]

Madero estaba convencido de que los jóvenes estaban siendo engañados por políticos e intelectuales del antiguo régimen,[85] y que eran sus enemigos no obstante haber nombrado como principales funcionarios educativos a miembros de la comunidad universitaria. Como respuesta, Madero adoptó poco después una actitud más agresiva, designando a Pino Suárez como sustituto de Díaz Lombardo en la Secretaría de Instrucción Pública, a pesar de que era totalmente ajeno al ámbito educativo y a que los estudiantes lo

[81] Fue entonces cuando los acusó de formar una clase social "degenerada", vendida a Díaz y "estúpida", siempre engañados "por el primer rumor, por la primer sandez, por el primer audaz que les habla". Véase recorte de *El Diario*, 26 enero 1912, en AFVG, c. 28, f. 4, f. 232 (67).

[82] Recorte de *El Diario*, 27 enero 1912, en ibid., c. 28, f. 5, f. 233 (72–74); *El Correo Español*, 27 enero 1912; *El Imparcial*, 27 enero 1912.

[83] Ibid., 28–31 enero 1912; 2, 4, 7 febrero 1912.

[84] Curiosamente, Calero fue nombrado Embajador en los Estados Unidos. Véase RDS, 812.00/3352; recorte de *El Siglo*, 9 febrero 1912, en AFVG, c. 29, f. 4, f. 238 (41).

[85] Recorte de *The Daily Mexican*, 1 febrero 1912, en RDS, 812.00/2757.

rechazaban de tiempo atrás.[86] Bastó que Pino Suárez anunciara su proyecto de trabajo para que la amenaza del vasquezgomismo renaciera, agravada: a diferencia de Díaz Lombardo, Pino Suárez aseguró que favorecería la educación popular y elemental por sobre la profesional; peor aún, desde un principio mostró una actitud nada cortés hacia la institución, no asistiendo a las sesiones del Consejo Universitario indicando simplemente al rector Eguía Lis los asuntos que debían ser discutidos y solucionados inmediatamente; además, pronto comenzó a remover a las autoridades universitarias, comenzando con el subsecretario Pani, "puente" con la Universidad Nacional, y siguiendo con Echegaray, director de la Preparatoria, sustituido por Valentín Gama. El cambio de funcionarios en Jurisprudencia, con el nombramiento de Luis Cabrera como director, habría de tener enormes consecuencias.[87]

Jurisprudencia era una escuela con predominio "científico". Por lo mismo, la llegada de Cabrera, exreyista y combativo crítico de los científicos, fue considerada no como una amenaza sino como una auténtica provocación. El rechazo fue generalizado entre profesores y alumnos, como lo prueban las inmediatas renuncias de Jorge Vera Estañol y Ricardo R. Guzmán y el airado abucheo a Pino Suárez y Cabrera durante la ceremonia de toma de posesión.[88] Inteligente pero impulsivo, las actitudes de Cabrera originaron pronto un enfrentamiento con los alumnos, a los que acusó de sustraer libros de la biblioteca y de hacer mal uso del "salón de estudiantes". El problema se agravó cuando se impusieron unos exámenes trimestrales escritos, a lo que los jóvenes respondieron con la huelga. La inflexibilidad de Cabrera los exasperó y radicalizó, pasando a ser su renuncia el objetivo único.[89] Con ello el movimiento dejó de ser académico: por la personalidad y la influencia de Cabrera en el movimiento revolucionario, el conflicto rebasó los límites institucionales para convertirse en un problema político nacional.

Cabrera declaró que permanecería en el puesto y que el gobierno aprobaba el cumplimiento de sus disposiciones; dijo también a los estudiantes que

---

[86] AGN, FIP, y BA, c. 279, f. 2 (78), f. 1. Cuando Pino Suárez fue declarado vencedor por sobre los otros candidatos a la vicepresidencia —León de la Barra y Vázquez Gómez—, el estudiante católico de Jurisprudencia Manuel Herrera y Lasso lo acusó de demagogo. Véase *El País*, 15 octubre 1911.

[87] José María Pino Suárez, Srio. Instrucción, a Joaquín Eguía Lis, Rector UN, 22 junio 1912, en AHUNAM, FUN, RR, c. 5, f. 73, f. 2061; *BIP* 20(1), 9–10; 21(1), 304–312; *El Imparcial*, 1, 6 marzo 1912; 11 abril 1912; 10, 13, 23–24, 29–30 agosto 1912; Pani, *Apuntes autobiográficos*, I:131–134.

[88] AHUNAM, FUN, RR, c. 4, f. 63, f. 1468; *El Imparcial*, 21, 23 abril 1912.

[89] *BIP* 21(1), 339–340; *El Imparcial*, 21 abril 1912; 21 julio 1912; 3 agosto 1912; *Nueva Era*, 1, 31 mayo 1912; 1, 5, 11, 20, 22, 27–29 junio 1912; Germán Fernández del Castillo, "Noticias históricas sobre la Escuela Libre de Derecho. Orígenes y fundación", *Revista Jurídica* 4 (enero–junio 1928), 16–20.

si no estaban conformes con los exámenes que cancelaran su inscripción en la escuela. En forma sorpresiva, hicieron esto masivamente. Más aún, si primero pidieron a sus profesores que siguieran impartiendo sus clases en otros recintos mientras el gobierno mantuviera cerrada a Jurisprudencia, poco después los estudiantes decidieron crear una nueva escuela.[90] Con ello el movimiento pasó de ser una lucha personalista contra Cabrera a una lucha en favor de una alternativa para un sector de la educación pública superior, por lo que el conflicto se convirtió en una nueva versión de la lucha entre conservadores y liberales respecto a la educación. Si los positivistas habían sido en educación el elemento progresista cincuenta años antes, la evolución del régimen porfirista los había convertido en un elemento conservador. Además, por el triunfo del movimiento revolucionario de 1910 los ''científicos'' habían perdido casi todas sus posiciones políticas; la Escuela de Jurisprudencia era una de las pocas importantes —como fuente de aprovisionamiento de ''cuadros'' políticos— que conservaban, y decidieron dar una frontal batalla antes que perderla. Por otro lado, ante el debilitamiento de los ''científicos'' y del gobierno, los educadores católicos vieron la posibilidad de recuperar alguna influencia en el sector. Sólo así se explica el apoyo que ambos grupos dieron al proyecto de los jóvenes anticabreristas de crear una institución independiente.

El ''perfil'' de los involucrados es muy ilustrativo. Entre los jóvenes destacaron Ezequiel Padilla, simpatizante de Madero al principio de su gobierno; Manuel Herrera y Lasso, antimaderista siempre, católico y vitriólio crítico de Pino Suárez y Cabrera; los hermanos MacGregor, Luis y Vicente; José María Gurría; un hermano del líder estudiantil reyista de Medicina, Castillo Nájera, y Carlos Díaz Dufoo Jr., hijo del principal colaborador de Limantour. Más por lo que luego llegó a ser que por su actuación en el movimiento, mención especial merece Emilio Portes Gil, líder estudiantil antiporfirista.[91] Entre los profesores resultan significativos los nombres de Jorge Vera Estañol, el principal enemigo de Cabrera; Miguel S. Macedo, connotado ''científico''; Francisco León de la Barra, viejo enemigo —abierto y encubierto— del maderismo; Emilio Rabasa, notable escritor y jurista y el principal porfirista de su natal Chiapas; Carlos Díaz Dufoo, financiero ''científico''; Demetrio Sodi, que había formado parte del último gabinete de Porfirio Díaz; Agustín Rodríguez, conocido abogado católico delabarrista, y Antonio Caso, cercano al jefe político de los ''científicos'', Rosendo Pineda, y quien había renunciado como secretario de la Universidad Nacional por las intromisiones de Francisco Vázquez Gómez, primer secretario de Instrucción Pú-

[90] *El Imparcial*, 3–5 julio 1912; Fernández del Castillo, ''Noticias históricas'', 22–24.
[91] Lo mismo podría decirse de Gilberto Valenzuela, quien se tituló de abogado en 1914, para después iniciar su carrera política con el grupo ''sonorense''. Véase AINEHRM, FSG, exp. 1099.

blica de filiación revolucionaria.[92] Su calidad como docentes era inmejorable
en la mayoría de los casos —una excepción sería el joven diputado antimaderista José María Lozano—; su postura política era igualmente homogénea:
casi todos eran antimaderistas, antirrevolucionarios. Algo muy similar podría decirse de sus benefactores económicos, entre los que se mencionaron a
Luis Méndez, director de la Académia de Legislación y Jurisprudencia; a Limantour y a otro de sus colaboradores principales, Joaquín Casasús; a los
"científicos" Olegario Molina y Pablo Macedo, así como al reyista Jesús Raz
Guzmán.[93]

A pesar de su gran calidad como maestros o como juristas, es innegable
que gentes como Vera Estañol, León de la Barra, Macedo, Rabasa y Sodi
—para no citar a Lozano— tenían más intereses políticos que académicos. A
pesar de ser mayoría, el enfrentamiento a Cabrera y la creación de la Escuela
Libre de Derecho no deben ser vistos sólo como una lucha por la sobrevivencia
de los "científicos", pues los católicos, los "evolucionistas" y algunos liberales
independientes también buscaron ganar posiciones en tan estratégico campo
educativo. Para cualquier análisis sobre el tema es preciso distinguir su naturaleza política de sus espléndidas consecuencias académicas.[94] Es indudable
que el gobierno maderista fue derrotado, especialmente Cabrera, quien a pesar de mantenerse en el puesto hasta el final, no fue promovido políticamente, como tanto se había augurado.[95] Asimismo, a pesar de su lucha contra
Cabrera, es obvio que salvo Caso, los oposicionistas no eran enemigos sinceros
de la intervención estatal en la educación, pues antes y después no solamente
la toleraron sino que la encabezaron. En el fondo, su lucha era contra Madero y contra la Revolución, en el único escenario en que les era factible darla.
Si los militares porfiristas enfrentaban a Madero a su modo, los educadores-
políticos decidieron hacer lo propio. Los conflictos universitarios de 1912 fueron correspondientes a los problemas que en otras regiones y ámbitos asolaron
al país.

[92] También se pretendió que participara Francisco Carvajal, representante del gobierno porfirista en las negociaciones de Ciudad Juárez con los rebeldes maderistas.
[93] AHUNAM, FUN, RR, c. 4, f. 63, f. 1468; c. 5, f. 70, f. 2008; *El Imparcial*, 2, 4, 5, 16–17,
19, 22–23, 25 julio 1912; 8, 10 agosto 1912; 8 septiembre 1912; *Nueva Era*, 11 mayo 1912;
28–29 junio 1912; Fernández del Castillo, "Noticias históricas", 19–27, 30–31.
[94] El "clásico" en la materia es Jaime del Arenal. Entre tanto nos entrega la obra definitiva,
consúltense "Vasconcelos, Herrera y Lasso y la Escuela Libre de Derecho", *Revista de Investigaciones Jurídicas* 9 (1985), 71–102; "La fundación de la Escuela Libre de Derecho", ibid., 11
(1988), 555–805.
[95] Cabrera renunció hasta finales de 1913, menos de dos semanas antes de que fuera
derribado Madero. Véase AGN, FIP y BA, c. 284, f. 15 (366), ff. 3–5. Se dijo que su fracaso
en Jurisprudencia le impidió llegar al gabinete, aunque no el ser electo diputado a pesar de la
oposición estudiantil. Véase *El Imparcial*, 6, 15 agosto 1912; 23 septiembre 1912; 15 octubre
1912; 23–24, 27 noviembre 1912.

El carácter conservador de los conflictos universitarios de 1912 se confirma por el hecho de que, de entre todos los grandes levantamientos contra Madero, los estudiantes sólo simpatizaron con el encabezado por Félix Díaz. En efecto, al zapatismo lo ignoraron y al vazquezgomismo lo condenaron porque su líder era hermano de su odiado Francisco Vázquez Gómez y porque tenía cierto carácter anárquico y radical.[96] Por otro lado, elogiaron repetidas veces al Ejército Federal, al que consideraron el verdadero héroe en el triunfo sobre el orozquismo; expresaron su admiración por León de la Barra, el político porfirista con mayores probabilidades de sobrevivir en la nueva situación; persistieron en su apoyo a la prensa antigobiernista tradicional, como lo prueba su actitud ante la muerte de Trinidad Sánchez Santos, director del diario católico *El País*, y demandaron de Madero clemencia hacia Félix Díaz, luego de ser aprehendido por su fracasada rebelión.[97]

Otro rasgo distintivo de los movimientos estudiantiles de 1912 fue el nacionalismo. En efecto, a mediados de 1912 el gobierno norteamericano criticó al de Madero por su incapacidad para acabar con la rebelión orozquista, lo que provocó que los estudiantes volvieran a mostrar su yancofobia. Sin embargo, a diferencia de lo sucedido meses antes por Ugarte, esta vez los jóvenes apoyaron al gobierno; así lo hicieron líderes como Aarón Sáenz, de Jurisprudencia, y Aurelio Manrique, de la Normal, congresistas ambos en 1910. Más aún, Enrique Estrada organizó la Unión Estudiantil de Defensa Nacional, y voluntarios de la escuelas de Ingenieros, Medicina y la Preparatoria solicitaron y recibieron instrucción militar para el caso de una guerra extranjera.[98]

A pesar de su nacionalismo, su simpatía por Madero fue menos que reducida: pronto las movilizaciones nacionalistas perdieron su ímpetu; además, poco después vino el conflicto Cabrera–Libre de Derecho, con lo que Madero perdió el limitado y efímero apoyo obtenido por su postura diplomática. Se puede concluir, por lo tanto, que los estudiantes permanentemente estuvieron contra el gobierno maderista y contra la Revolución: si los jóvenes festejaban espontáneamente a Díaz, Juárez o Hidalgo, los festejos por la Revolución tuvieron que realizarse sin su participación;[99] además, nunca

[96] RDS, 812.00/3129; recorte de *La Prensa*, 7 marzo 1912, en AFVG, c. 30; *El Correo Español*, 7 marzo 1912; *El Imparcial*, 6–7, 9 marzo 1912.

[97] La solicitud de clemencia en favor de Félix Díaz fue firmada por 600 jóvenes, o sea, por un porcentaje muy alto del total de la población estudiantil. Acaso los motivó el rumor de que estaba inmiscuido en la rebelión su admirado y querido León de la Barra. Véase RDS, 812.00/5255; *El Correo Español*, 22 marzo 1912; *El Imparcial*, 19, 22, 25 marzo 1912; 8 abril 1912; 26 agosto 1912; 26 octubre 1912; 10 noviembre 1912; 12 diciembre 1912; *Nueva Era*, 27 mayo 1912.

[98] *El Imparcial*, 18, 23, 26–28, 30 abril 1912; *Nueva Era*, 4, 25, 31 mayo 1912.

[99] AFN, FIP y BA, c. 284, f. 14, f. 4; AHUNAM, FUN, RR, c. 4, f. 61, f. 1343; *El País*, 19 noviembre 1911.

apoyaron un movimiento antimaderista de naturaleza popular y radical. Por último, abiertamente añoraron el retorno del antiguo régimen, que tanto los benefició, como lo prueba su sentido duelo por la muerte de Justo Sierra.[100] Cualesquiera que fueran las causas, es indudable que los estudiantes universitarios eran mucho más conservadores en 1912 que en 1910, y que fueron el grupo oposicionista más activo de la ciudad de México.

Alianza entre sables y togas

Considerando su antimaderismo, resulta comprensible que los estudiantes universitarios capitalinos no se opusieran al derribamiento y muerte de Madero.[101] Todo lo contrario, simpatizaron con el "cuartelazo", planeado or el queridísimo maestro de Jurisprudencia Rodolfo Reyes; también apoyaron al nuevo gobierno, que incorporó al más alto nivel a varios de sus más admirados profesores, cuyo papel no fue el de pasivos colaboradores una vez pasada la violencia del cambio de gobierno. En efecto, Rodolfo Reyes había involucrado en la rebelión a varios de sus colegas más cercanos; asimismo, la participación de Félix Díaz permite suponer la de León de la Barra, como en el fallido alzamiento de octubre de 1912; por último, en enero de 1913 se rumoró que Jorge Vera Estañol iba a ser aprehendido por estar involucrado en un movimiento rebelde.[102] Ese carácter conspirativo del profesorado universitario era continuación y consecuencia de sus conflictos con Madero en 1912.[103]

Indudablemente, la colaboración de varios profesores a todo lo largo del gobierno huertista explica el apoyo de los estudiantes al usurpador. Rodolfo Reyes, León de la Barra y Vera Estañol participaron en el primer gabinete. Posteriormente fueron utilizados otros, como Carlos Pereyra, profesor de historia en la Preparatoria; Roberto Esteva Ruiz, "magnífico" profesor en Jurisprudencia; José María Lozano, de la Libre de Derecho; Nemesio García Naranjo, profesor en la Preparatoria, y sobre todo Aureliano Urrutia, popular director de la Escuela de Medicina. Otros fueron subsecretarios, como Agustín Garza Galindo, en Justicia, y como los profesores de literatura en la Preparatoria Enrique González Martínez y Rubén Valenti, primer y último

[100] Las ceremonias luctuosas fueron presididas por el mismo Madero. Véase *El Imparcial*, 8–9 octubre 1912.

[101] Un grupo mínimo de estudiantes ofreció su apoyo a Madero durante "la decena trágica". Véase Prieto Laurens, *Cincuenta años*, 11, 19.

[102] RDS, 812.00/5255, 5820.

[103] Recuérdese que Emilio Rabasa, uno de los fundadores de la Escuela Libre de Derecho, y que Ricardo R. Guzmán, quien renunciara a Jurisprudencia a la llegada de Cabrera, formaban parte de la comisión de Senadores que pidió a Madero su renuncia. Véase Alfonso Taracena, *La verdadera Revolución mexicana*, 18 vols. (México: Editorial Jus, 1960–1965), I, 295.

subsecretario de Instrucción Pública respectivamente. Otros tuvieron importantes puestos políticos, como Carlos Díaz Dufoo, de la Libre de Derecho, director del periódico semioficial *El Imparcial*, y como el arquitecto Jesús T. Acevedo, ateneísta, experto en historia del arte y profesor en la Preparatoria, que fue director del estratégico servicio postal y telegráfico del país.[104]

Hubo otras razones para el apoyo estudiantil a Huerta. En el aspecto educativo, Huerta prometió apoyo económico y no imponer cambio alguno en el sector; esto es, como Díaz y a diferencia de Madero, Huerta aseguró que favorecería al ámbito universitario.[105] Por otro lado, los antiguos funcionarios educativos —léase porfiristas— recuperaron los puestos de mando: además de Vera Estañol, Julio García volvió como director de Jurisprudencia, y Ezequiel A. Chávez tuvo igual puesto en la Escuela de Altos Estudios, la que él mismo había diseñado en 1910.[106] Además buen número de los viejos maestros no sólo recuperaron su influencia en la política o en el ramo educativo sino que volvieron a la cátedra: Manuel Flores, positivista desde la época de Barreda, colaborador cercano a Sierra y dos veces director de la Preparatoria, fue nombrado profesor de lógica. Más ilustrativos fueron los regresos de Pereyra a la Preparatoria y de Miguel Macedo y Carlos Díaz Dufoo a Jurisprudencia, demostrando esto último que la amenaza de Cabrera había desaparecido.[107] En términos académico-educativos, los días de Huerta fueron muy felices.

Los jóvenes también fueron influidos por la amistosa actitud de Huerta: un mes después de haber tomado el poder recibió a una comisión de estudiantes encabezada por Ezequiel Padilla, líder anticabrerista, la que buscaba agradecerle sus cortesías, ofrecerle su apoyo para su "gran" tarea y pedirle la donación de un edificio para el Casino. En correspondencia, Huerta prometió una "gran sorpresa". Aunque ésta nunca se materializó, como tampoco el nada realista ofrecimiento juvenil de hacer una colecta para obsequiar al gobierno un barco de guerra,[108] su mútuo respaldo político fue desde entonces patente.

El apoyo estudiantil también se debió a que Huerta obsequió la solicitud de los jóvenes de no aceptar la renuncia de Aureliano Urrutia a la dirección

---

[104] Para el nombramiento de Vera Estañol, véase AGN, FIP y BA, c. 280, f. 3–23 (147), f. 2. Véase también c. 284, f. 15 (372), ff. 246, 250; c. 284, f. 15 (373), f. 46; AHUNAM, Fondo Ezequiel A. Chávez, Ramo Universidad, caja 3, documento 55 (en adelante AHUNAM, FECH, RU). El elogio a Esteva Ruiz en carta de Pedro Henríquez Ureña a Alfonso Reyes, 29 octubre 1913, en *Correspondencia AR-PHU*, 228; *El Imparcial*, 23 abril 1913; 9–10 octubre 1913; *El País*, 6, 31 julio 1913.

[105] Informe Presidencial Huerta, abril 1913.

[106] AGN, FIP y BA, c. 284, f. 15 (367), f. 58; c. 284, f. 15 (368), ff. 56, 100.

[107] Ibid., c. 284, f. 15 (368), f. 87; c. 284, f. 15 (369), f. 120; c. 284, f. 15 (373), f. 245.

[108] *El Imparcial*, 14, 28 marzo 1913.

de Medicina por sus conflictos con el secretario de Instrucción Pública. Aunque en este caso también influyó la gran amistad que había entre Urrutia y Huerta, es indudable que buscó ganar la simpatía juvenil. Por si esto fuera poco, la benevolencia hacia los estudiantes no se redujo al usurpador, sino que caracteriza también a varios de sus ministros, como a Rodolfo Reyes, que dio preferencia a la contratación de jóvenes con escasos recursos, y como José María Lozano, que financió la publicación de la juvenil revista literaria *Nosotros*.[109] Más importantes fueron las concesiones y empleos otorgados a los principales líderes estudiantiles antimaderistas: Ezequiel Padilla fue becado en Europa gracias a Emilio Rabasa, y Manuel Herrera y Lasso pasó a ser secretario particular del influyente político católico, diputado y ministro, Eduardo Tamariz.[110]

La razón de la alianza por parte del gobierno fue que, considerando el clima de oposición que había sufrido Madero en 1912, Huerta entendió que era altamente conveniente tener en calma la ciudad de México, para así limitar la rebelión al escenario rural. Del otro lado, la comunidad académica no tenía más alternativa que el huertismo, pues se creía firmemente que los Constitucionalistas norteños eran peor que bárbaros. Además de que el nivel académico de la Universidad Nacional fue muy bueno por entonces, en el aspecto sociopolítico las consecuencias de la alianza fueron las esperadas. En efecto, los estudiantes retornaron a sus actitudes tradicionales: ajenos a la política nacional y opuestos al cambio, volvieron a las actividades extracurriculares frívolas.[111]

Muy al principio, cuando se creía que Huerta cedería el poder a Félix Díaz, algunos estudiantes, especialmente los de Jurisprudencia, formaron clubs felicistas; asimismo, el joven profesor Alfonso Teja Zabre públicamente elogió al sobrino de don Porfirio.[112] Cuando Félix Díaz desapareció como posible contendiente, dichas agrupaciones corrieron la misma suerte. De manera parecida, otros estudiantes, encabezados por Francisco Castillo Nájera, crearon el Partido Republicano, que favorecía a Rodolfo Reyes como sucesor de Huerta. A finales de 1913 cierta oposición a éste fue sostenida por la Liga

---

[109] Carta de Pedro Henríquez Ureña a Alfonso Reyes, 11 noviembre 1913, en *Correspondencia AR-PHU*, 240–241; *El Imparcial*, 8–9, 14, 28 marzo 1913; 17–18, 20, 30 junio 1913.

[110] Respecto a Padilla, Archivo General de la Nación, México, D.F., Fondo Gobernación, Período Revolucionario, caja 96, expediente 90 (en adelante AGN, FG, PR). Para el otorgamiento de otras becas, ibid., c. 24, exp. 29; c. 55, exp. 35. Repecto a Herrera y Lasso véase carta de Pedro Henríquez Ureña a Alfonso Reyes, 25 febrero 1914, en *Correspondencia AR-PHU*, 281.

[111] Durante 1913 los estudiantes volvieron a organizar festivales para obtener recursos económicos, a las celebraciones sociales de ciertas efemérides, a los concursos literarios y deportivos y hasta a la organización de fiestas y bailes por el cambio de las estaciones climáticas. *El Imparcial*, 14 marzo 1913; 20 abril 1913; 11, 17–18, 20, 30 junio 1913; 2, 20 octubre 1913; *El País*, 5 enero 1914.

[112] *El Imparcial*, 2, 5, 25 marzo 1913; 25 abril 1913; García Narango, *Memorias*, VII, 352.

Nacional de Estudiantes Católicos, que moderadamente agitó en favor de su candidato, Federico Gamboa. De cualquier modo, varios estudiantes organizaron un par de agrupaciones anticatólicas para contrarrestarlos, como el Club Liberal Estudiantil, presidido por Enrique Soto Peimbert, de Ingenieros.[113] Sin embargo, no es del todo claro si eran jóvenes sinceramente huertistas, o si Huerta se aprovechó de su jacobinismo o de su positivismo.

A diferencia de estas actividades políticas del estudiantado universitario capitalino, hubo algunas adhesiones al movimiento constitucionalista. Sin embargo, puede asegurarse que éstas fueron escasas y casi individuales. Obviamente, al llegar Huerta al poder encontró a varios maderistas en el sector educativo, como funcionarios, profesores o alumnos. De éstos, algunos se incorporaron a la lucha contra el usurpador; otros permanecieron en la ciudad de México, haciendo moderada labor oposicionista; unos más cayeron en el apoliticismo, así fuera temporalmente, otros, incluso, se hicieron huertistas.

Los primeros en incorporarse a la lucha fueron los más leales maderistas o dos jóvenes que ya tenían ligas con Carranza. Cuando éste ocupó la gubernatura de Coahuila, en 1911 y 1912, cerró la Escuela de Leyes local, por considerarla onerosa para tan pocos estudiantes. Como paliativo, becó a tales jóvenes para que estudiaran en la ciudad de México, entre los que estaban Gustavo Espinoza Mireles, quien luego sería uno de sus más cercanos colaboradores; Alfonso Breceda, hermano de Alfredo, desde entonces connotado carrancista, y Aarón Sáenz, quien por una contingencia pasó a operar a Sonora en lugar de a Coahuila. Debido al levantamiento de don Venustiano, la situación de estos en la capital se tornó muy problemática, dado que la mayoría de sus maestros y condiscípulos apoyaban a Huerta. Así, pronto huyeron de la ciudad de México. Para mediados de 1913 Espinoza Mireles ya era secretario particular de don Venustiano. Por otro lado, éste intentó hacer de Aarón Sáenz su mensajero con Zapata, pero como su posición política era tan conocida, tuvo que dejar la capital del país; dado que era compañero y amigo de Fernando Pesqueira, hijo del gobernador antihuertista de Sonora, en abril se dirigió a dicho estado para incorporarse a las fuerzas de Obregón, de quien llegó a ser uno de los colaboradores más cercanos.[114]

¿Fue Aarón Sáenz el único delegado del congreso estudiantil de 1910 que abierta y formalmente luchó contra Huerta?, ¿cuál fue la actitud de jóvenes como Jesús Acuña, Alfonso G. Alarcón, Alfonso Cabrera, Luis L. León, Aurelio Manrique, Luis Sánchez Pontón, Basilio Vadillo y Emilio Portes Gil? Jesús Acuña, quien además había sido abogado defensor de los estudiantes presos por los motines antinorteamericanos de finales de 1910, había regresado a su natal Coahuila después de su graduación, en 1911, para colaborar

---

[113] *El Imparcial*, 11 marzo 1913; 25 septiembre 1913; 7, 23, 27 octubre 1913.
[114] Entrevista a Aarón Sáenz, en Urióstegui, *Testimonios*, 357–362; Fabela, *Mis memorias*, 142.

con el gobierno carrancista. Cuando comenzó la lucha sustituyó a Ernesto Garza Pérez y se convirtió en el primer secretario de Gobierno revolucionario; luego organizó y encabezó fuerzas militares, hasta alcanzar los máximos grados en el Ejército Constitucionalista.[115] Basilio Vadillo, estudiante de la Normal nacido en Jalisco, encabezó a un grupo de condiscípulos que incluía a Teófilo Alvarez, Gabriel Leyva Velázquez y Adolfo Cienfuegos, quienes tardíamente se incorporaron a las fuerzas de Ramón Iturbe, salvo Cienfuegos, que se integró al Estado Mayor de Alvaro Obregón.[116]

Alfonso G. Alarcón, poeta poblano que asistió al congreso estudiantil de 1910 y que fue de los pocos que abiertamente apoyó a Madero durante su campaña electoral, era diputado en la XXVI Legislatura al tomar Huerta el poder. Destacó por haber sido de los cuatro diputados que no aceptaron la renuncia de Madero y por haber sido miembro del "Bloque Renovador"; por ello fue encarcelado cuando Huerta disolvió el Congreso. Una vez liberado, gracias a las gestiones de Pedro Henríquez Ureña y de Francisco Pascual García —secretario de la Universidad Nacional—, Alarcón se dedicó por entero a su profesión médica, alejándose del todo de la política.[117] Alfonso Cabrera, graduado en Medicina en 1911, también era diputado en la XXVI Legislatura; lógicamente, fue del grupo "Renovador", y por lo mismo, hecho prisionero a la disolución de la Cámara. Sin embargo, permaneció en la ciudad de México casi hasta el triunfo constitucionalista, a pesar de que el gobierno huertista le quitara todos sus empleos, incorporándose muy tardíamente a las fuerzas de Antonio Medina.[118]

Luis L. León, chihuahuense adscrito a la Escuela de Agricultura, había terminado sus estudios pero no había presentado su examen profesional por temor a las represalias de los profesores, "ligados por varios años a la administración porfirista". Se dedicó entonces a ganarse la vida como torero, llegando a adquirir cierto prestigio en las plazas del norte del país, manteniéndose "completamente alejado de la política" hasta que comenzó a torear, desde finales de 1913, en poblaciones controladas por el villismo. Hubo otros, como

---

[115] Según Isidro Fabela, don Venustiano le tenía a Acuña "plenísima confianza". Véase AINEHRM, FSG, exp. 14; Garza Pérez también era universitario reciente: graduado con honores en la Escuela de Jurisprudencia capitalina en 1909, luego fue el director de la Escuela de Leyes Local que Carranza cerrara. Véase Miguel Alesio Robles, *Mi generación y mi época* (México: Editorial Stylo, 1949), 11–13.

[116] AINEHRM, FSG, exp. 1081. Cienfuegos había sido miembro del Club Liberal Estudiantil, que en septiembre y octubre de 1913 combatiera electoralmente a los jóvenes del Partido Católico Nacional, favoreciendo con ello, a Huerta así fuera indirectamente. *El Imparcial*, 25 septiembre 1913; 7 octubre 1913.

[117] Cartas de Pedro Henríquez Ureña a Alfonso Reyes, 20 octubre y 22 noviembre 1913, en *Correspondencia AR-PHU*, 202, 247.

[118] AGN, FIP y BA, c. 284, f. 15 (370), f. 170; AHUNAM, FUN, RR, c. 4, f. 61, f. 1350; c. 4, f. 63, ff. 1429, 1443; AINEHRM, FSG, exp. 186.

Emilio Portes Gil, que permanecieron estudiando hasta la llegada de los carrancistas.[119] El caso más singular fue el de Aurelio Manrique, quien además de haber asistido al congreso estudiantil de 1910 había participado en los motines antinorteamericanos y había simpatizado abiertamente con Madero. Sin embargo, muy ligado al director de su escuela, Aureliano Urrutia, participó en política estudiantil progobiernista a todo lo largo del período, siendo premiado con los puestos de ''estudiante colaborador'' en el Instituto Médico y de adjunto de profesor en la Preparatoria.[120]

¿Cuál fue la actitud política de los jóvenes que participaron en los motines antinorteamericanos, en la huelga de Agricultura o en el Complot de Tacubaya? En algunos casos estos también habían sido miembros del congreso estudiantil, como Jesús Acuña, Luis L. León y Aurelio Manrique. Sin embargo, es indudable que tales sucesos dieron lugar al surgimiento de nuevos líderes. Algunos de estos, como Enrique Estrada, José Domingo Ramírez Garrido y José Siurob, tomaron las armas contra Huerta: Ramírez Garrido, de la Escuela Dental, participó en el débil movimiento antihuertista de su estado natal, Tabasco, y pronto alcanzó el generalato; Siurob destacó como médico y político en las fuerzas obregonistas.[121] Enrique Estrada, de Ingenieros, que fue de los pocos estudiantes que hizo armas contra Díaz, fue también el más destacado en la lucha contra Huerta: a finales de 1913 era ya el jefe de un grupo que operaba en la frontera de Jalisco y Zacatecas.[122] Sin lugar a dudas, estos fueron muchos más decididamente antihuertistas que los líderes veteranos del congreso de septiembre de 1910.

Evidentemente, hubo otros estudiantes que se alzaron contra Huerta sin tener mayores antecedentes oposicionistas. Sin embargo, la mayor parte de estos lo hicieron más tardíamente, a partir del rompimiento abierto de Huerta

[119] Entrevista a Emilio Portes Gil, en Wilkie y Monzón de Wilkie, *México*, 494; León, *Crónica del poder*, 19–20. Prieto Laurens asegura que Portes Gil no se limitó a estudiar sino que ocupó puestos menores en el aparato judicial huertista. Otras ''fuentes'' sostienen el mismo argumento. Véase AINEHRM, FSG, exp. 861; Prieto Laurens, *Cincuenta años*, 20, 23.

[120] AGN, FIP y BA, c. 284, f. 15 (372), ff. 184, 244; AHUNAM, FUN, RR, c. 4, f. 61, f. 1242; *El Imparcial*, 1, 4, 13 mayo 1914.

[121] AHUNAM, FUN, RR, c. 4, f. 63, f. 1428; Alvaro Obregón, *Ocho mil kilómetros en campaña* (París, México: Librería de la vda. de Ch. Bouret, 1917), 237; Ramírez Garrido, *Así fue...*, 137; Alfonso Taracena, *Historia de la Revolución en Tabasco* (Villahermosa: Ediciones del Gobierno de Tabasco, 1974), 223, 273. Siurob fue de los pocos estudiantes que lucharon contra Díaz. Por ello Madero lo nombró Inspector de Escuelas Rurales en su estado, Querétaro, alzándose en armas al tomar Huerta el poder. Fue aprehendido y enviado a la capital, donde fue liberado gracias a las influencias de su antiguo profesor Aureliano Urrutia, quien por un tiempo, además, le dio un pequeño puesto político. Sin embargo, Siurob volvió a la lucha, incorporándose a las fuerzas de Antonio I. Villarreal. Véase AINEHRM, FSG, exp. 1007.

[122] *El País*, 15 enero 1914. Jesús M. Garza, que había sido expulsado de Agricultura por participar en la huelga de abril de 1911, se levantó en armas tan pronto Madero fue asesinado, llegando a ser jefe del Estado Mayor de Obregón.

con sus aliados políticos —felicistas y católicos— desde mediados de 1913, como el coahuilense Manuel Pérez Treviño, quien se unió en un primer momento a las fuerzas de Pablo González, o como los estudiantes que trataron de incorporarse a las fuerzas del maestro rural Cándido Navarro, que operaban entre Guanajuato y San Luis Potosí.[123] Indudablemente, hubo mayor número de estudiantes en armas a partir del declive militar de Huerta, desde finales de 1913 y principios de 1914: fue entonces cuando varios jóvenes fueron hechos prisioneros por hacer propaganda revolucionaria en sus escuelas, y cuando Gustavo Baz y un par de condiscípulos en Medicina se incorporaron a las fuerzas zapatistas.[124]

El caso de Baz no fue único. Aunque frustrado, el alzamiento estudiantil más numeroso tuvo al zapatismo como bandera y objetivo. En efecto, a finales de abril de 1913 una docena de estudiantes de la Preparatoria, encabezados por José Inclán, Rafael Cal y Mayor, Ernesto Aguirre Colorado y Jorge Prieto Laurens, fueron aprehendidos en Xochimilco con armas y municiones y con correspondencia cruzada con el secretario de Zapata, Abraham Martínez. Significativamente, no recibieron el trato que Huerta daba a los conspiradores, lo que se debió a la protección que les brindaron algunos miembros del gabinete, como Rodolfo Reyes y Francisco León de la Barra, y algunos diputados, como José María Lozano y José Natividad Macías; influyó además la presión estudiantil, pues sus compañeros organizaron inmediatamente una muy ordenada manifestación para solicitar garantías para su integridad física. Es indudable que Huerta no quiso tener un conflicto con parte de su gabinete; tampoco quiso perder el apoyo estudiantil; por último, cualquier severidad contra tales jóvenes hubiera sido mal vista por la opinión pública. Por ello pronto ordenó su liberación, lo que fue muy celebrado, prometiendo los implicados, confesamente arrepentidos, alejarse de la política y concentrarse en sus estudios.[125]

La participación de los estudiantes en las filas zapatistas distingue claramente su postura de la de sus profesores. Seguramente influyó que, en el caso de querer alzarse contra Huerta, carecían de los medios económicos para llegar a las regiones norteñas, lo que generalmente implicaba ir primero a los

[123] Desde el movimiento de 1910–1911 Cándido Navarro había atraído a algunos estudiantes. Véase AINEHRM, FSG, exps. 754, 1007; *El Correo Español*, 14 junio 1913; *El Imparcial*, 7 junio 1913; 6 agosto 1913.

[124] Ibid., 2 diciembre 1913; *El País*, 3, 9 febrero 1914; 26 abril 1914; Hector Medina Neri, *Gustavo Baz: Guerrillero de Emiliano Zapata* (México: s.e., 1979), 43 ss.

[125] *El Correo Español*, 28–29 abril 1913; 20 mayo 1913; *El Imparcial*, 25, 28–30 abril 1913; 14, 20–21 mayo 1913. Prieto Laurens da una versión muy distinta del trato recibido por Huerta y de los motivos de la liberación. Además, precisa que Cal y Mayor no fue aprehendido —tampoco Aguirre Colorado—, pero que como se sabía su participación, tuvo que huir de la capital, incorporándose con los zapatistas. Véase Prieto Laurens, *Cincuenta años*, 20–23.

Estados Unidos; además, incorporarse a los grupos que merodeaban la ciudad de México podía ser algo más temporal. Otra característica de la participación de los estudiantes en la lucha contra Huerta es que si bien no fue estadísticamente nutrida, sí fue políticamente importante: casi todos ellos tuvieron funciones secretariales con jefes y cabecillas de primer y segundo nivel. A los mencionados Acuña, Espinoza Mireles y Aarón Sáenz habría de agregar a Martín Luis Guzmán, estudiante de Jurisprudencia, empleado en la Escuela de Altos Estudios y secretario de la Universidad Popular, quien a finales de 1913 abandonó la ciudad y se unió al Estado Mayor de Lucio Blanco.[126] Otra diferencia respecto a sus maestros fue que entre los jóvenes hubo casos de participación fundamentalmente militar.

Obviamente, los estudiantes universitarios o profesionales en provincia tomaron una actitud más decidida, ya que no fueron beneficiados por Huerta. El caso de San Luis Potosí fue tan radical que no puede considerarse ilustrativo. Si en la lucha contra Díaz el estudiante de leyes Pedro Antonio de los Santos había llegado a ser el maderista más importante de la región, en la lucha contra Huerta el carrancista más importante fue Juan Barragán, estudiante oposicionista desde 1910, quien en el último año de sus estudios abandonó la carrera de leyes en el Instituto Científico y Literario local para incorporarse a las fuerzas constitucionalistas del noreste. Sin embargo, la participación de ambos en sendas luchas no fue motivada por su carácter de estudiantes universitarios —novedosas lecturas, juvenil romanticismo político, etc.— sino por problemas agrarios y sociopolíticos de su región.[127] Más que estudiantes metidos a revolucionarios eran rancheros o hacendados oposicionistas metidos a estudiantes.

Es indudable que, en general, la política estudiantil de Huerta fue muy exitosa, pues fueron pocas y aisladas las incorporaciones de jóvenes universitarios a la rebelión. Más aún, y como orgullosamente lo dijera el rector Ezequiel A. Chávez, los estudiantes capitalinos ni siquiera organizaron movimientos estudiantiles generalizados contra Huerta, a diferencia de contra Madero.[128] Lo significativo es que hubo motivos mucho más serios que los casos de Ugarte y Cabrera aducidos antes. En efecto, a mediados de 1913,

---

[126] AGN, FIP y BA, c. 284, f. 15 (372), f. 247; AHUNAM, FUN, RR, c. 4, f. 62, f. 1399; carta de Pedro Henríquez Ureña a Alfonso Reyes, 20 octubre 1913, en *Correspondencia AR-PHU*, 205–206, 209; *El Imparcial*, 27, 31 agosto 1913.

[127] Entrevista a Juan Barragán, en Urióstegui, *Testimonios*, 191, 200–201. Ernesto Aguirre Colorado, preparatoriano oposicionista desde 1910, quien hizo armas contra Díaz, también luchó contra Huerta desde 1913, alcanzando el grado de General. Véase AINEHRM, FSG, exp. 28. Sin embargo, la numerosa participación de sus familiares en la lucha permite afirmar que también se debió a problemas sociopolíticos regionales más que a lo que se conoce como inquietudes juveniles.

[128] AHUNAM, FUN, RR, c. 6, f. 75, ff. 2120–2124, 2135.

en parte como respuesta al fallido alzamiento prozapatista en la Preparatoria
y en parte como consecuencia de su proyecto de reorganización nacional,
Huerta decidió militarizar la Preparatoria. Al principio casi quinientos alumnos se opusieron abiertamente al proyecto; días después lo hacía sólo un
puñado, fácilmente controlables por el gobierno.[129]

¿A qué se debió este cambio? Fundamentalmente, a que los estudiantes
eran conscientes de la represión que podría desatarse si rompían la alianza con
el gobierno. En todo caso, los estudiantes antimilitaristas nunca llegaron a
ser mayoría en la Preparatoria, no lograron la colaboración activa de los estudiantes de otros planteles. Además, a diferencia de lo sucedido contra Cabrera, en esta ocasión sus profesores no los apoyarían, a excepción de Antonio
Caso.[130] Por si fuera poco, Huerta aseguró que no se transformaría la naturaleza educativa de la escuela; hizo más atractiva la militarización, con menos
disciplina y más ejercicios prácticos con armas y caballos, y obsequió los uniformes.[131] De igual forma, sólo hubo moderadas protestas cuando Huerta
decidió militarizar también la Escuela de Agricultura.[132]

A pesar de su tibieza, ambas oposiciones previnieron a Huerta contra la
militarización de las escuelas profesionales. En un principio se dijo que Medicina, Jurisprudencia, Ingenieros, Bellas Artes y la Normal para Profesores
serían militarizadas después de la Preparatoria. Obviamente hubo protestas,
como la de los estudiantes de Jurisprudencia, que amenazaron con cambiarse,
colectivamente, a la Escuela Libre de Derecho. Como hábil político, Huerta
decidió que era más importante conservar el apoyo estudiantil —y con él, el
de sus familiares— y la tranquilidad de la ciudad. Por ello, finalmente, sólo
se introdujo en tales escuelas un programa de ejercicios físico-atléticos.[133]

Más sorprendente que la alianza entre Huerta y el estudiantado universitario sobreviviera la militarización de la Preparatoria, fue que se prolongara
hasta el final del régimen. En cambio para abril de 1914 habían roto con él

---

[129] AGN, FIP y BA, c. 285, f. 1, f. 30; Informe Presidencial Huerta, septiembre 1913; *El Correo Español*, 2 julio 1913; *El Imparcial*, 9, 20 mayo 1913; 7, 13, 20 junio 1913; *El País*, 2, 4 julio 1913. Un preparatoriano de entonces confirma el rápido declive de la oposición contra la militarización del plantel. Véase Manuel González Ramírez, *Recuerdos de un preparatoriano de siempre*. Introducción de Alejandro González Prieto (México: Universidad Nacional Autónoma de México, 1982), 29.

[130] AGN, FIP y BA, c. 285, f. 11, ff. 64–111; *El Imparcial*, 9 mayo 1913; 22, 27 junio 1913; 2–4 julio 1913. Caso aseguró que el país necesitaba escuelas en los cuarteles y no soldados en las escuelas.

[131] Ibid., 22, 25 junio 1913; 4, 8, 11, 13 agosto 1913; *El País*, 1, 4–5 julio 1913. De cualquier modo, cierta disciplina militar fue impuesta. Por violarla, el joven alumno Vicente Lombardo Toledano tuvo que abandonar la escuela. Véase su entrevista en Wilkie y Monzón de
Wilkie, *México*, 241–242.

[132] *El Imparcial*, 8 junio 1913.

[133] AGN, FIP y BA, c. 281, f. 41 (206), f. 1; *El Abogado Cristiano*, 21 agosto 1913; *El Imparcial*, 25, 27 junio 1913; 12–14, 18, 30 agosto 1913.

sus principales aliados políticos y la potencia extranjera que lo había llevado al poder. Si su alianza con el estudiantado no fue la más importante, sí fue la más longeva, lo que se reflejó en la tranquilidad de la ciudad de México. Además de las mútuas concesiones antes descritas hubo dos importantes motivos para la preservación de la alianza. El primero fue la reforma al plan de estudios de la Preparatoria. En efecto, si por un lado Huerta la militarizó, por el otro permitió a su más duradero secretario de Instrucción Pública, el talentoso e imaginativo Nemesio García Naranjo, reformar el ya para entonces anquilosado programa positivista, que había definido a la Preparatoria por casi cincuenta años.[134] El segundo fue el tradicional nacionalismo estudiantil: desde que comenzaron los problemas diplomáticos entre Huerta y la administración de Woodrow Wilson, a mediados de 1913, los estudiantes comenzaron a felicitar abiertamente a Huerta y a repudiar públicamente la actitud norteamericana;[135] indudablemene, las mayores manifestaciones de nacionalismo estudiantil fueron provocadas por la invasión norteamericana a Veracruz, en las postrimerías del gobierno huertista.

Tan pronto como fue conocido el desembarco, una espontánea manifestación, de cerca de dos mil alumnos de la Preparatoria, Jurisprudencia e Ingenieros, se dirigió a la Secretaría de Instrucción Pública a ofrecer sus servicios. Incluía a todo tipo de jóvenes: politizados y apolíticos, mediocres y brillantes, como Vicente Lombardo Toledano y Alfonso Caso. Las mujeres estudiantes de la Preparatoria fueron realistas al pretender actuar como enfermeras; los hombres fueron melodramáticos, al asegurar que deseaban ser los primeros en morir por defender ''la integridad nacional''. Posteriormente hubo otra manifestación universitaria, aunque de carácter más oficial: fue convocada por el propio rector Chávez, encabezada por él y por García Naranjo, y con participación magisterial; el orador por parte de los maestros fue Antonio Caso, quien pronunció un discurso beligerante.[136]

La movilización de los estudiantes no se redujo a manifestaciones y promesas. Si bien no llegaron a tener acción militar, pues tan sólo un grupo de alumnos de Ingenieros acompañaron al general Rubio Navarrete a estudiar las condiciones topográficas alrededor de Veracruz, sí realizaron varias actividades político-organizativas. Por ejemplo, crearon la Unión Estudiantil de Defensa Nacional, en la que destacaron como organizadores Aurelio Manrique y Enrique Soto Peimbert. Asimismo, los estudiantes de Medicina impartieron lecciones de primeros auxilios a las mujeres interesadas, mientras

[134] Véase el vol. 7 de las espléndidas *Memorias* de García Naranjo; véase también algunas cartas pertinentes en la *Correspondencia AR-PHU*. Para una reciente evaluación consúltese a Josefina MacGregor, ''La universidad y la Revolución'' (México, 1986) (mecanografiado).

[135] *El Correo Español*, 14 julio 1913; 11 agosto 1913; *El Imparcial*, 8–11, 14, 29 agosto 1913; *El País*, 8, 12–13 julio 1913.

[136] *El Imparcial*, 22–25, 27–28 abril 1914; García Naranjo, *Memorias*, 7:277–278, 283–285; entrevista a Vicente Lombardo Toledano, en Wilkie y Monzón de Wilkie, *México*, 241.

que los de Agricultura impartieron lecciones castrenses básicas a un grupo de trabajadores. Además, organizaron la Proveeduría de Material Sanitario, con el objeto de conseguir medicinas para los heridos. Por último, un periódico literario de los jóvenes de la Preparatoria, titulado *Bohemia*, cambió de orientación y título por el de *México Libre*.[137]

Más importante aún fue la creación de comisiones encargadas de hacer propaganda nacionalista fuera de la ciudad de México, o de tratar de convencer a los rebeldes de aceptar treguas o alianzas con el gobierno huertista mientras durara el peligro extranjero. Dichas comisiones visitaron, entre otros estados, Morelos, Puebla, Veracruz, Hidalgo, Guanajuato, Sinaloa y Sonora, e incluían jóvenes que, significativamente, antes habían conspirado contra Huerta, como Jorge Prieto Laurens. Evidentemente, los miembros de tales comisiones eran los que tenían mayores intereses y capacidades políticas. Sin embargo, los resultados obtenidos no fueron los esperados: no hubo alzados que aceptaran sus propuestas; es más, Cándido Aguilar, en Veracruz, y los zapatistas Varona y Timoteo Sánchez, pusieron presos a los delegados estudiantiles. Otros, persuadidos de la crisis gubernamental y favorablemente impresionados por la organización de las fuerzas constitucionalistas, simplemente decidieron adherirse a éstas; tal fue el caso de Teófilo Alvarez y de Adolfo Cienfuegos.[138]

No obstante lo anterior, es evidente que el grupo sociopolítio que más apoyó la actitud de Huerta frente a los Estados Unidos fue la comunidad universitaria capitalina, a pesar de que varios estaban conscientes de que era una maniobra del propio Huerta para recuperar su prestigio en el país, para lograr ciertos apoyos sociales y para establecer algunas treguas con los alzados, como un desesperado último intento para evitar el colapso de su gobierno.[139]

Tiempos nuevos y cambios profundos

La derrota del huertismo fue el parteaguas en la actitud política del estudiantado universitario capitalino. La llegada del carrancismo implicó grandes cambios para la Universidad Nacional, tanto en personal como estructura y

[137] *El Imparcial*, 27, 29 april 1914; 8, 11, 22, 30 mayo 1914; *El Paladín*, 3 mayo 1914.

[138] *El Imparcial*, 22–24, 27, 29 abril 1914; 8–9, 11–12, 18, 30 mayo 1914; 4 julio 1914. Prieto Laurens describe su labor como comisionado de paz, con sus problemas con los jefes zapatistas y con el oficial federal que los combatía, quien despreciaba iniciativas ajenas y soluciones no militares. También describe la actitud del estudiantado en general frente a la invasión yanqui en Veracruz. Poco después se incorporó a las fuerzas del exestudiante revolucionario Enrique Estrada. Véase Prieto Laurens, *Cincuenta años*, 24, 41, 48–52.

[139] Por ejemplo, Pedro Henríquez Ureña. Véase su carta a Alfonso Reyes, 20 abril 1914, en *Correspondencia AR-PHU*, 298–299. Otros miembros de la comunidad atribuyeron el conflicto a la incapacidad de algunos diplomáticos huertistas; al respecto, véase Genaro Fernández McGregor, *El río de mi sangre. Memorias* (México: Fondo de Cultura Económica, 1969), 240.

naturaleza. Sin embargo, considerando su anterior rechazo a todo tipo de cambios exógenos y su evidente simpatía por el antiguo régimen, ¿cómo explicar su rápida aveniencia con Carranza y con la Revolución?, ¿cómo explicar que, ante la inmediata sustitución de todas las autoridades universitarias, sólo haya habido una ordenada, respetuosa y tímida protesta de los estudiantes de Jurisprudencia por el relevo de Julio García?[140]

Varias razones permiten explicarlo. Por un lado, los estudiantes pronto perdieron sus infundados temores, al percatarse de que no todos los revolucionarios eran unos salvajes, como lo había asegurado la prensa huertista.[141] Por otro lado, también influyó el que algunos de los nombramientos hechos por Carranza recayeran en gentes con prestigio y arraigo en el ámbito universitario. Por ejemplo, Valentín Gama, respetado profesor en la Preparatoria y en Ingenieros, fue nombrado rector; como secretario de la Universidad fue designado el joven intelectual Martín Luis Guzmán, quien antes había ocupado el mismo puesto en la Universidad Popular; como director de Jurisprudencia quedó José Natividad Macías, profesor fundador de la Escuela Libre de Derecho. A pesar de que no era querido por los estudiantes, Vasconcelos era reconocido —a diferencia de Luis Cabrera en 1912—[142] como un intelectual miembro de la comunidad; por ello fue aceptado como director de la Preparatoria. Por lo que respecta a la Secretaria de Instrucción Pública, como jefe de la Sección Universitaria fue colocado Alfonso Cravioto, luego sustituido por Ramón López Velarde, ambos poetas de prestigio.[143] Además, si bien es cierto que hubo sustitución total de los principales funcionarios universitarios, y que hubo ''cacería de brujas'' contra los miembros de la comunidad más abiertamente ligados al Huertismo —los que tuvieron que salir del país, esconderse o simplemente buscar otro empleo—, también es cierto que hubo considerable continuidad en el cuerpo docente.[144]

[140] *El Liberal*, 29 agosto 1914.

[141] Cuando Valentín Gama tomó posesión como el primer Rector posrevolucionario, Félix Palavicini aprovechó la ocasión para insistir en que los carrancistas no eran unos bárbaros. Véase *Boletín de Educación* 1(1), 31 (en adelante *BE*).

[142] Si bien es cierto que circuló el rumor de que Cabrera sería designado Rector, difícilmente Carranza habría repetido y agrandado el error de Madero. Véase la carta de Alfonso Reyes a Pedro Henríquez Ureña, 28 septiembre 1914, en Pedro Henríquez Ureña, *Epistolario íntimo con Alfonso Reyes, 1906-1946*. Editado por Juan Jacobo de Lara. 2 vols. (Santo Domingo: Universidad Nacional ''Pedro Henríquez Ureña'', 1981), II, 61 (en adelante *Epistolario PHU-AR*).

[143] *BE* 1(1), 31-32, 40, 43-46, 74-81; *El Liberal*, 27-28, 30 agosto 1914; 1, 3, 5-6, 11-12 septiembre 1914; *El Pueblo*, 4, 29 octubre 1914; Félix Palavicini, *Mi vida revolucionaria* (México: Ediciones Botas, 1937), 207-209; Vasconcelos, *La tormenta*, en *Memorias*, I, 564-565.

[144] Exilados, escondidos o despedidos, entre los profesores que dejaron la cátedra pueden mencionarse a Francisco Elguero, Roberto Esteva Ruiz, Antonio Ramos Pedrueza, Rodolfo Reyes y Jorge Vera Estañol, en Jurisprudencia; a Enrique González Martínez y Carlos Pereyra, en la Preparatoria; a Aureliano Urrutia, en Medicina; y a Jesús T. Acevedo, Pedro Henríquez Ureña

La confianza del estudiantado en Carranza no fue solamente consecuencia del personal empleado como directivos y docentes; también se debió a su proyecto. Por principio de cuentas, inmediatamente acabó con la militarización de la Preparatoria, la que por otro lado volvió a ser parte integral de la Universidad Nacional. Más aún, Carranza y Palavicini prometieron otorgar en breve total autonomía a la institución.[145] Independientemente de los efectos que tuvo, es preciso cuestionarse si tal promesa era realmente producto de un consciente y sincero proyecto libertario para la educación superior; si era consecuencia temporal del radicalismo carrancista de 1914 y 1915, en comparación con la actitud asumida desde 1916; si fue una medida oportunista, para obtener apoyos sociales, o si era una astuta maniobra para dejar indefensa a la para muchos revolucionarios odiada institución "científica".

También influyó la ausencia y desprestigio de los líderes y caudillos naturales de los estudiantes, como los hermanos Macedo, Vera Estañol, Rodolfo Reyes, Aureliano Urrutia o Nemesio García Naranjo. A diferencia de 1912, en 1914 y 1915 era imposible acudir al antiguo régimen como alternativa, pués había sido aniquilado. Acaso más importantes resultaron las concesiones otorgadas por Carranza a los estudiantes: fue tolerante con sus demandas respecto a horarios y exámenes; concedió becas a algunos de sus líderes, como a Jorge Prieto Laurens, y contrató a muchos jóvenes como empleados de gobierno. Este último fue el asunto clave: finalmente los jóvenes profesionistas de clase media se dieron cuenta que los gobiernos revolucionarios les ofrecían mejores oportunidades, las que además se multiplicaron por el desmantelamiento del anterior aparato político-burocrático. Seguramente les impactó mucho el rápido ascenso político de antiguos condiscípulos como Jesús Acuña, Gustavo Espinoza Mireles, Aarón Sáenz o Enrique Estrada, entre muchos otros. Sólo así se explica la repentina transformación político-ideológica de los estudiantes, los que sorpresivamente participaron, a finales de 1914, en un homenaje al legado de Madero.[146]

Una vez dentro de la corriente revolucionaria, al poco tiempo los estudiantes se vieron, como todo el país, ante la disyuntiva de apoyar al carrancismo o al convencionismo. Sin embargo, puede decirse que para ellos la disyuntiva fue mayor y más compleja, por el constante cambio de dominio sobre la ciudad de México entre finales de 1914 y la segunda mitad de 1915. En principio, la mayoría del estudiantado se mantuvo neutral, más preocupada por la marcha irregular de los estudios y por el ordern público que por

---

y Alfonso Reyes, en Altos Estudios. Entre los que permanecieron como docentes deben ser mencionados Antonio Caso, Erasmo Castellanos Quinto, Julio Torri, Jesús Galindo y Villa, Manuel Torres Torija y Sotero Prieto, entre otros.

[145] *BE* 1(1), 4-6, 28-32; *El Correo Español*, 14 septiembre 1914.

[146] *El Liberal*, 4 septiembre 1914; *El Pueblo*, 2-3, 5-6, 15, 25, 28, 30 octubre 1914; 4, 7 noviembre 1914.

el enfrentamiento de las facciones.[147] Los más interesados en política sí opta-ron por alguna facción, dependiendo de la situación político-militar a nivel nacional y capitalino, y de las políticas educativas de cada facción.

A finales de 1914 y principios de 1915 los estudiantes se inclinaron lige-ramente por la Convención, debido a que Carranza estaba arrinconado en Veracruz, a que un gobierno convencionista dominaba la capital, y a que José Vasconcelos, ministro de Instrucción Pública de Eulalio Gutiérrez, tenía un buen y generoso proyecto universitario. En cambio, cuando los carrancistas abandonaron la capital, a finales de noviembre, cerraron las instalaciones universitarias a pesar de que la gran mayoría de los profesores, alumnos y empleados no se trasladaron a Veracruz, y a pesar de que se aproximaban los exámenes finales.[148] Tan pronto se apoderaron de la ciudad los convencionis-tas fueron reabiertas las escuelas, para dar oportunidad a los jóvenes de pre-sentar dichos exámenes. Además, con Vasconcelos se volvieron a utilizar los servicios de universitarios con experiencia y calidad proscritos por Carranza y Palavicini, como Ezequiel A. Chávez y Julio García; más aún, Vasconcelos decidió aprovechar también los servicios de jóvenes intelectuales capaces, que habían detentado puestos secundarios en el huertismo, como Julio Torri y Mariano Silva y Aceves; además, Antonio Caso estuvo encargado de la Univer-sidad Nacional por unos días y luego fue popularmente electo director de la Preparatoria.[149] Igual de importante resultó que Vasconcelos también fuera partidario de la autonomía universitaria.[150] Obviamente, todo esto se tradujo en cierto apoyo estudiantil.

A mediados de enero de 1915 Eulalio Gutiérrez y Vasconcelos tuvieron que huir de la ciudad, al ser desplazados por otro grupo de la facción con-vencionista encabezado por Roque González Garza. Teniendo en considera-ción estos conflictos internos, la pérdida de la ciudad y la declinante política respecto a la educación superior —el poeta Ramón López Velarde, ajeno al medio, fue el ministro de Instrucción de González Garza—,[151] los estudiantes comenzaron a simpatizar con la facción carrancista. Asi se explica que cuando Obregón ocupó la capital durante el mes de febrero lograra incorporar a sus filas a un buen número de estudiantes de Medicina, los que le resultaron muy útiles en la campaña contra el villismo,[152] a pesar de que Obregón no mani-festó proyecto universitario alguno. Cuando Obregón salió de la ciudad para

[147] *El Correo Español*, 26 noviembre 1914.

[148] Félix Palavicini, Of. Mayor Encargado SIP y BA, a Valentín Gama, Rector UN, 20 noviembre 1914, en AHUNAM, FUN, RR, c. 6, f. 80, ff. 2321–2322.

[149] *El Abogado Cristiano*, 21 enero 1915; *La Convención*, 13 enero 1915; *El Correo Español*, 30 noviembre 1914; *El Monitor*, 5–6, 8–9, 13, 17, 27 diciembre 1914; *Los Sucesos*, 11 enero 1915.

[150] AHUNAM, FUN, RR, c. 7, f. 103, f. 2950; *El Monitor*, 9, 11, 13 diciembre 1914.

[151] *Los Sucesos*, 19 enero 1915.

[152] Guadalupe Gracia García, *El servicio médico durante la Revolución mexicana* (México:

iniciar la campaña militar, fue ocupada de nuevo por González Garza. Su proyecto universitario fue entonces aún más contradictorio y mediocre: Joaquín Ramos Roa sustituyó a López Velarde y Ezequiel A. Chávez fue reemplazado por un tal José Ortíz Rodríguez.[153] A mediados de 1915 hubo otra crisis interna del convencionismo, y González Garza fue sustituido por Francisco Lagos Cházaro; además de que para entonces era ya clara su derrota militar a nivel nacional, su política de educación superior continuó empeorando. En efecto, Otilio Montaño, el maestro rural zapatista, fue hecho ministro de Instrucción Pública. Como era de esperarse, casi nada hizo por la Universidad Nacional, la que de hecho estuvo acéfala, sin rector.[154] Aunque no tenía un proyecto para ella, los hechos fueron más que elocuentes: criticó al profesorado y permitió a las fuerzas de Alfredo Serratos usar la Escuela de Altos Estudios como cuartel.[155] Lógicamente, los estudiantes ya no apoyaron ni a González Garza ni a Lagos Cházaro. Para colmo, ambos revirtieron la tendencia de prometer y apoyar la autonomía.[156]

La excepción fue un grupo como de cuarenta jóvenes de la Escuela de Agricultura, quienes desde finales de 1914 y principios de 1915 habían ido a Morelos al llamado de Manuel Palafox, ministro de Agricultura y viejo conocido del estudiante Alfonso Cruz, luego de ser convencidos por su profesor Ignacio Díaz Soto y Gama, cuyo hermano Antonio era también de los más influyentes zapatistas. Dichos estudiantes se dedicaron a realizar trabajos topográficos en Morelos, huyendo a finales de 1915 y principios de 1916, cuando las fuerzas carrancistas se lanzaron contra el estado.[157] Sin embargo, es claro que los estudiantes de Agricultura no eran plenamente representativos del estudiantado universitario: mientras que estos pertenecían mayoritariamente a la clase media urbana, los primeros eran rurales; por lo mismo, estaban más preocupados de las cuestiones agrícolas y agrarias. Así se explica

---

Editores Mexicanos Unidos, 1982), 215. Existe información sobre una reunión entre Obregón y los estudiantes, celebrada en la Casa del Obrero Mundial, con el objeto de establecer una alianza político-militar; como era de esperarse, la prensa anticarrancista aseguró que la propuesta de Obregón fue rechazada por los estudiantes. Véase _La Convención_, 27 febrero 1915; _El Pueblo_, 12 febrero 1915.

[153] AHUNAM, FUN, RR, c. 7, f. 93, f. 2675; _La Convención_, 28 febrero 1915; 25 marzo 1915.

[154] AHUNAM, FUN, RR, c. 7, f. 96, ff. 2706, 2718, 2722–2723, 2725; c. 8, f. 104, f. 3124.

[155] Ibid., c. 7, f. 96, ff. 2710 bis, 2712 bis; c. 7, f. 101, f. 2882; _El Renovador_, 3 julio 1915.

[156] Las críticas de Valentín Gama a la autonomía, cuando fungió como Rector durante las presidencias de González Garza, lo llevaron a rechazar la conveniencia de que existiera la Universidad Nacional. Véase AHUNAM, FUN, RR, c. 7, f. 103, ff. 2958–2959, 2974. Las ideas de Juan Mancilla Río, jefe de la Sección Universitaria con Lagos Cházaro, en ibid., c. 7, f. 101, f. 2883; c. 7, f. 103, f. 3000.

[157] La información sobre este asunto proviene del conocido relato autobiográfico de uno de los participantes en la "aventura". Véase Marte R. Gómez, _Las Comisiones Agrarias del Sur_. Prólogo de J. M. González de Mendoza (México: Librería de Manuel Porrúa, 1961).

su adhesión al zapatismo, el que, por otro lado, con el triunfo temprano de la Convención había dejado de ser considerado como un simple grupo de bandidos, convirtiéndose en parte sustantiva del nuevo gobierno; además, contó por entonces con varios intelectuales, y el reparto agrario pasó de utopía de unos cuantos desequilibrados mentales —como se vio a los agraristas durante el porfiriato— a inaplazable debate nacional.

Sería incorrecta una visión dicotómica, que identificara estudiantes propiamente universitarios con Carranza y estudiantes de Agricultura con la Convención. Por un lado, cierto es que los estudiantes de Jurisprudencia no acudieron al llamado convencionista,[158] y que salvo Gustavo Baz y algún otro, los estudiantes de Medicina prefirieron adherirse al carrancismo.[159] Lógicamente, tenían más coincidencias con la facción proclive a la creación de un gran aparato de gobierno, con un proyecto nacional más urbano, más moderno. Por el otro lado, dado que también los otros grupos tenían su proyecto agrario, hubo un grupo de estudiantes de Agricultura, encabezado por Gilberto Fabila, que se incorporó al gobierno villista de Chihuahua gracias a la mediación del también estudiante Raúl Aguirre Benavides, previa invitación del ingeniero Manuel Bonilla.[160] Es más, a la caída militar del convencionismo, cerca de la mitad de los estudiantes de Agricultura que se encontraban en Morelos se pasaron al carrancismo, colaborando en las oficinas agrarias de los estados de Sonora, Veracruz y Yucatán.

El apoyo de los estudiantes de Agricultura al villismo y al zapatismo fue causa de las represalias de Carranza: durante la mayor parte de 1916 la Escuela de Agricultura fue mantenida cerrada, al tiempo que fueron creadas varias escuelas agrícolas regionales; asimismo, se fundó la Escuela de Veterinaria, independizándola de la Agricultura, y se proyectó la creación de un Instituto Agrario Nacional, para estudiantes ''serios''. Además, los alumnos de Agricultura fueron marginados del proceso político estudiantil.[161] Por el contrario, desde finales de 1915 hasta 1920 se dio una alianza entre don Venustiano y los miembros de la comunidad universitaria que habían permanecido en México. A Carranza le interesaba, dada la situación bélica en el país, tener en calma la ciudad de México. Además, su proyecto de desarrollo nacional estaba diseñado para favorecer a las clases medias. Considerando esto último, surge la pregunta de ¿por qué los estudiantes no apoyaron a Madero, o al mismo Carranza, con anterioridad, si a mediano plazo eran más afines que con los gobiernos de Díaz y Huerta?

---

[158] AHUNAM, FUN, RR, c. 7, f. 96, f. 2736; *La Convención*, 8 junio 1915.

[159] Gracia García, *El servicio*, 213–247.

[160] Marte R. Gómez, *La reforma agraria en las filas villistas* (México: Instituto Nacional de Estudios Históricos de la Revolución Mexicana, 1966).

[161] *El Constitucionalista*, 27 abril 1916; *El Demócrata*, 12 febrero 1916; 4 mayo 1916; *Excélsior*, 28 marzo 1917; *El Pueblo*, 21 marzo 1916; 13, 17 abril 1916; 6 mayo 1916; 19 diciembre 1916; *El Universal*, 4 enero, 1917; 27 febrero 1917.

Las razones fueron varias: la principal es que por entonces, ya hecho gobierno el movimiento carrancista se hizo más conservador. Por otro lado, sólo hasta finales de 1914 desaparecieron las alternativas políticas, por lo que la comunidad universitaria se vio forzada a tornarse revolucionaria. Además de que sus caudillos tradicionales se encontraban en el exilio, desprestigiados, para finales de 1915 y principios de 1916 los estudiantes que habían sido testigos del esplendor de los tiempos de don Porfirio y Justo Sierra eran minoritarios. Más aún, buen número de los jóvenes pertenecientes a las clases altas o cuyos padres habían estado más ligados a las administraciones de Díaz y Huerta se encontraban estudiando en el extranjero: un ejemplo entre muchos podría ser Pablo Martínez del Río. Asimismo, dado el cierre de las escuelas profesionales de provincia por la guerra civil, y dada la creciente recuperación de la ciudad de México, muchos estudiantes del interior, que habían gozado menos de los beneficios educativos del porfiriato y del huertismo, se avecindaron en la capital.[162] Por otro lado, los años precedentes —la estrepitosa caída de Díaz, su injusta oposición al maderismo, su criticable apoyo al huertismo y la destrucción nacional durante la guerra civil— se convirtieron en una dura enseñanza para todos y en un indudable proceso de maduración política.

Así, para finales de 1915 y principios de 1916 habían cambiado radicalmente las características sociopolíticas e ideológicas del estudiantado universitario: más clasemediero y menos antirrevolucionario, inmediatamente se comprometió con el proceso de la reconstrucción nacional.[163] Si a lo largo del porfiriato los estudiantes habían apoyado a Díaz, si en 1910 sólo una minoría había simpatizado con Madero, y si desde 1911 hasta 1915 habían sido por abrumadora mayoría contrarios a la Revolución, a partir de 1916 los estudiantes universitarios apoyaron el cambio.

Además de que el triunfo de Carranza significó el fin del caos en la ciudad de México, hubo otras razones que explican también la alianza entre don Venustiano y los estudiantes universitarios. Por un lado, los casos de Jesús Acuña, Gustavo Espinoza Mireles, Enrique Estrada, Aarón Sáenz, José Siurob y Eduardo Neri, entre otros, demostrban la gran promoción política de que

---

[162] Esto sucedió, entre otras entidades, en Yucatán y Querétaro. Véase AHUNAM, FUN, RR, c. 8, f. 111, f. 3350; *BE* 1(4), 23; *El Demócrata*, 22 diciembre 1915; *El Pueblo*, 8 enero 1916.

[163] El nuevo tipo de estudiantes y su nueva actitud está espléndidamente descrito, a través de dos de los más destacados de ellos, en Enrique Krauze, *Caudillos culturales en la Revolución mexicana* (México: Siglo XXI Editores, 1976). El cambio de postura hacia la Revolución se confirma por la creación de asociaciones estudiantiles donde la palabra Revolución aparece por primera vez, y por el cambio en su calendario de celebraciones cívicas, desapareciendo el 2 de abril —triunfo de Díaz sobre los franceses— y festejándose también por primera vez algunas efemérides revolucionarias. AHUNAM, FUN, RR, c. 7, f. 103, ff. 3006, 3095. *El Demócrata*, 29 noviembre 1915; 3, 22–23 diciembre 1915; 13 septiembre 1916; 4 noviembre 1916; *El Pueblo*, 24 mayo 1916; 22 julio 1916; 6, 21, 23 agosto 1916; 7, 13, 16 noviembre 1916; 5 diciembre 1916.

habían sido objeto sus condiscípulos prorrevolucionarios. El caso de Alfonso Cabrera, quien fue muy favorecido por Carranza a pesar de haber permanecido en la ciudad de México durante casi toda la lucha contra Huerta,[164] era prueba de que incluso para los colaboradores simpatizantes tardíos habría recompensas políticas. De hecho, dado el desmantelamiento del aparato burocrático-político del antiguo régimen, don Venustiano se vio obligado a recurrir a los jóvenes para formar los nuevos "cuadros". Es por ello que los alumnos de Jurisprudencia, a pesar de sus antecedentes, se distinguieron como sus más fervientes simpatizantes.[165] De acuerdo con los nuevos tiempos y las necesidades de reconstrucción nacional, no sólo los de Jurisprudencia sino todos los universitarios se consideraban como el grupo social más idóneo del momento.[166] Atento a dicho ofrecimiento, el gobierno respondió con la contratación de los jóvenes más capaces, profesional y políticamente: por un lado contrató, entre muchos otros, al brillante Luis Montes de Oca; por el otro, Jorge Prieto Laurens y Miguel Torner fueron empleados en la biblioteca de Jurisprudencia, y Enrique Soto Peimbert fue nombrado asistente de profesor en Ingenieros.[167] Incluso para los que no fueron contratados directamente el gobierno carrancista ofrecía las mejores oportunidades económicas: su proyecto para mejorar el poder adquisitivo de las masas y para darle un carácter más nacional a la economía implicaba una mayor demanda de sus capacidades profesionales.[168]

A consecuencia de la alianza, durante el período de dominio carrancista no hubo conflictos estudiantiles mayores. Ni siquiera los hubo cuando quedó claro que no se cumpliría la promesa de otorgar la autonomía a la Universidad Nacional, sino que incluso se la sujetaría más directamente al gobierno federal al desaparecer la Secretaría de Instrucción Pública y crearse el Departamento Universitario y de Bellas Artes. Cierto es que hubo oposición de la comunidad cuando los diputados y senadores pretendieron, en la segunda

---

[164] Tan pronto cayó Huerta, Carranza nombró a Alfonso Cabrera como director del Hospital General, sustituyendo nada menos que a un médico tan prestigiado como Manuel Toussaint. AGN, FG, RR, c. 119, exp. 22. Tuvo otros puestos importantes, como Jefe de los Servicios Sanitarios en la campaña contra Villa y como Jefe del Cuerpo Médico Militar; además, luego fue diputado constituyente y gobernador de Puebla. Véase ibid., c. 5, exp. 11; AINEHRM, FSG, exp. 186.

[165] *El Demócrata*, 29 noviembre 1915; 6 mayo 1916; *El Pueblo*, 24 mayo 1916.

[166] En el discurso de inauguración de los cursos de 1916 de la Escuela de Ingenieros un profesor demandó un lugar muy especial para la comunidad universitaria, pues el reino de las ideas y el conocimiento estaba reemplazando al de la violencia. Véase *BE* 1(4), 45–48.

[167] Para Montes de Oca, con el tiempo Secretario de Hacienda y director del Banco de México, véase las cartas de Pedro Henríquez Ureña a Alfonso Reyes, 5 y 24 diciembre 1914, en *Epistolario PHU-AR* 2:106, 118. Respecto a Prieto Laurens y compañía, véase AHUNAM, FUN, RR, c. 8, f. 115, ff. 3488–3490, 3493–3494, 3524; *El Pueblo*, 17 abril 1917.

[168] Félix Palavicini se los hizo ver así a los jóvenes, durante su discurso en la inauguración de los cursos universitarios de 1916. *BE* 1(4), 32.

mitad de 1917, incorporarla a la Secretaría de Gobernación o ponerla bajo su control. Destacaron como contrarios a la autonomía los diputados José Siurob y Luis Cabrera: el primero, de los pocos estudiantes antiporfiristas y antihuertistas, aseguró que los profesores y estudiantes eran extremadamente conservadores, sin considerar los cambios acaecidos desde 1915; el segundo se mostró temeroso, por su experiencia particular de 1912, de que la autonomía significara la pérdida de la institución en su conjunto. Como defensores de la autonomía destacaron los diputados Aurelio Manrique, exlíder estudiantil en Medicina, y Emilio Portes Gil, exalumno de la Escuela Libre de Derecho, y por lo mismo partidario de la educación no controlada por el gobierno. Por parte del profesorado, Antonio Caso, Alfonso Pruneda y otros propusieron que la Universidad Nacional se mantuviera como Departamento Universitario, ante el peligro de cualquier otra modificación a su categoría jurídica.[169] De entre los estudiantes, sólo unos cuantos participaron en el debate, ya fuera por intereses políticos, como Miguel Torner, o por intereses académico-institucionales, como Alfonso Caso, Antonio Castro Leal, Manuel Gómez Morín, Vicente Lombardo Toledano, Teófilo Olea y Alberto Vázquez del Mercado, o como Luis Enrique Erro.[170] Todos estos nombres muestran que a la nueva situación surgida a finales de 1915 y principios de 1916 correspondió la emergencia de nuevos líderes estudiantiles.

No puede negarse que los estudiantes atiborraron la Cámara de Diputados, y que ruidosamente protestaron cualquier crítica a la Universidad; es más, dichas protestas tuvieron que haber rebasado los límites de la tolerancia a la indisciplina, pues varias sesiones tuvieron que ser interrumpidas y por lo menos en una ocasión los jóvenes fueron desalojados por la policía. Además, los estudiantes organizaron una manifestación,[171] la que según un testigo, fue más violenta de lo que la prensa consignó.[172] Sin embargo, la mayoría de los diputados y senadores contrarios a la Universidad eran miembros del Partido Liberal Constitucionalista, para entonces ya definitivamente enfrentado a Carranza. Por lo tanto, la actitud estudiantil no debe ser vista como un desafío a don Venustiano, sino todo lo contrario. Resulta muy ilustrativo de su amistosa actitud hacia el gobierno el que a partir de entonces haya desaparecido todo debate sobre el tema de la autonomía: el movimiento de 1918 de los estudiantes argentinos por la autonomía no tuvo mayor impacto en México.[173]

[169] *Excélsior*, 17–18 julio 1917; *El Universal*, 27, 29–30 septiembre 1917; 2, 4–6 octubre 1917.
[170] *El Demócrata*, 26 julio 1917; *Excélsior*, 17, 25 julio 1917; *El Universal*, 8, 30 septiembre; 5 octubre 1917.
[171] Ibid., 29 septiembre 1917; 6 octubre 1917.
[172] Memorándum sin firma, fechado el 26 de octubre de 1917; se localiza en el Archivo de José Ives Limantour, y debo la información a mi amigo y colega Alfonso de María y Campos.
[173] Cuando el Congreso Local Estudiantil convocó a una sesión para discutir el asunto, ésta no se pudo llevar a cabo por falta de quórum. Véase *Excélsior*, 10 febrero 1918.

Otro conflicto de importancia se dio por la Preparatoria, la que a resultas de la reorganización de la educación superior fue asignada a la Dirección de Educación Pública del gobierno capitalino. Esta decisión provocó, obviamente, la protesta estudiantil. Como en el caso de la autonomía, ésta fue encabezada política e ideológicamente por el nuevo grupo de líderes. En efecto, Lombardo Toledano y Manuel Gómez Morín alegaron que una universidad no autónoma era tolerable dada la situación del país, no así una universidad limitada.[174] Como en el caso de la autonomía, el conflicto tampoco se limitó al ámbito discursivo: también hubo manifestaciones, encabezadas por líderes de viejo y nuevo cuño, como Prieto y Lombardo Toledano, respectivamente. Como en el caso de la autonomía, las protestas no fueron dirigidas contra Carranza sino contra Andrés Osuna y Moisés Sáenz, principal funcionario educativo y director de la Preparatoria, respectivamente, acusados de querer imponer a ésta tendencias y métodos protestantes y pronorteamericanos.[175]

La integración de la Preparatoria era punto menos que imposible, pues desde un principio Carranza había decidido separarla de la Universidad. Mediante una hábil maniobra, a mediados de 1918 un grupo de profesores, respaldados por las autoridades universitarias, fundaron la Preparatoria "Libre". Los alumnos se limitaron a registrarse en buen número en la nueva institución, pues en rigor era un conflicto entre autoridades educativas y profesores, a diferencia de lo sucedido en 1912, cuando los estudiantes de Jurisprudencia se enfrentaron a Cabrera y terminaron por crear la Escuela Libre de Derecho. Tuvo otras diferencias notables con lo sucedido en 1912: más que una institución alternativa, independiente, los estudios en la Preparatoria "Libre" eran complementarios, no excluyentes;[176] tampoco era un conflicto utilizado por miembros del antiguo régimen para conservar una trinchera política; por último, Carranza no mantuvo obstinadamente a Osuna en su puesto, como Madero lo había hecho con Cabrera, sino que pronto lo removió, designándolo gobernador de Tamaulipas,[177] conservando así la alianza con los estudiantes.

Otra diferencia notable entre las políticas estudiantiles de Madero y Carranza fue el nacionalismo y latinoamericanismo del segundo. Político astuto, don Venustiano percibió que entre el estudiantado comenzaba a florecer el

---

[174] *Boletín de la Universidad* 1(1), 194, 263 (en adelante *BU*); *El Universal*, 28 septiembre 1917; 6 octubre 1917.

[175] *El Demócrata*, 8 noviembre 1917; *Excélsior*, 8 noviembre 1917. Un estudiante asegura que intentaron imponer el aspecto pedagógico del pragmatismo de William James y de John Dewey. Véase González Ramírez, *Recuerdos*, 35–38.

[176] *Excélsior*, 24–26 abril 1918; *El Universal*, 19 abril 1918; 6 mayo 1918. Entrevista a Vicente Lombardo Toledano, en Wilkie y Monzon de Wilkie, *México*, 261.

[177] González Ramírez, *Recuerdos*, 33. La versión del propio Osuna en *Por la escuela y por la patria. Autobiografía* (México: Casa Unida de Publicaciones, 1943).

espíritu latinoamericanista: si Madero tuvo problemas con los jóvenes en 1912 por obstaculizar las conferencias antinorteamericanas de Ugarte, Carranza invitó a éste a visitar el país a principios de 1917.[178] Si el latinoamericanismo fue un importante punto en común entre don Venustiano y los jóvenes, el nacionalismo lo fue aún más. Obviamente, éstos apoyaron a Carranza cuando penetró al país la "Expedición Punitiva" en persecución de Villa. Sin embargo, a pesar de que era un problema diplomático mucho más serio que el de 1910, y por lo menos de la misma gravedad que el de 1914, la tradicional xenofobia estudiantil no estalló a mediados de marzo, cuando entraron al país las tropas norteamericanas, sino hasta finales de mayo y junio, luego de fracasar las negociaciones de arreglo entre ambos países; esto es, su xenofobia afloró hasta que la movilización pudiera ser vista como un apoyo a Carranza y no como una indirecta defensa de Villa.[179] Además, en esta ocasión las manifestaciones violentas fueron sustituidas por mítines al interior de los recintos universitarios, conferencias y visitas de comisiones al presidente del país.[180] Su cronología y ordenada naturaleza demuestran que los estudiantes actuaron de total acuerdo con el gobierno.

Los estudiantes respaldaron la política internacional de Carranza por lo menos en otras dos ocasiones. Lo hicieron a mediados de 1917, con su decisión de que el país se mantuviera estrictamente neutral durante la Guerra Mundial, en contra de las presiones norteamericanas para que apoyara a los países "aliados". Sin embargo, en esta ocasión la actitud de los jóvenes no fue homogenea, pues hubo un grupo que abogó por favorecer a los "aliados". De cualquier modo, prevaleció la postura de la mayoría,[181] a pesar de que, por otro lado, los más influyentes maestros eran profundamente profranceses, y por lo mismo, abiertamente "aliadófilos". Apoyaron también a Carranza a mediados de 1919, al criticar a la subcomisión del senado norteamericano que comenzó a investigar, tendenciosa e interesadamente, los daños sufridos por los norteamericanos durante la Revolución Mexicana.[182]

Es indudable que el nacionalismo de don Venustiano fue uno de los factores que grande y rápidamente solidificó la alianza entre Carranza y los estudiantes. Su impacto fue comparable a todas las concesiones y oportunidades que el nuevo gobierno brindara a los jóvenes. Sin embargo, el respaldo

[178] *Excélsior*, 12 abril 1917; *El Pueblo*, 7, 12, 14 abril 1917; *El Universal*, 3 enero 1917.

[179] *El Pueblo*, 24 mayo 1916; 20 junio 1916; 2 julio 1916; Taracena, *La verdadera...*, 4:185–187.

[180] Destacaron por sus discursos los jóvenes Rafael Ramos Pedrueza y Eduardo Suárez; Luis Enrique Erro hizo su primera aparición pública. AHUNAM, FUN, RR, c. 7, f. 103, f. 3093; *BE* 1(4), 366; *El Demócrata*, 24 junio 1916; *El Pueblo*, 7, 20, 26, 28 junio 1916; 2 julio 1916; 18, 23 agosto 1916.

[181] *El Demócrata*, 4–6 julio 1917; 2–3, 8 noviembre 1917; *Excélsior*, 6 julio 1917; 1, 7, 11 noviembre 1917; *El Universal*, 22 octubre 1917.

[182] *Excélsior*, 11 agosto 1919; *El Universal*, 12 agosto 1919.

estudiantil no se redujo a los asuntos diplomáticos. Por ejemplo, también organizaron una colecta económica entre el gremio para ayudar al gobierno a solventar la crisis económica,[183] y se involucraron en la compaña presidencial de don Venustiano, para lo cual organizaron la Liga de Estudiantes Revolucionarios y el Partido Liberal Estudiantil, participaron en un par de manifestaciones y fundaron *La Lucha* y *La Patria*, periódicos estudiantiles de propaganda electoral carrancista.[184]

Puede concluirse, por lo tanto, que Carranza fue apoyado por los jóvenes universitarios capitalinos a todo lo largo de su período, a pesar de los conflictos por la autonomía y la Preparatoria.[185] Durante esos años las principales actividades estudiantiles fueron organizativas y diplomáticas, manteniéndose al margen de los problemas más serios de la política nacional. Sólo así se explica la declaración de un líder estudiantil durante el período más candente de la sucesión presidencial de 1920, respecto a que ésta era para ellos menos importantes que la sucesión en el mando del Congreso Local Estudiantil. Esta actitud de desinterés por la sucesión presidencial también se explica por el carácter militar de los dos contendientes, Alvaro Obregón y Pablo González: cuando al líder estudiantil Rodulfo Brito Foucher se le preguntó por la autopostulación de Obregón como candidato, declinó toda respuesta, alegando que los estatutos de su organización prohibían la participación en política nacional; asimismo, los estudiantes rechazaron poco después una propuesta de alianza con Pablo González.[186] En concordancia con sus orígenes sociales y con su naturaleza de intelectuales, los estudiantes deseaban un futuro civilista para el país, lo que también era otro punto de acuerdo con don Venustiano.

Como quiera que fuera, sus actividades puramente gremiales tuvieron importantes consecuencias políticas. En 1916 se fundó el Congreso Local Estudiantil, dominado al principio por Prieto Laurens y Miguel Torner, con el objeto de contrarrestar la "desconfianza" y la "hostilidad" contra la Revolución.[187] Desde finales de 1917 y principios de 1918 dicha asociación fue

---

[183] *El Demócrata*, 4, 27 mayo 1916; *El Pueblo*, 22, 27 mayo 1916; 1, 10 junio 1916; 1 noviembre 1916.

[184] AGN, FG, PR, c. 82, exp. 3; *El Demócrata*, 4 noviembre 1916; 21 marzo 1917; *El Pueblo*, 4, 14–16 noviembre 1916.

[185] Otro conflicto fue motivado por el asunto de las cuotas escolares: al tomar Carranza el poder suprimió las colegiaturas, para adquirir popularidad entre los jóvenes, como consecuencia del proyecto revolucionario imperante y para paliar la crisis económica que afectaba a toda la población. Sin embargo, tiempo después las reanudó y elevó, aunque no hubo mayor oposición por la composición clasemediera del estudiantado.

[186] *El Demócrata*, 8 junio 1919; *Excélsior*, 1 abril 1920; *El Universal*, 27 enero 1920.

[187] Prieto Laurens, *Cincuenta años*, 15, 34, 36. Tal parece que el Congreso Local Estudiantil recibió apoyo financiero del exestudiante oposicionista y después importante político carrancista, Gustavo Espinoza Mireles.

controlada por varios miembros del grupo de "los Siete Sabios". A pesar de las diferencias y los conflictos entre ambos grupos —los primeros tenían intereses políticos nacionales inmediatos, como se vio con la creación del Partido Cooperatista, mientras que los segundos tenían aspiraciones más académicas—, había también rasgos comunes fundamentales: a pesar de que varios de "los Siete Sabios" colaboraron en el sector educativo del gobierno huertista, posteriormente se hicieron partidarios del cambio;[188] segundo, ninguno de los dos grupos arribó al liderazgo mediante actividades antigubernamentales, sino por sus capicidades organizativas o intelectuales, según fuera el caso; tercero, ninguno cumplió con los objetivos que se trazaron en beneficio del Congreso Local Estudiantil. El beneficiado fue, en todo caso y sin lugar a dudas, Carranza: erogando una modesta cantidad en apoyo del Congreso Local Estudiantil, financiando los viajes a América del Sur de algunos delegados estudiantiles y asistiendo a sus principales actividades socioculturales,[189] don Venustiano tuvo en cambio los años más tranquilos de toda la década en lo referente a oposición estudiantil. No cabe duda que ello debe ser visto como manifestación de la naturaleza de la Revolución Mexicana: a pesar de que fue contraria a ella durante las primeras fases, a partir de 1916 la clase media urbana obtuvo enormes beneficios políticos, económicos y sociales.

[188] Respecto a los intereses políticos de los primeros y a la creación del Partido Cooperatista Nacional, véase ibid., 15, 53-55. Respecto a la irrupción de "los siete sabios" y de otros estudiantes brillantes como Narciso Bassols y Miguel Palacios Macedo en la política juvenil, véase Daniel Cosío Villegas, *Memorias* (México: Editorial Joaquín Mortiz, 1976), 49-53. Respecto a la contratación de algunos de "los siete sabios" —Castro Leal y Vásquez del Mercado— como profesores de la Preparatoria huertista, véase la carta de Pedro Henríquez Ureña a Alfonso Reyes, 25 febrero 1914, en *Correspondencia AR-PHU*, 281. Para las críticas de Prieto Laurens a "los siete sabios", véase Prieto Laurens, *Cincuenta años*, 36, 54; ahí asegura que éstos veían "horrorizados todo lo que tuviera que ver con . . . la Revolución".

[189] *El Demócrata*, 11 agosto 1917; *Excélsior*, 30 julio 1917; *El Universal*, 31 agosto 1917; 11 marzo 1918; 12 mayo 1918; 3, 20, 30 septiembre 1918; 13 octubre 1918. Curiosamente, dos líderes estudiantiles de la época se autoasignan la paternidad de la idea de pedir a Carranza, previo apoyo de su yerno y Secretario de Relaciones Exteriores, Cándido Aguilar, que enviara a algunos estudiantes como empleados diplomáticos en América del Sur, para fomentar el acercamiento entre los países latinoamericanos. Recuérdese que Espinoza Mireles apoyaba económicamente al Congreso Local Estudiantil. Véase Prieto Laurens, *Cincuenta años*, 34-36; Cosío Villegas, *Memorias*, 54-55.

Seasons of Upheaval:
The Crisis of Oligarchical Rule in Yucatán, 1909–1915

Gilbert M. Joseph and Allen Wells

A COMPELLING ANALYSIS OF THE PERIOD OF TRANSITION joining the decline of the *ancien régime* and the emergence of the new revolutionary state remains a high priority for historians of regional Mexico. Expecially intriguing are the 1910–1913 years marking the rise and fall of the national liberal reform movement of Francisco Madero. Clearly, many of the restraints that the old Porfirian state had imposed on popular movements were lifted during the Maderista interlude, and extremely divergent local movements began to emerge in Mexico's different regions. Surprisingly, except for important work on Morelos, Puebla, and Tlaxcala in Mexico's central core, or more recently on the northern state of San Luis Potosí, little has been done to explain the mobilization of these Maderista-era movements or to examine their eventual fates.[1] Yet they are of great importance in understanding the character of the ''epic Revolution'' (1910–1917) and the kind of revolutionary state that emerged from it.

The Yucatecan variant of this ''apertura maderista'' holds particular interest. Like other regions of Mexico during the period, Yucatán witnessed the

AUTHORS' NOTE: The authors gratefully acknowledge support by the National Endowment for the Humanities, the Center for U.S.–Mexican Studies (University of California, San Diego), the American Philosophical Society, the University Research Committee of Appalachian State University, and the Institute of Latin American Studies of the University of North Carolina, Chapel Hill, in the research and writing of this essay.

[1] John Womack, *Zapata and the Mexican Revolution* (New York, 1968); Raymond T. Buve, ''Peasant Movements, Caudillos and Land Reform during the Revolution (1910–1917) in Tlaxcala, Mexico,'' *Boletín de Estudios Latinoamericanos y del Caribe* 18 (June 1975), 112–152; David LaFrance, ''Puebla: Breakdown of the Old Order,'' in Thomas Benjamin and William McNellie, eds., *Other Mexicos: Essays on Regional Mexican History, 1876–1911* (Albuquerque, 1984), 77–106; Dudley Ankerson, *Agrarian Warlord: Saturnino Cedillo and the Mexican Revolution in San Luis Potosí* (DeKalb, Ill., 1984); Romana Falcón, *Revolución y caciquismo: San Luis Potosí, 1910–1938* (Mexico, 1984).

opening of new political space, the movement of new actors and political alliances into this space, and in short order, a series of local revolts, some orchestrated, others more spontaneous and uncoordinated.[2] However, whereas in much of the rest of Mexico these homegrown swells led inexorably to civil war and the destruction of the traditional oligarchical order, in Yucatán the Old Regime survived. Consequently, the Revolution had to fight its way in from without.

This salient difference frames the basic questions of our larger study of this period of transition:[3] (1) How did the traditional oligarchical order manage to ride out the first challenges to its power by mid-1913 despite frequent and widespread protest and revolt throughout the Yucatecan countryside during 1910–1912? (2) What was the nature of this rural protest? What forms did it take? (3) How did it repeatedly mobilize and then dissolve and what role did regional elites and the state play in controlling this unrest?[4]

The puzzle of Yucatán's failed rural rebellions is also fertile ground for studying one of the central concerns now engaging historians of the Mexican Revolution, namely, the degree of continuity between revolutionary-era forms of authority and those of the old Porfirian order. For example, who were the seemingly new men who led these revolts and filled the vacuum created by the weakening of the central state in 1911? How did they recruit and maintain their followers? Did these revolts led by these local chiefs (contemporaries referred to them as *caciques* or *cabecillas*) represent truly "popular" autonomous rebellions against the interests and values of the Old Regime as Alan Knight, giving new voice to a venerable populist current of revolutionary in-

---

[2] Some examples of recent scholarship on the outbreak of violence during the Madero era were presented at the VII Conference of Mexican and United States Historians, Oaxaca, Mexico, October 22–26, 1985. See, for example, Mónica Blanco Rosenzweig, "Levantamientos populares en Guanajuato, Etapa Maderista, 1908–1912"; Servando Ortoll and Angélica Peregrina, "Nationalism and Mexican Xenophobia: The Guadalajara Riots of 1910."

[3] This essay represents but a portion of an ongoing book-length study of politics and society in Yucatán, titled *Summer of Discontent, Seasons of Upheaval: Elite Politics and Rural Rebellion in Yucatán, 1890–1915*. In our larger work, we employ the rich personal testimonies of criminal court cases, as well as oral history interviews to probe the mentalities of campesino and elite actors in far greater depth than was possible in this synthetic essay.

[4] Of course, we think that a study of how an entrenched oligarchical regime maintains itself in the face of popular insurgency may generate insights of some relevance to students of other areas, particularly modern Central America—which resembles Yucatán in certain structural respects. Like El Salvador's coffee growers, Yucatán's henequen planters demonstrated the capacity to "hang on," to resist seemingly inevitable structural change, even in the face of escalating social challenges, the outbreak of local rebellions, and, ultimately, the mobilization of multiclass coalitions. Indeed, we find it striking that so little attention has been given in the Latin American historiography to integrating the study of popular movements and rebellions with examinations of the efforts of elite establishments to prevent, contain, and crush such rebellions. Most often these problems are treated separately.

terpretation, contends? Or did they merely permit new, upwardly mobile elements their first access to a clientele among the masses, upon whose backs they would one day consolidate a more efficient version of the Old Regime—as numerous "revisionist" studies have recently argued?[5]

Clearly, the revisionists have succeeded in focusing attention on important continuities between the Porfirian regime and the new revolutionary state. Yet, as Knight persuasively argues in his recent history of the first revolutionary decade, frequently the revisionists overstate the case. Often they reduce the Revolution to "a series of chaotic, careerist episodes, in which popular forces were, at best, the instruments of manipulative *caciques*."[6] Stressing continuity rather than rupture, the revisionists posit the rise of a Machiavellian central state as the key element—some even argue the only important element—of the epic Revolution. Knight argues insightfully that this lends much revisionist scholarship "a teleological colour which is essentially the mirror image" of the misguided old-line "populist" interpretation: "the benign process of the Revolution towards social justice is replaced by the malign—or neutral—advance of the state towards national integration and centralized bureaucracy." Such "Statolotry," Knight contends, provides a false homogeneity to the complex history of the 1910 Revolution—a complexity which, ironically, the revisionists skillfully document in their well-crafted regional monographs. Moreover, such uncompromising "revisionism" ignores the pressures, particularly those emanating from below, which acted upon—even within—the state; it mistakenly stresses the inertia of peasants and workers and the unbroken political hegemony of elites and middle strata. Such a view, Knight cautions, would be problematic for any decade after 1910, and is particularly misguided for the period prior to 1920, or for the Cardenista *sexenio*.[7]

Like Knight, we have argued elsewhere that what is needed is an eventual synthesis of the populist and revisionist interpretations.[8] This would require, at a minimum, a more sophisticated reconstruction of peasant and worker mobilizations (and demobilizations) as well as a greater appreciation of the impacts that these popular movements registered locally, regionally,

---

[5] For example, see Barry Carr, "Recent Regional Studies of the Mexican Revolution," *Latin American Research Review* 15:1 (1980), 3–14; and the essays in D. A. Brading, ed., *Caudillo and Peasant in the Mexican Revolution* (Cambridge and New York, 1980). Alan Knight in his recently published provocative two-volume study, *The Mexican Revolution*, 2 vols. (Cambridge, 1986), makes a forceful case for the existence of truly popular movements during the first decade of violence.

[6] Knight, *The Mexican Revolution*, I, xi.

[7] Knight, book review in the *Journal of Latin American Studies* 16:2 (1984), 525–526.

[8] Gilbert Joseph and Allen Wells, "Verano de descontento, estaciones de sublevación: Hacia un análisis de la política de élites y la rebelión rural en Yucatán, 1890–1915," in Othón Baños Ramírez, ed., *Sociedad, estructura agraria y estado en Yucatán* (Mérida, in press).

nationally—occasionally even internationally. While the revisionists have made important advances in reinterpreting the larger events and the political-economic context of the Mexican Revolution at a middle level of analysis—from the provincial or state (as opposed to the national) level—they have been rather less successful in understanding the Revolution at the grassroots or popular level, in recapturing the experiences and mentalities of the participants themselves. Indeed, perhaps the principal challenge for revolutionary specialists today is to put everyday Mexicans back into the Mexican Revolution.[9]

Our research, particularly our investigation of personal testimonies from criminal court cases, has enabled us to study the villagers and peons who manned the rural protests and insurgencies led by Yucatán's revolutionary chiefs—to bring the people back in, as it were.[10] As challenging and difficult as this type of research on experiences and attitudes is, it is absolutely essential if Mexican revolutionary historiography is to break out of the rather predictable and arid *callejón* of political history in which it has become lodged, at the expense of the kind of genuine social history that has long characterized scholarship on the French and English revolutions and is now beginning to distinguish work on the Mexican Independence period.

At the same time we are mindful of the critique leveled at much of the ''new social history'' of Europe, the United States, Latin America, and elsewhere: that in an effort to re-create the milieu and perceptions of the illiterate, too many historians have lost sight of the dimension of political power, of the relations that tie local society and culture into the larger contexts of the region, the nation, and the international economy.[11] Far from neglecting these external environments, we believe that a regional-level approach has the potential to provide a multilayered account of the struggles of local rural society. In fact, the study of regional society in times of crisis—i.e., during moments of local rural revolt and regime response to them—provides us with a valuable opportunity to probe power relationships and divisions within *campesino*[12] society and within the dominant class, as well as to examine cer-

---

[9] William H. Beezley, ''In Search of Everyday Mexicans in the Revolution,'' *Revista Interamericana de Bibliografía* 38:3 (1983), 366–382.

[10] Theda Skocpol and other commentators have amply punctuated their point that the state should be brought back in. Skocpol, Peter Evans, and Dietrich Rueschemeyer, eds., *Bringing the State Back In* (Cambridge, U.K., 1985).

[11] See Peter Stearns, ''Social and Political History,'' *Journal of Social History* 16:3 (1983), 366–382; and Tony Judt, '' 'A Clown Regal Purple': Social History and Historians,'' *History Workshop* (1979), 66–94.

[12] We should clarify the several terms we use throughout this essay to characterize rural workers in Yucatán during the Porfiriato. *Jornalero de campo* is a generic term for agricultural worker and we use it freely to embrace henequen workers, tenants, and part-time workers (specifically called *luneros*, or Monday men in Yucatán). *Peones acasillados* or *sirvientes* are permanent resident peons tied to the henequen estate through the mechanism of debt. *Campesinos* or

tain tactical alliances forged between campesino groups and factions of the dominant class (and the new revolutionary state) through the agency of local brokers or caciques.

Summer of Discontent

The most significant clues for understanding both the outbreak and limitations of the seasons of upheaval that gripped Yucatán intermittently during the Madero period lie in the history of the two preceding decades. Despite the fabulous wealth generated by the henequen or sisal fiber boom, the last years of the nineteenth century and the first decade of this century were a veritable "summer of discontent" for the vast majority of regional producers, merchants, workers, and campesinos, who found themselves subordinated, in one way or another, to the dominant oligarchical *camarilla* (faction) based on the extended family, or *parentesco*, of Olegario Molina and Avelino Montes. The mobilization of rival political groups led by contending factions of the regional elite, which began about 1909, was a highly complex affair, one that grew out of deepening (and interrelated) political, economic, and social contradictions in the late Porfirian oligarchical order.[13]

Like so much of regional Mexico, Yucatán was thoroughly transformed by the requirements of North American industrial capitalism and governed by its fluctuating rhythms during the last quarter of the nineteenth century. The production of henequen increased furiously during the Porfiriato as annual exports rose from 40,000 bales of raw fiber to more than 600,000 bales. A small landed elite of three to four hundred families cultivated henequen on estates throughout the northwest quadrant of the peninsula. But these hacendados were not independent actors. A much smaller, more cohesive group of about twenty to thirty families constituted a hegemonic oligarchical camarilla (or "divine caste" as they were called and came to call themselves early in the century). This ruling faction, based upon the Molina/Montes parentesco, had homogeneous interests, a relatively closed membership, and owing in part to its collaboration with the principal buyer of raw fiber, the International Harvester Company, such control over the economic and political levers of power in the region that it was able to thwart the opportunities of rival hacendado groups in late Porfirian society.

The economic leverage afforded by the partnership between Harvester

---

comuneros, in contrast, are "free" peasants who may or may not own land, but live in village communities and are not tied by debt to neighboring haciendas.

[13] For a more comprehensive discussion of this "summer of discontent," see our "Yucatán: Elite Politics and Rural Insurgency in a Period of Transition, 1897–1913," in Thomas Benjamin and Mark Wasserman, eds., *Provinces of the Revolution: Essays on Mexican Regional History, 1910–1929* (Albuquerque, in press).

and the Molina-Montes parentesco had a complementary ripple effect in the political arena. Olegario Molina was not only the governor of the state during the first decade of the century, but his family relations and associates filled the upper echelons of the state bureaucratic machine. As was typically the case throughout Porfirian Mexico, the ruling oligarchical clique was subsequently incorporated into the national superstructure. In 1907 following his first term as governor of Yucatán, Molina himself joined Díaz's cabinet as minister of development.

The henequen boom earned millions for the Molina-Montes camarilla. Yet for the great majority of Yucatecan henequen hacendados (*heneque-neros*), who collectively constituted one of the wealthiest classes in Porfirian Mexico, their economic condition was among the least secure. In most cases these henequeneros were not only big spenders but speculators, constantly seeking new ways to maximize profits amid the problematical fluctuations of the export economy and often overextending themselves in the process. For every genuine success story, many more henequeneros existed in a perpetual state of indebtedness and fiscal instability that periodically led to bankruptcy. With increasing frequency throughout the period from 1902 to 1915, such members of the henequenero-merchant bourgeoisie became indebted to Molina's "divine caste" and were forced to advance their future product at slightly less than the current market price to cover present obligations. Moreover, it was access to foreign capital and Harvester's capacity to funnel large amounts of it at critical junctures that helped Molina and his oligarchical faction to acquire mortgages, purchase estates outright, and consolidate their hold on regional communications, infrastructure, and banking—all of which guaranteed control of local fiber production and generally worked to depress the price.

Declining fiber prices during the last years of the Porfiriato served to heighten tensions within the regional elite and crystallized the belief among most hacendados that the Molinista camarilla was unwilling to countenance any loss of economic control. By 1909, accommodation no longer seemed possible. Political activity and, if necessary, rebellion increasingly were perceived as the only means to restore a more equitable reapportionment of the spoils of the henequen economy.

The national liberal reform movement of Francisco Madero, with its democratic rhetoric, emboldened subordinate factions of the henequenero class and their middle-sector allies to challenge Yucatán's ruling oligarchy. Just as Madero's national coalition would topple Díaz's oligarchy, the *cien-tíficos*, so these local henequeneros now hoped to break the stranglehold of Molina's and Montes's *casta divina*.

Two rival parties, led by disgruntled factions of the landed elite, moved onto center stage as soon as political space opened up during the Maderista period. These two parties were known popularly as "Morenistas" and "Pinistas" after their respective standard bearers, Delio Moreno Cantón and José María Pino Suárez, who were journalists. But they were financed by their henequenero supporters, and each rapidly attempted to construct alliances reaching into the middle class intelligentsia, the small urban working and artisan class, and—perhaps most important but, until now, not fully explained—the Maya peasantry (*campesinado*).

The creation and, ultimately, the unraveling of such loose, multiclass coalitions point up the great social contradictions that existed in late Porfirian society. Let us consider the social costs of Yucatán's oligarchical export regime, which assured dissident elite camarillas of ready clienteles when political space opened up during the national Madero rebellion.

The rise of henequen monoculture dramatically transformed the lives of the tens of thousands of campesinos who comprised the labor force.[14] The estate devoured almost all the independent peasant villages in the *zona henequenera* (roughly within a radius of seventy to eighty kilometers of Mérida), and then began to encroach upon "free" villagers (*comuneros*) in transitional areas along the southeastern frontier (see Map). By the turn of the century, the great majority of the free Maya pueblos in the zona had lost their land base. Unable to hold off the expanding henequen haciendas, Yucatán's campesinos were first pulled onto the estates and then isolated on them. Henequeneros made sure that their work forces were heterogeneous groups, combining Maya *jornaleros* (workers) with smaller numbers of ethnic and linguistic strangers: Yaqui deportees, indentured Asian immigrants, and central Mexican *enganchados*. Not only did peons have little contact with their fellow workers on other estates, but they were also isolated from potential allies in the urban areas. Yucatecan proprietors hoped that these precautions, coupled with a harsh labor regime and a multitiered system of surveillance and repression, which included the state's national guard, federal and state battalions, private bounty hunters, and the state bureau of investigation (ominously called "La Policía Secreta"), would preclude another Caste War. Still, the white masters lived in constant fear of large-scale Maya uprisings.

The hacendados' fears were justified. Interestingly, perhaps owing to comparisons with other Mexican regions which experienced more violent revolutionary pasts, modern historians have consistently underestimated the resistance of Yucatán's campesinado prior to the overthrow of oligarchical rule

---

[14] For a more detailed discussion of working conditions on henequen estates, see Joseph and Wells, "El monocultivo de henequén y sus contradicciones: Estructura de dominación y formas de resistencia en haciendas yucatecas a fines del Porfiriato," *Siglo XIX* 3:6 (July–December 1988), 215–277.

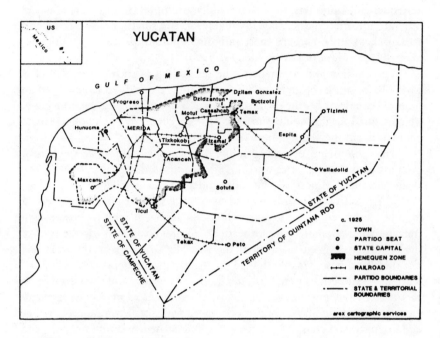

The state of Yucatán, 1925

by General Salvador Alvarado's Constitutionalist Army of the Southeast in
March of 1915. Particularly misunderstood is the social behavior and *mentalidad* of the resident peones (*peones acasillados*): unlike Porfirian hacendados, modern writers have dismissed the peons' capacity to oppose or protest
the demands of their masters. To be sure, henequeneros effectively utilized
both the carrot and the stick, blending paternalist incentives and a measure
of security with restrictive mechanisms of coercion and isolation. It is hardly
surprising, therefore, that their *sirvientes* lacked the revolutionary potential—
or, as Eric Wolf has put it, the "tactical mobility"[15]—manifested by the

[15]Eric Wolf, *Peasant Wars of the Twentieth Century* (New York, 1969), Introduction. John
Tutino writes more explicitly: "In places where the most radical economic changes of the Porfiriato occurred, where established peasant communities were suddenly incorporated into the export economy as export producers, there was little revolutionary insurrection after 1910." Tutino,
From Insurrection to Revolution in Mexico: Social Bases of Agrarian Violence, 1750–1940 (Princeton, 1986), 296.

comuneros, *vaqueros, mineros,* and campesinos *serranos* who made up the revolutionary armies of central and northern Mexico. By the same token, however, the peones acasillados who toiled on Yucatán's henequen estates were not inherently passive. Their characterization in the historical literature as a lumpen mass of docile retainers is a profound exaggeration. Ironically, such a portrayal harks back to the contemporary stereotypes put forward (for very different reasons) by foreign muckrakers and henequenero apologists alike.[16]

Research in the Ramo de Justicia of the Archivo General del Estado de Yucatán prompts a very different characterization of the late Porfirian campesinado, and particularly recasts prevailing notions regarding the inability of acasillados to resist their masters. While henequen monoculture's characteristic structure of domination restricted the potential for self-generated insurrection on the estates, it frequently could not prevent acasillados from joining the revolts that originated on the periphery of the zona henequenera during the early years of the revolutionary era. Moreover, the fact that Yucatecan peons were not as overtly rebellious as comuneros outside the henequen zone does not mean that they did not resist the monocultural regime. On the contrary, their personal testimonies as well as other local documentation suggest that they partook of "quieter," "everyday forms of resistance" that were safer and more successful over the long run in contesting, materially, as well as symbolically, the stepped-up work rhythms and other exploitative aspects of henequen monoculture. On the whole, workers rejected the weak paternalistic ethos of their masters, demonstrating their dissatisfaction in a variety of ways, most commonly by running away, shirking their work, and chronic alcoholism, but to a lesser extent through suicide, the burning of henequen fields, and brief, ultimately futile, localized acts of violence.

The henequenero elite was most concerned with the periodic acts of violence. Invariably, the state would move quickly to isolate flare-ups, rushing a detachment of the national guard to the trouble spot. During the period 1907–1910, the region's newspapers featured a growing number of articles treating disputes over wages and labor conditions in the face of a continued decline in the price of fiber, protests by campesinos who refused to serve in the national guard, and conflicts between peasant villages and expanding estates.[17] At first, these disputes appeared to be of minor consequence, yet their

[16] A recent portrayal of the Yucatecan *peón acasillado* as quiescent is found in Knight, *The Mexican Revolution,* I, 89. For a general discussion of the literature on henequen workers during the Porfiriato, see Wells, *Yucatán's Gilded Age: Haciendas, Henequen and International Harvester, 1860-1915* (Albuquerque, 1985), Chapter 6.

[17] See Wells, "Yucatán: Violence and Social Control," in Benjamin and McNellie, eds., *Other Mexicos,* 235–237, which contains references to these conflicts from *La Revista de Mérida, El Agricultor,* and other periodicals.

growing number and the campesinos' increasing recourse to violence soon suggested that active, often violent forms of protest were becoming the principal means of expression by Yucatán's campesinado. By 1910–1911, with a locust plague and steadily declining fiber quotations exacerbating rural conditions, every day brought new reports of violence, both in the henequen zone and on its southeastern periphery. Although, as we will see, many of the cabecillas and recruits of the popular rebellions that erupted during the era of Maderismo came from poor but "free" villages, they were often joined—sometimes willingly, but occasionally through coercion—by peons from nearby haciendas.

On the fringes of the zona henequenera, along the southern range of stunted hills known as the Puuc, and east of the prime henequen haciendas of Temax, independent smallholders stubbornly guarded their lands against the incursions of local hacendados. In some cases these free peasants opted to fight local authorities rather than submit to the surveying of their traditional ejidal lands.[18] State authorities could not contain social unrest in these peripheral areas during the last years of the Porfiriato, since insurgents as well as cattle rustlers and bandits could easily slip off into the *monte* (bush). It was along the Puuc corridor running from Maxcanú to Muna, and in eastern pueblos like Dzilám González, Temax, Yaxcabá, and Chemax that the concept of "el hombre libre"—"a free and independent man"—became part of the daily lexicon.[19] Smallholders, often joined by petty merchants and artisans in these subregions, tenaciously resisted the incursions of powerful henequeneros like Alvino Manzanilla and the Regils in Temax, and Eusebio Escalante and Carlos Peón Machado in the Puuc, proprietors who coveted both their lands and labor. It is hardly surprising, then, that these fringe areas proved to be fertile recruiting grounds for the first rebellions of Maderismo.

If the state was increasingly unable to contain unrest in these rural fringe areas, it was more successful in limiting protest and mobilization in urban areas, particularly in the service industries that were tied to the henequen industry. Although the limits of monoculture kept the peninsula's urban working class smaller and weaker than in many areas of Mexico, nevertheless organizations such as the Sociedad de Trabajadores Marítimos and the Alianza Mutualista de la Compañía de Trabajadores Ferrocarrileros did attract the at-

---

[18] A perfect case in point was the southern pueblo of Santa Elena in the *partido* (district) of Ticul. This town had fought the incursion of local surveyors at the turn of the century and would become a prime staging area for revolutionary violence during the Madero period. See Wells, *Yucatán's Gilded Age*, 103–104. Hunucmá and Halachó provided similar agrarian pockets of resistance.

[19] Interviews with Jesús Campos Esquivel, December 26, 1986, and January 2, 1987, and Melchor Zozaya Ruz, December 31, 1986 (for Dzilám González and Temax).

tention of state authorities.[20] Labor organizers were harassed mercilessly by the "Policía Secreta." They were often packed off to Juárez Penitentiary in Mérida on trumped up charges to keep them from organizing the workers; periodically, their union headquarters and print shops were raided.[21] Although urban workers seldom had contact with cabecillas in the peripheral pueblos, let alone peons on haciendas, they did represent an important, more "organized" constituency that was courted by both the Morenistas and the Pinistas after 1909.[22]

As in other parts of Mexico, the key figure in the Porfirian state apparatus of social control was the district prefect or *jefe político*. Much has been made in the recent literature about the prefect's status as an "outsider," a functionary who was selected by, and answered to, federal officials and, hence, was perceived to be a threat by state authorities.[23] In Yucatán, this was clearly not the case. The jefe continued to be part and parcel of the lucrative state system of patronage. Each gubernatorial administration was empowered to clean house and appoint new prefects. Sometimes, these jefes were merely rotated from district to district; other times, prefects were permitted to establish virtual fiefdoms in their own communities.

The hatred directed at jefes in Yucatán ran deep. Apart from the issues of imposition, arbitrary rule, and corruption, unquestionably the prefects were most despised for their implementation of the dreaded *leva*, or conscription into the state's National Guard. Villagers might serve in their home-

[20] A cursory examination of early working class organizations is found in Fidelio Quintal Martín, "Breve historia de Yucatán durante la última década del Porfiriato (1901–1910)," *Boletín de Ciencias Antropológicas de la Universidad de Yucatán* 11:65 (1984), 43–62.

[21] Examples of labor harassment include Archivo General del Estado de Yucatán (hereinafter cited as AGEY), Ramo de Justicia, "Toca a la causa seguida a Tomás Pérez Ponce por falsedad," Caja 676, 1908; and *El Padre Clarencio*, March 25, 1906, #32.

[22] The Molinista regime coupled its "bola negra" tactics with more subtle methods of social control. Again taking his cue from Mexico City, don Olegario made a conscious effort to inject the new pristine morality of the "positivistic" state into the day-to-day lives of the laboring classes. In an effort to curb lower class vices which, Yucatán's *científicos* believed, undercut labor productivity and efficiency, the Olegariato targeted alcoholism, vagrancy, gambling, pornography, and crime in urban and rural areas. From the closing of cantinas on Sundays and holidays to raids on bookstores that sold erotic poetry and picture postcards of French nudes, the state extended its regulation into leisure pursuits, which previously had afforded some measure of independence to the popular classes. Critics from opposition *camarillas* no doubt struck a common chord when they mocked the self-righteous morality of Yucatán's rulers.

[23] Both William H. Beezley, "Madero: The 'Unknown' President and His Political Failure to Organize Rural Mexico," in George Wolfskill and Douglas W. Richmond, eds., *Essays on the Mexican Revolution: Revisionist Views of the Leaders* (Austin, 1979), 4–5, and Knight, *The Mexican Revolution*, I, 25–26, emphasize that prefects were imposed from without by the federal government.

towns, but they also might be shuttled to the southeastern frontier, to fight in state battalions based in godforsaken places like Xocen, Yaxhacbén, and Chemax—the first line of defense against bands of rebel Maya who had never surrendered in the Caste War.

Is it any surprise that the first target of Yucatán's insurgent bands from 1910 to 1912 was often the jefe político? Several of the cabecillas of Maderista-era rebellions had experienced firsthand *la mano dura* of the jefes. Pedro Crespo,[24] Juan Campos, José Loreto Baak, Manuel Fausto Robles, José Kantún, Maximiliano Bonilla, Miguel Ruz Ponce, and a young firebrand by the name of Felipe Carrillo Puerto—all ran afoul of local authorities and were jailed during the last years of the Porfiriato.

Given the suffocating controls imposed by a government bound and determined to protect the oligarchy's golden goose, the henequen economy, it is perfectly understandable why these cabecillas—typically smallholders, artisans, and petty traders from interior villages—would be receptive to an alliance with discontented urban groups. Joining together with disgruntled factions of the regional elite and modest groupings of middle class intellectuals and urban workers, these incipient rural insurgents would form the first fragile coalitions of Maderismo.

Seasons of Upheaval: Mobilizations

How did Yucatán's bickering Summer of Discontent develop into several violent seasons of upheaval that shook the oligarchical order? And once such insurgency had been unleashed in 1909–1910, how did the old order successfully forestall a general conflagration until the Revolution was imported from without in 1915? Although we can only work in broad strokes here, let us focus on the mechanism and consequences of both the mobilization and demobilization that were carried out in Yucatán between 1909 and 1915, as well as on the agendas and mentalities which elites and campesinos brought to the insurgencies of the period.

Along with much of the social science literature on rural revolt, we would concur that, however outraged, campesinos generally wait for evidence that powerholders are weak and/or divided before they will take the risks attending insurrection. News of such opportunities for revolt is often brought to campesinos by outside agents—typically dissident elites—or by individuals we would call hingemen, local rural brokers with some cultural experience in the dominant society which complements, indeed often enhances, their

---

[24] Crespo's instructive case is presented in Joseph and Wells, "The Rough and Tumble Career of Pedro Crespo," in William Beezley and Judith Ewell, eds., *The Human Tradition in Twentieth-Century Latin America* (Wilmington, Del.,1987), 27–40.

standing in the subordinate rural society. Although such actors do not *cause* rural revolts, they often precipitate them and/or play a role in organizing rural insurgents and establishing their links with other groups. Thus, to paraphrase one recent commentator, John Tutino, from the perspective of poor campesinos, rural rebellions result from "critical meetings of grievances and opportunities." But, adds Tutino, divisions among elites, breakdowns of state power, and the activity of outside agents only become important after grievances have peaked.[25]

From late 1909 through 1912, tightening economic prospects plus widening political space gave some *yucatecos* who had room to maneuver in the *campo* (countryside) both the incentive and the opportunity to join new political coalitions, and even to lead revolts. And the combination of political space and worsening economy put others, particularly peons on rural estates, in a position to be mobilized and armed by these hacendado-led factions—often voluntarily, sometimes through coercion and deceit. Typically, Morenista and Pinista henequeneros and middle-class intellectuals, based in Mérida, would plan a revolt—frequently timing their regional uprising to coincide with a national-level conspiracy—and then, through an extended network of middlemen, including local contacts and spies known popularly as *orejas*, would mobilize sympathetic elements (and often coerce less-than-sympathetic ones) in rural towns, villages, and haciendas.[26]

During the round of elite plotting and intriguing that took place on the eve of the Madero rebellion, one Morenista leader declared: I have more faith

---

[25] Tutino, *From Insurrection to Revolution in Mexico*, 22.

[26] Of course, the judicial records permit us to speak with greater confidence about the character of the mobilizations than about the motivations of the rural poor who joined or refused to join them. Indeed, many students of social movements wonder whether we can ever really accurately—let alone retrospectively, with incomplete data—determine individual motivations. Particularly within the context of riots and rebellions, the insurgents themselves may not even be conscious at the moment they join a band of what motivates them. One Yucatecan *jornalero*, Marcos Chan, tersely remarked at his trial: "They asked me if I wanted to join them and I said yes." AGEY, Ramo de Justicia, "Toca a la causa a Juan Jiménez y socios por el delito de provocación de rebelión," 1913. How can we begin to know what went through his mind? How can we know if he would have acted differently a day or a week later if presented with the same choice? So subjective do some "structuralists" find the exercise of assessing motivation that they completely discourage asking the question "why" people acted and seek only to understand "how" they acted. Certainly these critics raise a valid point. A careful reading of the court records suggests that individuals may have joined or refused to join insurgent bands for a plethora of conscious (often interlinked) motivations: economic gain, familial attachments, and an urge for revenge among them. But beyond these surface motivations there were, no doubt, other unconscious, psychologically based factors that likely entered into individual behavior choices. For example, psychologists have documented the collective lowering of thresholds of inhibition in mobs and other crowd phenomena: in fact, some episodes of Yucatecan insurgency resembled public fiestas in which entire groups of people accompanied by the community band defected

in the people in the countryside than I do in the Meridanos.''[27] Throughout 1910 and early 1911 the tenuous alliance between dissident elite factions in the cities and influential rural brokers in the interior continued to grow as the elites secured arms and cash, and the new local cabecillas recruited in their pueblos and on neighboring estates. Yet the Morenistas and the Pinistas soon came to reconsider the wisdom of the mobilization of villagers and peons. By the spring of 1911, the latest round of local riots and revolts began to spin out of control.

What the elites did not fully consider as they constructed these rudimentary insurgent networks was that the incipient rural rebels also had their own agendas, which were not congruent with the elites' own, rather limited, political projects. Gradually, through several seasons of upheaval, from the aborted Candelaria conspiracy in 1909, through the failed rebellion in Valladolid during the spring of 1910,[28] to the more freewheeling revolts that periodically rocked the state during 1911 and 1912, locally based popular mobilization and protest had begun to evolve a life of its own, one that took little heed of elite political posturings or fraudulent election returns. Yucatán's competing elites had opened a Pandora's box, and try as they might they could never successfully harness the rage that exploded in peripheral areas like the Puuc and the eastern districts of Temax, Valladolid, and Sotuta.

Here, on the fringes of monoculture throughout 1911 and 1912, haciendas were overrun by marauding bands who "liberated" peons and property alike—occasionally from the very Morenista or Pinista elites who had initially fomented the mobilization. On some estates, jacqueries erupted from within. In a variety of cabeceras, rebels dynamited the houses and stores of local notables, attacked the armories of national guard detachments, and summarily "brought to justice" abusive jefes, municipal authorities, and hacienda personnel. They held Halachó, a good-sized cabecera in the Puuc, for two days and began naming new municipal authorities. Occasionally, popular cabecilla-led bands, joined by local peons, raided the hacendados' living

---

en masse, e.g., *La Revista de Mérida*, May 16, 1911. And what role did gender issues play in motivation? In certain cases we found mothers and wives egging on their male relations, in effect challenging the *machismo* of their men: "C'mon, why don't you kill that *cabrón* now that you have the chance; you can bet he wouldn't go soft with you!" AGEY, Ramo de Justicia, "Toca a la causa seguida a Luis Uc y socios por los delitos de amenaza de injurias," 1913.

[27] AGEY, Ramo de Justicia, "Causa seguida contra Alfonso Cámara y Cámara y socios por el delito de rebelión," 1909.

[28] Although much of the literature on the outbreak of the Mexican Revolution in Yucatán has focused on the failed rebellion of Valladolid in 1910, we contend that the rising in the eastern portion of the state was just one example of the kind of revolts which surfaced during the last years of the Porfiriato. See Carlos R. Menéndez, *La primera chispa de la Revolución Mexicana: El movimiento de Valladolid en 1910* (Mérida, 1919); and Antonio Betancourt Pérez, *La problemática social: ¿Primera chispa de la Revolución Mexicana?* (Mérida, 1983).

quarters, then smashed henequen processing plants and tore up stretches of Decauville tram tracks in the best Luddite fashion. After years of exploitation and racial degradation, Maya campesinos suddenly found themselves enthusiastically discussing their actions in the *tienditas* and at Saturday night *jaranas* (village fiestas): "I lit the dynamite that blew up the *caldera* (boiler)," offered Fulano; "I knocked down the *albarradas* (stone markers) around the new *plantel* (henequen field)," commented Mengano; "Imagine," interjected Zutano, "All these fine clothes were paid for with the loot he extracted from the *costillas* (ribs) of our pueblo." At various junctures in 1911 and 1912, such popular insurgency threatened to spill into and ignite the zona henequenera itself.[29]

Clearly, Madero's liberal movement was a bundle of contradictions, but the single greatest cleavage was the marked difference in worldview between contending urban elites on the one hand and the rural insurgents they had unleashed on the other. Despite their bickering, Morenista and Pinista elites both espoused a return to the political liberalism of Juárez. Beneath their ideological statements and rhetorical embellishments was a gnawing desire—certainly on the part of the henequeneros—to return to the traditional nineteenth-century model of political power that would permit them to garner their proper share of the henequen spoils. Such elite liberalism of course had all the while sanctioned the breakup of village ejidos in the name of progress. Personal testimonies and an extraordinary rambling "epic poem" titled "El 15 de Septiembre," written by a village-based insurgent from the Puuc—one Rigoberto Xiu—reveal that Yucatán's popular rebels were also imbued with liberalism, but of a very different stripe.[30] Their liberalism invoked liberal heroes and traditions and (here we are reflecting on Xiu's poem) a bloody, often bleak, but utterly "moral" struggle over centuries to preserve one's freedom and dignity against external forces of oppression.

As Maderismo lingered on, this dissonance only grew louder, underscoring the adversarial relationship between the new Pinista elite ruling group and the motley collection of rebels. With Pinistas now in power, it was understandable that, unless the insurgents tangibly benefited from the change, mobilized rural bands would now perceive the new governors as their enemies. Of course, we know that in the area of social and economic reform the Maderista record was uninspiring to say the least. Consequently, the rebels continued to target local symbols of power and prey upon haciendas.

---

[29] E.g., AGEY, Ramo de Justicia, "Causa seguida a Guillermo Canul y socios por los delitos de daño y destrucción de propiedad ajena," 1912; "Toca a la causa seguida a Pedro Chi por el delito de destrucción de propiedad ajena por incendio," 1912.

[30] See note 19 above, and AGEY, Ramo de Justicia, "Causa seguida a Rigoberto Xiu y socios por rebelión," 1909.

Thus, much in the manner of the great nineteenth-century peasant rebellion known as the Caste War, the mass participation of subaltern groups in the Maderista-era rebellions began to infuse the struggle with a local resistance to elite domination that became cause for serious concern among the elites who had initially precipitated these mobilizations. Once again on the nation's far periphery, in the absence of a strong central state, peasant villagers (and many peons) had begun to turn elite feuds to their own advantage:[31] fleeing estates, targeting the property and persons of abusive individuals, and, in certain noteworthy cases, building clienteles that would later be consolidated into *cacicazgos* (power domains) when the Revolution gained a foothold in Yucatán after 1915 (of which more presently). It was this structural dichotomy—and corresponding ideological disjuncture—between popular and elite politics and mentalities, manifest in these Maderista-era seasons of upheaval (as it had been during the Caste War), which ensured that the hegemony of Yucatecan monoculture did not go unchallenged.

Seasons of Upheaval: Demobilizations

Ultimately, a variety of *henequenero* and state strategies, as well as several structural factors, explain why in Yucatán political conflict and popular insurgency stopped short of the generalized rebellion that occurred in many other parts of the republic. To begin with, in Yucatán the old order had certain "built-in" advantages that permitted it to contain festering discontent and pull itself back from the brink. The peninsula's remote location—there were no roads with central Mexico until well after World War II—impeded communications with revolutionary chiefs in Mexico's core and in the north and made coordination of joint campaigns virtually impossible.

Second, the coercive and highly regulated system of social control that landowners and the state had fashioned during the henequen boom worked to impede collaboration between villagers and peons and to keep local outbreaks isolated. James Scott's recent insight regarding the extraordinary difficulty of collectively mobilizing a diverse peasantry scattered across the countryside and balkanized by different social and productive relations seems particularly apropos here. Scott argues that in such highly controlled agrarian societies peasants have historically had greater recourse to "quieter," more routine forms of resistance.[32]

---

[31] This comparison with the peasant rebellion of 1847 is elaborated in Joseph, "The United States, Feuding Elites, and Rural Revolt in Yucatán, 1836–1915," in Daniel Nugent, ed., *Rural Revolt and United States Intervention in Mexico* (La Jolla, 1988), 167–197.

[32] James C. Scott, *Weapons of the Weak: Everyday Forms of Peasant Resistance* (New Haven, 1985). The significance of such "everyday forms of resistance" on Porfirian estates has been noted above.

Moreover, the "social memory," the mentalidad, of the henequenero class might itself be viewed as another "structural" factor. The henequeneros' obsession with the haunting specter of another Caste War gave them second thoughts about a full-scale mobilization of railway and dock workers, let alone Maya villagers and peons. Although Morenista and Pinista hacendados itched to defeat the Molinista camarilla, the majority feared that arming the rural masses would undermine the elaborate mechanisms of social control that had so successfully underwritten the *auge*. Now, if hacendado-supported mobilizations ignited a social revolution, Yucatán's contending elites might well lose their properties, their social world, and even their lives in another Caste War. That certain elites would take such a chance and arm campesinos throughout the state, demonstrates the divisiveness of the dominant class in late Porfirian Yucatán, and the sense of desperation of some henequeneros.

Nevertheless, even with the structural obstacles arrayed against it, popular insurgency was reaching dangerous new levels and threatening to engulf the henequen zone late in 1912. This obliged the hacendados and their new ally, the Huertista military state, to fashion new strategies to defuse the insurgency in 1913.[33]

Probably nowhere in the republic was General Victoriano Huerta so enthusiastically received as in Yucatán. The assassinations of Madero and Pino were gleefully welcomed by rival Morenista and Molinista elites, who by and large approved of Huertismo's subsequent Porfirista solution to the problems of "banditry" and "anarchy" (read popular insurgency). Huerta's imposition of authoritarian military rule institutionalized a political stalemate among Yucatán's three contending elite factions, but also allowed them an opportunity to reach an accommodation that would preserve the social peace. With the issue of state power resolved, at least temporarily, justice was meted out alternately with Porfirian shrewdness and verve. The executive declared a general amnesty, and then made it clear in a run of local court decisions that new crimes gainst property would be punished with the greatest severity. Yet while rustlers and petty thieves were made examples (several went to the *paredón*), the military state solicitously courted, and ultimately cut deals with, the most strategically placed popular cabecillas. In exchange at least for their quiescence, local chiefs in the fringe areas of the Puuc and the eastern part of the state who had demonstrated their ability to turn out hundreds of fighters were granted a measure of political autonomy—always their principal goal. Some received military commissions in the state militia, and for several the deal seems to have been sweetened with a choice *terrenito* (plot of land). Once the principal flash points of popular insurgency had been attended to,

---

[33] The following discussion of demobilization draws heavily on Joseph and Wells, "Yucatán: Elite Politics and Rural Insurgency."

the state mopped up less organized factional violence and rioting, bundling suspects off to jail, where they usually languished for thirty to sixty days before being appropriately chastened, then released.

Meanwhile, the henequeneros made some adjustments of their own. As we have seen, even during the height of the fiber boom, Yucatán's monocultural regime had depended on more than mere coercion; its "idiom of power" included paternalistic incentives and did not preclude at least the opportunity for henequen workers to address their grievances before the state's courts.[34] Now, in 1913, faced with simmering popular revolt, the hacendados were forced, at least in the short run, to make greater concessions, or as Knight has put it for Mexico as a whole: "to wheedle and promise, as well as repress."[35]

Like slave rebellions in the Caribbean or the U.S. south, Yucatán's popular seasons of upheaval elicited the drafting of a reform agenda by progressive hacendados and actual material concessions on some estates, even as they provoked more severe measures of control on others.[36] In general, after 1913, the local courts, which were still henequenero-controlled, were more responsive to addressing (and occasionally even redressing) the most egregious abuses against peons.[37] This suggests parallels with the plantation regime of the antebellum U.S. south, where as Eugene Genovese and others have shown, the law fulfilled something of a hegemonic function, providing at least the appearance of a disinterested standard of justice in the minds of the subordinate class.[38]

Finally, in a culminating gesture in 1914, Yucatecan rural workers secured a decree that abolished debt peonage. Although the decree was never implemented and seems to have been issued only expediently, to buy the henequenero class time, the decree provided an important precedent upon which later revolutionary governments, backed by substantial campesino support, would build.

By mid-1913, the campo had essentially been demobilized, but the passage of the peonage decree a year later attests to how tenuous the social peace

---

[34] Joseph and Wells, "El monocultivo de henequén."

[35] Knight, *The Mexican Revolution*, I, 221.

[36] E.g., see Eugene D. Genovese, *From Rebellion to Revolution: Afro-American Slave Revolts in the Making of the New World* (Baton Rouge, 1979), 110–113. Progressive planters coalesced in the Liga de Acción Social in 1909. See Ramón Chacón, "Yucatán and the Mexican Revolution: The Pre-Constitutional Years, 1910–1918" (Ph.D. dissertation, Stanford University, 1981), 118–131.

[37] For example, see the court system's judicious handling of the notorious "San Nicolás" case of henequenero abuse of peons (consistent use of leg irons, floggings with wire, etc.): AGEY, Ramo de Justicia, "Toca a la causa seguida a Pedro Pinto y socios por los delitos de lesiones y atentados contra la libertad individual," 1914.

[38] See Eugene D. Genovese, *Roll, Jordan, Roll: The World the Slaves Made* (New York, 1972), 25–49.

really was in Yucatán. The dominant class's honeymoon with Huertismo would be a brief one. To meet the mounting Constitutionalist revolutionary challenge against him in the rest of Mexico, Huerta repeatedly raised taxes on the Yucatecan monocrop as well as military levees on the henequeneros' already scarce labor force. Thus, elites and working people alike found Huertismo increasingly odious. In the middle of 1914, just before Huerta fell, popular insurgency was again under way in the Puuc and several riots had briefly flared up in the henequen zone itself. Only with some difficulty thereafter did Yucatán's uneasy alliance of elite camarillas maintain the old order following the arrival of Constitutionalist rule in 1914. Not only did bargains have to be renegotiated with some popular cabecillas, but an understanding also had to be reached with the new governor from Mexico City. It was at this crucial juncture that the toothless peonage decree was issued. Then, in January of 1915, when bribes and blandishments no longer served to forestall reforms by a new Constitutionalist governor, the old plantocracy buried its factional differences and mounted a last, futile rebellion to preserve the *ancien régime*. The leaders and financiers of this revolt, ostensibly to uphold "state sovereignty," were Olegario Molina, Avelino Montes, and other heavyweights in the old Molinista "Divine Caste." Yucatán, it appeared, had come full circle.

Revolutionary Legacies

Or had it? We argue that the popular classes had been changed by their participation in the Madero-era seasons of upheaval from late 1909 through 1912. Indeed, the fact that the so-called sovereignty movement of 1915 was able to muster so little popular support seems to offer testimony of something of a shift in campesino attitudes and tactics. Alvarado's eight thousand-man Constitutionalist army made short work of a Yucatecan force of fifteen hundred, a good many of whom were students and merchants, sons of the Meridano and Progreseño middle and upper classes. A few cabecillas turned out their men, but the majority sat out the debacle of the Yucatecan oligarchy and then came to terms with Salvador Alvarado, a Mexican revolutionary populist whose program had more to offer the *yucateco* popular classes. Among the myriad of social reforms that he implemented, Alvarado quickly put teeth back in the decree outlawing debt peonage.

In fact, much documentation exists to support the judgment that in remote, oligarchical Yucatán, as in other parts of Mexico, old deferential habits were giving way to a new assertiveness and empowerment—to what Knight has called "a new plebeian insolence."[39] The judicial records and press reports between 1910 and 1915 reveal a variety of complaints by ha-

---

[39] Knight, *The Mexican Revolution*, I, 169.

cienda overseers and the masters themselves that their sirvientes no longer doffed their hats or kissed their hands.[40] In 1915, Alvarado's newly installed military tribunals received waves of petitions from hacienda peons demanding that their masters raise their salaries and improve their working conditions. In one colorful instance, the rendering of a positive decision by Alvarado's court was not enough to satisfy the leader of a delegation of peons. He continued to rail about the haughtiness and cruelty of his overseer until he was found in contempt and forcibly removed from the tribunal. Indeed, Alvarado's presiding *comandante* wrote the General that the man was being detained until he cooled off, in order that "such incendiary behavior not promote class antagonisms harmful to production and the spirit of work"—the guiding principles of Alvarado's new modernizing, reformist regime.[41]

The sudden launching during the 1909–1915 period of the political careers of popular cabecillas like Pedro Crespo, Juan Campos, and José Loreto Baak provides another indication of change in both the political and mental realms. Personal testimonies and interviews with *ancianos* (old-timers) in selected fringe municipalities suggest that the precipitous rise of these local chiefs was as satisfying to their campesino followers as it was disconcerting to the plantocracy. Such cabecillas, who under Alvarado and Felipe Carrillo Puerto would consolidate their clienteles into *poderíos intermedios* (that is, power domains midway between larger regional political *feudos* and purely local *cacicazgos*), have received far too little attention in the revolutionary historiography. Only recently have historians and anthropologists begun to tease out the pivotal role that these hingemen played in the Epic Revolution.[42] Typically rancheros/smallholders, artisans, petty merchants (or some combination of these), they emerged from the middle rungs of rural society to mobilize and represent the rural masses throughout the republic, bridging the cultural and ideological gap between campesinos and townspeople—

[40] E.g., see AGEY, Ramo de Justicia, "Incendio en la finca Texán," 1914; and *La Revista de Yucatán*, March 31, 1914.

[41] AGEY, Ramo de Justicia, "Diligencias contra Juan Córdova," 1915.

[42] See especially Raymond Buve, "Jefes menores de la Revolución Mexicana, y los primeros avances en la consolidación del Estado nacional: El caso de Tlaxcala (1910–1920)," unpublished ms., 1985; Falcón, *Revolución y caciquismo*; Alan Knight, "Intellectuals in the Mexican Revolution," in Roderic A. Camp, Charles A. Hale, and Josefina Zoraida Vázquez, eds., *The State and Intellectual Life in Mexico* (Mexico and Los Angeles: El Colegio de México and UCLA Latin American Center Publications, in press); María Teresa Koreck, "Social Organization and Land Tenure in a Revolutionary Community in Northern Mexico: Cuchillo Parado, Chihuahua, 1865–1910," paper presented at the VII Conference of Mexican and United States Historians, Oaxaca, 1985. Also see two fine essays treating similar themes for the Independence-era insurgencies: Eric Van Young, "Millennium on the Northern Marches: The Mad Messiah of Durango and Popular Rebellion in Mexico, 1800–1815," *Comparative Studies in Society and History* 28:3 (July 1986), 385–413; and Christon I. Archer, "Banditry and Revolution in New Spain, 1790–1821," *Bibliotheca Americana* I (1982), 58–89.

between "insiders" and "outsiders." Such studies are deepening our understanding of the dynamics of local rural protest by emphasizing that the revolutionary potential and *mentalidad* of these middle-sector actors (like those of
poorer peasants and peons) depended upon a whole constellation of local
forces. Because social behavior and mentality are enmeshed in the dynamic
process of history, shaped by identifiable social and political forces rather than
deduced mechanically from the structural relations of production or, worse,
assumed to be a product of some preexisting consciousness, it is often as risky
to generalize about "ranchero" or "artisan" status and *mentalidad* as it is
for villagers and peons.

No doubt a series of longitudinal studies of such *jefes menores* or in-
termediate caciques—the "flesh of the Revolution" according to Carleton
Beals[43]—would go a long way toward creating the synthesis of the Mexican
Revolution that appears to lie in the offing. Such studies would focus on the
relations which these caciques forged, with the emerging revolutionary state
on the one hand, and with their local clienteles on the other. Although it is
far from complete, our investigation of several of Yucatán's cabecillas has
begun to enable us to trace them from their beginnings as notable political
actors in 1909–1910, through the consolidation of their cacicazgos in the
1910s and early 1920s, until their demise or transformation into official party
functionaries in the 1930s (and even the 1940s in at least one case). It has also
cautioned us to reject neat, overwrought interpretations of the Revolution
and has encouraged us to fit together elements of both the populist and revisionist schools.

With Knight and the populists we agree that cabecillas such as Crespo,
Campos, and Baak provided a brand of leadership to villagers on the periphery of the henequen zone that was popular: homegrown, locally focused, and
organically legitimate (in the sense of the Weberian model of "traditional
authority"). Such authority both reflected and helped to shape the character of comunero insurgency during the seasons of upheaval. These leaders had
no encompassing national or even regional vision. They responded to, and
by their actions reinforced, their followers' determination to preserve autonomy and subsistence and at the same time to undermine, actually and symbolically, the authority of the dominant class and the state. Their "ideology"
was written in their revolts and often emerges in their testimonies. Crespo
candidly told the press: "Our goal is to overthrow the authorities and then
see what happens."[44] Or as Juan Campos summed it up: "to fight tyranny
and slavery and remain a free man."[45]

Where such organic leadership and organization was weak or virtually

[43] Carleton Beals, *Mexican Maze* (Philadelphia, 1931), Chapter 13.
[44] *Diario Yucateco*, March 6, 1911.
[45] Interview with Jesús Campos Esquivel, December 26, 1986.

absent, among the ethnically diverse "settlements"—we hesitate even to call them true communities—of peones acasillados in the heart of the more systematically controlled henequen zone, the forms of protest were different. Resistance normally took on a "quieter," day-to-day quality, escalating into short-lived eruptions of violence that were often provoked by the incursions of cabecilla-led bands between 1910 and 1912.[46]

It should be noted that our characterization of the popular movements of these village-based cabecillas does not turn on the existence of pristine "closed corporate peasant communities." Scholars have documented that strong solidary communities had ceased to exist in the northwestern henequen zone even prior to the Caste War in the mid-nineteenth century.[47] We have already evoked something of the additional onslaught which monoculture carried out on pueblos within that zone as well as on its fringes. Nevertheless, however stratified and factionalized these villages were (and the process was probably more advanced in Temax than in more remote fringe areas of the Puuc—e.g., Opichén, Santa Elena and Peto—which retained more of their traditional lands), significant groupings of campesinos came together to form the clienteles of cabecillas like Crespo, Campos, and Baak. Once mobilized, they forcefully pressed claims—political and/or agrarian: the mix varies with the microhistory of the locality—but claims that still were freighted with significant "moral" content.[48]

Because of the rather parochial, defensive nature of popular authority and ideology, which was of course related to the formidable structural obstacles presented by the monocultural regime, Yucatán's popular movement was destined to be rather fragmented and brittle. The cabecillas might successfully mobilize and represent their local clienteles, but they often just as actively feuded with and repressed factional rivals and only with great difficulty made common cause (and never lasting alliances) with neighboring entities or with the peones acasillados.[49]

[46] Joseph and Wells, "El monocultivo de henequén."

[47] E.g., see Robert Patch, *La formación de estancias y haciendas durante la colonia* (Mérida, 1976); Nancy M. Farriss, *Maya Society Under Colonial Rule: The Collective Enterprise of Survival* (Princeton, 1984), 355–395.

[48] Our findings regarding the "moral" claims of Yucatecan villagers resonate with recent reflections on the construct of the "closed corporate peasant community" by Eric R. Wolf and others. See Wolf's "The Vicissitudes of the Closed Corporate Peasant Community," *American Ethnologist* 13:2 (May 1986), 325–329.

[49] We emphasize that we are not affirming any larger theoretical judgment about peasant consciousness—i.e., that it is narrowly obsessed with local struggles over land, subsistence guarantees, and a desire simply to be left alone. Nor are we validating universalizing notions that the little world of the village or hacienda bounded the ideological horizon of peasants. (Our emphasis on the appropriation and reformulation of liberal ideology by Yucatecan peasants is suggestive in this regard.) Moreover, scholars working on the Andes and other parts of Mexico have persuasively argued that peasants often had a keen awareness of political worlds beyond

For a variety of reasons, then, it is not really surprising that the popular movement that was led in Yucatán by the new men of the 1910s was welded without great difficulty (and often with their assistance) into the ever-more-powerful national state of the 1920s and 1930s. In a sense, Yucatán, despite its marked regionalism, provides a vivid illustration of what is increasingly regarded to be a commonplace of Mexican political culture and revolutionary history: the propensity of local popular elements and movements—invariably undemocratic themselves—to at first be suspicious of, then work cautiously with, and finally serve to legitimate authoritarian *caudillos* and the institutionalized regime they ultimately established.

Pedro Crespo, Temax's and central Yucatán's cacique from about 1911 until he died in 1944, whose biography we have reconstructed and narrated elsewhere,[50] illustrates this commonplace. Representing the grievances of most Temaxeños (as well as harboring his own personal vendetta against an abusive jefe político who killed his father), Crespo rebelled in 1911, then reached a series of separate understandings with Maderismo, Huertismo, Alvaradismo, Felipe Carrillo Puerto's homegrown variant of "socialismo," and ultimately with what evolved into Priismo. It is too easy to argue that Pedro Crespo "sold out." Up until the 1930s, political life in Temax and its environs proceeded with a high degree of local autonomy from the state—even during Carrillo Puerto's socialist mobilization—in large part owing to Crespo's shrewdness. Moreover, under his cacicazgo, Temaxeños received their agrarian patrimony and, later, during the Great Depression, with henequen irreversibly in decline, Crespo skillfully negotiated an arrangement with the most powerful planters and the state to keep fields in production and minimize layoffs.

Indeed, to the day he died, Crespo lived in much the same manner as his campesino followers. He spoke Maya among friends, wore the collarless white *filipina* shirt, and lived in the *kaxna*, the traditional wattle-and-daub cottage with thatched roof. What interested him most was political power, not wealth. The Revolution had offered him a chance and he had seized it. He viewed himself and was regarded in Temax as a *líder nato*—a born local leader, a chief. As such, he did what was necessary to preserve, even extend,

---

the immediate locale, and possessed a flexibility of consciousness far more complex than the predictable parochial obsessions with land, autonomy, or subsistence security. See, e.g., the essays by Steve J. Stern and Florencia E. Mallon in Stern, ed., *Resistance, Rebellion, and Consciousness in the Andean Peasant World, 18th to 20th Centuries* (Madison, 1987). Nevertheless, given the formidable constraints imposed by Yucatán's monocultural regime, particularly an "idiom of power" that effectively combined reinforcing elements of isolation, coercion, and paternalistic security, it may well be legitimate to conclude that a parochial orientation and a defensive obsession with local rights did indeed prevail among the *yucateco* peasantry during the seasons of upheaval.

[50] Joseph and Wells, "The Rough and Tumble Career of Pedro Crespo."

his *poderío*. This entailed constant political vigilance and negotiation: deals might be made with powerful planters and *had* to be made with an ever more muscular and bureaucratic state, but they never called upon Crespo to sell out his clientele, accumulate great wealth, and leave Temax for Mérida. Indeed, precisely because he was a líder nato, he was incapable of transcending his locality and breaking with the political culture that had produced him.

More research needs to be done on the personal histories of other cabecillas. But while details may differ—some were clearly more ruthless and economically acquisitive than Crespo—the stories are likely to come out about the same. We expect we will encounter caciques who approximate Pedro Crespo far more than they do Carlos Fuentes's fictional composite, Artemio Cruz: leaders who ruled over factionalized, stratified local worlds, who sought balance between the centralizing new state with its project of capitalist transformation on the one hand and their own local clienteles on the other—all the while clinging to political power (whether it be control of local agrarian commissions, municipal presidencies, etc.). Those who managed this balancing act, like Crespo, endured; those not as politically astute (e.g., José Loreto Baak) were replaced by factional contenders who then took their turn at applying the new rules of the game in the old political culture.

In this sense, John Womack, representing the "revisionist" interpretation of the Revolution, meets Alan Knight's populism somewhere in the middle when he writes that although the Revolution's popular movements were significant forces and Mexican society underwent real crises and serious changes, "the crises did not go nearly deep enough to break capitalist domination of production." Thus, ultimately, "the Revolution witnessed the improvised organization of new . . . forces" and actors capable of rebuilding the capitalist state and channeling, if not entirely domesticating, the demands of the popular classes. At the end of the day, argue Womack and the revisionists, the subject is no longer so much popular movements as political management.[51] But Knight would respond, that's not the way the day began.

This Yucatecan case study may be framed in an even broader perspective. Friedrich Katz has perceptively noted that Mexican campesinos have played a role unique in Latin American history. Mexico is the only country in the Americas where "every major social transformation has been inextricably linked to rural upheavals."[52] In fact, three times within a century, in 1810, the 1850s, and 1910, social and political movements emerged that destroyed the existing state and most of its military establishment, and then set up a new state and army. New classes gained control of state power. In all

---

[51] John Womack, "The Mexican Revolution, 1910–1920," in Leslie Bethell, ed., *Cambridge History of Latin America* (Cambridge, 1986), V, 81–82.

[52] Friedrich Katz, "Rural Uprisings in Mexico," in Katz, ed., *Riot, Rebellion, and Revolution: Rural Social Conflict in Mexico* (Princeton, 1988).

three instances, the upper and middle classes who engaged in these national upheavals summoned the campesinado to participate in them, and in all three cases, campesinos played an important and perhaps decisive role in the emergence of the new states. Yet the changes in the countryside that these movements brought were rather modest. In each case, armies that began as campesino-based forces soon became the guarantors of the existing, oppressive social order. Katz freely confesses that *why* elites have repeatedly called on campesinos to rise and *why* they have followed remain among the more intriguing questions with which he grapples. We find ourselves pondering the same riddle. We hope that in this essay we have elaborated at least for one regional context some tentative answers to these larger questions of mobilization and demobilization.

III

The Consequences

II
The Conscience

Banks, Oil, and the Reinstitutionalization
of the Mexican State, 1920–1924

Linda B. Hall

IN THE WAKE OF THE BLOODY REVOLUTIONARY DECADE, the Mexican political system began a process of reinstitutionalization which would make it the most stable political system in Latin America during most of the twentieth century. Although some movement toward institutionalization had taken place before 1920, notably the writing and adoption of the Constitution of 1917, the movement to put into action the provisions of that charter and to establish other new and less formal rules of the political game largely took place in the post-1920 period. However, there were significant limits on the ability of political leaders to carry out this process. Among the most significant were the presence of the United States on its northern border, and the active interest taken by many and varied political and economic actors in the "Colossus of the North."

Nora Hamilton, in her fine work, has pointed out the importance of U.S. interest and investment in Mexico in the post-revolutionary period, but her book focuses principally on the question of class formation during the period in question.[1] This essay, in contrast, examines more closely the interaction of U.S. interests of various kinds in the political process, particularly with regard to two major Mexican leaders of this period, Alvaro Obregón and his long-time associate and finance minister, Adolfo de la Huerta, and how this interaction on the one hand slowed the process of economic recovery necessary to the support and stability of Mexican governmental machinery and on the other hand contributed to De la Huerta's eventual rebellion in late 1923, a rebellion which significantly affected and changed the movement toward political consolidation of the Mexican state. I will focus particularly on the negotiations of Adolfo de la Huerta as Finance Minister with the

---

[1] Nora Hamilton, *The Limits of State Autonomy: Post-Revolutionary Mexico* (Princeton: Princeton University Press, 1982), 69–74.

International Bankers' Committee for the resumption of payments on the Mexican debt. These negotiations were intimately linked with concerns of the oil companies about the possible applications of the Constitution of 1917 to their operations in Mexico and also with the question of the recognition of Mexico by the U.S. government.

In pursuing this line of inquiry, it is important to keep in mind the conditions existing in Mexico at the end of the revolutionary period which affected and limited Mexico's political institutionalization. The first of these, recognized as the top priority by the Obregón government, was the need for national reconstruction. Mexico suffered from general economic devastation: the destruction of physical plant (mines, factories, housing, agricultural establishments, etc.), lack of capital, lack of jobs, widespread malnutrition and illness, large-scale immigration of workers to the United States, and severe damage to infrastructure of all kinds, particularly the railroads. The bright side was that the oil industry had prospered despite revolutionary conditions, and it was to the oil industry that the Mexican government would have to look for revenues to keep itself and any attempts at economic recovery afloat. The country needed foreign loans to rebuild, and recognition from the United States would help facilitate those loans. This recognition, which almost undoubtedly would have been forthcoming from President Woodrow Wilson, had been held up by the change of administrations from the Democrats to the Republicans under Warren Harding in 1920.

It must be noted, however, that U.S. interests in Mexico were by no means in complete agreement about the policies which should be pursued in Mexico and about which individual leaders or groups should be supported. There were at least five significant sets of actors involved in the United States, and these sets were by no means unified among themselves. The first major actor was, of course, the State Department, which was principally concerned with the possible recognition of Mexico. Obregón's government was eager to be recognized, as it would aid in the floating of new loans from foreign sources, would help attract new direct foreign investment, and in general would provide a legitimacy to Obregón which would strengthen his position in internal domestic politics. The second set of actors, led principally by the International Bankers' Committee headed by Thomas W. Lamont of J.P. Morgan, was the financial community. This group, ranging beyond strictly U.S. concerns, was composed of North American and European bankers with outstanding loans to the government of Mexico and was particularly concerned about the resumption of payments on the foreign debt. The third group, the oil companies, was concerned with the application of Article 27 of the Constitution of 1917, which returned subsoil rights to the Mexican state, and which might threaten oil interests with the loss of rights of various kinds which they had held under the long-term government of Porfirio Díaz. A fourth group, border interests, was largely concerned with the economic rehabilitation of Mexico so that trade could be resumed and expanded and so that the border region as a whole could thrive and prosper. A fifth group, which cut across the former groups and which frequently had conflicting interests, was high-ranking American politicians, ranging from governors and senators to members of the administration. An important point is that all these groups were in constant communication with one another, and although the actions of various groups had different effects at different times, they did not operate in ignorance of one another's concerns or even necessarily at cross-purposes. On the contrary, interaction was constant and coordination frequent. Among these groups, interestingly enough, the most marginalized were border interests, who had perhaps the most profound knowledge of the Mexican situation as a result of direct, day-to-day dealings, and whose own well-being was more significantly dependent than other groups on the *general* health of the Mexican economy and the stability of the political system. The most intransigent were the oil companies, who had managed, during the years of the Revolution, to establish themselves as a largely autonomous foreign enclave within the Mexican nation, and whose profits depended more on their ability to maintain this autonomy than on the overall well-being of the Mexican economy or political system.

Control of Mexican oil, of course, had become not only economically important but a major source of national pride and a rallying point for the nationalism of the Revolution. This point was vividly recognized by Venustiano Carranza, Mexican president from 1917 to 1920. Carranza in general tried to maintain a hard line toward the companies involved in the exploitation of Mexican oil, seeking to gain maximum economic advantage as well as political popularity for his government. As Lorenzo Meyer has pointed out, Carranza wanted to raise funds for his government through greater taxation and control of the oil companies, and he was also concerned that the companies would drain Mexico of its oil reserves, exhausting an important national patrimony. He was further interested in his own political popularity, which had been damaged by his failure to carry out measures to implement the agrarian reform called for during the Revolution and to improve the conditions of the working classes. He therefore turned his attention to ending the special privileges which foreign investors, particularly in the oil industry, had enjoyed in Mexico. In February of 1918, he decreed that as Article 27 had returned subsoil rights to the nation, all private companies wishing to exploit Mexico's petroleum deposits must apply for government permission. Thus, ownership rights to the land conferred during the pre-revolutionary period were converted to nothing more than government concessions.[2] However, the U.S. reaction to this decree, both official and private, was so strong that

[2] Lorenzo Meyer, *Mexico and the United States in the Oil Controversy, 1917–1942* (Austin and London: The University of Texas Press, 1977), 60–62.

Carranza was forced to soften his approach, and the bill which would have implemented this decree was still in congress at the time Carranza fell. According to Meyer, the failure to implement this law was directly attributable to Carranza's own unwillingness to force the issue, given strong U.S. resistance and even the threat of possible U.S. intervention to protect its oil interests.[3]

Nevertheless, Carranza was becoming more conciliatory toward the U.S. State Department. At the same time, several members of the financial community, principally Thomas W. Lamont of J. P. Morgan Co., were moving to assure U.S. control of any agreement on the repayment of the debt, despite the fact that most Mexican bonds were held by Europeans and the United States had a relatively low financial exposure in Mexico. By October of 1918, plans for the formation of the International Bankers' Committee were in place, with the representation to be as follows: ten representatives from the United States and five each from Great Britain and France. Lamont had corresponded earlier on this matter with Frank Polk, then the Under Secretary of State, who, in Lamont's words, had "laid down the Constitution for us to follow," with the intention that "the American predominating influence would be quite apparent. . . ." The concern of the Americans to dominate proceedings surfaced clearly when the possibility arose of adding one Dutch and one Swiss representative. Lamont then indicated in a letter to the Department of State that it would not be necessary to add two more U.S. representatives, as "no question of voting is ever likely to arise. . . ." Rather, it seems, the Europeans had decided to concede U.S. hegemony over Mexican financial affairs, and would follow the lead of Lamont, widely conceded to be the most prominent international banker of his generation.[4]

This interest on the part of both Mexico and the United States to put Mexico's financial house in order led very quickly to two preliminary talks between Rafael Nieto, Carranza's Acting Secretary of Finance, and Thomas Cochran, who handled Mexican matters for J. P. Morgan along with Lamont, and then with J. P. Morgan himself. These discussions were followed by three

---

[3] Meyer, *Mexico*, 62–65, 71.

[4] Thomas W. Lamont to William Phillips, Assistant Secretary of State, Oct. 28, 1918, in Thomas W. Lamont Papers, Baker Library, Harvard University, Box 197, Folder 18. Archive hereinafter cited as TWL followed by box and folder number. Lamont's close cooperation with representatives of the State Department is further indicated by the fact that his communications with Mexico frequently went by embassy pouch, and acquaintances were communicating with him to find suitable employment for U.S. Ambassador to Mexico Henry Fletcher at the time Fletcher should leave the diplomatic corps. Lamont to Phillips, Oct. 25, 1918, TWL 197–8 and Federal Reserve Bank of New York to Lamont, Dec. 31, 1918, TWL 192–1. Lamont was concerned to get Fletcher's formal approval for the ultimate makeup of the IBC, and not surprisingly obtained it in August 1919. Lamont to Henry P. Fletcher, August 13, 1919, and Ira Patchin to Hoffman (no first name), August 20, 1919, TWL 192–3.

more meetings of the newly constituted American branch of the IBC. At the first meeting, between Nieto and Cochran, Nieto indicated Carranza's eagerness to resume payment on the debt. He and Cochran both agreed that a realistic repayment schedule was essential, as Cochran, pragmatic banker that he was, emphasized that an unrealistic agreement would be "worse than useless." It was understood that after the meeting Cochran would meet with Frank Polk, at that time the Acting Secretary of State, and U.S. Ambassador to Mexico Henry Fletcher for an "informal discussion of the financial project."[5]

A tentative list of considerations was drawn up by the Americans, which included most of the major financial concerns of the two countries for the next several years. The most important immediate problems were the settlement of the indebtedness of the Mexican government and the organization of a new Mexican central bank, both seen as crucial if Mexico were to modernize and stabilize its financial system. These steps would also involve the reduction and consolidation of the funded debt upon the basis of U.S. support, and a consideration of the extent of further indebtedness that Mexico could safely assume. Secondary but still important considerations were the settlement of the railroad debt and the reorganization and improved operations of the railroads (at that time under the power of the Mexican government but over which the Americans hoped to regain control); the claims, on both sides, for damages on account of loss of life and property; and a potential Treaty of Amity and Commerce which would provide a safe basis for the foreign operation of businesses in Mexico. It was made clear to the Mexicans that the settlement of banking and railroad indebtedness was the quid pro quo for any discussion of the balance of the debt or of any future loans. The Mexicans, on their part, reminded the Americans that no economic recovery and thus no profitable foreign investment would be possible without the reestablishment of law and order, and that this end could only be accomplished by the maintenance of a large armed force requiring a heavy expenditure of perhaps $60,000,000 pesos a year.[6]

This conference was followed three weeks later by a meeting between Nieto and J. P. Morgan. On this occasion Nieto was accompanied by L. M. Garrison, former Secretary of War under Woodrow Wilson, and other American advisers. Morgan was accompanied by Cochran and others. Again, the bankers' pragmatic approach was clear. When informed of the severe military, political, and economic problems which Mexico still faced, Morgan emphasized that the "bankers had no idea of holding a pistol to Mexico's head," that Mexico was in need of reconstruction and that a settlement must

[5] Memorandum of meeting, Rafael Nieto and Thomas Cochran, 1/10/19, TWL 192-2.
[6] Ibid.

be satisfactory to both sides, but that "repudiation would be the worst thing for Mexico." Both sides recognized that as the negotiations for an end to the World War were drawing to a close in Paris, the possibility of a settlement between Mexico and the United States became stronger. Both sides also acknowledged that Mexico needed new capital to recover economically, Morgan estimating that between $150,000,000 and $200,000,000 U.S. would be required. According to Morgan, "She [Mexico] could buy it with conduct as well as by giving an obligation." Still, the Mexicans were quite concerned about the political implications of a new loan, particularly one which would be guaranteed by the Americans. Quite naturally, they feared the control that that would give the Americans in the renewal of Mexican economic development and the possible demands which could be exacted.[7]

Despite further discussions with the new U.S. committee of the IBC, however, nothing more was achieved on the problem of the Mexican debt until after Carranza's government fell and had been replaced in December of 1920 by one headed by Sonoran Alvaro Obregón. This lack of movement was not surprising given the expectation of the North Americans that not only would they eventually be able to reassert the more favorable terms of the Porfiriato but also that U.S. capital and power would replace European. Not only was Carranza concerned with asserting economic nationalism, but he was also particularly suspicious of U.S. interests.[8]

Meanwhile, many observers noted the basic need to reestablish a system of banking and credit. One group, from the San Antonio Chamber of Commerce, pointed out in a report on its seventeen-day trip through Mexico in March and April of 1919 that "the crying need of Mexico is for banks and financing," although they also noted in particular the great need for rural credit to revive and improve the agricultural sector. These individuals, mostly border merchants eager to trade with Mexico, were concerned about the reestablishment of the credit system, as currently Mexican importers had to pay "cash at the border." These Texas businessmen were also eager to have the railway system restored and improved, since "such a resumption of traffic and pullman service will give the bulk of Mexican businesses to the United States instead of the European countries as was formerly the case before 1914."[9] Thus they echoed the intentions of the State Department and U.S. financial interests to take advantage of the world situation to tie Mexico more firmly to the United States.

[7] Minutes, Conference on the refinancing of the Mexican debt at the office of J. P. Morgan, March 7, 1919, TWL 191–2.

[8] Reports on the meetings are available as follows: Minutes, American group of the IBC, March 3, 1919, and March 18, 1919, TWL 192–2, and May 23, 1919, TWL 192–3.

[9] Report on Mexican conditions, San Antonio Chamber of Commerce, March–April 1919, TWL 192–3.

Although border and banking interests were increasingly friendly toward Mexico during 1919, the political picture changed considerably in 1920 and 1921 as the major political actors changed on both sides of the border. President Woodrow Wilson's illness in the wake of the Paris Peace Conference gave a great deal of influence to his more business-oriented Secretary of State, Robert Lansing, and in early 1921 the Republicans under Warren Harding came to power. Under the Republicans, U.S. oil interests, with their driving concern about the possible confiscations of their Mexican properties, became the major influence on the administration. The settlement of other questions, including the resumption of debt payments and potential U.S. recognition, took a secondary position.

Meanwhile, Carranza had been replaced in Mexico by Alvaro Obregón, who had been elected president after Carranza had been thrown out of office in the "Revindicating Revolution" of 1920. This movement had been led by Sonorans Obregón, Plutarco Elías Calles, who would serve as his Secretary of Government, and Adolfo de la Huerta, who served for several months as Interim President and then became Secretary of Finance. Obregón was on the one hand less publicly antagonistic to the United States but on the other hand determined to deal with the neighbor to the North on the best terms possible. For Obregón, the most important priority was national economic recovery and development, and he recognized the need for outside capital and new loans, particularly from the United States. The possibility of getting new loans was tied closely to the question of recognition, which would have to precede any new lending. Recognition, in turn, was tied to the problem of petroleum. However, since the key to the resolution of these problems seemed to be an agreement with the bankers, who were more knowledgeable about the Mexican situation and more amenable to a global solution than either the U.S. administration or the oil men, Obregón's first initiatives were in the area of debt resolution. Thus, De la Huerta became the major negotiator with U.S. interests. Unfortunately for Obregón, De la Huerta was a poor choice as he did not understand clearly the financial questions involved and was too easily impressed with the power and intellect of the men with whom he had to deal.

Lamont and the IBC, for their part, were eager to push ahead with negotiations, but were stymied by the directives of the State Department. Moreover, their European colleagues, particularly the British, had begun to look favorably toward recognition. It seems clear, as well, that although the U.S. and European bankers were acting together, U.S. financial interests would lose an advantage if European recognition and renewed European financial activity in Mexico preceded the American resumption of relations. Further, Lamont and others were favorably impressed with the stability of the Obregón government and feared that without U.S. support his administration would be vulnerable to something worse. This attitude was in contrast to that of some of the oil operators, who seem to have been making direct efforts to replace Obregón with someone more amenable to their designs and who wanted recognition (*after* an arrangement with the oil companies) to precede any settlement of the financial question.[10]

Therefore, Lamont, beginning in early 1921 and accelerating and intensifying his efforts through the summer, began to lobby both the Department of State and key congressional actors, in particular Senator Albert B. Fall of New Mexico, who had close ties to U.S. oil interests, to move ahead with negotiations in other areas. Lamont sent Fall his own articles advocating the opening up of foreign trade policies, an attitude with which Fall was not in complete agreement, but Fall nevertheless agreed to act as "honest broker" on trade questions between Lamont and Harding.[11]

Meanwhile, Lamont was beginning to put much more direct pressure on Secretary of State Hughes, whom he regarded as a bit of a babe in the woods in international matters and in considerable need of both patience and tutelage. In May of 1921, Hughes had proposed unilaterally to Obregón that if he would agree to a treaty with the United States assuring that the Constitution of 1917 would in no way jeopardize American property rights in Mexico, and that basically the status quo before the Revolution would be preserved, recognition would follow. Hughes had, in one stroke, offended the Europeans, with whom his subordinates had agreed the United States would consult at every turn, as well as Obregón, who would have found it politically and no doubt personally impossible to forego publicly the principles of economic nationalism developed during the Revolution and embodied in the Constitution of 1917. The British ambassador to the United States had been particularly distressed. As Lamont indicated to his British colleague Vivian H. Smith, "Mr. Hughes is a very cautious man and I suppose with the multiplicity of his duties he cannot learn, all in a minute, the ordinary methods of State Department procedure in a matter of this kind."[12]

In addition, Lamont corresponded regularly and directly with Hughes himself, as well as with former U.S. ambassador to Mexico Henry Fletcher, now in Washington, and other high-ranking members of the State Department. Meanwhile Frank Polk, former Under Secretary of State, had joined a Wall Street firm and had become the counsel for the American section of the IBC. The connection between banking interests and the Department of

---

[10]Lamont to E. C. Grenfell, Morgan, Grenfell & Co. (England), Oct. 11, 1920; Lamont to Norman Davis, Acting Secretary of State, Jan. 1, 1921; both in TWL 192–4.

[11]Lamont to J. P. Morgan, Feb. 9, 1921; *New York Times*, Feb. 9, 1921; and Senator A. B. Fall to Lamont, Feb. 11, 1921, all in TWL 192–4.

[12]Lamont to Vivian H. Smith, June 10, 1921, TWL 192–4.

State was clear, direct, and continuous. Lamont was also in contact with banking interests in Mexico, who had suggested to him that the foreign debt could be repaid by a special tax on oil, other banking interests, and individuals in the oil industry.[13]

On June 6, 1921, Lamont called on Secretary Hughes and former ambassador Fletcher at the State Department, ostensibly to report on the attitudes of the European members of the IBC and to discuss the possibility of converting the Banco Nacional, a private bank with close connections to the French, into a kind of Mexican central bank which would act for the Mexican government in terms of its debt service. This plan would include the "internationalization" of its board by the addition of British and U.S. representatives, which would reassure "the investment communities of these various countries that machinery was being provided for some sort of oversight of Mexican governmental finances." Lamont followed up his meeting with a letter to Hughes three days later indicating that renewed negotiations should be undertaken within about sixty days, that signs were good for a favorable outcome as the Obregón government had assured him in February 1921 that they were willing to recognize all debts incurred by "lawful governments which had preceded it," and that the British elements of the IBC were pushing for recognition on the grounds that "a much worse regime might turn him out. . . ." Again he reiterated the pressure for negotiations from the European bankers, who were ready to move and only awaited Hughes's agreement to go ahead. Lamont then indicated his feeling that a new initiative should be taken in the fall, and that further delay would be "poor policy." Apparently Hughes at least acquiesced, as Lamont then began planning a visit to Mexico for the fall of 1921.[14]

Unfortunately, Lamont's visit to Mexico in late September and early October of 1921 was successful only in establishing official contact with the Mexican government, which was at that time embroiled with the oil companies. Although through private statements Obregón and others had assured the oil companies that Article 27 would *not* be applied retroactively to oil properties which were in the process of development in 1917—that is, on which "positive acts" had been performed—and the Supreme Court of Mexico had on August 30 handed down a ruling to that effect, the oil companies were still intractable. Indeed, they feared that between 80 and 90 percent of their lands might still be vulnerable to confiscation. Further, Lamont was in direct

[13] *New York Times*, Feb. 9, 1921, TWL 192–4. See, for example, Legorreta to Paris Committee, May 26, 1921, TWL 192–4; Lamont to D. E. Pomeroy, Bankers' Trust Co., June 29, 1921, TWL 192–5; and Amos Beaty to J. A. Ryan, Sept. 29, 1921, TWL 197–22.

[14] Lamont to Charles Evans Hughes, June 2, 1921, and June 9, 1921, TWL 192–4; Lamont to Hughes, June 27, 1921; Lamont to Martin Egan, Sept. 2, 1921, both in TWL 192–5.

communication with the oil companies during this visit, having requested the
advice of Judge Amos L. Beaty of the Texas Company to indicate a representative of the Committee of Five—Standard Oil of New Jersey, the Mexican
Petroleum Company, Sinclair Consolidated Oil Company, the Atlantic Refin-
ing Company, and the Texas Company—with whom he might confer while
in Mexico. Beaty therefore communicated with General James A. Ryan, the
Texas Company representative in Mexico, to "quietly get in touch with him
[Lamont] and hold yourself in readiness during his stay to answer his calls for
a conference." Ryan was further urged to contact the managers of "the five
companies whose executives are on our committee" should he need the advice of "practical oil men." He added that they "should and naturally would
keep in the background," and went on to say that "the chief point in this
connection is that no impression should be given [to the Mexicans] that the
financial interests and the oil interests have combined. . . ."[15]

Oil company intransigence had led in turn to the hardening of the
Mexican position, and Lamont accomplished little. Nevertheless, he was reported to have "opened the door to further negotiation," and it was indicated that "holders of Mexican securities are more than satisfied with the
progress made."[16] However, J. P. Morgan himself, perhaps informed by
Lamont more candidly about the situation than the public press, cabled
Lamont his indignation: "I did not think any government of modern times
would so proudly proclaim its complete dishonesty or its abandonment of all
decent finance or morals. Hope you did not have too trying a time, and con-
gratulate you on getting out before they stole your pocketbook or watch."
Indeed, Morgan's cable proved almost prophetic, as Lamont narrowly escaped
being kidnapped by bandits as he was leaving Mexico, an event which may
well have given him a better appreciation of the problems of order facing the
Mexican government.[17]

Nevertheless, despite the difficulties of his trip in late 1921, Lamont
made a favorable impression in Mexico. Speaking to the Mexico City Chamber of Commerce, which was composed largely of Americans, he praised
Obregón's government and reiterated his request that Mexico (i.e., Obregón)
pledge his willingness to make good on the external public debt. On his
return to the United States, he continued to work toward this end, drawing
up and studying plans for the negotiations and, by March, securing De la

[15] Meyer, *Mexico*, 85–86. Amos L. Beaty to James A. Ryan, Sept. 29, 1921, TWL 197–22.

[16] *New York Evening Telegram*, Oct. 29, 1921. According to John W. F. Dulles, Lamont
objected to De la Huerta's arrangements with the oil companies to buy up Mexican government
bonds on the market at less than face value and then permit them to utilize them at face value
for the payment of their taxes. Dulles does not offer a source. John W. F. Dulles, *Yesterday in
Mexico* (Austin: The University of Texas Press, 1961), 148.

[17] Morgan to Lamont, Oct. 25, 1921, and Lamont to Morgan, Dec. 9, 1921, TWL 192–7.

Huerta's commitment that further meetings would be held with the entire membership of the IBC in New York in May. According to an IBC memorandum for discussion, probably of European origin, the leaders at this time believed that Mexico could and should service its secured bonds, most of which were held by the French, and that the holders of unsecured loans should fend for themselves. This memo also suggested again that a new method of payment might well be the direct deposit of petroleum taxes to banks in New York, Paris, and London through the Banco Nacional. The reader will remember that it had already been suggested that the Banco Nacional, a private bank, begin to take on the functions of a central bank and that its board be internationalized to provide for what Lamont considered responsible supervision of the Mexican financial situation. Lamont at this time was beginning to exhibit a good deal of irritation with De la Huerta, who had changed his mind about the date of negotiations several times As he indicated to Hughes, everything would have long since been settled "if the people down there had had a little clearer sense of what an obligation is and further had not been so suspicious of us all." Nevertheless, Lamont saw De la Huerta's willingness to come to the United States as a good sign, and the commitment once made, Lamont went to Paris for a meeting of the complete IBC along with other European representatives to prepare for the negotiations. The entire group would return with him in May.[18]

Lamont's views on the Mexican situation, as expressed in private notes made at the time of the Paris meeting, reveal that he understood that excessive financial pressure would ultimately cause the destabilization of the Obregón government. He therefore resolved to press *not* for the "best immediate deal on paper, but what will be best in the long run." The prognosis for an adequate settlement was good, as he felt the Revolution represented not just the triumph of a selfish faction but rather the establishment of a government founded on a desire to improve the "lot of common people." He was not entirely sanguine, however, noting that the revolution had "sadly overshot [the] mark—excesses in constitution, etc. . . ." Further, as a good business-man he reminded himself that "*nevertheless* it is our business to help insofar as we can our bondholders."[19]

Lamont therefore saw two possible major options. The first would be to push for full legal rights, which might be arguable on the grounds that there was now more revenue available than in the past. This option, he felt, would probably lead to a new revolution, making it even more difficult to collect the debt. Therefore, he (speaking for the U.S. committee) would advocate

---

[18] Memorandum on Plans for Settlement of the Mexican Debt., Jan. 28, 1922, TWL 192-7; Lamont to Hughes, March 24, 1922, TWL 197-19.

[19] Lamont, Personal Notes, April 19, 1922, TWL 198-2. Emphasis is Lamont's.

"certain compromises," in the belief that it would mean more money for bondholders in the long run.[20] Thus, Lamont was balancing the need to protect his bondholders to the fullest extent possible against the potential damage to Mexican stability, exhibiting a practical quality not characteristic of the representatives of the oil companies.

His own bottom line recommendation, as of April 19, was that an understanding between members of the Committee (it is unclear whether he meant to include the Europeans or was speaking just of the Americans) should be developed. This understanding would provide for canceling one-half of the back interest on all debts, and re-funding the uncancelled portion in a new 4 percent loan. A minimum initial payment for the first year would be thirty million pesos. This plan, he explicitly indicated, would not be shared with De la Huerta.[21]

Lamont then sketched out briefly the related issues without comment—the return to private management of the railroads; the question of industrial damages; the possibility of new money; an oil agreement; De la Huerta's "promising words re exploration" presumably on oil; and the Banco Unico and the Banco Nacional. In regard to politics, he noted, again without comment, Pani (Alberto Pani, Obregón's new and potentially powerful Secretary of Foreign Relations), Harding, and Hughes.[22] Lamont was in the position of balancing a number of important actors against each other, and his notes show that he was keeping this necessity carefully in mind.

At the Paris meeting, Lamont and the IBC drew up two documents—a memorandum containing the general principles of a settlement, and a list of questions on which there was general agreement but which was not considered suitable for public dissemination. The public document, obviously an instrument for bargaining, made no mention of any potential reduction in back interest. It did call for concessions "of an essentially temporary nature" on the part of its bondholders in recognition of the economic difficulties caused by Mexico's "revolutionary troubles." Still, it called for Mexican governmental acceptance of the obligations incurred at the time of issue for all bonds including those of the national railways. The direct secured debt was to be paid immediately on a five-year transitional basis, starting with the thirty million peso payment mentioned in Lamont's notes in the first year and escalating thereafter. Back interest would be handled partly with new loans and partly with scrip which could be used to pay Mexican customs duties and other taxes. Other complex mechanisms were suggested for funding payment of current interest which would increase total Mexican indebtedness over the

[20] Ibid.
[21] Ibid.
[22] Ibid.

short run. Any future loan—a point of enormous interest to the Mexicans—would have to be negotiated *after* an agreement had been reached on the initial debt. In an interesting caveat to this point, it was noted that if any of this new loan were to be used for a central bank, this step would have to come after an agreement with the Banco Nacional, the aforementioned private bank which Lamont had thought might serve as a central bank itself. A last point stated that the railways should be returned to private "exploitation," although it was not clear whether this meant management or ownership. In any case, the Mexican government would assume the obligation of returning the railways to good working order, a substantial demand given the deterioration of both lines and rolling stock during the Revolution.[23] The unreleased memorandum was somewhat more lenient and reflected the compromises between Lamont and the other committee members—thirty million pesos was seen as a first-year minimum, attempts would be made to secure more, and the possible forgiveness of 50 percent of the back interest was acknowledged as a possibility. Also discussed but not included, as apparently no agreement was reached, was what to do if the government refused to return the railroads. The suggestion was that a shift could be made to an insistence on government acceptance of all railroad bonds.[24]

Meanwhile, De la Huerta himself, inexperienced in international and financial affairs, seems to have been going through a particularly difficult time, unsure about the negotiations with the bankers and with the oil interests. In two December 1921 letters to Lamont from Ira H. Patchin, an employee of the Morgan firm who worked directly on Mexico and who frequently served as liaison with the Department of State, Patchin remarked on De la Huerta's developing reliance on both Lamont and himself for advice and information on the oil situation and on internal political maneuvering within Mexico. Patchin also reiterated the close connection between oil and banking interests, stating that a disruption in oil production would "interfere seriously with our own business."[25] Indeed, revenues from oil, as the most active sector of the Mexican economy, were the only real hope for the repayment of the Mexican debt.

De la Huerta's nervousness increased through the spring, as he relied more and more on Lamont as an adviser. He also seems to have been unsure of Obregón's good opinion and support, an impression that had stemmed from a major breach between the two men during De la Huerta's interim

[23] Memorandum of the IBC meeting, Paris, April, 1922, and the original French draft, April 21, 1922, TWL 192-8.

[24] Questions not covered by official memorandum but on which understanding exists, IBC meeting, Paris, 2933, TWL 192-8.

[25] Ira H. Patchin to Lamont, (1) Dec. 12, 1921, and (2) Dec. 12, 1921, TWL 199-14.

presidency. De la Huerta, at that time concerned with pacifying the country, had amnestied Pancho Villa and rewarded him with the grant of the ranch of Canutillo. Obregón, whom Villa had at one time ordered killed, was outraged, and communicated with De la Huerta only through his secretary for some months. Although superficially this breach had been healed when Obregón had come to the presidency and De la Huerta became his Secretary of Finance, problems of confidence still continued between them.[26] In fact, Obregón repeatedly refused to allow De la Huerta to go to New York for preliminary conferences. Obregón was unwilling to make the public declaration of Mexican intentions to recognize and pay off the debt that Lamont had requested in October, and he may well have been concerned about Lamont's growing influence over his Finance Minister.[27]

In addition, De la Huerta seems to have been reluctant to meet with the American oil men prior to his meeting with the bankers. Obregón, eager by this time to explore any avenue to resolution of his outstanding problems and having had favorable preliminary conversations with Edward L. Doheny of Mexican Petroleum about the plans he and the other four "petroleum aces" —that is, the other four members of the Committee of Five—had for the development of the industry, had agreed to meet with them April 24, 1922, and wanted De la Huerta present. De la Huerta, however, wanted the meeting postponed until it could be held simultaneously with the IBC meeting or later. Such arrangements would, of course, have caused a change of location from Mexico to New York, and would have eliminated Obregón himself from the meetings. De la Huerta also indicated that an arrangement with the bankers should come *before* an agreement with the oil companies, again indicating his greater feeling of security in dealing with that group. Obregón rather testily replied that he agreed that the meeting in April was only to listen to plans for the further development of the industry and the possible integration of the five companies into one larger unit. At this point, De la Huerta developed a series of excuses to avoid coming to Mexico City for the meetings and only agreed to attend when Obregón indicated that he would go ahead and meet with the oil men on his own.[28] Both men did meet with

[26] Alvaro Obregón to Adolfo de la Huerta, Fernando Torreblanca Archive, Expediente De la Huerta. Archive hereinafter cited as FTC/DLH.

[27] Gómez Marín to Adolfo de la Huerta, Nov. 30, 1921; Obregón to De la Huerta, Dec. 2, 1921; Carlos Félix to De la Huerta, March 27, 1922; Fernando Torreblanca to Salvador Urbina, March 29, 1922; De la Huerta to Obregón, March 20, 1922; Obregón to De la Huerta, March 21, 1922; all in Alvaro Obregón papers in Fernando Torreblanca Archive, Section 41, Expediente 9, Archive hereinafter cited as FTC/AO, followed by classification number.

[28] Obregón to De la Huerta, April 6, 1922; De la Huerta to Obregón, April 8, 1922; Obregón to De la Huerta, April 12, 1922; and #2, April 13, 1922; Obregón to De la Huerta, April 17, 1922; De la Huerta to Obregón, April 17, 1922, in FTC/AO 41, 9.

the oil representatives, but in the face of disagreement over Article 27 and concern about the fact that no new oil had recently been discovered in Mexico, the idea of a joint company which might have combined with the Mexican government to carry out a massive exploration campaign was discarded. Thus, the possible alliance between the Mexican government and the companies did not bear fruit, and De la Huerta entered negotiations with the bankers at a time when relations with the oil companies were unclear. De la Huerta did agree, however, to continue the conversations in New York after meeting with the IBC.[29]

Thus, at the time De la Huerta went to New York, he had established a relationship in which Lamont stood as a trusted and admired adviser and the President of his own country as highly questionable supporter and possible adversary. Indeed, it seems that Obregón and Lamont both had reason to question De la Huerta's judgment and resolve, a situation that worked in the short run to Lamont's advantage and to Mexico's detriment. De la Huerta seems to have been under great emotional tension at this time, faced with the enormous responsibility for the upcoming negotiations, a tension that was reflected in postponements and hesitations. Even the *New York Times* noted his reluctance, characterizing it as "ministerial vacillation and popular heroics." Moreover, the Finance Secretary's visit to New York was opposed by much of Mexico City's press, which compared De la Huerta to David facing Goliath and pointed out that such a negotiation in a foreign land was a more demanding test than any he had previously faced. Moreover, they pointed out that any breakdown of the talks would be a serious blow to Mexico's national image. Obregón, faced with the necessity for recognition and new loans, persevered, publicly and privately expressing his great faith in his Finance Minister.[30] However, Obregón's suspicions, if in fact they existed, were justified, for, as will be detailed in the paragraphs which follow, De la Huerta throughout the negotiations was consistently misrepresenting the proceedings to both sides, seriously jeopardizing Mexico's position vis-à-vis the IBC.

In fact, the official Mexican position, as detailed to him by Obregón, was misstated by De la Huerta from the beginning of the meetings in early June. The two principal reasons which had motivated Obregón to consolidate the public debt and resume payments had always been the need for U.S. recognition and the need for new foreign loans to provide an impetus to economic recovery. Thus he had urged De la Huerta in his instructions to discuss the public debt within the context of a new loan for a Caja de Préstamos

[29] Meyer, *Mexico*, 87–88.

[30] *El Universal* cited in the *New York Times*, May 23, 1922. See also *New York Times*, May 24, 1922.

para Obras de Irrigación y Fomento de la Agricultura. Further, he had urged
De la Huerta to seek a loan for the establishment of a central bank, or Banco
Unico, which would help regularize and institutionalize the financial system
of the country. However, De la Huerta, apparently eager to ingratiate himself with his new mentor, Lamont, stated at once that he was asking for *no
new money* and committed himself to the position that *all revenues* from export taxes on oil and *any other surpluses* in the Mexican budget would be
used to pay off the external debt. Thus, from the Mexican point of view, the
major goals of the negotiations had been given up in the first moments of
the meeting. Lamont, it is recorded, indicated that he was gratified that no
fresh funds would be necessary.[31]

Other points which Obregón made to De la Huerta at the time of his
departure, either in his formal instructions or in other written communications, were that he should try to avoid acknowledging the government's obligation to pay interest on the debt for the revolutionary period and that he
should try to resolve the situation of the country's railroads, heavily mort-
gaged to external creditors. After the negotiations with the bankers terminated, he was authorized as well to conduct discussions with the oil interests,
particularly the Committee of Five, in regard to future plans for exploration
and exploitation of Mexican oil so that future projects could be approved
without delay. Finally, Obregón reminded De la Huerta that as the economic and political situation of Mexico was now better than it previously was,
the demands of the creditors would be likely to increase and become more
insistent. On this point, of course, he echoed Lamont's own thinking. He
then reminded De la Huerta that any agreement must be subject to his own
approval.[32]

To his credit, de la Huerta *did* remind the International Committee in
their first full meeting that the Mexican budget was highly strained, given
the heavy expenses for the new educational programs that had been insti-
tuted, the cost of paying the new governmental employees reasonable wages,
the agrarian debt resulting from obligations incurred from land expropria-
tions, and the problem of maintaining an army of 80,000 men. The bankers
were not particularly impressed with these necessities, particularly the need
for large military expenditures, despite the fact that daily the North American newspapers described new threats from dissident Mexican groups and
leaders. These bankers must have constituted an intimidating group for the
Mexican Finance Minister, including as they did such powers as Mortimer

[31] Obregón to De la Huerta, May 22, 1922, in FTC/AO 41, 5 and FTC/DLH. Minutes of
meeting of IBC with De la Huerta, June 2, 1922, TWL 205–20.
[32] Obregón to De la Huerta, May 22, 1922; Obregón to De la Huerta #2, May 22, 1922,
both in FTC/DLH and again in FTC/AO 41, 5.

Schiff of the American investment bank Kuhn Loeb, Charles E. Mitchell, President of National City Bank, Albert H. Wiggin, President of Chase Manhattan, and E. R. Peacock, one of the Directors of the Bank of England. On the other hand, it was likely a heady experience as well. The day before, Lamont himself had called upon De la Huerta with Walter C. Teagle, President of Standard Oil of New Jersey, and that evening Lamont would give a dinner for the conferees at the Metropolitan Club of New York. De la Huerta must have felt that he had come a long way from Sonora.[33]

Nevertheless, the negotiations were extremely trying for De la Huerta, and by June 6, he was ready to give up and return to Mexico. In an agitated telegram to Obregón, he described the difficulties caused by "the attitudes held by these men." Obregón urged him to return if he needed to, rather than give in to any demands incompatible with "our dignity as an autonomous people." By June 9, De la Huerta had recovered some hope, if not his emotional equilibrium, and Obregón responded to his continued state of distress by reassuring him of his confidence in his "competence and patriotism."[34] Among the major agreements that De la Huerta was able to report on that day were that Mexico would recognize her legitimate debts, to be repaid within her possibilities; that the bonds from the presidency of Victoriano Huerta would not be included; interest on the debt for the revolutionary period would not be forgiven but would be converted into bonds to be paid in forty installments at terms that would amount to a partial discount for the 1910–1920 period; the railroad debt would be included, obliging the government to return the railroads immediately to private (mostly foreign) management; the government would pay thirty million pesos the first year on the foreign debt, increasing payments each year for five years until the payment schedule of internal and external debt would be completely reestablished; and any interest that could not be paid immediately would be converted into long-term paper. He indicated that the sessions had become quite heated, but that they had resumed that day "en forma más suave"—in a softer or more cordial vein.[35]

Two days later Obregón, after having had time to study the proposals, queried De la Huerta. First of all, he wanted to know *which* Huerta bonds had been excluded. In fact, although his Finance Secretary did not mention it, only one series was excluded, and other obligations amounting to $29,100,000 U.S. at 6 percent interest remained in the final agreement. Sec-

---

[33] *New York Times*, June 1 and June 2, 1922. Minutes of meeting of the IBC with De la Huerta, June 2, 1922, TWL 205-220.

[34] De la Huerta to Obregón, June 6, 1922, and June 9, 1922; Obregón to De la Huerta, June 6, 1922, and June 9, 1922, in both FTC/DLH and FTC/AO, 41, 5.

[35] De la Huerta to Obregón, FTC/DLH and FTC/AO, 41, 5.

ond, he was concerned about the arrangements for the railroads, particularly whether or not the companies would accept the overdue debts or $10,000,000 pesos when they were returned to them. Third, he again raised the question of the new loans for a central bank and irrigation works, for which he assumed De la Huerta had been negotiating all along. He pointed out that De la Huerta had mentioned nothing about them, and added that both were "of fundamental importance for the development of our country."[36] The next day he further inquired if a single interest rate had been set for all loans, or whether the original rate would still apply, and reminded De la Huerta that the government must keep its 50 percent ownership of the railroads so that the government would have absolute possession once the debt was paid.[37]

De la Huerta responded that the series of bonds which Huerta had used for arms purchases were to be excluded, but that the series which was for interest on previous debt would remain. He indicated his reluctance to mention the question of the railroad debt, as "the situation is delicate," and anyway, he averred, it was understood that it would be assumed by the mortgage holders. In fact, no such assumption existed. The government would retain 51 percent ownership, but would have to take responsibility for pending interest on the debt. On another point, the interest rates currently in force would be retained for the most part.[38]

Suddenly, apparently during the day of June 12, a Monday, the negotiations almost blew apart, in a session De la Huerta described as "tempestuosa." He had apparently raised at last the importance of a new loan, leading to a blowup on the part of the negotiators, who insisted that any such loans must follow recognition. De la Huerta suggested ending the conferences, but the IBC representatives decided to keep talking regardless. Both sides obviously wanted to come to some agreement, despite their substantial differences, which largely turned on the possibility of loans as a quid pro quo for resumed payments, a stance that De la Huerta himself had abandoned, unbeknownst to Obregón, on the first day. De la Huerta suggested that the IBC send him a proposal in writing, in order to defuse the acrimony with something concrete, "to end this embarrassing situation." He went on to say that the "variability of these men, which is unimaginable, seems to be destroying the arrangements that we were about to achieve. . . ."[39] It might be fair to observe that De la Huerta, who had apparently changed ground considerably himself, was at least in substantial part to blame for the distressing impasse.

---

[36] Obregón to De la Huerta, June 11, 1922, ibid.
[37] Obregón to De la Huerta, June 12, 1922, ibid.
[38] De la Huerta to Obregón, June 12 and June 13, 1922, ibid.
[39] De la Huerta to Obregón, June 13, 1922, 2:40 A.M., ibid.

De la Huerta appears to have decided to back down, however, and to try to finesse the agreement by persuading Obregón that the loans were now a sure thing, something he knew to be untrue. Sixteen hours after the earlier telegram, he wired that the agreement was largely settled, and that it would be an easy matter to get a new loan although it could not be written into the official document. This statement appears to be a direct lie, or at least an extraordinary piece of wishful thinking, and not surprisingly Obregón was skeptical. De la Huerta indicated that he thought he could get the necessary capital for a central bank from the French. This prospect seems fairly doubtful since the French-associated Banco Nacional had been suggested as acting as a central bank itself, thus furnishing a measure of control for the IBC. Indeed, De la Huerta suggested as well that the payment of the new internal debt be funneled through bonds negotiated by the same Banco Nacional. At the same time he was writing Obregón optimistically, he was issuing upbeat statements to the U.S. press, noting that a draft agreement was being drawn up, which was likely to be definite, subject to agreement by Obregón. Lamont, speaking for the IBC, though admitting that the points agreed upon were being reduced to writing, indicated that there were still "certain important matters to be arranged." Not surprisingly, De la Huerta was dismayed by Lamont's caveat, since he was trying to persuade his own government that everything was settled.[40]

Obregón was meanwhile more and more doubtful that he was getting the full story from his emissary. On June 14, he wired that although most of the terms seemed acceptable, he did not see how they could be met without the two new loans. He pointed out to De la Huerta that there were only one million pesos in Mexican government reserves held by the Banco Nacional, with six million pesos of unpaid debts outstanding and the government running a monthly deficit of three million pesos. Since Lamont had agreed to the new loans from the beginning, the Mexican president did not see why they could not be arranged immediately. Of course, Lamont had *not* agreed to such loans, although De la Huerta had consistently given his government the impression that he had. Obregón, although he reassured De la Huerta that the whole country appreciated his efforts, had clearly come to doubt the Mexican negotiator's veracity and judgment, and he ordered De la Huerta to bring the agreement back to Mexico so that it could be discussed point by point. For the next two weeks, De la Huerta urged the president to support the agreement publicly, his requests becoming more and more shrill as time went on. Despite, or perhaps because of, De la Huerta's description of the IBC representatives as having "truly formidable minds" and his claim

[40] De la Huerta to Obregón, 8:27 P.M., June 13, 1922, ibid. *New York Times,* June 14, 1922. Ira H. Patchin to Lamont, TWL 199–15.

that a new loan was "A-SE-GU-RA-DO"—a sure thing—Obregón stuck by his insistence that his Finance Minister return for discussions before anything was publicly announced.[41]

Meanwhile, Lamont left for a vacation in the western United States, but was kept up-to-date on developments by Patchin. Obregón continued to ask for a letter of agreement on the banking and agricultural loans, while Lamont stalled. Eventually, however, he did send a message to Obregón indicating the IBC's concern for "the agricultural and economic upbuilding of Mexico" although the IBC could not commit itself to a loan as, he pointed out, it was not a lending institution or a syndicate, but rather a consultative body.[42] At that point, Obregón, losing patience, issued a public statement that the agreement would not be ratified until De la Huerta returned to Mexico for consultations.[43]

De la Huerta remained in New York for discussions with the oil producers, discussions which moved no further than the meetings in April, though they may have reinforced some of the contacts which De la Huerta hoped to use as an independent power base from his soon-to-be highly disgruntled compatriot, Obregón. Suddenly, on July 13, Patchin's correspondence with Lamont took on an air of emergency. De la Huerta, unable to arrange for a loan from the oil producers as he had hoped, had begun to insist that Lamont had promised him that the agrarian loan would be included in the agreement. Worse, he confessed that he had told his government that the loan was already agreed upon. As such an arrangement had never been even a possibility, the whole debt agreement was now in jeopardy. As Patchin indicated, "If de la Huerta is telling the truth when he says that he has been lying to his government that the agrarian debt is included in the agreement, I'll say he has put himself in a very dangerous position in Mexico and I don't wonder he is reluctant to return. . . ." He added with some consternation that he hoped "the foregoing is not too unintelligent but the last two days have been the hottest we have had and de la Huerta has done nothing to cool the atmosphere."[44] Lamont replied, "To put it mildly ministers [sic]recollection is completely at fault. I never had any personal or private discussion with him as to the agrarian debt."[45]

---

[41] Obregón to De la Huerta, June 14 and 15, 1922; De la Huerta to Obregón, June 16, 1922; Obregón to De la Huerta, June 17, 1922; De la Huerta to Obregón, June 21, 1922, FTC/AO, 41, 5. Dulles, *Yesterday in Mexico*, 154. Robert Freeman Smith, *The United States and Mexican Revolutionary Nationalism, 1916–1932* (Chicago and London: The University of Chicago Press, 1972), 210.

[42] Patchin to Lamont, July 3, 1922; Lamont to Patchin, July 3, 1922, TWL 199–16.

[43] Patchin to Lamont, July 6, 1922, ibid.

[44] Patchin to Lamont, July 13, 1922, ibid.

[45] Lamont to Patchin, July 14, 1922, ibid.

De la Huerta did, however, return to Mexico with the agreement, after a visit to Warren Harding in the White House where he received neither a loan nor recognition for his government. The Obregón government, faced with an unfavorable document that had achieved none of its goals, nevertheless signed it in September and did what it could to comply. Recognition was withheld until after the Bucareli talks in the summer of 1923 had established bases for the continued operation of foreign oil companies in Mexico. In December of 1923, after Obregón had designated Plutarco Elías Calles as his successor, De la Huerta rebelled, ironically claiming this extraofficial arrangement as a reason for his action.

Actually, a careful examination of the facts reveals that De la Huerta himself was far more manipulable than his tougher and more resilient fellow Sonoran, Obregón. By giving up from the beginning of negotiations the major goals set by his government, he left himself with no bargaining power. Indeed, De la Huerta, inexperienced in banking and finance, often seemed uncertain of the implications or even the details of what was being proposed. The confusion was increased by his practice of trying to soften or even misrepresent the terms suggested in his communications with Obregón, who not surprisingly became suspicious of a negotiator who called his adversaries men of "formidable minds" who have come to "control the world," and who described Lamont as a "prophet."[46] It may be that De la Huerta had become as concerned with pleasing Lamont as he had with securing an agreement favorable to Mexico, and he certainly felt that his own position, both inside and outside of Mexico, was dependent on obtaining a settlement of some kind. In fact, his seeming duplicitousness and inability to understand the specifics of what he was negotiating led to the increasing influence within the administration of an individual he had already come to see as a rival, Alberto Pani, the Secretary of Foreign Relations. In the ensuing debacle, Mexico was left with a financial commitment that would be very difficult to fulfill except through concessions which would encourage further operations by the foreign oil industry.

It seems clear, as well, that without committing to new loans or to helping the Mexican government gain recognition, the IBC had gotten what it wanted. Only the Huerta bonds which had actually paid for armaments used against the Constitutionalists, for which the government of the major Constitutionalist general, Obregón, could scarcely be expected to pay, had been excluded from the recognized obligations. The establishment of a central bank, which Obregón considered a first priority, had to be postponed until the presidential term of Plutarco Elías Calles. The privately owned and

---

[46] De la Huerta to Obregón, June 21, 1922, FTC/AO, 41, 5; Smith, *The United States and Revolutionary Nationalism*, 216.

French-controlled Banco Nacional continued to act for the Mexican government in its relations with its creditors, a situation highly uncomfortable for
the Mexicans as the Banco National had a strong relationship with the IBC.
The government assumed responsibility for the payment of all railroad bonds
and debts and agreed to return the railways to private management. It addi-
tionally agreed to return them to the condition that they had been in when
they were taken over by the government during the Revolution, a substantial undertaking given the destruction of both rolling stock and roadbeds that
had taken place during the violence. All of the income of the railroads was
pledged in one way or another to the debt. All petroleum export taxes that
had been accumulated since January 31, 1922, to the present were to be paid
immediately on the external debt, and all future income from this source
would be pledged to this end. Indeed, in the future, these sums frequently
did not reach Mexico at all, but were transferred from one account to another
in New York. The Obregón government was left with its principal sources
of funds pledged to outsiders.[47] It is not surprising that Obregón lost faith
in De la Huerta and chose another Sonoran, Plutarco Elías Calles, to succeed him in office. When De la Huerta then rebelled against the Mexican
government, both economic development and the movement toward a rational political process quickly ended as violence again engulfed the country.
Aid from the United States, however, helped save the Obregón government,
and De la Huerta, who had been deceived into believing that his relationships with bankers and oilmen in the United States could be translated into
support for his political and military movement, was abandoned and subsequently defeated.

Political and economic pressures from the United States, then, had put
considerable limits on Mexico's ability to reinstitutionalize after the Revolution. Economic recovery was slowed as resources were diverted and the reestablishment of financial institutions hindered. The tendency to political
centralization may well have been accelerated, and one of the most important goals of the revolution, economic nationalism, was significantly slowed.
Even the repayment of the debt itself was delayed "because of the exceptional
drain on its financial and economic resources caused by the outbreak of a
revolt subsequent to the execution and ratification of the agreement . . . ,"
that is, the De la Huerta Rebellion.[48] Thus, by working on De la Huerta, the
weakest link in the Mexican administration, to wrest concessions from Obregón's government, the Americans had inadvertently encouraged him to
revolt, making repayment on the loans still more difficult.

[47] See the text of the Lamont–De la Huerta Agreement in Roberto Guzmán Esparza,
Memorias de don Adolfo de la Huerta (Mexico: Ediciones Guzmán, 1957), 190–198.
[48] United States of Mexico: Readjustment of Debt, Oct. 13, 1925, TWL 192–9.

But hope springs eternal. In the later years of the 1920s Dwight Morrow, Lamont's close associate at Morgan, became U.S. Ambassador to Mexico, and negotiations continued with President Calles. As Lamont noted in a letter to J. P. Morgan in January of 1928, "The whole situation hangs together. The Committee [the IBC] cannot work out its problems for the long future without a decently prosperous Mexico and a revival of the oil business; Dwight cannot work out his settlement of the oil and land questions, unless there is a chance that the external debt question can be handled, too. This is the best chance we have had yet."[49] The Americans had come to see Mexico's economic difficulties in their interlocking complexity, and experience had led them to approach Mexico's problems as a whole. Unfortunately, however, no complete resolution on these questions has yet been achieved.

[49] Lamont to Morgan, Jan. 16, 1928, TWL 192–12.

The Transition from Personalist to Party Rule: Chihuahuan Politics during the 1930s

Mark Wasserman

F OUR VIOLENT EPISODES focus the political history of Chihuahua during the 1930s. The first took place on June 25, 1930, when discontented members of the Chihuahuan legislature, led by Manuel Jesús Estrada and Manuel Prieto, staged a coup that overthrew provisional governor Francisco R. Almada. Although there were conflicting reports as to exactly what happened, it seems that Almada suspected his opposition was planning a *camarazo* and, consequently, fled to Ciudad Juárez earlier in the day.[1] At 10:00 A.M. the *prietistas* arrived at the government palace in the state capital, Ciudad Chihuahua, in the company of a hired gunman named Manuel Villarreal, who was armed with a Thompson machine gun. A gun battle ensued, lasting two hours, in which one legislator and the chief of police were killed. A company of federal troops finally surrounded the palace and restored order. A reconstructed legislature then impeached Almada, charging him with violating the rules of impartial conduct in the current gubernatorial election campaign, and replaced him with Estrada. The plotters enjoyed the connivance of the Commander of the Fifth Military Zone (Chihuahua), General Eulogio Ortiz (in violation of his prior agreement not to involve himself in politics).[2] General Ortiz arrested more than seventy state officials. The na-

AUTHOR'S NOTE: The author wishes to thank the Tinker Foundation, the American Council of Learned Societies/Social Science Research Council Joint Committee on Latin American Studies, and the Rutgers University Research Council for funding research for the larger project of which this is part.

[1] Eduardo Espinosa Romero to Presidente, 30 June 1930, Archivo General de la Nación, Ramo Presidentes, Pascual Ortiz Rubio, 230/1930/7857. Blocker to Secretary of State, 25 June 1930, United States, National Archives (USNA), Records of the Department of State, Record Group 84 (RG 84), American Consulate Ciudad Juárez (ACCJ), 800/1930/4. *El Paso Times* (*EPT*), 26 June 1930, 1.

[2] Almada had evidently complained earlier about General Ortiz's meddling and in April

tional government of President Pascual Ortiz Rubio, after frantic negotiations, refused to recognize the coup and reinstalled Almada on June 27.[3] Although Estrada and his followers surrendered peacefully, the situation remained extremely tense. Almada and fourteen deputies slept in the government palace overnight on June 28, fearing that if they left, they would not be allowed to return.[4] The *El Paso Times* reported that many Chihuahuans were armed and that several hundred agrarians in outlying districts were "all ready for trouble."[5]

Each faction presented its cases to authorities in Mexico City in the following days. Eventually, on July 10, the government ruled that the legislative action that deposed Almada was illegal because three of the deputies who voted impeachment were not legitimate members of the legislature.[6] Four days later, Almada resigned to go to Mexico City "in the interest of state affairs."[7] Ing. Rómulo Escobar was named governor, to hold office for thirty days. On July 16 Estrada and five other legislators were impeached for inciting and participating in a riot. The new governor formed a new cabinet. General Matías Romero replaced Eulogio Ortiz as Fifth Zone Commander.[8] Two weeks later, the Supreme Court of Chihuahua upheld the appointment of Escobar and the dissolution of the legislature.[9]

The second incident was the murder of Enrique Fernández, the reputed boss of the Ciudad Juárez underworld, on the street in Mexico City on January 13, 1934.[10] Fernández was, at the time, in a desperate struggle with the Quevedo clan for control of gambling in Ciudad Juárez. The story began three years earlier, when Sonoran businessman Manuel Llantada, a front for Baja California and Mexico City gamblers, acquired a concession from the state of Chihuahua to reopen the Tivoli casino in Ciudad Juárez. Fernández was the local manager.

The opening was of enormous political importance, both because of the

---

elicited his promise to desist. Francisco R. Almada to President, 28 April 1930, and General Eulogio Ortiz to President, 30 April 1930, Archivo General de la Nación, Ramo Presidentes, Pascual Ortiz Rubio, 230/1930/5761 and 5706.

[3] *EPT*, 27 June 1930, 1.

[4] *EPT*, 28 June 1930, 1–2.

[5] *EPT*, 28 June 1930, 1–2.

[6] *El Correo de Chihuahua*, 11 July 1930, 1–2.

[7] *EPT*, 15 July 1930, 1.

[8] *EPT*, 16 July 1930, 1.

[9] *El Correo de Chihuahua*, 30 July 1930, 1.

[10] The story of the Fernández assassination is told best by Edward L. Langston, "The Impact of Prohibition on the Mexican–United States Border: The El Paso–Ciudad Juárez Case" (Ph.D. dissertation, Texas Tech University, 1974), 159–177. The following derives from Langston's account unless otherwise noted. See also, Blocker to SecSt [Secretary of State], 18 January 1934, USNA, RG 84, ACCJ, 810.8.

large sums of money involved and the connections enjoyed by the concessionaires. Fernández was a valued ally of Luis L. León, the political boss of Chihuahua, himself a close ally of Plutarco Elías Calles, who at that time ruled Mexico behind the scenes as the *jefe máximo*. The governor who granted the license, Andrés Ortiz, was, initially, the protégé of León. Ortiz eventually split with León, pushed out Fernández, and entered into partnership with Llantada. After Ortiz was removed from office in late 1931, his successor as governor, Roberto Fierro, granted a new concession to Fernández. Llantada used his influence to get the federal government to intervene to close the casino. Fernández won this round and renewed operations. Llantada, though, entered into partnership with the newly elected (July 1932) governor of Chihuahua, Rodrigo Quevedo, and his brother Jesús, the mayor of Ciudad Juárez. State authorities closed down Fernández's casino, while Llantada reopened. For the rival factions led by Luis L. León and Rodrigo Quevedo, control of gambling and the funds it generated meant nothing less than control of Chihuahuan politics. The struggle would not end until Fernández's death.

In early December 1933 assassins wounded Fernández outside a store he owned in Ciudad Juárez. He determined to expose the criminal activities of the Quevedos in narcotic and whiskey smuggling as well as gambling. To accomplish this, the gangster went to Mexico City in January 1934. There is considerable circumstantial evidence linking Fernández's murderer, José Barragán Sánchez, to the Quevedos.

Ironically, the scandal surrounding the assassination ended legalized gambling in Ciudad Juárez. President Lázaro Cárdenas closed all such enterprises in Mexico after he took office in 1934.

The third and fourth incidents took place in 1938. On March 12, Rodrigo Quevedo, General of Division and ex-governor of Chihuahua, his brother José, reputedly a major figure in the state's underworld and former mayor of Ciudad Juárez, and three companions encountered two virulent political opponents, federal senator Angel Posada and Narciso Talamantes, the brother of the current governor, on the street in Ciudad Chihuahua. In the shooting that followed, General Quevedo killed Posada.[11] Quevedo was eventually indicted for the murder, but nothing came of it.[12]

The killing was the result of a bitter feud that had erupted between the

---

[11] The narrative for both these occurrences comes from Charles E. Hershberger, ''The Death of Borunda Alcalde of Ciudad Juárez: Chihuahuan Politics during the 1930s,'' *Arizona and the West* 8 (Autumn 1966), 207–224, except where otherwise noted; *EPT*, 13 March 1938, 1. Also involved were Valentín Oñate, Jesús Chacón, Gilberto Martínez, and Felipe Aguila. Reportedly, General Quevedo barely escaped death when a bullet clipped off the tip of his necktie.

[12] *EPT*, 14 March 1938, 1; 15 March 1938, 1–2; 17 March 1938, 1–2.

Quevedo family and Governor Gustavo L. Talamantes, who had succeeded
Rodrigo Quevedo as governor. In seeking to establish his autonomy,
Talamantes had removed José Quevedo as mayor of Ciudad Juárez two years
earlier.[13]

Less than three weeks later, on April 1, the mayor of Ciudad Juárez, José
Borunda, was blown up by a mail bomb in his office. Borunda, a former federal congressman, was a strong ally of Governor Talamantes. Several
quevedistas were arrested on suspicion of the murder. There were more shoot-
ings in the following weeks. Eventually two United States citizens who owned
mines in Chihuahua were questioned,[14] but the murder, in the end, went
unsolved.

These incidents are evidence enough of the violence of Mexican politics
during the 1930s. But, more important, they underscore just how uncertain
and difficult were the major political processes of the decade, the establishment of the Partido Nacional Revolucionario, and the achievement of control over the states by the central government. This study focuses on the rocky
course by which the national regime accomplished these goals in Chihuahua.

The assertion of hegemony by the federal government really involved
two struggles in Chihuahua: the first was between rival Chihuahuan factions
to establish dominance and the second was between state factions and the national government for control. The conflict evolved in two stages. The chaos
of the early years of the decade reflected both the strength of Chihuahuan
resistance and the weakness of the national government. During these years,
no individual or group was able to establish both a firm relationship with
Mexico City and a popular base in Chihuahua. Then, after mid-decade, a
wary compromise emerged. Competing state factions thereafter would conduct their struggles within the Partido Nacional Revolucionario (PNR), later
the Partido Revolucionario Mexicano (PRM). Local politics were to remain
based to a large extent on personalist and family ties, but with limited independence.

Underlying the struggle at the state level was just as fierce a fight between an alliance of the pre-revolutionary and revolutionary elite and the
popular classes organized into peasant organizations and labor unions. Har-
nessing the popular classes became the crucial element in gaining political
control in the state. It was through control over peasant and worker organizations that the national party finally exerted its hegemony in the state. The
organized masses provided the counterweight to the elite factions.

This study examines these elite struggles to identify the combatants and

[13] *EPT*, 15 March 1938, 1–2.
[14] *EPT*, 4 April 1938, 1; 10 April 1938, 4; 13 April 1938, 1; 14 April 1938, 1; 26 April
1938, 1.

their goals and to determine who won, why, and with what result. The interplay of state elite factions, the national government, and popular organizations created the structure of Mexican politics after 1940 (a structure that survived without real challenge until the 1980s).

The dispute that resulted in the camarazo of June 1930 arose in the wake of the Escobar rebellion of 1929. General Marcelo Caraveo, the last important, charismatic revolutionary leader in Chihuahua, the elected governor, had joined the revolt led by General Gonzalo Escobar in March 1929, only five months after taking office, claiming that Plutarco Elías Calles and other leaders had betrayed the revolution.[15] Caraveo had, himself, ousted another aspiring state boss, Jesús Antonio Almeida, in 1927, just when it seemed that he and his brothers were about to build a dynasty. President Plutarco Elías Calles, in the midst of a campaign to topple state bosses, played an important role in the fall of the Almeidas.[16]

Caraveo's defeat left a substantial void in Chihuahuan politics. Calles sent Ing. Luis L. León to the state in April 1929 to become interim governor and to rebuild a political base. León, a native of Ciudad Juárez, was a close ally of Calles as a cabinet member and founder of the PNR. Unfortunately for the stability of Chihuahuan politics, León was called back to Mexico City after only a few months in order to help in the struggle between Aaron Sáenz and Pascual Ortiz Rubio for the presidency. He left Francisco R. Almada, a local legislator and schoolteacher, to take the reins of state government.[17] Almada quickly became embroiled in a scandal involving the investigation of misappropriation of government funds.[18]

León, newly appointed Secretary of Industry, Commerce, and Labor in the national government, found it difficult to rule Chihuahua from long range. A new zone commander, General Eulogio Ortiz, openly interfered in politics in opposition to him.[19] Moreover, León, whose political base was among the *agraristas* to whom he had redistributed land while governor, was confronted with a new organization of landowners mobilizing to fight that

[15] Marcelo Caraveo, "Memorias del General Marcelo Caraveo," ms., 1931, Special Collections, University of Texas at El Paso, pp. 195, 212.

[16] Jean Meyer, *Estado y sociedad con Calles. Historia de la Revolución Mexicana, 1924-1938,* vol. 11 (Mexico: El Colegio de México, 1977), 175-198.

[17] Lorenzo Meyer, *El conflicto social y los gobiernos del maximato. Historia de la revolución mexicana, 1928-1934,* vol. 13 (Mexico: El Colegio de México, 1978), 293-294.

[18] Almada ejected the President of the State Supreme Court because his office was conducting an investigation into irregularities during the term of Fernando Orozco. F. H. Styles, U.S. consul, Chihuahua City, "Political Conditions in Chihuahua, May 1930," 31 May 1930, USNA, RG 59, 1930-39, 812.00 Chihuahua/52.

[19] The two men openly disliked each other. At one point Ortiz had slapped León's face and challenged him to a duel. William P. Blocker, U.S. consul, Ciudad Juárez, "Political Conditions in Ciudad Juárez," 23 April 1930, USNA, RG 59, 812.00 Chihuahua/50.

very redistribution. León succeeded in getting Ortiz transferred to Sonora, but only temporarily. The general was back well in time to take part in the events of late June 1930.[20]

The state PNR split into rival factions, one following Ing. Andrés Ortiz, the official candidate to complete Caraveo's term, and León, and the other following Eulogio Ortiz and Manuel Prieto. It was at this point that the latter group staged its camarazo.

The fact that the coup took place indicates that the national government did not have control of Chihuahua. It also points to the considerable power of the conservative alliance of old and new elites. Prieto was a member of an old landowning family with intimate connections with the Porfirian oligarchy. Estrada was one of the new entrepreneur/politicians. The latter two men and their camarilla tried to take advantage of the weakness of the national regime, preoccupied with internal intrigues, and its Chihuahua link Luis L. León. León simply was not strong enough in the state to dominate without assistance from Mexico City. But his base there was shaky by mid-1930.

The coup was also the result of a struggle for land. The big landowners, old and new, tried to eliminate León, for he had begun to redistribute land to agrarians. In this he followed the pattern of other state political leaders like Adalberto Tejeda, who constructed an electoral base among the peasants in Veracruz.[21] When León began to arm the agrarians, this was the last straw.

Luis L. León was a typical post-revolutionary leader of the 1920s and 1930s. Because he had no real independent power base, he relied on his wits to stay on the winning side. In the twists and turns of the *maximato*, he would inevitably fall. In an era of incipient land redistribution, León was an hacendado who spouted radical rhetoric and organized peasants. His efforts to blend appeal to the popular classes with advocacy of capitalist development was a preview of the eventual political compromise reached in Chihuahua by 1940. On leaving the governorship to Almada in December 1929, he called on his opponents, "los elementos capitalistas," to accept defeat by the Revolution, a statement that was meant both to firm his popular support and offer an olive branch to the rich, whose entrepreneurial skills were badly needed by the revolutionary government.[22] León was the first Chihuahuan politician to organize both campesinos and workers, forming the Liga de Campesinos y Obreros de Chihuahua.[23] His attempts to organize the popular classes and

[20]Blocker, "Political Conditions in Ciudad Juárez," 23 April 1930, USNA, RG 59, 812.00 Chihuahua/50.

[21]Heather F. Salamini, "Revolutionary Caudillos in the 1930s: Francisco Mújica and Adalberto Tejeda," in D. A. Brading, ed., *Caudillo and Peasant in the Mexican Revolution* (Cambridge: Cambridge University Press, 1980), 169–192.

[22]*El Continental* (El Paso), 6 December 1929, 1.

[23]Ing. Luis L. León to President, 25 April 1929, AGN, Portes Gil, 3/340/7038; William

use them to offset his opposition failed, however, because he lost his backing in Mexico City. The fledgling peasant and worker organization was no match for the coalition of old elite and conservative "revolutionaries."

Nothing was resolved by the failure of the camarazo of June 1930, for the agrarian issue would split the *leonistas* and lead to future violence. It would not be until later in the decade that Teófilo Borunda and others would harness the peasant movement into the PNR, while at the same time satisfying the requirements of the landowners.

In the short term, the conservatives won out. The two years after the coup saw the rise of the Quevedo family to dominate Chihuahuan politics. The murder of Fernández illustrates this process. The Quevedos used support from Mexico City, their large clan, and revenues from gambling, bootlegging, and (allegedly) illegal activities to acquire their power.

Ing. Andrés Ortiz won the 1930 gubernatorial election against Manuel Prieto and took office in September. He was supposed to serve until October 1932. The new governor, however, soon became disaffected from his mentor, León, over the issue of land reform and arming the *agraristas*.[24] In the meantime, León had left the national cabinet, because he had allied with the losing side in the confrontation between Calles and President Emilio Portes Gil, that resulted in the latter's resignation. León retired to his Chihuahuan hacienda.[25] His popularity at home had eroded as well, for in December 1930, he was booed from a speakers' platform because of allegations of his stealing state funds.[26]

Ortiz was caught in a bind between León, who sought agrarian support, and the federal government, which sought to disarm the agrarians.[27] With no power base of his own, he attempted to establish one by removing loyal *leonistas* from the state government. This split the former *leonista* faction, providing an opportunity for the opponents of land reform.[28] To make matters worse, at this point a new contender appeared in Chihuahua, General Rodrigo Quevedo, an avowed enemy of León, who was clammering for Ortiz's removal.[29]

J. McCarthy, "Political Conditions in Chihuahua during August 1929," 31 August 1929, USNA, RG 59, 812.00 Chihuahua/34.

[24] Styles to Embassy, 10 March 1931, USNA, RG 84, ACCJ, 800/1931/5.

[25] Meyer, *El conflicto*, 298–299.

[26] Blocker, U.S. consul, Ciudad Juárez, to SecSt, 26 December 1930, USNA, RG 59, 1930–39, 812.00 Chihuahua/86.

[27] At one point, reportedly, he attempted to flee the state, but was stopped by General Matías Romero, the Zone Commander. Francis H. Styles to SecSt, 11 March 1931, USNA, RG 84, ACCJ, 800/1935/5.

[28] William P. Blocker to SecSt, 25 September 1931, USNA, RG 84, ACCJ, 800.

[29] Blocker to SecSt, 17 March 1931, USNA, RG 84, ACCJ, 800/1931/5.

In March 1931 tensions were high. There were reports of weapons smuggling by León supporters in order to arm agrarians. Clashes occurred between agrarians and federal troops, who were trying to disarm them.[30] Ortiz had by this time alienated all factions.[31] The agrarians who supported León were disaffected by the governor's attempts, urged by the federal government, to disarm them. The more conservative groups, represented by Quevedo, sought his ouster as well. A plot by *leonistas* to overthrow and assassinate Governor Ortiz was uncovered in Ciudad Chihuahua.[32]

Despite the failure of the coup, Ortiz's position was tenuous.[33] In September the governor was ordered to Mexico City to face charges that he had misappropriated funds and persecuted agrarians.[34] On October 30, on Calles's orders, General Quevedo went before the Chihuahuan legislature to demand Ortiz's resignation.[35] Eight legislators (a majority) thereupon sent a telegram to the president maintaining that it was "inconvenient" for Ortiz to continue as governor.[36] Ortiz suffered another major setback when his principal supporters in Mexico City, cabinet members Amaro, Pérez Trevino, and Riva Palacio, were forced out.[37] Ortiz resigned on November 2.[38]

[30] Blocker to SecSt, 17 March 1931, USNA, RG 84, ACCJ, 800/1931/5. Blocker, "Political Conditions in Ciudad Juárez," 17 March 1931, USNA, RG 59, 1930–39, 812.00 Chihuahua/96.

[31] Blocker, "Political Conditions in Ciudad Juárez," 17 March, 1931, USNA, RG 59, 1930–39, 812.00 Chihuahua/96.

[32] Blocker to SecSt, 26 March 1931, USNA, RG 84, ACCJ, 800/1931/5. J. Reuben Clark Jr. to SecSt, 26 March 1931, USNA, RG 59, 1930–39, 812.00 Chihuahua/97. The conspirators allegedly were led by General José Ruiz, former head of the state's municipal guards (*defensas sociales*) and a friend of León, and ex-governor Fernando Orozco.

[33] Blocker to Reuben Clark, U.S. Ambassador, 30 March 1931, USNA, RG 84, ACCJ, 800/1931/5.

[34] *EPT*, 10 September 1931, 1. Enrique Fernández, the reputed narcotics and gambling czar of Ciudad Juárez, reportedly wrote a letter accusing Andrés Ortiz of planning to kill him and of stealing funds meant for construction of a highway from Ciudad Juárez to Ciudad Chihuahua.

[35] *El Continental* (El Paso), 30 October 1931, 1. Styles, "Political Conditions in Chihuahua, October 1931," 2 November 1931, USNA, RG 59, 1930–39, 812.00 Chihuahua/120. Initially, the legislature refused to remove Ortiz. Eventually, Ortiz, Calles, and Ortiz Rubio worked out the resignation.

[36] *EPT*, 31 October 1931, 1.

[37] Blocker to SecSt, 2 November 1931, USNA, RG 84, ACCJ, 800/1931/5. Styles, "Political Conditions in Chihuahua, June 1931," 31 July 1931, USNA, RG 59, 1930–39, 812.00 Chihuahua/108.

[38] The legislature accepted his resignation, praising his "high, patriotic spirit" and "acts of great honor." He, in turn, blamed his failure on the disillusioning acts of the agrarians and the Chihuahuan PNR, the latter which misunderstood its role, causing chaos in parts of the state. Ortiz claimed, too, that his repeated trips to Mexico City to defend his actions had distracted him from his work. Finally, he said that he preferred personal sacrifice than standing in the way of progress. *El Continental*, 4 November 1931, 1.

His replacement was Colonel Roberto Fierro, one of Mexico's pioneer military pilots, a native *Chihuahuense* and *leonista*.[39] Fierro, a political novice, was considered a figurehead.[40] At this point no one faction was strong enough to take over; the real power-to-be, Quevedo, had not consolidated his position. The famed aviator lasted but nine months. The state legislature impeached him in early July 1932, claiming that he too had misappropriated funds and accepted bribes.[41] A deputy in the legislature, Eduardo Salido, was chosen interim governor.

From the beginning, Fierro faced an impossible situation. The deepening economic crisis forced him to cut the salaries of state employees 10 to 20 percent, a move that met considerable resistance. He also sought to settle unemployed, repatriated workers in agricultural colonies.[42] To make matters worse, according to Fierro, "a series of created interests and private combinations terribly prejudiced . . . the state."[43] Fierro's program of agrarian reform and his handling of gambling in Ciudad Juárez alienated powerful interests led by Rodrigo Quevedo.[44] His land reform centered on a plan to get landowners to give part of their lands to the state for use by agrarians.[45] The hacendados, Quevedo among them, resisted strenuously. Fierro's meddling in Ciudad Juárez gambling brought him up against the Quevedos again. Gambling revenues were financing their political rise and they protected their interests fiercely.

A new gubernatorial election took place in July 1932 in which Rodrigo Quevedo defeated Fernando Orozco, one of the principal plotters with Caraveo against the Almeidas. Quevedo assumed office in October. He served out his full four-year term, the first governor to do so since the turn of the century. Quevedo, a founding member of the so-called Revolutionary Family, used his excellent connections to Calles and the national PNR and his large family to build a political and economic empire in the state.[46] The 11 Quevedo brothers and 86 other relatives were everywhere.[47] In addition, the

[39] Blocker to SecSt, 2 November 1931, USNA, RG 84, ACCJ, 800/1931/5. Fierro was the first cousin of Jesús Antonio Almeida. Fierro, *Memorias*, 277.

[40] Styles, "Political Conditions in Chihuahua, November 1931," 1 December 1931, USNA, RG 59, 1930–39, 812.00 Chihuahua/126.

[41] Styles to SecSt, 5 July, 1932, USNA, RG 59, 1930–39, 812.00 Chihuahua/140 and 144. Blocker to SecSt, 5 July 1932, USNA, RG 84, ACCJ.

[42] Roberto Fierro to President, 29 April 1932, AGN, OR, 24(1932), leg. 5, 1778.

[43] Fierro to President, 17 March 1932, AGN, OR, 24(1932), 1304.

[44] William Nalle, Major, General Staff, AC of S, G-2, to Assistant Chief of Staff, 8th Corps, Fort Sam Houston, 7 July 1932, USNA, RG 59, 1930–39, 812.00 Chihuahua/145.

[45] "Local Political Conditions, June 1932," G-2, 4033, 15 July 1932, USNA, RG 165, US Intelligence, reel 3.

[46] Blocker to SecSt, 31 July 1935, USNA, RG 84, ACCJ, 800/1935/7.

[47] Vicente Anguiano A. to President, 7 October 1935, AGN, Cárdenas, 544.5/469.

Quevedos reportedly obtained considerable support in Ciudad Juárez from the city's underworld.[48] The U.S. consul in Ciudad Juárez concurred in this assessment, maintaining that the city had experienced an unprecedented crime wave under the Quevedo regime.[49]

The family reflected the *callista* or *sonorense* revolutionary view, which was conservative and anticlerical. As landowners, they opposed land reform. As capitalists, they were suspicious of labor unions. Consequently, agrarian and labor unions actively opposed them.[50] Agrarians complained bitterly of the stepped up activities of the white guards during Quevedo's term.[51] Andrés Mendoza, President of the Liga de Comunidades Agrarias del Estado de Chihuahua, protested the intolerable situation for campesinos in the state and the "impositions and vexations" perpetrated by the Quevedos.[52] The largest protest occurred in July 1935, when hundreds of agrarians demonstrated against the Quevedo administration, accusing the governor of being "incapable of governing the state . . . [and of] oppressing workers, [and practicing] great favoritism to capitalism."[53]

Quevedo seemed shaky in the summer of 1935, when he faced not only peasant protests, but the split between Calles and the new president Lázaro Cárdenas as well. Quevedo remained noncommittal until it appeared Cárdenas would win and then jumped on the Cárdenas bandwagon.[54] The general apparently accomplished his switch of allegiances with some grace, for unlike another *callista* state boss, Tomás Garrido Canabal of Tabasco, he was able to retain both the governorship and his influence after leaving office.[55] As his term came to a close, Quevedo confronted an opposition consisting of *agraristas*, labor unions, and the remnants of his political enemies like Fernándo Orozco. To these were added another foe, Saturnino Cedillo, the boss of San Luis Potosí and cabinet member, who began to slip opponents into key positions along the border.[56] None of these groups either alone or together were sufficiently powerful to overthrow him, however.

[48] Blocker to SecSt, 30 July 1930, USNA, RG 84, ACCJ. Their support came through the chauffeurs' union.

[49] Blocker to SecSt, 31 October 1932, USNA, RG 84, ACCJ, 800/1935/5.

[50] Blocker to SecSt, USNA, RG 84, ACCJ, 800/1935/7.

[51] Manuel Vázquez and others, Colonia Obregón, Cuauhtemoc to President, 7 October 1935, AGN, Cárdenas 403/683.

[52] Andrés Mendoza to Abelardo Rodríguez, 21 July 1934, AGN, Rodríguez, 515.5/75-1. Mendoza had to flee the state in fear of his life.

[53] "Mexican Political and Revolutionary Movements," 30 July 1935, G-2, 6312, USNA, RG 165, US Intelligence, reel 1.

[54] Blocker to SecSt, 20 June 1935, USNA, RG 84, ACCJ, 800/1935/7.

[55] Alan M. Kirshner, *Tomás Garrido Canabal y el movimiento de las camisas rojas* (Mexico: SepSetentas, 1976), 165–190.

[56] "Political Conditions in Chihuahua, August 1935," 31 August 1935, USNA, RG 84, ACCJ, 800/1935/4.

The Quevedos were classic freebooters of the revolution. As the assassination of Enrique Fernández illustrated, their rule was violent and corrupt. The governor's brothers, allegedly, with his knowledge, were deeply involved in drug and liquor smuggling in Ciudad Juárez. One critic accused the family of accumulating nearly two million pesos in land, cattle, and other businesses in only the first year of rule.[57] The clan used its members' positions of influence to extend its economic holdings, acquiring, for example, a portion of the estate of Luis Terrazas, expropriated by the Obregón administration, much of which was still operated by a government agency.[58]

Quevedo's governorship was a temporary setback for populist politics. But even with the support of his large family, the alliance of the old and new landowner class, and strong connections in Mexico City, he was not able to establish permanent control in Chihuahua. Disputes within the revolutionary coalition, first between Portes Gil and Calles and then between Calles and Cárdenas, meant that his base of support in the federal government was not firm enough for him to impose his will at the state level. Reform issues, such as land redistribution and workers' rights, became increasingly urgent. Though not yet strong enough to contest the elite, popular class organizations clamored ever more forcefully. Quevedo's successors, adapting to *cardenismo*, would capture the masses for the party, unable any longer to hold off reform.

When Rodrigo Quevedo left office in 1936, there was "jubilation, immense rejoicing, because at last members of the 'sinister' Quevedo clan will cease to oppress and exploit the state."[59] One critic complained to President Cárdenas that the Quevedos were "killers and thieves."[60]

As he had in the cases of other state bosses, Cárdenas moved carefully in Chihuahua in order to allow mass organizations to gain strength. They were to prove the foundation of the next two state administrations.

Ing. Gustavo L. Talamantes succeeded Quevedo. Although initially allies, the old and new governors soon were at odds. In the face of Quevedo's opposition, Talamantes ruled with the support of the state's labor unions, repeatedly taking their side in disputes with business.[61] Historian Francisco

---

[57] Nabor Balderrama to Lázaro Cárdenas, 20 December 1933, AGN, Abelardo Rodríguez, 525.3/288.

[58] Abelardo Rodríguez to Comité Liquidador de la Caja de Préstamos para Obras de Irrigación y Fomento de Agrícola, 25 May 1933, AGN, Rodríguez, 329/42.

[59] "Mexico: Political: State Elections," 7 July 1936, G-2, 7275, USNA, RG 165, US Intelligence, reel 2.

[60] José María Aceitia to Cárdenas, no date, AGN, Cárdenas, 606.3/76. This is with another letter dated in December 1935.

[61] Lee R. Blohm, "Labor Notes from Chihuahua, Mexico," 15 March 1938, USNA, RG 59, 1930–39, Confidential, 812.504/1724. Lee R. Blohm, "The Labor Set-Up in Chihuahua," 3 November 1937, USNA, RG 59, 1930–39, Confidential, 812.504/1687.

R. Almada describes the Talamantes administration as "sustaining always its leftist tendencies with a frank and decided manner."[62] Talamantes resolved hundreds of cases of land *restituciones* and *dotaciones* for ejidos. He raised the salaries of schoolteachers and public employees.[63] The U.S. consul in Ciudad Chihuahua summed up the change in the political balance under Talamantes (and Cárdenas):

> Local unions in combination with more or less loosely organized campesinos [small farmers] have become politically powerful in the state of Chihuahua. An aspirant to state office solicits their support by word and deed [expenditure of money] and any intimation, true or false, that may show the politician to hold views lukewarm to labor and labor interests, will injure or even destroy his chances politically. The present Governor of Chihuahua, Gustavo L. Talamantes, is just now continuing to hold office, despite alienation of powerful political interests here, by catering to the demands of laborers and agrarians as against entrepreneurs and capital interests.[64]

He also reported that local unions had attempted "with a fair degree of success" to cooperate with small farmers. Fifteen unions of industrial and rural workers were organized under the Federación Revolucionaria de Obreros y Campesinos. That Talamantes was willing to confront even the most powerful on behalf of land reform was indicated by the fact that in 1938 the state agrarian commission ordered the return to an ejido of an hacienda owned by the Quevedos.[65]

Even under Talamantes, land reform had political limitations. Justino Loya, the general secretary of the Liga de Comunidades Agrarias del Estado de Chihuahua, saw little progress after eighteen months of Talamantes's term. The promised rural schools and improved roads were not provided. Far worse, the land distributed to ejidos was "parched, of the worst quality."[66] He claimed that the latifundists kept their best lands. Moreover, administration of the land reform was in the hands of the worst reactionaries. Evidently Talamantes at some point recognized the political and economic power of the landowners.

Other reform notwithstanding, violence and corruption continued unabated, if anything, exacerbated by stepped up demands of agrarians and

---

[62] Almada, *Diccionario de historia, geografía, y biografía chihuahuenses*, 2d ed. (Chihuahua: Universidad de Chihuahua, n.d.), 512.

[63] Ibid.

[64] Lee R. Blohm, "The Labor Set-Up in Chihuahua," 3 November 1937, USNA, RG 59, 1930–39, Confidential, 812.504/1687.

[65] Angel Valenzuela and others to the President, 19 March 1938, AGN, Cárdenas, 404.1/9225.

[66] Justino Loya, Secretaría General, to the Directiva del V Pleno Nacional de la Confederación Campesina Mexicana, 23 March 1938, AGN, Cárdenas, 543.1/18, legajo 2.

workers. As before, government was a place of economic opportunity. One member of the Talamantes camarilla, Angel Martínez, the state treasurer, acquired a substantial fortune, including a ranch, houses in El Paso, and several U.S. bank accounts in just three years.[67]

Personalism and nepotism continued as crucial elements of politics. Like Quevedo, Talamantes tried to install family members in key posts around the state. His brother Narciso was elected mayor of Hidalgo de Parral for 1940 to 1941.[68] Brother-in-law Demetrio Ponce was the tax collector of Parral and ran unsuccessfully against Teófilo Borunda for mayor of Ciudad Juárez in 1939.[69]

The decade ended in relative peace. The alliance of old and new elites reached a stalemate with the popular organizations. Alfredo Chávez, a former tax collector and legislator, was elected governor in 1940. Chávez, "a member of a pioneer Chihuahua family," received strong support from the Confederation of Mexican Workers (CTM).[70] The new governor, a rancher and member of an old line family, a career politician with popular support, represented the final Chihuahuan revolutionary arrangement.

From this cursory review of Chihuahuan politics during the 1930s, several tentative conclusions can be drawn. First, the men who vied for power in Chihuahua during the 1930s were not those who had vied during the previous decade. Of the three major contenders, León, Quevedo, and Talamantes, only Talamantes was in Chihuahua during the 1920s. They had no long-term following in the state as a result. A number of figures from earlier years, notably Andrés Ortiz, Fernándo Orozco, and Manuel Prieto, played important roles in state politics, but their local bases probably rendered them unacceptable to Mexico City and, thus, unlikely to be major competitors. Both León and Talamantes had extensive experience in land reform under the Obregón administration. They had seen its enormous political value. Not surprisingly, each sought and acquired widespread agrarian support. León and Talamantes were practical revolutionary politicians. Quevedo and his family were representative of the opportunists who had used the revolution to make their fortunes and sought in the 1930s to protect their gains. They entered into an alliance with members of the surviving, prerevolutionary landowning elite against populist reforms.

None of the competitors exhibited any meaningful ideology. At times

[67] "Un quevediano" to President, 9 June 1939, AGN, Cárdenas, 543.1/18. Another member of the camarilla was Alfredo Chávez, who was to be the next governor.

[68] Ignacio Jaimes, Presidente de la Comité de Control Político de la Sección 45 del Sindicato de Trabajadores, Mineros, Metalúrgicos y . . . , Mina de Rincón, 16 December 1939, AGN, Cárdenas, 544.5/563.

[69] *EPT*, 30 April 1939, 4.

[70] *EPT*, 17 June 1972.

León and Talamantes spouted radical rhetoric, but their actions proved a more practical politics. León acquired a large hacienda. Talamantes tried to set up a dynasty.

By 1940 the worst of the political wars in Chihuahua had ended. The revolutionary formula had evolved with something for all. Luis León had begun the process in his attempt to incorporate the popular classes. There was a short-term setback under the Quevedos, who resisted land and labor reform, but Talamantes reincorporated them into the equation. Under the leadership of the Borunda family after 1937, the PNR moved leftward, while simultaneously taking steps to assure large landowners that their interests would not be threatened. This compromise culminated in the selection of Alfredo Chávez as governor.

By 1940 the national government had tipped the balance of power in its favor. Land and labor reform had weakened both old and new elites in Chihuahua just enough for the PRM coalition with its strong national ties to establish firm control. Personalism was not dead, but rather subsumed within the party. Families and camarillas continued to play crucial roles, but, again, within the limits of the party. Reform, though it benefited workers and campesinos, was clearly a political tool.

There are many unanswered questions about Chihuahuan and Mexican politics during the 1930s. How did the formation of peasant leagues and labor unions occur? Were these organizations locally based, state based, or inspired by the national regime? Were they initially independent? Was their leadership later coopted by Cárdenas? To what extent did the old, Porfirian elite and the revolutionary entrepreneurs ally? How did elite organizations like the cattlemen's associations operate politically?

What is clear is that Chihuahua's revolutionary leaders were committed to capitalist development. Their state would become a showplace of capitalism during the Mexican economic ''miracle'' that evolved after 1940. The political structure that evolved during the 1930s made this development possible.

Revolutionary Project, Recalcitrant People: Mexico, 1910–40

Alan Knight

IT IS NOW A COMMONPLACE that the Mexican Revolution—like all major revolutions—was a mosaic rather than a monolith, that it was less *a* revolution than a collection of intertwined *revolutions*. "Many Mexicos" gave rise to "many revolutions."[1] The recognition of complexity, however, should not lead to a retreat into empirical obscurity (the "patchwork" version of the Revolution). Rather, historians should try to sort out and clarify the principal causes, components, and conflicts which underlay the Revolution. In my view, the broad outlines of the Revolution may be schematically depicted in the following terms. Three major historical actors (*sic*—not classes) contested for power at the ouset of the armed revolution, 1910–1920:[2]

A. The old regime, a constituency of Porfirian landowners and officials, the military, the higher clergy, foreign investors, local caciques and some segments of the growing middle class. This constituency may be loosely termed Porfirismo/Huertismo.

B. The liberal opposition, largely urban and heavily middle class, though further reinforced by some (minority) dissident landlords and a small but significant urban working class. Its chief embodiment was Maderismo.

C. The popular movement, essentially rural and peasant in composition, which may be further subdivided into agrarian and *serrano* categories; famous examples would be Zapatismo and Villismo, but many lesser - *ismos* also qualify.

[1] Alan Knight, *The Mexican Revolution*, 2 vols. (Cambridge, 1986), I, ch. 1.
[2] This is a schematic version of an earlier analysis: Alan Knight, "Peasant and Caudillo in the Mexican Revolution, 1910–17," in D. A. Brading, ed., *Caudillo and Peasant in the Mexican Revolution* (Cambridge, 1980), 17–58.

In simple terms, the old regime (A) was challenged and ousted by an anomalous combination of (B) and (C). Though certain urban working class groups sought to advance their interests autonomously and radically, the prevailing tendency—in both 1910–1913 (the Maderista phase of the Revolution) and 1913–1920 (the Carrancista phase)—was for the working class to act in concert with middle class liberal allies.[3]

But this initial cast changed with time. The dominant group which emerged to govern Mexico after 1915, and which held power throughout the period under discussion, specifically represented none of these constituencies, but was rather a complex national synthesis of all of them. Initially christened Constitutionalism (1913), it mutated, without fundamental genetic alteration, into the ruling Sonoran dynasty of the 1920s. It borrowed surreptitiously from the Porfiriato, incorporating the ideas and sometimes even the personnel of the old regime it allegedly abominated. It retained, at least in theory, the liberal ethos of the old Maderista opposition, as well as its commitment to capitalist development, its *norteño* flavor, and its appeal to progressive middle and working class interests. And from the popular movement it acquired (sometimes in rather cynical, plagiarist fashion) a concern for the *campesino* and Indian, an espousal, sometimes more rhetorical than practical, of agrarian reform, and a populist, mass-mobilizing style which was given greater substance by the actual recruitment, within the governing coalition, of genuine populist leaders (Zapatistas like De la O in Morelos; Cedillo in San Luis; Nájera in Durango; Matías Rodríguez in Hidalgo; Manuel Montes in Puebla; Ignacio Mendoza in Tlaxcala).[4] The national synthesis was precisely a synthesis, a mix of different classes, interests, and ideologies; its broad objectives were capitalist, nationalist, and progressive; what gave it definition was less any integral class membership than incumbency in government, which is another way of saying that, as a state, it enjoyed a relative autonomy of specific class interests.[5]

Broad though it was, such a synthesis could not embrace all Mexican civil society. Of the old regime interests which had not been destroyed, some coexisted with it in mutual suspicion and some shrewdly made their peace with it. (The smarter landlords, in particular, realized that their best defense

---

[3] Some historians would stress the greater significance and autonomy of the working class: for example, John Mason Hart, *Revolutionary Mexico: The Coming and Process of the Mexican Revolution* (Berkeley, 1987).

[4] Ernest Gruening, *Mexico and Its Heritage* (New York, 1928), 423, 465, 472, 483; see also the essays by Ankerson and Buve in Brading, *Caudillo and Peasant*.

[5] This does not mean, however, that the revolutionary state of the 1910–1940 period was a bloated, Bonapartist giant, squeezing civil society in its grasp: see Alan Knight, "The Mexican Revolution: Bourgeois? Nationalist? Or Just a 'Great Rebellion'?," *Bulletin of Latin American Studies* 4 (1985), 1–37.

against peasant agrarianism was to colonize the revolution itself, that is, to
ally with opportunist revolutionary leaders—who abounded—and/or to make
a display of spurious "revolutionary" commitment. The landed interest did
not, therefore, seek to create a formal national conservative party.)[6] Of the
old liberal opposition, many went with the Revolution, notwithstanding the
latter's chronic disregard of strict liberal principles. Most liberals, in other
words, were prepared to tolerate electoral chicanery in return for political stability, cultural nationalism, and economic reconstruction. Some, however,
jibbed, and the history of postrevolutionary Mexico was therefore punctuated
by outbursts of liberal indignation: the classic example was Vasconcelos's
"crusade" in 1929.[7] Of the popular movement, some agrarian elements—a
minority—avoided collaboration and maintained a perilous political independence; so, too, did small sections of the urban working class, who resisted the
embrace of the new majoritarian official labor confederation, the CROM.

But the greatest challenge to the national synthesis in the 1920s came
from elsewhere: from the Catholic Church, especially the Catholic laity. De-
nied participation in a competitive liberal-Catholic politics (which had begun to develop during the Maderista *apertura*, only to be terminated after
1913), political Catholics—Catholics whose politics were premised on their
Catholic allegiance—were driven to the political margin and ultimately to
armed revolt. During the Catholic uprising of 1926–1929 (the Cristero War),
the Church resisted the anticlerical, state-building efforts of the state and
mobilized powerful peasant support, principally in Center-West Mexico.
Here, as in the Vendée, a region relatively lacking in previous revolutionary
commitment came to see the revolution as alien, intrusive, demanding, and
blasphemous, and thus a new historical actor—the Catholic peasantry, which
had been marginal to the armed revolution of the 1910s—became a central
and belligerent figure in the social and political conflicts of the 1920s.[8]

This explanatory scheme or sequence has an obvious cultural dimension.
Although class conflict was central to the Revolution (above all, in contexts
where subordinate popular movements confronted their superordinate enemies), the Revolution cannot be reduced to class conflict *tout court*. Class conflict, for one thing, manifested itself in cultural terms: Zapatismo was a "war
of sandal against shoe."[9] In addition, plenty of revolutionary conflict was
premised upon cultural identities and antagonisms. The chief criteria distin-

---

[6] Hans Werner Tobler, "Las paradojas del ejército revolucionario: su papel en la reforma
agraria mexicana, 1920–35," *Historia Mexicana* 21 (1971), 38–79.

[7] John T. Skirius, *Vasconcelos y la cruzada de 1929* (Mexico, 1978).

[8] Jean Meyer, *La Cristiada*, 3 vols. (Mexico, 1973) is the major study. To repeat, by "the
Catholic peasantry" I mean a peasantry actively mobilized on a Catholic basis; most other peasant
rebels were also Catholics, but Catholicism was not at the root of their protest.

[9] John Womack, Jr., *Zapata and the Mexican Revolution* (New York, 1968), 100–102.

guishing the rival Villista and Carrancista coalitions in 1914–1915 were arguably cultural, rather than socioeconomic or ideological.[10] Cultural antagonisms, rather than class or material grievances, underpinned the Cristero rebellion.[11] And, logically linked to these examples, the project of the revolutionary state of the 1920s and 1930s contained a strong cultural element: more than it represented any hegemonic *class*, that state propounded a would-be hegemonic *culture*. It sought, in other words, to achieve a cultural transformation of the Mexican people. Revolutionaries like Cárdenas were, according to one formulation, "cultural cartographers."[12]

At first glance, such an interpretation of the revolutionary state and its project fits neatly within recent revisionist scholarship which plays down (even denies) the importance of class conflict, which exalts the central agency of the state, and which sees the Revolution as a political, state-building, nationalizing process, lacking a class rationale.[13] According to this view, the Revolution served as a mighty engine of *étatisme*, triturating a poor, parochial, God-fearing population. The revolutionary state was a Hobbesian "great Leviathan" rather than a Marxist "committee for managing the common affairs of the bourgeoisie." But in fact, my argument points the other way. I accept the fact of a revolutionary project—of a certain "cultural cartography" —which in turn encountered popular indifference, even opposition (though I would perhaps see the latter as less uniform and transparent than do the revisionists). But I question its efficacy, arguing that a recalcitrant people stymied the revolutionary project; that the mighty engine of *étatisme*, for all its huffing and puffing and grinding of gears, failed to triturate, transform and homogenize the Mexican population; and that, ultimately, transformation of a different kind ensued, in response to a different "project," which emanated not from the state but from the market.[14] In other words, cultural transformation and homogenization were basically socioeconomic, not political, processes. The revisionists understandably focus on the purposive revolutionary project of the 1920s and 1930s, but they exaggerate its transforming power, while they correspondingly underestimate later, more diffuse, anonymous, but pervasively effective socioeconomic forces. Paradoxically, there-

[10] Knight, *Mexican Revolution*, II, 263–301.

[11] Meyer, *Cristiada*, III, 23; cf. John Tutino, *From Insurrection to Revolution in Mexico: Social Bases of Agrarian Violence, 1750–1940* (Princeton, 1986), 343–346, which terms the Cristiada a "major agrarian insurrection," motivated by "bluntly agrarian" demands.

[12] Marjorie Becker, "Lázaro Cárdenas, Cultural Cartographers and the Limits of Everyday Resistance in Michoacán, 1934–1940," paper presented at the 46th International Congress of Americanists, Amsterdam, July 1988.

[13] Alan Knight, "Interpretaciones recientes de la revolución mexicana," in María Teresa Franco, ed., *Memorias del Simposio de Historiografía Mexicanista* (in press).

[14] I am using "the market" as shorthand for a range of economic processes embracing capital accumulation, the formation of a domestic market, and the rise of consumerism.

fore, the initial focus on *étatiste* social engineering ultimately leads away from the state and into civil society, away from the ministries and into the market place.

As a starting point for this analysis of the revolutionary project and its impact, I suggest that there is still some heuristic value in Robert Redfield's distinction between the "Great" and "Little" Traditions: the first literate, written, national, "modern," the second, illiterate, oral, local, and "traditional."[15] For Redfield, this cultural dichotomy paralleled the famous folk-urban continuum: the "Great Tradition" was lodged in the cities, the "Little Tradition" in the villages. And, notwithstanding the presence of "culture-brokers" (specifically, carriers of the Great Tradition such as priests and teachers) within the villages, the two cultural sectors remained substantially distinct and divided. A relevant example is provided by the urban working class of revolutionary Mexico. Here I refer to the small permanent urban working class, many of them artisans, rather less of them classic factory workers (I deliberately exclude the unemployed, marginals, beggars, and transients who were also numerous in the major cities).

The urban working class was not, in the main, composed of "hyphenated" worker-peasants of the prerevolutionary Russian kind.[16] They were often of solidly urban background, born and raised in the city, lacking rural roots. Many were artisans (printers, carpenters, masons), grouped in small workshops. In general, this urban working class belonged to the Great Tradition; theirs was a literate culture; they valued and sought to promote workers' education; they were nurtured on written liberal and radical texts (such as the 1857 Constitution). They read the newspapers, including the new penny press, and attended *veladas*, cultural evenings of songs, speeches, and discussions. They also shared with the urban middle class a series of cultural concerns: national politics, education, nationalism, often anticlericalism. And they joined with middle class elements (as well as some *políticos*) in mutualist societies.[17]

This set them apart from the *campesinos*, who were disproportionately illiterate, Catholic, and parochial in outlook; and this "cultural gap," as one percipient labor historian has termed it, was sharply evident in the political alignments of the Revolution.[18] In very general terms, therefore, we may talk

[15] Robert Redfield and Milton B. Singer, "The Cultural Role of Cities," *Economic Development and Social Change* 3 (1954), 53–73.

[16] Alan Knight, "The Working Class and the Mexican Revolution, c. 1900–1920," *Journal of Latin American Studies* 16 (1984), 65–66.

[17] Knight, *Mexican Revolution*, I, 132, 137–140, 429–430.

[18] Barry Carr, "The Casa del Obrero Mundial, Constitutionalism and the Pact of February 1915," in Elsa Cecilia Frost et al., eds., *El trabajo y los trabajadores en la historia de México* (Mexico, 1979), 603–632; and Meyer, *Cristiada*, III, 305.

of rival peasant and working class cultures, at least inasmuch as we refer to this, the quintessential urban working class. During the phase of armed revolution, in Mexico as in Russia, the peasant and proletarian revolutions diverged (arguably, there was no proletarian revolution in Mexico at all, but rather a limited proletarian involvement in a "peasant war") and the two, peasant and proletarian, were only subsequently reunited—to a degree—in the postrevolutionary era. What, in the Soviet Union, was achieved via draconian collectivization was, in Mexico, undertaken by the more gradual, but probably no less effective, incorporative efforts of caudillo, party, and ejidal bureaucracy.

But the Great/Little Tradition, like the folk/urban continuum, is a pretty crude analytical device. It encapsulates a basic truth and offers a convenient terminology, which is used in this essay. But it also conceals a host of anomalies (hence it cannot stand alone or serve as a total explanatory system). Obviously, it omits class: the carriers of the Great Tradition certainly include both workers and capitalists; those of the Little Tradition may or may not be divided along class lines, depending on where you look and whom you read.[19] But there are also *cultural* anomalies lurking within this cultural dichotomy. The most obvious of these relates to religion—and who says religion in Mexico also says politics. The carriers of the "Great Tradition," be they middle or working class, were divided along religious lines, and by the 1920s this was a crucial divide. Organized labor was split between a majoritarian anticlerical official labor movement (the CROM) and a smaller but vigorous Catholic sector, which the CROM was sworn to eliminate.[20] The middle classes, too, were similarly fractured. Die-hard anticlericals supported the government; dissident liberals leaned to Vasconcelos and Anti-Reelectionism; and the powerful Catholic middle class, at least in certain regions of the country, endorsed the National League for the Defense of Religion. The latter found its leadership among young, militant, Catholic laity, mirror images of the young, militant anticlericals who staffed the Revolution: socioeconomically similar, these rival cadres engaged in bitter sectarian conflict. Mexico's urban constituencies were thus polarized along cultural lines and the rift remained central to politics through the 1930s, when the Spanish Civil War further accentuated it.[21] What is more, Church–State conflict assumed distinct regional patterns (it was most acute in Catholic regions like the Center-West) and it reflected gender: men were more anticlerical than women.

[19] Anthropologists are fond of denoting rural communities as "socially homogeneous" or "classless"; for a brief caveat, see Frank Cancian, *Economics and Prestige in a Maya Community* (Stanford, 1965), 125.

[20] Meyer, *Cristiada*, II, 212–219.

[21] Meyer, *Cristiada*, I, 53; Lourdes Márquez Morfín, "Los republicanos españoles en 1939: política, inmigración y hostilidad," *Cuadernos Hispanoamericanos* 458 (1988), 127–150.

No less important, but somewhat less obvious, the "Little Tradition" revealed a comparable internal rift. The Mexican "folk" tradition, although it was overwhelmingly Catholic, at least in terms of belief and ritual, was not necessarily *politically* Catholic. Mexico was and remains "Catholic": the census figures are so consistent in this respect that they offer little scope for statistical analyses of de-Christianization.[22] However, the majority of the population were "nominal" Catholics, who, while they subscribed to Catholic belief and ritual, did not necessarily attend Church regularly, did not conform to Catholic doctrinal requirements (e.g., did not marry in the Church), and certainly did not obey the political authority of the Church hierarchy.[23] Catholic by belief or mentality, this majority did not constitute a Catholic political constituency, which conducted its politics according to Catholic criteria; such a constituency existed, but was concentrated in certain areas of the country. Thus it was entirely possible for many Mexicans, urban and rural, to combine Catholicism and liberalism, even Catholicism and a form of institutional anticlericalism (that is to say, they were, like the anticlericals of Lollardy or the Reformation, against priests—especially rich, socially remote priests—but not against religion per se).

Indeed, Mexico was characterized by a strong current of rural, peasant-based "folk liberalism" dating back at least to the mid-nineteenth century, and subsequently reinforced by the Revolution. "Folk liberals" were usually Catholics: in ballads and political manifestos (such as Zapata's Plan of Ayala) they invoked God in terms that would have appalled good urban radicals.[24] But they were also staunch liberals, sometimes anticlericals and self-conscious progressives, and usually fierce patriots. They accepted Catholic belief and ritual but rejected clerical authority, which they saw as conservative and antipatriotic; they cleaved to the old liberal slogans, songs, and heroes associated with Benito Juárez, the 1857 Constitution, and the struggle against conservatism (an unholy alliance of Church, landlords, and French); and they saw the Revolution as another episode in this epochal struggle. In 1910 as in 1810, these popular patriots could even count on support from some dissident *curas*.

As the struggle went on, furthermore, such popular liberalism often tended to grow more radical: radical demands and rhetoric replaced liberal ones, but did so in relatively evolutionary fashion, with individual adherents making the transition—for example, from liberal to socialist anticlericals, from carriers of the Virgin of Guadalupe to carriers of the red flag—without suffering the mental trauma of a left-bank intellectual (no agonizing *coupures*

[22]José E. Iturriaga, *La estructura social y cultural de México* (Mexico, 1951), 139–153; Pablo González Casanova, *Democracy in Mexico* (New York, 1970).

[23]Gruening, *Mexico and Its Heritage*, 229, reckoned Catholics "in the sense accepted in the United States" at only 2 million, as against 15 million nominal Catholics.

[24]Womack, *Zapata*, 398, 401.

épistémologiques here). The period under consideration thus saw a distinct ideological evolution within certain key areas and communities, somewhat analogous to that which Maurice Agulhon has plotted in the case of the French *département* of the Var.[25] Traditionally liberal pueblos, contributors to the liberal cause in the nineteenth century, often provided the shock troops of the popular revolution in 1910–1920: the Zapatista pueblos of Morelos; comparable villages across the central Plateau; northern bastions like Cuchillo Parado on the border; Matamoros and its Laguna environs; the pioneer communities of the Chihuahua sierra; Juchitán and the Juchiteco villages of the Isthmus; the dissident revolutionary pueblos of Jalisco, such as Mazamitla.

Furthermore, during and after the Revolution the process of mutation went on. Zapatismo was annealed in the heat of battle: it grew more radical and acquired a certain ideological sharpness with the participation of newly recruited radical intellectuals, such as Díaz Soto y Gama. Elsewhere, the agrarian radicalism of the 1920s depended a good deal on the contribution of urban intellectuals, labor activists, and political radicals. In Michoacán, Jalisco, and Veracruz, for example, states which had failed to generate a powerful armed agrarian movement during the Revolution, incipient peasant leagues now benefited from the organizational experience and ideological inspiration of urban cadres: the radical (petty-bourgeois?) artisans of Jalisco who, like the Anarchist artisans of Andalusia, forged links with peasant dissidents, conferring a new political coloration on what were often ancient struggles; or the working class radicals who fanned out from Tampico, Orizaba, Córdoba, Veracruz, and Minatitlán into the rural hinterland, where they radicalized—but did not create *de novo*—a powerful peasant movement.[26]

Two consequences followed. First, urban and rural radicalism began to interweave; the barriers demarcating city and countryside, which had stood tall and firm in many regions during the revolution, began to crumble. Peasant protesters no longer sought to create an autonomous utopia, but instead saw the need to win urban allies. Second, they acquired a more formally radical ideology. The Virgin of Guadalupe gave way to the red flag (strictly, the red and black flag); traditional political names and labels, those of nineteenth-century liberal provenance, were now supplemented, but not wholly usurped, by those of more modern, socialist, and international origin: Yucatán's peasant leagues of the early 1920s were named for Zapata, Marx, Gorky, and the "martyrs of Chicago." And a whole new cycle of agrarian, proletarian, and even Communist corridos were penned and sung.[27] This

[25] Maurice Agulhon, *The Republic in the Village* (Cambridge, 1982).

[26] Ann L. Craig, *The First Agraristas: An Oral History of a Mexican Agrarian Reform Movement* (Berkeley, 1983); Heather Fowler Salamini, *Agrarian Radicalism in Veracruz* (Lincoln, 1978), 26–29.

[27] Gilbert M. Joseph, *Revolution from Without: Yucatán, Mexico and the United States*

closure of the urban-rural divide—a clear consequence of the Revolution—meant, of course, a partial fusion of the Great and Little Traditions, a point to which I will return.

In states like Michoacán, however, this new radicalism was probably exceptional and certainly risky. Unlike their counterparts in the Zapatista communities of Morelos, Michoacán's agrarian radicals bucked the regional trend. In general, Michoacán's *campesinos* played a much greater role in the Cristiada, the Catholic rebellion against the revolutionary state of 1926–1929, than they had in the revolution of the preceding decade; they were Mexico's Vendéans or Carlists. And their participation in (or, I should say, against) the Revolution was premised on their Catholicism, which was deeply rooted and determined much of their social and political conduct (in a way Catholicism was not for many nominally Catholic *campesinos*).[28] For in Michoacán, as in much of Center-West Mexico, the Church was organizationally and spiritually powerful: the *cura*, often locally recruited, was commonly the dominant figure in the community; and the Church and its rituals defined the local way of life.[29] The parallels with the Vendée, implicit here, may be tentatively pushed further: this was also a region marked by scattered (sometimes relatively new) settlements—*ranchos* rather than "traditional" corporate villages—and it was also a region where classic agrarian class conflict, pitting villager against landlord, was probably less acute.[30] The Cristeros were genuine Catholic rebels (attempts to depict them as dupes of the landlords or surrogate agrarian protesters are not convincing), but their religious rebellion had an underlying sociopolitical rationale. The same was broadly true of neighboring Guanajuato, whose inhabitants flocked to the standard of Sinarquismo, "the Falange in huaraches," during the 1930s.[31]

Thus, peasant political involvement, which was pronounced during these years, took on quite contrasting ideological or cultural forms; the Little Tra-

---

(Durham, 1988), 219; Eyler B. Simpson, *The Ejido, Mexico's Way Out* (Chapel Hill, 1937), 422; Armando de María y Campos, *La revolución mexicana a través de los corridos populares*, 2 vols. (Mexico, 1962), II, 265–334.

[28] Meyer, *Cristiada*, III, 9, 22–23, 294, 307–310, emphatically rejects any economic explanation of Cristero action, stressing instead religion; however, not all students of the subject have been convinced.

[29] For example, Luis González, *Pueblo en vilo, microhistoria de San José de Gracia* (Mexico, 1968), 99–100.

[30] Cf. Charles Tilly, *The Vendée* (Cambridge, 1964). If the Cristero and Sinarquista regions of the center-west somewhat resembled the Vendée (specifically, les Mauges), the revolutionary, non-Cristero regions of Mexico, e.g., Morelos, Puebla, Tlaxcala, bore some resemblance to the Var, at least in the sense of possessing dense corporate communities, endowed with a vigorous sense of history and identity: "the authority of the Provençal priest over his parish was peculiarly undermined by the prestige, vitality and cohesion of the *commune* in competition with the parish" (Agulhon, *Republic in the Village*, 102).

[31] Jean Meyer, *El Sinarquismo: un fascismo mexicano?* (Mexico, 1978).

dition, like the Great, was ruptured along sectarian lines. For the sake of comprehensiveness at least two further categories deserve mention: first, (which we will not analyze here) that of "tribal" Indians, largely disarticulated from any of the Great Traditions mentioned here (Catholic, liberal, radical), and, arguably, adhering to the most ancient Great Tradition of all, that of pre-Columbian Mesoamerica; and, second, that of modern (roughly, post-1940) city-dwellers who, I argue in the conclusion, belong to a newer Great Tradition, that of "nonideological" metropolitan mass culture.

The initial argument of this essay is that the Mexican Revolution, like other revolutions, drew heavily upon popular cultural traditions for its original strength and inspiration. Village rebellions were premised on old symbols and solidarities, arguably an attachment to an old "moral economy."[32] Rebels fought for the *patria chica*, whose symbolic representation was often the patron saint (in rural Mexico, as in premodern England, "strong territorial associations could give hagiolatry an almost totemic character").[33] They wore Virgin of Guadalupe badges and carried banners of the Virgin (even, it was said, when commiting anticlerical acts). They formed part of that broad popular culture which embodied magic, *curanderismo*, and a practical belief in saintly intercession, and which expressed itself orally in popular ballads (corridos) and visually in *retablos* (pictorial thank-offerings for saintly services rendered), both forms of expression suggestive of a Catholic, parochial, and "superstitious" view of the world.[34] None of this was incompatible with the prosecution of vigorous popular rebellions, often premised on class conflict and class consciousness. Indeed, it was probably functional to it.

But the regime which ultimately emerged, the "national synthesis," was not a popular regime. It comprised popular elements and sought to appease (as well as to repress) popular grievances; but its directing elements were not of popular origin nor, more important, did they share popular attitudes. On the contrary, they espoused a nationalist, capitalist, state-building, anticlerical, and even antireligious project which was antithetical to many such attitudes. If, in this sense, Mexico's new rulers resembled their old Porfirian predecessors (enabling many historians to stress the Tocquevillean character of the Revolution), they nevertheless did so in transformed circumstances—so transformed, it should be stressed, that assertions of historical continuity, nowadays rather fashionable, are distinctly misleading. For, if the *ends* of the new revolutionary leadership were in some sense neo-Porfirian (in fact, even that is open to question),[35] the *means* they employed to achieve those ends

---

[32] Knight, *Mexican Revolution*, I, 161–169.

[33] Keith Thomas, *Religion and the Decline of Magic* (Harmondsworth, 1973), 29.

[34] See Diego Rivera, "Retablos," *Mexican Folkways* 1 (1925), 7–12.

[35] Broadly, the revolutionary project of the 1920s, focusing on the reconstruction and development of both state and economy, was more clearly "neo-Porfirian" than that of the 1930s

had changed radically, such that even those revolutionaries most sympathetic
to Porfirian goals, those least tainted by more radical ideology, had no choice
but to adopt means markedly different from those of don Porfirio.[36]

The new regime of post-1920 thus represented an uneasy compromise
between the antipopular inclinations of many dominant revolutionary elements, and the popular elements which they had needed for military victory
and still needed for political survival. Such was the dynamic tension underlying the postrevolutionary settlement, analysis of which, given its very dynamism, must be to at least some extent diachronic.

It is a commonplace, but a valid one, that the project of the Porfirian
old regime (1876–1911) was "modernizing," developmentalist, state-
building, and antipopular. Further, it was carried out by an increasingly
elitist, "plutocratized" oligarchy.[37] The regime not only allowed, or encouraged, a major onslaught on peasant landholding and autonomy; it also depre-
cated and, in somewhat clumsy fashion, sought to transform Mexican popular
culture. Indians were seen as a brake on national progress (just as foreign immigration was seen as the necessary fuel); the peasantry in general (we should
not conflate "Indians" and "peasants," even though the Porfirians often
did) was viewed through quasi-colonial spectacles. While the old colonial caste
system had long been abolished, sentiments of true citizenship had not been
inculcated throughout the land; many "Mexicans," Porfirian rulers lamented,
felt more loyalty to the pueblo or *patria chica* than to the nation; some had
no notion of the nation at all. At the same time, *campesinos* were idle, igno-
rant, sottish, and thieving. They had to be driven to work; they "only heard
through their backsides." Popular customs, too, were rowdy, drunken, and
troublesome. The Porfirian authorities therefore took steps to curtail the
Easter Judas burnings and to keep scruffy pyjama-clad peasants off the city
streets, especially during the big 1910 Centennial celebrations.[38]

Employers, too, denounced the traditional San Lunes, when workers,
recovering from their weekend carousing, absented themselves from work.
And, they complained, the endless round of religious fiestas impaired productivity, while affording further excuse for drink and idleness. Of course, this

---

(especially, 1934–1938), when more radical goals, some arguably "socialist," appeared on the
agenda.

[36] If "ends" are defined broadly enough (as they are here), there is obviously ample room
for "means" to diverge. Capitalist, state-building, nationalist regimes are ten-a-penny, from
Argentina to Zaire; it is the means whereby these very general ends are pursued that is significant. In other words, to argue a Porfirian-revolutionary continuity at the level of broad objectives is not to argue very much.

[37] François-Xavier Guerra, *Le Mexique: De l'Ancien Régime à la Révolution*, 2 vols. (Paris,
1985), I, 95.

[38] Knight, *Mexican Revolution*, I, 1, 9–10, 167; William H. Beezley, *Judas at the Jockey
Club and Other Episodes of Porfirian Mexico* (Lincoln, 1987), 106, 115.

was a secular "problem," encountered wherever the new time and work discipline of capitalism, rural or urban, impinged upon precapitalist populations who had to be inured to this new discipline. But here, as in eighteenth-century England or twentieth-century Africa, this basic socioeconomic conflict was decked out in alternative explanatory garb. In Mexico much stress was laid on the inherent defects of "the people" (often, in this case, their racial defects), and solutions were sought, if they were sought at all, (some regarded "the people" as hopeless and worthy only of replacement by superior stock) in the realm of education and propaganda, which might complement the old resort to coercion.

Porfirian ideologues therefore extolled the virtues of education and the moralizing effect it might have on slovenly Mexicans who were scarcely aware even of being Mexicans. But Porfirian policies in this regard never equaled Porfirian lamentations. The desired foreign immigrants never came; the expansion of education was slow (though not negligible); the emergent *indigenismo* of the late Porfiriato remained rhetorical and aesthetic and brought no real amelioration of the plight of the Indian.[39] On the contrary, the inexorable political and economic trends of the period favored hacienda expansion, village decline, and further exploitation of peasants and Indians alike.

Then, in 1908–1910, the regime faced an unusually powerful challenge from a new liberal opposition. The liberals' attitude toward popular culture was not necessarily more benign or less elitist than that of their Porfirian enemies. Their objections to the old regime were essentially political; they generally applauded Porfirian economic policy; and they preferred constitutional liberalism to mass democracy, not to mention mass insurgency.[40] Like their Porfirian opponents, the liberals deplored popular vices and looked to education as a means to extirpate them. However, the liberals also promised an opening-up of the political system and a correction of some social abuses (which won them popular attention and support); no less important, their campaign created a tactical opportunity for other groups, which I collectively term the popular movement, to enter the stage and voice their protests autonomously. When the armed revolt began in 1910 popular elements at once took the lead, not only seizing land and attacking hated officials, but also engaging in forms of popular justice and retribution.

The cultural repression of the Porfiriato was thus reversed. Now anxious elites shivered at the prospect of a "war of sandal against shoe." Peons no longer knew their place: they denounced their masters, invaded towns, and swaggered in the streets, forcing the *gente decente* off the sidewalk into the

[39] Mary Kay Vaughan, *The State, Education and Social Class in Mexico, 1880–1928* (DeKalb, 1982), ch. 2.

[40] Knight, *Mexican Revolution*, I, ch. 2.

mud of the highway. They rode the trams without paying (in Mexico the Zapatistas even attacked a fire engine, believing it was a novel engine of war) and they invaded the traditional Sunday *paseo*, disrupting social hierarchies and offending bourgeois sensibilities. Popular leaders, illiterate hicks who rode their horses into cantinas and fought in improvised bullfights, now rose to prominence locally, even nationally. Meanwhile, city slickers, *catrines*, who strayed into rebel territory risked being lynched; well-to-do conservatives were put to work sweeping the streets, while others disguised themselves in plebeian garb in order to escape retribution. As one observer put in, in a casual street conversation, it was as if the Magnificat had come true: the poor were exalted and the rich cast down.[41] Thus in Mexico, as in other preindustrial societies, a key feature of popular revolution was the sense of the "world turned upside down." And this involved an inversion of cultural as well as strictly class hierarchies. Intellectuals, not necessarily conservatives, recoiled from the spectacle in horror: "we live in a hellish disorder," Antonio Caso wrote to Alfonso Reyes, ". . . high culture has no place in a country where barbarism is rife as never before in our history. . . . To be a cultured Mexican is one of the most unquestionable maladjustments in the world. What is the solution?."[42]

There was a sort of solution. The reign of barbarism did not last long. Between 1910 and 1915 popular forces rose to power while the central government wilted and briefly vanished. Mexico became a jigsaw of revolutionary fiefs, many captained by popular caudillos. But the popular forces never gelled, never seized power in the cities. Villa's alliance with Zapata proved a failure, while the Villista and Zapatista occupation of the capital was brief and casual. The Zapatistas did not lay hands on the levers of power, but treated the great metropolis with cautious reserve, even indifference. The Villistas, for their part, lived it up, settled some old scores, shot up a few hotels, then departed. Both Villa's and Zapata's more educated advisers hoped for better; they aspired to the creation of a new regime, a political artifact of the Great Tradition. But their popular allies, who for the moment controlled the situation, saw things differently. Zapata quit Mexico City and sloped off to his headquarters in the small provincial town of Tlatizapán, where he drank, smoked, socialized, fathered children, and attended cockfights. As his despairing intellectual mentor put it, encapsulating the educated man's distaste for popular mores, Zapata was over-fond of "good horses, fighting cocks, flashy women, card games and intoxicating liquor."[43] In this, as in so much, Zapata was typical rather than exceptional. Other popular leaders

[41] Knight, *Mexican Revolution*, I, 210, 244; II, 176–177, 221, 577.
[42] Enrique Krauze, *Caudillos culturales en la Revolución mexicana* (Mexico, 1976), 59.
[43] Womack, *Zapata*, 342.

swilled pulque or aguardiente, danced through the night, and played the torero in improvised bullfights. Their educated advisers, would-be civilian gray eminences, were shocked and confounded.[44]

Leery of national power, the popular rebels allowed more nationally minded leaders—Obregón, Carranza, and their allies (including the working class Red Battalions)—to defeat Villa's army and establish themselves, at first tenuously, in the major cities. A national government was established, and a new, radical Constitution promulgated (1917). The world, recently upside down, was gradually righted, But the world could never be the same again. The old order had been toppled: the Porfirian regime, and the neo-Porfirian Huerta regime (1913–1914), had been destroyed and with it the old Federal Army; the "plutocratized" oligarchies of 1910 had been overthrown (though some oligarchic families made a subsequent comeback); the landlord class, though it had not been eliminated, now faced serious economic and political challenges.

In addition, the scope of politics had been greatly expanded by the experience of revolution. The Revolution did not establish the decorous representative democracy the early liberals had hoped for. But the caciquista inertia of the Porfiriato was ended for good. "I do not believe a dictator will ever govern Mexico successfully again," commented a shrewd foreign observer,[45] and the outcome was a more rumbustious, uncontrollable, violent, and participatory political system. The revolutionary victors had had to call on popular forces first to win their battles against Díaz, Huerta, and Villa, then to construct a more stable political settlement after 1920.[46] Accordingly, they promoted popular caudillos, they espoused popular policies, above all agrarian reform, and they spoke a new populist discourse. In 1919–1920 Obregón campaigned for the presidency, glad-handing the people, claiming he was one of them. He had already displayed his *don de gente*, speaking to the Mayo Indians in their own language; in Yucatán the rising radical Felipe Carrillo Puerto similarly addressed the Maya in their own tongue and incorporated into his political message not only their agrarian grievances but also their aesthetic symbols. Even incumbent local elites, Porfirian leftovers or revolutionary parvenus, began to speak in tongues, flaunting a rustic populism which contrasted with the xenophile elitism of the old Porfiriato.[47] Such discourse could, of course, serve as a substitute for, as much as an ac-

---

[44] Knight, *Mexican Revolution*, II, 291–294, 297–298.

[45] Carothers to Secretary of State, 8 Sept. 1915, Gen. Hugh L. Scott Papers, Library of Congress, Box 120.

[46] Obregón's ouster of Carranza in 1920 was swift and counted on his strong appeal to the army; however, the Obregonista coalition also embraced a range of popular groups, from labor unions to Zapatistas: Knight, *Mexican Revolution*, II, 492–493.

[47] Frans J. Schryer, *The Rancheros of Pisaflores* (Toronto, 1980), ch. 4.

companiment to, genuine radical action. But either way the implication was clear: postrevolutionary politics was a form of mass politics; leaders had to validate themselves in terms of popular support, popular culture could no longer be smugly repudiated.

But there were profound tensions here. The state-building, nationalist, capitalist goals of the revolutionary leadership (certainly the leadership of 1915–1935) were not those of the popular rebels of 1910–1920.[48] State-building by definition whittled away at peasant autonomy, and the agrarian reform, even where it provided land, also compromised that autonomy, substituting the rule of the revolutionary boss and ejidal bureaucrat for that of the Porfirian landlord and cacique. In the realm of "culture," too, tensions were apparent. Revolutionary leaders of popular provenance tended to display a common culture. Zapata, we have seen, preferred the rustic pleasures of Tlatizapán to the metropolitan refinements of Mexico City. Death robbed him of a postrevolutionary retirement, but we can hypothesize what it might have resembled. Saturnino Cedillo, revolutionary survivor, longstanding state boss, and ultimately cabinet minister, was happiest touring his Palomas lands, "jolting over the stony fields in an old car," drinking and socializing with his ex-veterans-turned-clients.[49] Villa, during his own brief retirement, lived a similar existence amid his retainers on the Hacienda Canutillo, where he farmed, nursed his wounds, and grew fat on the consumption of absinthe.[50] So, too, did the caciques of the Sierra Alta of Hidalgo; don Flavio of Arandas (Jalisco); or "don Melchor," the corrupt, corrido-singing captain of armed peasants at Paracho (Michoacán). They all created local *cacicazgos* on the basis of violence and cunning, a calculating agrarianism, ramified local contacts, and a definite *don de gente*.[51]

Many revolutionary leaders, however, especially those at the national level, could manage only a contrived populism, if that. Many—those of urban educated extraction—were too much the *licenciado*. For them, "the people" were alien, fractious, dirty, and troublesome. This sense of separation might be informed by sympathy, by anxiety, or by some combination of the two. Félix Palivicini saw the masses as distinctly worrisome, and his prescription was education. Roque Estrada feared that mass rural illiteracy would

---

[48] Again, one must partially except the Cardenista period, 1935–1940 (or, perhaps, 1935–1938), when, some would argue, "capitalist" goals were, if not abandoned, at least substantially modified.

[49] Dudley Ankerson, *Agrarian Warlord* (DeKalb, 1984), 133–134 (quote from Graham Greene).

[50] Enrique Krauze, *Entre el ángel y el fiero Francisco Villa* (Mexico, 1987), 105; Eugenia Meyer et al., *La vida con Villa en la hacienda de Canutillo* (Mexico, 1974).

[51] Tomás Martínez Saldaña y Leticia Gándara Mendoza, *Política y sociedad en México: el caso de los Altos de Jalisco* (Mexico, 1976), 59–60; Carleton Beals, *Mexican Maze* (Philadelphia, 1931), ch. 13.

facilitate a conservative clerical revival (a recurrent fear, soon to be aggravated by a Church–State showdown in Jalisco in 1918), and to counter this he advocated a suffrage restricted to literates. He agreed with Palavicini, too, that education was crucial: if revolutionary educational policy could be carried out successfully, "the result will be that the formation of the soul of children— which is the essence of the soul of citizens—will no longer fall to the clergy. Lay child, lay citizen, and when the latter enters into the exercise of his rights, the better will be the orientation of his will and the fruits it brings forth.[52]

Others, of liberal as well as Jacobin bent, agreed that education was crucial for the success of the Revolution.[53] "Our basic problem is pedagogic," declared Alfonso Cravioto, "we need a nation that is new, generous, animated by the great ideals of love of country. . . . Danton said that progress consisted in audacity, audacity, and more audacity. Let us say that for Mexico progress consists in schools, schools and schools."[54] The hyperactive state governors of the 1910s put education at the top of their endless agendas; the key articles of the new Constitution, declared one *constituyente*, were those which dealt with teaching, labor, and the status of the clergy (he made no reference to Article 27, retrospectively seen as the keystone of the Constitution, which changed property relations and paved the way for both agrarian reform and economic nationalism).[55] And his emphasis on the interrelated questions of education, labor, and the Church clearly prefigured the political priorities of the 1920s. Then, reformers who both consciously and unconsciously aped Republican France vested inordinate faith in education as a means to change society, and in the teacher as the decisive agent of change: "in each village there is a burning candle, the schoolteacher; and lips which blow to put it out, the parish priest."[56]

Here, revisionist historians are right to discern a real continuity, at the level of ideology and policy, between the revolutionary and Porfirian leaderships. Both believed that the school was the crucible of nationalism, moralization, and development, in which the base matter of plebeian culture would be transformed into the pure gold of virtuous citizenship. The difference was that the revolutionaries put their money where their mouth was, and that the

[52] Vaughan, *State, Education and Social Class*, 90–98; *Diario de los debates del congreso constituyente*, 2 vols. (Mexico, 1960), II, 988.

[53] It is customary to divide the *constituyentes* of 1916–1917 into "liberals" and "radicals." For many issues, the division is in fact imprecise. For the educational issue, it makes some sense, though I have used "Jacobins" (as some of the participants did) in favor of "radicals": where liberals favored a greater tolerance of private (Catholic) education, Jacobins strove to curtail and eliminate it. The outcome was a compromise.

[54] *Diario de los debates*, I, 664.

[55] The speaker was Hilario Medina (Knight, *Mexican Revolution*, II, 476).

[56] Allegedly, the words are Victor Hugo's. See Carlos Martínez Assad, *El laboratorio de la revolución* (Mexico, 1979), 36.

mass politicization associated with the Revolution made projects of mass education more feasible and appropriate. The educational budget rose, the number of schools, especially rural schools, increased apace.[57] Like their later Cuban counterparts, the Mexican revolutionaries set out to create a new man (and, with rather less emphasis, a new woman), who, imbued with a new morality, would be sober, industrious, literate, and patriotic. However, while Guevara's new man was supposed to reject material in favor of moral incentives, the Mexican new man was to be a creature of the market, individualist in manner, eager for gain, and ready for productive work under capitalist auspices. That, at any rate, was the prevailing notion of the 1920s; by the mid-1930s, when the magic of the market had lost some of its luster, the emphasis had shifted, and the "socialist" education of those years approximated even more closely the collectivist model of 1960s Cuba.[58] Either way, however, the aim was to impose a superior morality on a wayward people, to extirpate endemic vices, to inculcate new virtues.

The revolutionary image of popular vice was surprisingly consistent. Reformers inveighed against drink, blood sports, gambling, dirt, and disease, which were seen as forming a mutually supportive network of vice, frequently linked to superstition and Catholicism. It was the image of Mexico as a backward, flyblown, slothful society, typified by the slumbering peon propped against a mud wall, shaded by a huge sombrero, which dedicated reformers like Salvador Alvarado, proconsul of Yucatán, yearned to eliminate.[59] Often, the Catholic Church was bracketed along with drink and dirt, idleness, and debauchery. "The Republic will be saved," declared a *constituyente* (who was also a doctor), "when the Mexican people learn to read before they learn to pray, know the road to the workshop before the road to the saloon, and get used to the plough before the censer."[60]

In that the Church, too, preached against many of these vices there was an element of paradox here. But the paradox can be resolved. Some anticlericals no doubt lumped the Church along with such vices for reasons of political effect. Many, however, believed in the validity of the association, and their belief had some foundation. True, the Catholic hierarchy preached against drink, prostitution, and gambling; they deplored riotous popular fiestas (such as the Easter Judas burnings), the quasi-paganism which lurked

---

[57] Vaughan, *State, Education and Social Class*, ch. 4.

[58] There had been some anticipations of this more radical shift in the 1920s, for example in Yucatán: Joseph, *Revolution from Without*, 214–215. On the socialist education program: David L. Raby, *Educación y revolución social en México* (Mexico, 1974) and Victoria Lerner, *Historia de la revolución mexicana, período 1934–40, vol. 17, La educación socialista* (Mexico, 1979).

[59] Salvador Alvarado, *La reconstrucción de México*, 3 vols. (Mexico, 1919), I, 369.

[60] E. V. Niemeyer, *Revolution at Querétaro: The Mexican Constitutional Convention of 1916–17* (Austin, 1974), 61.

behind rural Catholicism, and the cult of personalized saints which went with it.[61] But Mexican popular Catholicism, the Catholicism of the "Little Tradition," condoned and encouraged such practices. Catholic fiestas, which littered the calendar, were occasions for long binges, often conducted with little or no clerical supervision: the organization and sponsorship of fiestas were charged to lay members of village *cofradías*. Pilgrimages to popular shrines had similar connotations of combined superstition, squalor, and carousing. The penitents who, on bloodied knees, approached the Basilica of the Virgin of Guadalupe had to pass by the traditional rows of gambling stalls; the Virgin's celebratory day (12 December) was notorious for drink and crime.[62] The association with gambling and blood sports went further, the anticlericals believed. Parish priests raffled the favors of saints; bullfights were dedicated to the Virgin.[63] Hygiene was another major revolutionary concern. "Mexico's problem consists in achieving the physical and moral hygiene of its population," declared Alberto Pani, who wrote a bloodcurdlingly detailed book on Mexican morbidity.[64] Filthy churches were threats to public health at a time (1915–1920) when epidemic disease was rampant; even after the worst had passed, the anticlericals of the 1920s continued to inveigh against the risks posed by stagnant stoups of holy water, or by the saliva of syphilitics, transmitted by the kissing of saints' images or holy vestments.[65]

Catholic belief and ritual (which, I repeat, flourished even, or perhaps especially, in the absence of clerical control) were also seen to run counter to the secular principles which the revolutionaries espoused. Rationalist education, modeled on Ferrer's school, became fashionable in the 1920s, at least in some states; the nationally implemented "socialist" education of the 1930s was designed to impart a "rational and exact notion of the universe and of social life."[66] Education was thus designed to impart a rationalist (and nationalist) vision of the world, to curtail superstition, to replace faith in magic and *curanderos* with reliance on modern medicine and agronomy, and to encourage hard work and production.[67] It was also designed to undercut both clerical and local allegiances and to replace them by an attachment to the revolutionary state and nation. If the Church was the main target of this campaign, antirevolutionary local elites (especially those of the benighted south)

[61] Gruening, *Mexico and Its Heritage*, 242, 245; González, *Pueblo en vilo*, 96–97.

[62] Gruening, *Mexico and Its Heritage*, 252.

[63] Ibid., 249, 252, 261.

[64] Krauze, *Caudillos culturales*, 50. Alberto Pani argues, with plenty of evidence, that Mexico City is "the most unhealthy city in the world" (*La higiene en México* [Mexico, 1916], 19).

[65] Martínez Assad, *El laboratorio de la revolución*, 49.

[66] Raby, *Educación y revolución social*, 41.

[67] Vaughan, *State, Education and Social Class*, 140–148, 171–189, and chapters 6 and 7 passim; see also Lerner, *La educación socialista*, 94–99.

also suffered. In Yucatán, Alvarado set out to humiliate the dominant—and hostile—planter class, a task which his successor, Carrillo Puerto, continued and eventually paid for with his life. Peons were urged to stand up for themselves, literally and metaphorically, to cease bowing and scraping and hand-kissing, to reject the authority of landlord and patron in favor of the new authority of the revolutionary state, thus to enter upon full citizenship.[68]

All this involved a mighty effort of propaganda. If the expansion of Federal education and the legal curtailment of Church activities were the main policies espoused, there were many lesser policies too, somewhat neglected by historians. Some were organizational ploys. Plans for the creation of a Mexican Apostolic Church, an Erastian rival to the antinational Catholic Church, finally came to fruition in 1925 (when it failed abjectly).[69] Protestantism was welcomed and encouraged by some revolutionaries.[70] Salvador Alvarado (and others), much impressed by foreign examples, believed that the Boy Scouts would also assist in the task of moralization and nation-building.[71] And feminist groups were also encouraged, notably in Yucatán and Tabasco, for women were seen as especially susceptible to clerical influence, often exercised, in lecherous fashion, through the murky medium of the confession. Here was an evident paradox: feminism was to serve as a counter to clericalism; yet many of the keenest anticlericals, contemptuous of feminine gullibility and, perhaps, resentful of clerical infringement of their patriarchal rights, were also dyed-in-the-wool *machos*.[72] Alcohol was another vice requiring sedulous propaganda. Its noxious effects and the best means to counter them were debated at length in the Constituent Congress; state governors experimented with dry laws (without much success); Garrido combined his fierce anticlericalism with temperance drives, which involved antialcohol leagues, poetic broadsides, and the national broadcasting of an Hora Nacional Antialcohólica.[73]

---

[68] General Salvador Alvarado, Governor of Yucatán, "publicly fined and humiliated the daughters of a prominent planter family when it was reported that, in violation of the general's edict against *besamanos*, they had coerced their former slaves into kissing their hands in traditional style" (Joseph, *Revolution from Without*, 108).

[69] See *Diario de los debates*, II, 1047; Meyer, *Cristiada*, II, 148–151.

[70] Jean-Pierre Bastian, "Protestantismo y política en México," *Revista Mexicana de Sociología* 43 (1981), 1956–1962.

[71] Joseph, *Revolution from Without*, 105; *El Demócrata*, 23 March, 1 Sept. 1916.

[72] Joseph, *Revolution from Without*, 105, 216–219, discusses feminism; for examples of revolutionary concern, sometimes contempt, for feminine clericalism, see Primo Tapia to Apolinar Martínez, 23 Sept. 1923, in Apolinar Martínez Múgica, *Primo Tapia: semblanza de un revolucionario* (Mexico, 1946), 195, and Gabriel Gavira, *General de Brigada Gabriel Gavira: su actuación político-militar revolucionaria* (Mexico, 1933), 140–141.

[73] *Diario de los debates*, II, 945–948; Martínez Assad, *El laboratorio de la revolución*, 148–149, 269; Knight, *Mexican Revolution*, II, 463, 502.

There were also abundant symbolic actions. Church buildings were confiscated and put to alternative use, as schools, union headquarters, barracks,
even dance halls and stables. In San Luis, a house confiscated from the "corrupt clergy" was the Independence Day prize awarded to the artisan or
teacher deemed by the public to be most civically meritorious.[74] Local saints
were victimized (an old practice which, the offended local people liked to
point out, usually led to the mysterious discomfiture or even death of the vic-
timizer).[75] Street names were systematically changed, with saints' names giving way to those of liberal and revolutionary heroes, or of suitable abstract
entities.[76] Garrido Canabal, perhaps the most extreme and consistent anticlerical, developed an entire repertoire of anti-Catholic rituals in Tabasco: paro-
dies of Catholic ceremony, new secular fiestas (the fiesta of the orange, the
coconut), a waterfront reception for an arriving "bishop," who turned out
to be a new stud bull. In Garridista Tabasco, "adios" was banned, while in
Yucatán San Lunes gave way to *lunes rojos*, Red Mondays, days of Jacobin
agitation and exhortation.[77] Ultimately, as is well known, the Calles regime
encouraged a major showdown with the Church, which led to a three-year
Church strike and civil war. As the strike began and the church bells fell silent for the first time in three centuries, Calles applauded the closure of Mexico's churches on the grounds that, for every month that the churches
remained closed, 2 percent of Mexico's believers would lose their belief.
Dechristianization would thus proceed by default and revolutionary hopes of
creating a "de-fanaticized," secularized, and rational citizenry would be
fulfilled.

[74] Gavira, *General de Brigada Gabriel Gavira*, 142.

[75] Meyer, *Cristiada*, II, 71–82; Fernando Horcasitas, *De Porfirio Díaz a Zapata: memoria
Náhuatl de Milpa Alta* (Mexico, 1974), 147–149; in San Luis de la Paz, Guanajuato, the mayor
sought to convert two of the town's thirteen churches ("which only serve further to fanaticize
the masses, the cause of our intellectual backwardness") into a school and a theater, "both tem-
ples of true utility and general education" (Javier Rodríguez to Carranza, 10 Nov. 1916, Gobernación Archive, 69/33).

[76] *El Demócrata*, 9 March, 3 Nov. 1916; Martínez Assad, *El laboratorio de la revolución*,
38, quotes a Tabasco decree requiring that all place names beginning "San" be changed in favor
of those of "heroes, teachers [and] regional liberators"; Guillermo Cordero to Gobernación, 31
Aug. 1916, Gobernación Archive 71/8, reporting the reforms of Governor Nicolás Flores of
Hidalgo, which included a "prohibición para que en lo sucesivo se pongan a las calles nombres
de santos y animales." Stephen Bonsal, Report to the U.S. Red Cross, 28 Aug. 1915, Bonsal
Papers, Library of Congress, describes how the "Indians" of the Orizaba region became "greatly
excited and alarmed" at the confiscation of churches, especially one which, while still containing a venerated image (Christ of the Calvary), served as a political lecture hall by day and a dance
hall for the troops by night. Here, only one church out of seven remained a functioning church;
but its wall was used by firing squads.

[77] Martínez Assad, *El laboratorio de la revolución*, 45–48, 125; Joseph, *Revolution from
Without*, 222.

But it was easier to denounce than to eliminate the "rancid" ideas and practices of old Mexico.[78] "The customs of people do not change overnight," a cautious liberal warned; social engineering took time and effort.[79] Such caution was justified, for the revolutionary remolding of society proved difficult and halting. Official histories tend to laud revolutionary efforts, concentrating on their successes; revisionist historiography, keen to deflate official history, and sometimes given to an excessively romantic view of Catholic peasant society, tends to see them as aggressive, authoritarian impositions upon a hapless God-fearing people. Neither view is wholly correct: they are mutually self-sustaining caricatures. Rather than stress the triumph, still less the rectitude, of one side or the other, I would rather analyze their interaction, noting first that, despite their many antinomies, revolutionary and popular culture blended and cohabited in more ways than any simple Manichaean analysis would suggest; and, second, that the revolutionary project achieved success in some areas, failure in others. The story was not that of a statist steamroller flattening and homogenizing a passive people, nor of a bold people tipping the steamroller into the ditch. There was give and take, success and failure.

First, the revolutionary project itself was not wholly elitist, and did not represent a unilateral imposition on "the people." Some revolutionary leaders, even some protagonists of nationalism and anticlericalism, were of popular origin, and/or were tainted by popular "vices." Revolutionary campaigns against drink and blood sports were recurrently vitiated by the revolutionary leaders' indulgence—or even commercial interest—in these vices.[80] Revolutionary rationalism, too, was rarely pure and unalloyed. Even the most exalted, urban-minded anticlerical, such as Calles, displayed some odd deviations from his professedly secular philosophy. Like several revolutionary leaders, he appears to have engaged in spiritism; when ill, he sought out not only expensive U.S. doctors but also El Niño Fidencio, a popular faith healer.[81] Obregón (always more of a pragmatist) married in the Church.[82] Lower down the scale, too, there were anticlericals who compromised, who tolerated their wives' Catholicism, who participated enthusiastically in fiestas, who splashed out on baptisms, marriages, and funerals, or who, in the case

---

[78] *Rancio* was a favorite adjective of critics of popular mores: J. G. Nava to Carranza, 9 Dec. 1915, Carranza Papers, Condumex, Mexico City, denouncing bellringing, saints' processions, and the fiesta of San Juan at Aguascalientes; Beezley, *Judas at the Jockey Club*, 110, quoting the editor of *Siglo XIX*, 1893; Múgica quoted in Martínez Assad, *El laboratorio de la revolución*, 59.

[79] José Natividad Macías in *Diario de los debates*, I, 681.

[80] Knight, *Mexican Revolution*, II, 462–463, 503.

[81] Enrique Krauze, *Reformar desde el origen: Plutarco E. Calles* (Mexico, 1987), 79, 144–145.

[82] Gruening, *Mexico and Its Heritage*, 273.

of a Jalisco anticlerical, supplemented his meager income by selling Catholic *novenas* (prayerbooks).[83]

Official rationalism and popular credulity were not, therefore, hermetically sealed compartments. More important, the revolutionary leadership had to take on board a good deal of popular political baggage either spontaneously (because they were men of the people) or prudentially (because they wanted to appear to be). Popular culture thus fed into revolutionary discourse, and not just in terms of well-known official policies such as agrarian reform. Ideas, images and motifs were also appropriated, making for a form of political syncretism analogous to the old Catholic/pagan syncretism created by Mexico's sixteenth-century spiritual conquest, or to the liberal/popular syncretism generated during the nineteenth century. Once again, popular cultural elements interacted with official ideology, now that of revolutionary nationalism; once again, Great and Little Traditions blended. Indian culture was appropriated wholesale: the regime put up statues, excavated sites, researched languages and folklore, encouraged traditional culture and crafts (some of which were not very traditional). Even the letterhead of the urban, anticlerical CROM flaunted stylized Aztec figures and symbols. In the famous revolutionary murals, too, the Indian was glorified; but, at the same time, the Spaniard, the execrated *gachupín*, was visually vilified. Given the strength of popular Hispanophobia (much stronger than any Gringophobia), it may be that the negative anti-*gachupín* appeal of the murals outweighed their positive *indigenista* impact. *Indigenismo* at any rate became a growth industry, to which cynical officials and, soon, cynical "Indians" contributed.[84] And, more generally, the regime followed nineteenth-century precedent in fostering secular fiestas: commemorations of Independence or the battle of Puebla were now supplemented by new revolutionary anniversaries. Yet, even "in the case of these national ceremonies, the influence of Catholic ideological and ritual motifs [was] strong": traditional *barrio* festivals devoted to the patron saint were supplemented and substantially copied by newer *barrio* fiestas dedicated to appropriate secular heroes or institutions. Zapata, for example, was commemorated by those who lived around Calle 10 de abril (the date of Zapata's death); the school ("escuela 20 de noviembre") was honored on that date, the anniversary of the 1910 revolution.[85]

---

[83] Paul Friedrich, *The Princes of Naranja* (Austin, 1986), 20, 25, 189; Craig, *The First Agraristas*, 62. Bonsal's report (see n. 76) mentions frequent bellringings for the *días onomásticos* (saints' days) of revolutionary officers at Veracruz; at Pátzcuaro the "Bolsheviks" went to mass to avoid being ostracized by their families (Martínez Múgica, *Primo Tapia*, 196).

[84] Alan Knight, "Racism, Revolution and *indigenismo*: Mexico, 1910–1940 " (in press).

[85] Judith Friedlander, *Being Indian in Hueyapán* (New York, 1975), 152–159, and the same author's "The Socialization of the Cargo System: An Example from Post-Revolutionary Mexico," *Latin American Research Review* 16 (1981), 132–144. Frances Toor, *A Treasury of Mexi-*

Such syncretism was not necessarily spurious or cynical. Honest reformers also sought to use popular images by way of mobilizing Indians and peasants. In Yucatán Felipe Carrillo Puerto incorporated into his revolutionary campaigns both traditional Maya texts and the traditional Maya cross (an ancient, pre-Columbian motif, the symbol of decades of Maya resistance during the nineteenth century). After his death at the hands of conservative rebels he acquired a distinctly Christ-like image, in both rhetoric and iconography.[86] Diego Rivera, Marxist and Trotskyist, not only incorporated popular images into his revolutionary murals (the noble Indian, the evil Spaniard) but also, to Graham Greene's disgust, used religious motifs too: Jesus became a protagonist of agrarianism (Carrillo Puerto, likewise, invoked Christ as the first socialist); the oppressed miner resembled Christ descended from the cross.[87]

Popular ballads, some of which now assumed a more political and revolutionary tone, were not above mixing revolution and religion. The "Flight of the Spaniards from Torreón" (1914), for example, invokes God ("Viva Dios es lo primero!"), damns the "traitor *gachupines*," and praises an assortment of revolutionary heroes (including the moderately anticlerical Carranza) who[88]

> Have taken up their swords / As all will have seen
> Declaring: I die for Mexico / As Christ died.

Another corrido, dealing with the death of Carrillo, invokes the Virgin, calling on Her to leave her "gold frames and altars" and to "come to the plains and sierras" (to become, as it were, a committed, revolutionary Virgin):[89]

> Let us go to see Felipe / Little virgin, little soldier
> His blood spilled out on the earth / From the earth we will recover
> Mother mine of Guadalupe / The blood of that execution
> Colors for us to remember / Red and black of our revolution.

This religio-revolutionary syncretism was, perhaps logically, very evident at the local level where reformers saw the utility of incorporating, rather than repudiating, popular customs. A kind of Mexican "red folklore," to use Agulhon's term, thus emerged, a revolutionary successor to the liberal folklore of the nineteenth century.[90] At Naranja, a radical agrarian pueblo in Michoacán, the revolutionary faction did not create bizarre new secular festivals *à la*

---

can Folkways (New York, 1947), 225–229, describes a secular fiesta, commemorating the Battle of Puebla, which throve in a village-turned-Mexico-City-*barrio*.

[86] Joseph, *Revolution from Without*, 221–222.

[87] Gruening, *Mexico and Its Heritage*, facing p. 265; Joseph, *Revolution from Without*, 222; Graham Greene, *Another Mexico* (New York, 1939), 76.

[88] Vicente T. Mendoza, *El corrido mexicano* (Mexico, 1976), 59.

[89] Anita Brenner, "Baladas mexicanas," *Mexican Folkways* 1 (1926), 15.

[90] Agulhon, *Republic in the Village*, 164.

Garrido but rather encouraged and capitalized on local fiestas. Fiesta participation was thus good politics, not ideological backsliding. Collective attacks on neighboring conservative communities, such as Cherán, were conducted like rowdy fiestas of anticlericalism.[91] Revolutionary notions—agrarian reform, anticlericalism, secular education—thus conspired with more familiar local practices, rendering the former more attractive and less alien. However ideologically anomalous, such syncretism was, like the old Catholic-pagan syncretism of the Conquest and Colony, politically effective. Local people appropriated what they wanted from the revolutionary program and mixed it in with existing, ostensibly anomalous, beliefs and practices. (A parallel could be drawn with scientific and popular medicine: people got used to aspirin by assimilating it to the traditional, "magical" pharmacopoeia).[92] And this selective appropriation and blending were particularly important in states like Michoacán where the armed revolution had been of limited scope, and where continued opposition to the revolutionary regime, evident in the Cristiada, was widespread and had to be countered. Here, as historians fond of Manichaean dichotomies sometimes fail to note, the popular response to the revolution, to "cultural cartography," was distinctly variable: first, in that different communities reacted differently; second, in that the appropriation or rejection of revolutionary ideas/images/policies was selective. Neither community nor ideology was monolithic.

Thus many states were divided into "radical" and "conservative" pueblos, often bitterly hostile to each other. In addition, individual pueblos were often polarized between factions, radical and conservative, anticlerical and clerical, agrarian and antiagrarian. Such a patchwork pattern makes nonsense of sweeping generalizations (that the revolution earned either the uniform support or hostility of the people). It also points up a neglected fact: that, especially in "nonrevolutionary" regions like the center-west and southeast (regions which, unlike the central plateau or the north-center, had not participated vigorously in the armed revolution), local attitudes to the revolution were strongly conditioned by the *process* whereby the revolution's message (= demands and/or promises) was received. As in the past, when other new messages—Catholic in the sixteenth century, liberal in the nineteenth—entered the pueblo, some espoused the new cause, some repudiated it. The impact of each successive Great Tradition thus depended not only upon its intrinsic content and appeal, but also upon its local utility: what purpose could it serve? How might conversion to Catholicism or liberalism or revolutionary radicalism aid particular classes, groups or factions in each locality?

[91] Friedrich, *Princes of Naranja*, 162.
[92] Toor, *Treasury of Mexican Folkways*, 159.

In the sixteenth century, conversion was an important factor affecting local power struggles and broader social mobility; now, during and after the Revolution, especially in those many pueblos which had not participated actively and collectively in the armed revolution, divisions opened between, on the one hand, "modernizers," who espoused the new message, setting themselves up as revolutionary "culture-brokers," and, on the other hand, "conservatives," who rejected it in favor of the (often Catholic, clerical) status quo ante. In Mexico as in France, such decisions could make for deep commitments, capable of transmission over generations.[93] Initially, however, these decisions often displayed an expedient or prudential quality; they were not governed by inexorable class imperatives. One village or village faction saw advantage in espousing the revolution (it offered not only social justice, but also a new source of valuable patronage); another resisted in order to maintain its old hegemony. Revolutionary ideology and symbols thus became new weapons in old struggles. In Tepoztlán the *tontos* confronted the *correctos*; Hueyapan was polarized between those who favored modernization and those who opposed it.[94] Again, even with apparently dedicated (and successful) reformers, there was an element of contrivance: anticlericalism was a badge of revolutionary rectitude as well as—sometimes more than—a considered philosophical position; *indigenismo* became a tactical weapon as well as a disinterested cause. In similar fashion, rival communities also squared off against each other, one doggedly conservative, the other self-consciously progressive Cherán against Naranja, San Cristóbal against Tuxtla, Tehuantepec against Juchitán, Amilpas against Soyaltepec.[95]

Popular "take-up" of revolutionary ideology and rhetoric was therefore patchy, both between and within communities, and the patchwork character of this cultural exchange makes generalization difficult. We lack the evidential as well as methodological means to quantify the impact of revolutionary ideology, its achievement in respect to the transformation of popular culture which the revolutionary leaders sought. We know it was not negligible; but was it sweeping? And sustained? Some impressionistic conclusions can be briefly hazarded and these are best organized under three headings: first, *political mobilization*, in which respect revolutionary objectives achieved real success; second, *economic organization*, where change (largely "successful") was also achieved, though as a result less of purposive revolutionary action than of complex trends over which the revolutionaries

[93] Cf. Paul Bois, *Paysans de l'Ouest* (Paris, 1975).

[94] Robert Redfield, *Tepoztlan, a Mexican Village* (Chicago, 1946), 68, 209, 218–223; Friedlander, *Being Indian*, 79–83.

[95] The latter case is discussed in Philip Adams Dennis, *Conflictos por tierras en el valle de Oaxaca* (Mexico, 1976).

exercised limited control; and, finally, *popular culture*, which proved recalcitrant to change, which often defied purposive social engineering, and which was only ultimately transformed in ways the revolutionaries had neither foreseen, nor intended, nor, prior to 1940, desired.[96]

First, we can discern distinct political changes, the product of a successful state-building revolution. Here, the Revolution revealed most clearly its Tocquevillean (or Skocpolian)[97] image: in the growth of a strong state, increasingly bureaucratized and interventionist, and the creation of related mass institutions—political parties, including the hegemonic official party (1929), sindicatos, peasant leagues, *ejidos* (agrarian reform communities), and Federal schools. The narrow camarilla politics of the Porfiriato gave way to a more broadly based, and thus ultimately more stable, institutional polity; Mexico, as many analysts have pointed out, became a *sociedad de masas*.[98] In the process, we may discern the gradual erosion of regional loyalties in favor of national cohesion;[99] the prodigious growth of a capital city whose primacy came to resemble a bloated parasitism; the progressive dimunition of the threat of *cuartelazo*; and the state's newfound capacity to mobilize support for a national cause such as the petroleum expropriation of 1938.

But such political mobilization did not necessarily imply dramatic changes in popular culture or mentality. Much of it depended on extending "traditional" forms of patronage and clientelism into the provinces, substituting the hegemony of the state for that of local caciques, landlords, and *curas*. Of course, it made a difference whether peons were clients of the hacendado or the ejidal bank (it made a difference to the peons, the hacendado, the bank, and the entire Mexican political economy). But it did not necessarily mean that "peon culture" had been transformed. In 1938, for example, the state's mobilization of support for the oil expropriation encountered widespread indifference and was a triumph more of organization than

---

[96] These, of course, are rough analytical divisions. "Political," "economic," and "cultural" changes in practice overlapped constantly. The argument here is that (a) political *mobilization* was directly furthered and (b) economic *reorganization* indirectly furthered by the revolution while (c) popular culture remained doggedly resistant, finally succumbing to quite different pressures in the years after 1940.

[97] Theda Skocpol, *States and Social Revolutions: Comparative Analysis of France, Russia, and China* (Cambridge, 1979), only mentions Mexico in passing, which is just as well since the Mexican Revolution hardly fits Skocpol's revolutionary etiology. With regard to revolutionary *outcomes*, Skocpol's state-building thesis sits very comfortably with recent, revisionist analyses of the Revolution, which tend to deemphasize or even to deny the Revolution's socioeconomic impact. Such revisionism, however, focuses too much on, and sometimes distorts, the political, while gravely neglecting the socioeconomic: see Knight, "The Mexican Revolution, Bourgeois?."

[98] Arnaldo Córdova, *La ideología de la revolución mexicana* (Mexico, 1973).

[99] See Mark Wasserman and Thomas Benjamin, eds., *Provinces of the Revolution: Essays on Mexican Regional History, 1910-1929* (Albuquerque: University of New Mexico Press, in press).

of spontaneous popular nationalism; furthermore, in the orgy of patriotism that ensued, traditional symbols and discourse were more in evidence than new radical ones.[100] Economic modernization, too, could reinforce as well as weaken "traditional" *caciquismo* (bossism). Patron–client relations throve in the city as well as in the countryside.[101]

In other specific areas, too, the state's capacity to mold minds proved to be very limited and hardly congruent with its burgeoning powers of political organization. It was one thing to get bodies on to the streets, another to change the minds inside the bodies. The educational reforms of the 1920s had a limited impact: Vasconcelos's Utopian missionary work, for all its eye-catching appeal, achieved scant results; the socialist education of the 1930s failed to change popular attitudes en masse; indeed, in national terms it may even have been counterproductive.[102] Certainly literacy rates seem to have risen faster *after* "socialist" education was dropped: first, because education now appeared (I would stress "appeared") to be more normatively objective and therefore uncontentious; second, because demand for education grew more rapidly with post-1940 urbanization. But that demand derived more from economic and demographic changes than from government exhortation. It is clear, however, from local studies that the revolutionary educational programs of the 1920s and 1930s produced results in certain areas or communities, where the school became a dynamic influence on local life, not only enhancing literacy but also fostering politicization and activism (as it was meant to do). This was especially true where education came to villages in combination with agrarian reform; where, for example, the *maestro* helped the community petition for land and resist landlord clerical or political obstruction; where, in other words, education formed part of a broader social and political front, involving organization, self-expression, material improvement, and recreation. In such communities, ballads were composed and sung in honor of the school.[103] Equally, the socialist education program fared best in regions, like the Laguna, where it formed part of an integrated reform, embracing land distribution, credit, investment, and political backup and where it built upon a tradition of local struggle and organization; and it fared worst in regions (all too common) where the socialist *maestro*, a lone carrier of an

[100] Alan Knight, "The Politics of the Expropriation, 1938," paper presented at the University of Texas at Austin Conference on the Mexican Petroleum Nationalization, February 1988.

[101] Wayne A. Cornelius, "A Structural Analysis of Urban Caciquismo in Mexico," *Urban Anthropology* 1 (1972), 234–261; Larissa Lomnitz, "Mechanisms of Articulation between Shantytown Settlers and Urban Systems," *Urban Anthropology* 7 (1979), 185–205.

[102] Simpson, *The Ejido*, 286; Joseph, *Revolution from Without*, 332, n.59. Both Vaughan, *State, Education and Social Class*, and Lerner, *La educación socialista*, demonstrate the limitations of educational reform in the 1920s and 1930s respectively.

[103] Simpson, *The Ejido*, 300, 313; Beals, *Mexican Maze*, 147–148; Raby, *Educación y revolución social*, ch. 4.

alien culture, entered hostile territory and sometimes paid for it with his (or her) life.[104] (Again, there is a parallel, if less macabre, with medicine: communities did not necessarily welcome doctors; there had to be a sufficient degree of local demand, in terms of both disposable cash and familiarity with modern medicine, for a doctor to prosper.)[105]

Revolutionary social engineering had therefore to be sweeping rather than piecemeal if it was to succeed; but it was more often piecemeal than sweeping.[106] That is, it relied too much on educational exhortation in default of broad structural reform (a criticism of the "socialist" education program which was leveled by some socialists at the time). For education, like medicine, needed a supportive context if it was to be embraced. It had to conspire with current social trends. Here we come to the broader question of socioeconomic and cultural transformations. In postrevolutionary Mexico these transformations have not been primarily the work of government. The government sponsored political organizations and encouraged political mobilization—under its own aegis. It intervened actively in the economy, with agrarian reform and major infrastructural projects. But, alone, it lacked the power to transform the economy, still less popular culture. In these areas, the government's role, however trumpeted, however archivally obvious, was dwarfed by that of forces which the government neither set in motion nor extensively controlled: those of private capital, Mexican and foreign; of migration, war, revolution, and population growth.[107] These, the forces of "drift," were, I think, of considerably greater importance than the purposive "thrust" of government.[108] In consequence, change came willy-nilly, in ways that were unforeseen and sometimes unwelcome. For if, on the *economic* front, change roughly corresponded to the initial goals of the "national synthesis" (that is, the creation of a disciplined and productive labor force, working in the service

---

[104] Raby, *Educación y revolución social*, ch. 5; Mary Kay Vaughan, "El papel político del magisterio socialista de México, 1934–40: un estudio comparativo de los casos de Puebla y Sonora," Departamento de Investigaciones Educativas, 1987, manuscript.

[105] Redfield, *Tepoztlán*, 155–167, on the case of the failed (though "well-liked") Bulgarian doctor of Tepoztlán.

[106] Even in cases of sweeping and purposive social reform, for example, revolutionary China, popular culture has remained both remarkably resistant to change and obstinately prone to "backsliding." That, at any rate, was a tentative conclusion which emerged from the conference "Revolution and Popular Culture," held at the University of Texas at Austin in April 1988.

[107] Of course, the government played an important role in economic reorganization and development. My point is that—Mexico being far from a *dirigiste* economy—development depended primarily on private initiative and investment, which government could effectively encourage if it chose, and which it certainly did in the 1920s and 1940s. Policy in the 1930s was more ambivalent and, at times, *dirigiste*; however, it is worth noting that toward the end of that decade private capital proved capable of effectively vetoing further extensions of government control over the economy.

[108] The terms come from C. Wright Mills.

of a dynamic capitalism), in the realm of popular culture the story was rather different. The revolutionary "new man"—rational, radical, nationalist— never emerged, or, at least, his incipient emergence was halted and something quite different transpired.

First, during the armed revolution itself, a host of changes were set in motion which no one had planned or legislated. Population fell and moved (to the United States, to Mexico City, to the border towns; from decaying or ravaged zones and cities). Spatial mobility broke down old political, linguistic, and mental barriers. Intellectuals confronted the rabble; Indians learned Spanish; returning migrants from the United States brought not only their bedsteads and sewing machines, but also their books and ideas, their new familiarity with industrial work and labor unions.[109] Within Mexico, too, the penetration of foreign capital (only briefly interrupted by the Revolution) helped inculcate the new work ethic. A modern factory or plantation probably did more in this respect than the Samuel Smiles preaching of *políticos* like Alvarado. The inculcation of the work ethic thus proceeded apace, breaking down "traditional" resistance, but it was fostered more by private investment, cash incentives, and sheer population growth than by any government exhortation.[110] The revolution also encouraged a general "shakeout" of the economy: it bankrupted many, high and low (here, inflation was as important as warfare); it forced ex-landlords, victims of agrarian revolt and reform, into business, where they began to collaborate with revolutionary nouveaux riches; it also drove peasants to embark on new economic ventures such as mule trading, truck farming, charcoal burning, even the new technique of fishing pioneered on the Costa Chica near Acapulco, lobbing dynamite bombs into the blue waters of the Pacific.[111]

Social as well as economic attitudes were changed by the revolution, in both its armed and its institutional phases. Old forms of deference weakened. Peasants had risen against landlords and officials during 1910–1920; thereafter, they would continue to challenge landlord hegemony, even in parts of the country (such as Los Altos de Jalisco or Chiapas) where the armed revolution had made little impact. Though the last successful national revolt took place in 1920, and the military rebellions of the 1920s showed a clear tendency to diminish in intensity, local violence remained endemic. Villagers

[109] Some of these changes are sketched in Knight, *Mexican Revolution*, II, 517–526, and the same author's "The U.S. and the Mexican Peasantry, c. 1880–1940," paper presented at the workshop "Rural Revolt, the Mexican State and the U.S.," Center for U.S.–Mexican Studies, University of California, San Diego, February 1987.

[110] For a good example see Lourdes Arizpe, *Migración, etnicismo y cambio económico* (Mexico, 1978), 57, 85–86, 126–129.

[111] U.S. naval report, Acapulco, Nov. 1915, State Department Records, Internal Affairs of Mexico, 812.00/16843.

fought with landlords, agrarians with Cristeros, communities with communities. In many parts of the countryside, *pistolerismo* remained rife through the 1930s and, in regions like Los Tuxlas, even beyond.[112] Violence was an integral part of postrevolutionary life; but it was a somewhat more egalitarian violence than that of the old Porfiriato.

The Church, too, was affected. Not, I suggest, because the Revolution shook Mexico's old Catholic faith (that was Calles's facile conclusion), but rather because the Revolution had weakened clerical organization, just as it had left churches destroyed, abandoned, or sequestered. Some fiestas fell into desuetude, while others continued under lay auspices, even, we have seen, under revolutionary, anticlerical lay auspices.[113] Ritual life thus continued, now as before, even in the absence of formal clerical authority. The fervent Catholic armed resistance of 1926–1929 should not blind us to the fact that much of the country was unmoved by the Cristiada and even the Cristero center-west contained many pockets of dogged anticlericalism.[114] Powerful in the center-west, the authority of the Church was appreciably weaker elsewhere, especially if the comparison is made with the enhanced organizational and mobilizing powers of the State.

But this did not mean a decline in Catholicism or in Catholic popular culture per se, as the anticlerical *enragés*—Calles, Múgica, Garrido Canabal—had hoped. Census figures continued to denote Mexico as overwhelmingly Catholic while other indices, such as those indicating Church marriages, failed to reveal a pattern of uniform decline (and, we may add, Church weddings may be poor indices of religious belief).[115] Urbanization, which increased steadily prior to 1940 and rapidly thereafter, certainly did not result in the kind of progressive secularization which the revolutionaries had favored (and which certain theories might have predicted). The thousands of migrants who moved from village to town, shuffling their way along Redfield's folk-urban continuum, did not discard their religious baggage en

---

[112] Miguel Covarrubias, *El sur de México* (Mexico, 1980), ch. 2.

[113] Toor, *Treasury of Mexican Folkways*, 172; Redfield, *Tepoztlán*, 95; Norman Hayner, *New Patterns in Old Mexico* (New Haven, 1966), 276–277. In preindustrial England, too, it seems, traditional ceremonies, like those of Rogationtide, "fell into desuetude less from any growth of rationalism than because of the social changes which broke up the old community" (Thomas, *Religion and the Decline of Magic*, 74).

[114] Meyer, *Cristiada*, III, 23, 35–36, recognizes the uneven pattern but tends to place excessive emphasis on cacical control by way of explaining the Cristiada's regional weaknesses. Note also the comment of a contemporary Frenchman, quoted by Martínez Assad, *El laboratorio de la revolución*, 26, n. 40.

[115] Hayner, *New Patterns*, 107; Iturriaga, *La estructura social*, 153, gives figures of functioning Catholic churches for 1910 and 1950, suggesting a significant absolute increase (35 percent), albeit a relative decrease (of 25 percent) in the ratio of churches to total population. In Guatemala in the 1960s, Bryan Roberts notes, many couples united in "consensual unions" were also Churchgoers (*Cities of Peasants* [London, 1978], 142–143).

route. Sometimes, the baggage was pretty light to start with; and anyway it probably had as much validity/utility in the new urban setting as in the old rural one.

True, religion became detached from the harvest cycle: fiestas no longer marked the eternal round of rains, planting, harvesting. But the fiestas continued, as did the cult of the Virgin and the intercession of saints. If it was no longer necessary to deploy such religious resources in the collective battle with nature, there was ample justification amid the individual vicissitudes of urban life, as Oscar Lewis has made clear ''City religion is more individualist than that of the countryside,'' a study of Puebla's tenements concludes, ''prayers for the regulation of the weather are replaced by prayers for work or good health''; but prayer and other forms of religious practice went on.[116] The 1940s saw rapid urbanization, especially in the Federal District; nevertheless (or should we say ''therefore''?) the massive crowds which flocked to the Basilica of Guadalupe in 1945 exceeded those of 1931 (the four hundredth anniversary of the Virgin's apparition).[117] *Casas de vecindad* (tenement blocks) still had their patron saints, as did their inhabitants; votary candles were still lit; when the wife of one *capitalino* failed to light the candle he remonstrated that this was typical of Indians:[118]

> Agustin was of the opinion that Rosa was more backward and ''Indian'' than he in religious matters. Like the women in her village she rarely went to confession or took communion. She grumbled about the time her daughter ''wasted'' attending Mass every Sunday and confessing once a month, and she laughed at little Juanito for kissing the hand of a priest as he has learned in catechism class.

Urbanism did not therefore uproot religion; sometimes, it reinforced it, at least in terms of lending it greater formal clerical organization (it could also contribute to a modest growth in Protestantism). As in the beginning, the real pagans (*pagani*) were in the countryside. Furthermore, urban religion was not confined to the desperately poor and marginal, to tenement-dwellers locked into the ''culture of poverty.'' New industrial towns put up their own churches, by collective effort.[119] Tecate, a Baja California boom town which ''runs on beer,'' boasts ''very high'' Church attendance.[120] And which archaic sodality ''sponsored the most impressive feature of the fiesta for the Vir-

---

[116] Oscar Lewis, *Five Families* (London, 1976); Adrián Gimate-Welsh and Enrique Marroquín, *Lenguaje, ideología y clases sociales: las vecindades de Puebla* (Puebla, 1985), 217.

[117] Toor, *Treasury of Mexican Folkways*, 177.

[118] Lewis, *Five Families*, 68.

[119] Frank C. Miller, *Old Villages and a New Town: Industrialization in Mexico* (Menlo Park, 1973), 68–70, 75.

[120] According to John A. Price, ''Tecate: An Industrial City on the Mexican Border,'' *Urban Anthropology* 2 (1973), 42–43, 60 percent of people said they attended Church weekly, although counts of attendance suggested a ''much lower'' figure. The same author, *Tijuana:*

gin of Guadalupe" in 1956? The auto workers of San Pablo, Tlaxcala.[121] In other respects, too, urbanism failed to eliminate, and may even have reinforced, "traditional" cultural values, of the kind the revolutionaries railed against. *Caciquismo*, we have noted, continued to flourish. So, too, did sorcery and magic, as well as machismo (which, some suggest, grew more pronounced in an urban setting). "Traditional" family networks were also retained or strengthened as families sought to cope with the vicissitudes of city life.[122]

Such examples are given not by way of analyzing Mexican urbanization (a daunting task in itself) but rather to point up the relative failure of revolutionary social engineering. The revolutionaries of 1910–1940 had sought to rationalize the Mexican people, to "forge minds and to construct wills, to break the yokes of superstition and prejudice."[123] But such purposive policies achieved scant results. Despite high revolutionary hopes and years of revolutionary exhortation, the mass of the Mexican people did not become secular rationalists; after the 1930s, the campaign was largely abandoned. In the economic arena, in contrast, revolutionary hopes of development achieved fulfillment, at lest in part. Here, while government policy helped (with roads, investment, irrigation, banking reform), it was the inherent dynamism of the economy, now released from the fetters of Porfirian neofeudalism and periodically stimulated by large doses of U.S. trade and investment, which was chiefly responsible. Steady economic growth during the 1920s and 1930 gave way to rapid industrialization during the years of the "miracle" after 1940. Migration to the United States increased; the cities swelled in size; population shot up. The transformation thus brought about touched every corner of the country. In doing so, it brought about major changes in popular lifestyle and culture.

The most obvious change involved the creation of a mass proletariat, increasingly inured to capitalist work discipline. As already suggested, this key transformation was chiefly wrought by and within the economy, by the inexorable pressure of capital, markets, and population. The government helped provide a favorable context (at least after 1940; the argument is weaker for the 1930s) but government exhortation to work, produce, and prosper cannot be seen as a major stimulus. And the cultural implications of such ex-

---

Urbanization in a Border Culture (Notre Dame, 1973), 96, estimates about a quarter of the population of the larger city of Tijuana were regular Churchgoers.

[121] Miller, *Old Villages and a New Town*, 112.

[122] Oscar Lewis, quoted by Calman J. Cohen, "Beyond the Pathological Approach to Mexican Family Research," in James W. Wilkie, Michael C. Meyer, and Edna Monzón de Wilkie, eds., *Contemporary Mexico: Papers of the IV International Congress of Mexican History* (Berkeley and Mexico, 1976), 349.

[123] Martínez Assad, *El laboratorio de la revolución*, 85, quoting a Tabascan delegate to the PNR congress, 1933.

hortation, certainly as it was voiced in the 1920s and 1930s, differed markedly from the cultural outcome which transpired. Mexicans certainly worked hard and produced, contributing to the "miracle" of 1940–1970, but they worked within a mass capitalist cultural environment, the majority of them unorganized, lacking collective economic identity, frequently alienated from their work, and suspicious of both bosses and government. These were not the industrious "new men" of the Revolution, eager patriotic toilers. They were indistinguishable from the urban masses of other Latin American cities, who had never known the blessings of revolution:[124]

> the dominant ideology of most of the active *barriada* people can be summed up in the familiar and accepted maxims: Work hard, save your money, outwit the state, vote conservatively if possible, but always in your own economic self-interest, educate your children for the future and as old age insurance for yourself.

The evidence for this cultural homogenization and internationalization is abundant and can only be touched upon by way of final illustration. By the 1930s, an incipient mass culture and mass consumerism were penetrating Mexican towns, even villages. While Frances Toor was surprised to hear Chopin's funeral march "played by a band of barefoot natives" at a village wake, Eyler Simpson heard an ejidal brass band belt out the St. Louis blues.[125] Baseball, soccer, and basketball had caught on, supplanting, in some cases, the old blood sports of the past; but cockfighting remained common, if more clandestine, while bullfighting became even bigger business as cities grew in size.[126] Meanwhile, if, in the later nineteenth century, the railways had been a boon for commercial haciendas and the bane of subsistence villages, the road building of post-1920, occurring at a time when the old hacienda was in decline, afforded new opportunities for villagers. With the roads came buses and trucks; the trucks, initially rare and esteemed, received individual names, such as "Aquí va tu Tarzán" ("here goes your Tarzan").[127] The buses took villagers to town, even to the city, whence many (especially the more educated, younger people) never returned. And with the roads, wrote Aldous Huxley, came "the fleets of new Ford cars," heading a consumerist invasion of "Fords and Frigidaires and Palmolive."[128] Even *ejidatarios* now became "Ford-conscious."[129]

[124] William Mangin, quoted in Alejandro Portes and John Walton, *Urban Latin America* (Austin, 1976), 91.

[125] Toor, *Treasury of Mexican Folkways*, 163; Simpson, *The Ejido*, 108.

[126] Iturriaga, *La estructura social*, 207.

[127] On the effect of roads: Hayner, *New Patterns*, 17; Avila, *Tradition and Growth*, 69, 73; Friedrich, *Princes of Naranja*, 165. Toor, *Treasury of Mexican Folkways*, 539, lists the names of trucks.

[128] Aldous Huxley, *Beyond the Mexique Bay* (Harmondsworth, 1955), 180, 213.

[129] Simpson, *The Ejido*, 315.

Rural electrification—Lenin's great agent of change—also played its part. If to the cities electricity had brought street lighting and relief from the fear of footpads, in the villages it meant, among other things, radios: four villagers possessed radios in Tepoztlán in 1943, eighty in 1956 (battery-powered); by 1964, with electricity available, "only very poor people" lacked radios.[130] And listeners did not, it seems, tune in to the Hora Nacional ("lazo de unión entre todos los Mexicanos"), but rather to the commercial stations which sprang up during and after the 1930s. Movies, too, which had drawn city audiences since the 1900s, now also reached rural and small town audiences: "Greta Garbo gazes soulfully over many a sunblistered Mexican plaza," noted a traveler.[131] Cinemas per se were not required: Bayer tonic trucks toured the villages, selling Bayer pharmaceutical products and, by way of attracting custom, showing Popeye movies.[132] Pervasive and appealing, radio and cinema far outstripped, in terms of mass cultural impact, the static visual didactics of the revolutionary muralists.[133]

The market was thus spreading; Mexicans were being drawn together as consumers and producers. To that extent the developmental revolutionaries of the 1910s and 1920s would have approved. But note the character and provenance of such market and cultural diffusion. It was verbal and visual (not written) and it often emanated from the United States. Popeye was only the most muscular of these celluloid invaders. Preceded by the stars of the silent era, he was also seconded by a cast of thousands, whose diffusion from the great cultural metropolis of Hollywood was actively supported by the U.S. government in the interest of hemispheric policy. During the 1940s, as Nelson Rockefeller enlisted the services of Walt Disney, Donald Duck joined José Carioca ("a feathery incarnation of Brazil") and Panchito (a "sombrero-wearing, charro-clad, pistol-packing rooster" representing Mexico) in cartoon allegories of hemispheric collaboration. These were widely—and apparently well—received.[134] The dynamic economic, especially industrial, growth of the 1940s, strongly associated with increased U.S.-Mexican trade and investment, was thus paralleled by a marked increase in North American cultural influence.

To the extent that this influence has been analyzed, it has often been termed cultural imperialism.[135] But it is important to note that the associated

[130] Avila, *Tradition and Growth*, 73.

[131] R. H. K. Marett, *An Eye-Witness of Mexico* (London, 1939), 80.

[132] Hayner, *New Patterns*, 18, 85, 230–231.

[133] Luis González, *Historia de la Revolución Mexicana, período 1934-1940: los artífices del cardenismo* (Mexico, 1979), 86–87.

[134] Carl J. Mora, *Mexican Cinema Reflections of a Society 1896-1980* (Berkeley, 1982), 73.

[135] Julianne Burton and Jean Franco, "Culture and Imperialism," *Latin American Perspectives* 16 (1978), 2–12, along with other articles in the same volume.

cultural transformation drew heavily on Mexican as well as foreign resources: it was no unilateral imperialist imposition. Domestic film production, for example, displayed similar trends: socialist realism was briefly essayed and rapidly discarded; during the 1930s, when socialist education and class conflict were the official watchwords, the Mexican film industry was churning out ranchero comedies and melodramas, celebrations of a rustic, *gemeinschaftlich* community which stood in sharp contrast to official ideology.[136] The emergent mass culture of the period thus stood in sharp contrast to the radical message of Cardenismo. And it was the emergent mass culture, rather than the radical message of cardenismo, which pointed the way forward.

The 1940s may be seen as a cultural as well as a sociopolitical watershed (and a suitable terminus for this analysis). Not only were the old revolutionary staples of agrarianism, rational/socialist education, radical unionism, and economic nationalism now allowed to lapse or to be converted, more than ever, into hollow rhetoric; not only were the old cadres of the revolution, the popular caudillos and caciques, replaced by new technocratic elites; now, too, Mexican popular culture entered a phase of rapid homogenization, commercialization, and internationalization. Of course, folk art and culture did not entirely die. Or, at least, if and when they did, they were often carefully preserved in aspic for tourist consumption. Corridos (popular ballads) were still churned out, but now in more contrived and artificial fashion.[137] Similarly, Mexican popular music (e.g., mariachi music) throve on commercialization just as much as blues or blue grass. Miguel Alemán, campaigning for president in 1946, used the traditional Veracruzano "La Bamba" as his theme tune, years before Ricardo Valenzuela got hold of it.[138] And, as previously noted, a good deal of "traditional irrationalism" (in the Mexican case, folk medicine, *curanderismo*, sorcery, cults of the saints, and all the panoply of popular religion) has proved as compatible with "modern," mass urban life in Mexico as its equivalent elsewhere, whether in Teheran or Texas.

But the prevalent trends of Mexican popular culture since the 1940s have been essentially familiar global ones: the growth of radio, television, *telenovelas* (soap operas), comics and tabloid newspapers, mass sporting events. These are trends in which Mexico has figured not just as a passive recipient, but also as a creator, exporter, and impresario (two World Cups and one Olympic games). We may suggest that Mexico has been increasingly absorbed within this new "Great Tradition": one that relies less on written than visual or aural communication; one that is impelled by the anonymous market, rather than by overt political or religious ideologies; and one that is consequently marked by a certain ideological vacuity, which is readily compatible

---

[136] Mora, *Mexican Cinema*, 49–50; Iturriaga, *La estructura social*, 204–205.

[137] Mendoza, *El corrido mexicano*, xvi.

[138] Toor, *Treasury of Mexican Folkways*, 175.

with (and does not offend) the popular beliefs and prejudices of its mass consumers. Mexican *telenovelas* avoid social or political themes (as Mexican television in general does, to a great extent) and they present exotic, escapist images, which are often as de-Mexicanized as they are de-politicized. *Fotonovelas* like *Lagrimas, risas y amor* (*Tears, Laughs and Love*) are similarly safe and romantic: they contain "no references to the tumultuous late sixties or early seventies in Mexico and elsewhere, homosexuality, women's liberation, or the student movement. The characters are not identified with any ideology or political party. The world they live in is extremely conservative, hermetically sealed off from social movements and political turmoil." The significance of the mass consumption of such pap is perhaps the greater when its consumers, of both middle and working class identity, are quoted as saying that it "prepares children for life," that therein "we can see things which teach us about life's truths."[139]

As the early revolutionaries hoped, therefore, the Mexican people have indeed been substantially homogenized. As never before they share a common popular culture. But the homogenizing Tradition has not been that of the early radical nationalist Revolution. That lives on in the realm of political rhetoric but, as all observers of Mexico concur, political rhetoric and social reality do not correspond. Homogenization has come via radio and TV, the *telenovela*, the comic book, and the mass sporting spectacle; it has been a form of cultural homogenization which is overtly antipolitical and antiideological (which is not to say there are not powerful latent messages of political and ideological significance contained within it). Of course, this does not make Mexico so different from most "Western" countries. But most "Western" countries did not experience relatively recent social and cultural revolutions; conversely, those countries which *did* experience such revolutions usually exited from the "Western" camp and experienced very different forms of revolutionary acculturation.

The comparison thus points up the cultural failures (as well as the economic successes) of Mexico's early revolutionaries. In the 1920s, Vasconcelos distributed copies of Plato and Goethe to the villages; they were not much read, and literacy rates only inched up.[140] Since the 1940s, literacy rates have increased more rapidly. But Plato and Goethe are still not being read; Mexico's new readers instead devour *Kalimán, Chanoc,* and *Lágrimas, risas y amor*.[141] In the 1930s, a sympathetic observer summed up current Mexican

[139] Charles Tatum, *"Lágrimas, risas y amor*: Mexico's Most Popular Romance Comic Book," *Journal of Popular Culture* 14 (1980), 412–423.

[140] Simpson, *The Ejido*, 108.

[141] Harold E. Hinds, Jr. has produced a series of innovative articles analyzing Mexican comic books: see, for example, "Kaliman: A Mexican Superhero," *Journal of Popular Culture* 13 (1979), 229–238.

goals and needs as "roads and schools, Fords and books.[142] The roads and the Fords came apace; the schools came, if more slowly; the economy grew, then boomed (and now stagnates). National integration was enhanced. But the process did not produce a bookreading population, nor a rationalist secular population, nor a revolutionary population. The outcome was closer to Huxley's gloomy prognosis: "the metalled roads and the Fords will have the effect of making large-scale urban vulgarity accessible to almost all."[143]

It is not the outcome that sets Mexico apart, then, but the point of departure: the hopes and goals of the revolutionary social engineers of the 1910–1940 period, men and women who, of course, conceived their hopes and goals in the days before radio and television, in the days when the rival Great Traditions—liberal, Catholic, radical—at least shared a common embodiment in the printed word. One reformer, Manuel Gamio, argued the need to "forge a nation" from the wreckage of the armed revolution. Politically, he and his colleagues succeeded. They purposively constructed a powerful, durable, centralized state. Economically, they half-succeeded: those, the majority, who advocated a dynamic capitalism could applaud the prevailing trends of the fifty postrevolutionary years, even if those trends were often the product of nongovernmental forces. But culturally they failed. The ardent cultural nationalists of the 1920s and 1930s, champions of *lo mexicano*, witnessed a tide of cultural Americanization, of *pochismo*, which, from the 1940s, flooded the country, defying fragile nationalist seawalls. The radical anticlericals of that same generation were no less confounded. Their efforts to inculcate science, reason, and rationalism, the values of the liberal/Jacobin Great Tradition of the nineteenth century, proved largely futile. And, of course, the socialist activists of the 1930s, carriers of another, related, perhaps more "relevant," Great Tradition, were also disappointed; their Tradition lived on amid the radical intelligentsia and some limited working class and peasant groups, but it failed to win mass support, even during the travail of the 1980s.[144] In short, the "cultural cartographers" signally failed to redraw the map of popular culture.

The Great Tradition which ultimately prevailed—which began to knit Mexicans into a common popular culture—was none of these. It was, rather, the dominant Western culture (or anticulture?) of commercialism and consumerism, of mass media and mass recreation. It was toward this conclusion that the course of the Revolution led, indirectly and circuitously; to this end

---

[142] Simpson, *The Ejido*, 315.

[143] Huxley, *Beyond the Mexique Bay*, 181.

[144] See Barry Carr, ed., *The Mexican Left, the Popular Movements, and the Politics of Austerity* (San Diego: Center for U.S.–Mexican Studies, University of California, 1986). Of course, the presidential election of 1988 may be seen as a challenge to these conclusions; however, at the time of writing (October 1988) it would be premature to regard them as disproven.

that the destruction of the hacienda, the growth of the cities, and the takeoff of industry all ultimately contributed. And Mexico's post-1940 rulers, a second postrevolutionary generation, now giving way to a third, were not at all displeased. The PRI, with its all-purpose, mind-numbing rhetoric and its pervasive clientelist networks, was the ideal party to preside over the "end of ideology" and the triumph of a bland cultural consumerism. The economy boomed (at least until the 1970s) and social protest remained manageable. There was less need now than in the rumbustious 1910s and 1920s to seek to mold popular culture, to inculcate nationalist and capitalist values. The hidden hand of the market was doing its job: creating urban workers, urban consumers, and avid readers of *Lágrimas, risas y amor*.

IV
Comments

En torno a la Independencia y la Revolución

Virginia Guedea

D E ENTRADA, quiero dejar muy claro que si bien considero, como muchos de nosotros, que las comparaciones entre dos —o más— fenómenos históricos pueden llegar a resultar muy útiles para su mejor comprensión, también considero que para que esta tarea pueda en verdad rendir frutos de interés es necesario que quienes la lleven a cabo conozcan bien los fenómenos que pretenden comparar. Éste no es mi caso en relación con la Independencia y la Revolución mexicanas. Me he ocupado durante algún tiempo de estudiar la primera; no así la segunda. Por ello, lo que aquí voy a exponer está muy lejos de pretender ser una comparación entre ambas. Ni siquiera pretende contribuir a aclarar algún aspecto concreto de la Revolución mexicana, que es el tema general a analizar durante este Simposio. Tan sólo me ocuparé de apuntar algunos problemas, de distinto orden, que se me han presentado al reflexionar sobre similitudes y diferencias que encuentro entre ambas y sugerir algún punto de posible comparación.

Quienes en el Instituto de Investigaciones Históricas de la Universidad Nacional Autónoma de México nos ocupamos de estudiar procesos relacionados con movimientos populares integramos hace poco un seminario de trabajo sobre rebeliones y revoluciones en México. Juntos hemos examinado y discutido nuestras respectivas investigaciones, así como algunas de las teorías e interpretaciones actuales sobre lo que son las rebeliones y las revoluciones. Ninguna parece dar cuenta de manera cabal de lo que es el fenómeno de la revolución y, como muchos otros antes que yo, he llegado a pensar que quizá lo más adecuado no sea centrarse fundamentalmente en el problema de precisar o definir lo que es una revolución y si el fenómeno que se estudia es o no revolucionario. Sería más conveniente, como lo han señalado ya varios estudiosos de la historia mexicana, empezar por considerarlo como una parte, importante, pero parte al fin y al cabo, del largo fluir de la historia de México. Como todos sabemos, esta conclusión ha surgido sobre todo de la discusión que actualmente se da sobre la naturaleza de la Revolución francesa. De hecho, si algún proceso histórico ha sido estudiado a fondo, ha sido esta Revolución. Sin embargo, resulta cada vez más difícil brindar una explicación general y satisfactoria de la Revolución francesa. Los revisionistas han puesto en crisis al modelo marxista que, en cierto sentido, era la interpretación que podíamos considerar "oficial", pero no han construido uno nuevo que brinde una alternativa realmente útil.[1] Y lo que ocurre con la Revolución francesa ocurre también con otros procesos revolucionarios.

En su excelente ponencia, Paul Vanderwood señala, con toda razón, que es cada vez más difícil explicar la Revolución mexicana.[2] Esto es también muy cierto, e incluso presenta mayores problemas, para el caso de la Independencia. Si es difícil explicar aquélla, que ha sido estudiada desde muy diversas perspectivas y sobre la que ya existen nuevas y valiosas síntesis que ofrecen una visión integral, resulta mucho más dar una interpretación de la Independencia, acerca de la cual todavía carecemos de análisis serios de muchos de sus aspectos y, desde luego, de estudios recientes que de una manera global nos den cuenta cabal de lo que fue.

Esta dificultad se refleja muy claramente en un problema que no por ser obvio deja de parecerme interesante. Me refiero a que quienes nos ocupamos de estos dos fenómenos no siempre estamos de acuerdo en qué es exactamente lo que estudiamos, aunque ustedes, "los revolucionarios", parecen coincidir mucho más que nosotros, "los insurgentes". La mayoría de ustedes, por lo menos, concuerda en el enunciado general del objeto de su estudio. Lo llaman "la Revolución mexicana". Nosotros, en cambio, no estamos de acuerdo en el nombre que le damos a nuestro propio campo de trabajo. Algunos lo llaman "el movimiento de Independencia"; otros, "la guerra de Independencia"; otros más, "la revolución de Independencia", o 'la Independencia" o "la Insurgencia" a secas. Esta diversidad de enunciados se debe en buena medida a que, por una parte, seguimos utilizando términos empleados por quienes participaron en ella, que responden a su propia visión de lo ocurrido y que se manifiesta en el uso de un vocabulario más libre para definir su acción. Por otra, se debe también a que empleamos los términos que han sido utilizados por todos aquellos que desde hace más de un siglo han intentado su definición. Pero independientemente de su origen, estos nombres un tanto distintos no son meras diferencias en los términos, sino que muy a menudo implican, a su vez, diferentes concepciones del fenómeno que se

---

[1] Sobre este punto véase François Furet, *Penser la Révolution Française* (París: Editions Gallimard, 1978); y Jack R. Censer, "The Coming of a New Interpretation of the French Revolution", *Journal of Social History* (invierno 1988), 289–301.

[2] Paul J. Vanderwood, "Explaining the Mexican Revolution", en este volumen.

estudia. Y no sólo eso. Revelan también la existencia de una seria confusión en ese nivel conceptual.

Aun cuando los "revolucionarios" parecen estar más de acuerdo que nosotros "los insurgentes" sobre el objeto de su estudio, existen importantes desacuerdos, que se basan en problemas de conceptualización y que afectan a ambos grupos. Hay una cierta tendencia a aplicar términos tales como "revuelta", "rebelión", "revolución", "insurrección" e "insurgencia" de manera un tanto laxa. A consecuencia de ello, no todos estamos de acuerdo sobre el asunto a discutir o sobre su importancia. Si comenzamos con el término más común, "revolución", encontramos que los estudiosos no están de acuerdo. Luis Villoro, por ejemplo, usa este término en su obra *El proceso ideológico de la Revolución de Independencia* al examinar la ideología del período que va de 1808 a 1824,[3] mientras que Hugh H. Hamill se pregunta: "¿Fue el movimiento de independencia mexicano una revolución?".[4] Tanto Villoro como Hamill parecen coincidir en que, de hecho, se dio una "revolución". Sin embargo, Hamill tituló su estudio sobre el gran levantamiento de 1810 *La Revuelta de Hidalgo.*[5] Por lo general, el término "revuelta" se usa para movimientos de menor importancia. Hay que admitir también que el término "insurgencia" ha provocado menos desacuerdos. Para casi todo los que nos ocupamos de la historia de México la "Insurgencia" —así, con mayúscula— se refiere a la lucha armada iniciada por Hidalgo contra el régimen colonial español. Sin embargo, una vez definido este fenómeno histórico como "insurgencia" hemos dejado muchas veces de lado el analizar por qué lo fue y de qué tipo. Christon I. Archer, que ha estudiado la lucha armada durante este período, sostiene que en la Nueva España se dio "una de las mayores insurgencias de la historia moderna".[6] Compara la insurgencia novohispana con las grandes luchas ocurridas en Argelia, Vietnam y, recientemente, Afganistán. Es claro que Archer usa el término "insurgencia" de una manera más amplia, y por lo tanto más esclarecedora, que muchos de los que se ocupan de ese período. Por su parte, Ramón Eduardo Ruiz ha publicado un libro intitulado *La Gran Rebelión: México 1905-1924*, en el que sostiene que fue una "rebelión" más que una "revolución" lo que ocurrió por ese entonces en mi país.[7] Para demostrarlo, Ruiz compara a México con Francia

[3] Luis Villoro, *El proceso ideológico de la Revolución de Independencia*, 3a ed. (México: UNAM, 1981).

[4] Hugh M. Hamill, Jr., "Was the Mexican Independence Movement a Revolution?" en *Dos revoluciones: México y los Estados Unidos* (México: Fomento Cultural Banamex, 1976), 43–61.

[5] Hugh M. Hamill, Jr., *The Hidalgo Revolt: Prelude to Mexican Independence* (Gainesville: University of Florida Press, 1966).

[6] Christon I. Archer, " 'La Causa Buena': The Counterinsurgency Army of New Spain and the Ten Years' War" en Jaime E. Rodríguez O., ed., *The Independence of Mexico and the Creation of the New Nation* (Los Angeles: UCLA Latin American Center Publications, 1989), 86.

[7] Ramón Eduardo Ruiz, *The Great Rebellion: Mexico, 1905-1924* (New York: Norton, 1980).

y Rusia, países en los que, en su opinión, sí se dieron auténticas revoluciones, no obstante que quienes se ocupan de su estudio se encuentran ahora cuestionando cuán revolucionarios en verdad lo fueron. De hecho, otro estudioso, John H. Kautsky, ha sostenido que la Revolución mexicana fue más "revolucionaria" en sus resultados que la Revolución rusa. Y no deja de ser interesante que para probar su tesis Kautsky compare a Rusia con México durante el período que va de 1870 a 1968.[8]

Otro aspecto de este problema, igualmente obvio pero que tampoco se ha resuelto satisfactoriamente, es la limitación del período cronológico que abarcan ambos fenómenos. En el caso de la Independencia las fechas se han fijado con mejor precisión —lo que no necesariamente quiere decir de manera más atinada— que en el caso de la Revolución.

Este problema se debe, en cierta medida, a un hecho que subyace en la historia mexicana. Mi país, como muchos otros, tiene una historia oficial.[9] Sin embargo, en México la historia oficial es muy poderosa, muy desarrollada y se encuentra muy difundida. Los historiadores, sobre todo de dentro del país, debemos tener siempre presente a esta historia oficial que tan a menudo tiene influencia en nuestro trabajo. De hecho, los conceptos mismos de "Independencia" y "Revolución" derivan en buena medida de esa historia oficial. Ambas ocupan en ella el sitio privilegiado de *parteaguas* de la historia mexicana. Y así se les ha convertido en meros acontecimientos, monolíticos y sin contradicciones. Incluso la idea de que existe una relación entre la Independencia y la Revolución ha sido alentada con gran ahinco por parte del Estado, como lo demuestra lo ocurrido hace tres años, al conmemorarse el 175 aniversario de la Independencia y el 75 de la Revolución.

Aunque Lucas Alamán ya se quejaba de que el Estado mexicano estaba creando, o inventando, su propia historia, la historia oficial empieza en realidad con Porfirio Díaz, quien no sólo procuró inculcar a todo el país un sentimiento de nacionalismo: también procuró identificar a su persona con la nación. Daré un ejemplo muy conocido. Como todos sabemos, el Grito de Dolores ocurrió en la mañana del domingo 16 de septiembre de 1810. Díaz instituyó la práctica oficial de celebrar el Grito en la noche del 15 al 16, ya que el día 15 era su cumpleaños; y es interesante señalar que los gobiernos revolucionarios han continuado semejante práctica.

Por otra parte, la gran celebración del centenario de la Independencia fijó la fecha de su inicio. A su vez, la rebelión de Madero fijaría convenientemente el inicio de la Revolución. Hay una agradable simetría en esto: 1810–

---

[8] John H. Kautsky, *Patterns of Modernizing Revolutions: Mexico and the Soviet Union* (Beverly Hills: Sage, 1975).

[9] Me he ocupado del problema de la "historia oficial" en relación con la Independencia en "The Historiography of Independence", ponencia presentada en la "Semana Mexicana" en la Universidad de Calgary, 21–26 de marzo de 1988.

1910. Así, pues, tenemos fechas oficiales para el inicio de la Independencia y de la Revolución; lo que ya no queda tan claro es cómo y cuándo concluyeron. En la historia oficial de la Independencia Iturbide no tiene cabida, aunque la figura de Guerrero, unida al hecho de que se logró independizarse de España, permite cerrarla honrosamente en 1821. En lo que corresponde a la Revolución, y como todos sabemos, ésta continúa: La Revolución se ha institucionalizado de manera oficial.

Algunos historiadores distinguidos han estado de acuerdo con esta historia oficial. De hecho, muchos de nosotros, de una u otra forma, estamos de acuerdo con algunos de sus aspectos. El problema no es si la historia oficial, que desde luego tiene sus motivos de ser, está o no equivocada. Más bien el problema es que se ha convertido en un esquema muy poderoso que puede servir de obstáculo para llegar a entender la historia de México, y muy en particular la Independencia y la Revolución. El considerarlas como de una sola pieza nos dificulta en alto grado el verlas como lo que son, procesos de cambio en muy distintos órdenes y de muy distintos grados que dieron cabida a muchos y muy diversos —y a veces encontrados— movimientos. Como señala Alan Knight en su muy interesante ponencia, muchos Méxicos dieron origen a muchas revoluciones.[10] Esto también es válido para el proceso de la Independencia.

Un problema relacionado con lo anterior es si la Independencia y la Revolución fueron el fin o el principio de períodos o épocas en la historia mexicana. Como muchos otros, creo que ninguna de las dos fueron el fin o el principio de una época o período. Más bien fueron la parte central de procesos más largos que presentan una cierta coherencia histórica. Quizá se podrían encontrar explicaciones más satisfactorias de ambas si marcamos dos períodos, dos centurias, que vayan, digamos, de la mitad del siglo XVIII a la mitad del XIX y de la mitad del XIX a 1940. Esta periodización presenta la ventaja de centrar nuestra atención en el Estado.[11] En el primer caso, la Independencia dio como resultado el establecimiento de un Estado débil. En el segundo, la Revolución consolidó el Estado fuerte que conformaron Benito Juárez y Porfirio Díaz. Acepto desde luego que estas consecuencias no se debieron a meros accidentes, sino que fueron el desenlace de tendencias poderosas que existían desde antes de que se dieran ambos procesos. Entre otras cosas, porque el Estado Borbón tenía interés en controlar sus colonias desde Madrid, el centro del imperio, sin importarle llegar, incluso, hasta fraccionar un de-

---

[10] Alan Knight, ''Revolutionary Project, Recalcitrant People: Mexico, 1910–1940'', en este volumen.

[11] Esto ha sido enfatizado recientemente; véase Theda Skocpol, *States and Social Revolutions: A Comparative Analysis of France, Russia and China* (Cambridge: Cambridge University Press, 1979); y Theda Skocpol, Peter Evans, y Dietrich Rueschemeyer, eds., *Bringing the State Back In* (Cambridge: Cambridge University Press, 1985).

terminado territorio. Afortunadamente la República mexicana no tuvo que enfrentar serios problemas a causa de esta tendencia imperial, a diferencia de los países de América del Sur, que pelearon numerosas guerras durante el siglo XIX para resolver problemas territoriales originados por las divisiones jurisdiccionales de finales del siglo anterior.

Al centrarnos en el Estado podemos también abordar otros aspectos. Como ejemplo de ello, señalaré que los estudios regionales han contribuido de manera significativa a nuestra comprensión de muchos aspectos de la Revolución. Como algunos de mis colegas, pienso que la perspectiva regional puede arrojar alguna luz sobre distintos aspectos de la Independencia que no se han abordado. Pero es importante recordar que las regiones no fueron exactamente las mismas en ambos casos. Entre otras cosas, por el simple hecho de que los territorios que en 1821 se independizarían de España y conformarían al México independiente no estaban sujetos a una misma forma de administración civil. Además hubo divisiones judiciales y eclesiásticas que de alguna manera fragmentaron el poder central del virreinato. Una muestra de ello fueron las Audiencias de México y de Guadalajara, que tuvieron una profunda influencia en sus respectivas regiones. Como resultado de esta diferencia, el Estado porfiriano no fue tan sólo más fuerte, sino más integral. Estas diferencias marcaron, a su vez, diferencias en la naturaleza de la economía, de la sociedad y de las mentalidades de ambos períodos.

Sin embargo, creo posible —además de útil— el hacer comparaciones regionales entre la Independencia y la Revolución. Estas comparaciones pueden identificar ciertas continuidades entre estas dos épocas, así como las diferencias entre una determinada región y otras zonas del país, en especial el centro. El caso de Yucatán me parece que ofrece posibilidades interesantes en este sentido. El movimiento armado no se dio en él durante la Independencia, y tanto ésta como la Revolución llegaron de fuera. Hay también algún otro punto de coincidencia durante ambos procesos que me ha sugerido la interesante ponencia de los profesores Joseph y Wells.[12] Así, la apertura de un espacio político en ambos casos, en uno causada por la Constitución de Cádiz y en el otro por la Revolución maderista, hizo que los grupos políticos rivales, dirigidos por facciones de la élite regional, se enfrentaran con reglas que a primera vista parecen muy semejantes. Durante la Independencia los rutineros y los sanjuanistas dieron la batalla a través de numerosos periódicos locales. Algo similar parece haber ocurrido durante los últimos años del régimen de Díaz y los primeros de la Revolución entre las distintas camarillas que buscaban obtener el poder político.

Existe otra área de comparación importante entre la Independencia y la

---

[12] Gilbert Joseph y Allen Wells, ''Seasons of Upheaval: The Crisis of Oligarchical Rule in Yucatán, 1909–1915'', en este volumen.

Revolución que quisiera mencionar aquí. Me refiero a que ambas han sido a menudo consideradas como movimientos predominantemente rurales. Un ejemplo de ello lo constituye un trabajo que acaba de aparecer sobre la naturaleza de las rebeliones y las revoluciones en la historia de México.[13] Ciertamente que la mayoría de los que tomaron parte en la lucha armada, tanto en la Independencia como en la Revolución, procedían del campo. Sin embargo, los que resultaron triunfadores en ambos movimientos fueron gentes de ciudad. Nadie, ni siquiera Kautsky, que compara de manera favorable a la Revolución mexicana con la rusa, sostiene que triunfaron los campesinos. Así, pues, me parece que queda clara la importancia de entender el papel político desempeñado por los grupos urbanos en ambos movimientos. En el caso de la Independencia, las acciones represivas de las autoridades virreinales obligaron a los dirigentes políticos urbanos a organizarse de manera clandestina para alcanzar el poder político.[14] Esto tendría repercusiones de importancia durante los inicios del período nacional. La naturaleza de la oposición política urbana a fines del régimen de Díaz y los primeros años de la Revolución fue más compleja. Hubo cierta represión, pero también hubo más canales para el desarrollo de la actividad política. Las ponencias presentadas en este Simposio demuestran, en cierta medida, esa realidad; en su mayoría se ocupan, en una u otra forma, de la naturaleza de la política urbana. Y esto se debe a que, después de todo, el poder político reside principalmente en las ciudades capitales, tanto de los estados como de la nación.

Por último, se encuentra el problema de las diferencias existentes entre las aspiraciones de las masas, rurales o urbanas, y quienes las dirigían. Es evidente que tanto durante la Independencia como durante la Revolución los objetivos de las élites no fueron los mismos que los de la mayoría de sus seguidores. Queda clara la importancia de entender los variados, y a menudo encontrados, objetivos y aspiraciones de los distintos grupos que participaron en las muchas independencias y las muchas revoluciones que sufrió México. A este respecto es muy interesante el trabajo de Alan Knight: nos muestra que los dirigentes no han podido imponer del todo sus puntos de vista sobre la mayor parte de la población.[15] O, quizá lo que ha ocurrido es que el pueblo de México ha tenido una visión independiente de su propio futuro.

---

[13] Friedrich Katz, ed., *Riot, Rebellion and Revolution: Rural Social Conflict in Mexico* (Princeton: Princeton University Press, 1988).

[14] Véase mis ensayos "Los Guadalupes de México", *Relaciones. Estudios de Historia y Sociedad* 23 (1985), 71–91; y "Las sociedades secretas durante el movimiento de independencia", en Rodríguez, *The Independence of Mexico*, 45–62.

[15] Knight, "Revolutionary Project".

La Independencia y la Revolución

María del Refugio González

ANTES DE ENTRAR EN EL COMENTARIO que me toca exponer quisiera hacer algunas observaciones que serán útiles para comprender la perspectiva desde la cual se escriben estas líneas. Yo no estudio la Revolución, ni estudio la historia de México, a secas. Me dedico a la historia del derecho y de las instituciones en México, por lo que a veces lo que tengo que analizar se encuentra en la Roma clásica, la España del siglo XIII o el México prehispánico. Los períodos que transitamos quienes a esta disciplina nos dedicamos, pueden ser muy largos. La parcela sujeta a análisis a veces es muy estrecha, como el matrimonio y el divorcio o el municipio, por ejemplo, pero a veces es más amplia, como las relaciones entre la Iglesia y el Estado. Para realizar nuestro trabajo dependemos en una medida muy amplia del que hacen los historiadores y también los juristas, y siempre vivimos preguntándonos si lo que hacemos es historia o es derecho.

Para nosotros cien años no son muchos ya que en la evolución de las instituciones se necesitan a menudo más de diez décadas para su transformación, modificación o extinción. A veces en esos cien años sólo se producen pequeños ajustes, y otras veces ni siquiera eso. La dinámica de una sociedad sólo va reflejándose paulatinamente en sus instituciones, salvo los casos de una conquista militar o aquéllos en que se presentan movimientos sociales de tal manera fuertes, que pueden hacer posible también el movimiento de las estructuras de un Estado, nación o sociedad. Para fortuna nuestra, ambos fenómenos se presentan en la historia de México.

El 10 de abril de 1808 salía Fernando VII de Madrid hacia la frontera francesa y unos días después renunciaba a la Corona de España y las Indias. En ese mismo año, en la Nueva España, en septiembre, la Real Audiencia de México enviaba un comunicado a la Suprema Junta de Sevilla en el que se justificaban los acontecimientos que habían llevado a la destitución del virrey y el encarcelamiento de varios de los miembros del Ayuntamiento de la ciudad de México por sus ideas peligrosas respecto de la soberanía, la abdicación del rey y el ejercicio de aquélla en su ausencia.

El 3 de marzo de 1908 el periódico *El Imparcial* reprodujo la primera parte de la entrevista que concedió el presidente Díaz al periodista norteamericano Creelman, en la que le comunicaba su voluntad de abandonar el poder. En octubre del mismo año en el *Diario del Hogar* se publicó la declaración que Porfirio Díaz hizo a Victoriano Agüeros en el sentido de que no era conveniente políticamente su retiro, y que lo expresado a Creelman había sido sólo un deseo personal. Para entonces algunas cárceles comenzaron a recibir a quienes con sus ideas y acciones combatían las bases en que se sustentaba el gobierno.

Tanto en el primer caso, como en el segundo las declaraciones y los encarcelamientos sólo sirvieron para consolidar los movimientos de una sociedad que buscaba modificar el orden político y jurídico que la constituía, para instaurar uno nuevo. Cien años median entre unos y otros acontecimientos, muchas convulsiones sociales se presentaron, sofocaron o triunfaron entre una y otra fecha. Sin embargo, en la historia de las instituciones de México, estas dos fechas tienen un significado especial ya que en ambas aflora claramente el vacío de poder que hizo posible la agrupación, articulación o concatenación o lo que cada quien quiera, de los hechos que desencadenaron los dos movimientos sociales revolucionarios mexicanos.

El primer movimiento social, el de los insurgentes, fue sofocado o por lo menos aislado poco tiempo después de haber plasmado en un texto jurídico su proyecto de nación. Me refiero al *Decreto Constitucional para la libertad de la América Mexicana* sancionado en Apatzingán el 22 de octubre de 1814. El movimiento de independencia iniciado por Hidalgo en 1810 y consolidado en 1821 mediante la expedición del Plan de Iguala, los Tratados de Córdoba y el Acta de la Independencia Mexicana, desemboca en el *Reglamento Provisional Político del Imperio Mexicano* de 1822. El texto constitucional de 1814 postulaba la formación de un estado federal y el de 1822 la de una monarquía constitucional.

El segundo movimiento social, el de la llamada Revolución mexicana fue canalizado institucionalmente, después de haber pasado por las fases más revolucionarias, en otro texto jurídico que, a su vez, reflejaba el proyecto de nación de aquéllos que hicieron posible la negociación política que puso fin a la lucha armada. El texto al que me refiero es la *Constitución política de los Estados Unidos Mexicanos que reforma la de 5 de febrero de 1857*. Cabe señalar que esta constitución está todavía vigente, con muchísimas modificaciones.

De los insurgentes sólo Vicente Guerrero participó en las negociaciones que después de sofocar la insurrección condujeron a la independencia política de la nación mexicana. De los jefes revolucionarios sólo Venustiano Carranza tuvo que ver con la expedición de la Constitución que ponía fin a la lucha armada. Ni Guerrero, ni Carranza vivieron lo suficiente como para ver la conformación y el desarrollo de las instituciones que ayudaron a forjar, las cuales, a pesar de la distancia en el tiempo, no se ven tan distintas en el largo plazo como uno pudiera pensar.

En la historia del derecho pocas veces se producen verdaderas fracturas en las instituciones, algunas de estas fracturas son, en efecto, consecuencia de revoluciones o reformas. Por grandes que sean no pueden, no han podido nunca, constituir un sistema que no tenga vínculos con el anterior. Siguiendo a Helmut Coing, historiador alemán del derecho y las instituciones puede decirse que "la legislación de la Revolución francesa, las normas reformadoras del despotismo ilustrado o las de la época liberal, o la construcción de un ordenamiento jurídico socialista tras la Revolución de octubre" son "nuevos comienzos" en la larga historia de las instituciones. Los "nuevos comienzos" tienen sus raíces en la época que se cierra con los movimientos sociales que conducen a su transformación. Estos movimientos impiden que pueda hablarse simplemente de "evolución" de las instituciones y sí, con mayor justeza de "transformación". Tanto en 1808 como en 1908 se hallaban ya en el tapete de las discusiones las ideas que venían buscando, o más bien, forzando el cambio.

Estas transformaciones, con todo y provenir ambas de movimientos armados, son de muy diversa naturaleza y su análisis debe hacerse desde distinta perspectiva. Las transformaciones que se produjeron entre los finales del siglo XVIII y los principios del siglo XIX se inscriben dentro de la revolución del pensamiento más amplia que ha tenido el mundo occidental. En el terreno de las instituciones políticas se transitó nada menos que del despotismo —aunque ilustrado— al Estado de Derecho. La fractura de las instituciones incluyó a las más variadas de éstas. La revolución que va de finales del XIX a principios del XX no abarcó a todo el mundo occidental. El tránsito en el terreno institucional fue más suave, ya que del Estado de Derecho se caminó solamente hacia el Estado social de Derecho en algunos lugares, y hacia el Estado benefactor en otros.

En México, ambas revoluciones tuvieron características peculiares vinculadas directamente a lo que habían sido las de la sociedad, la economía y el gobierno locales. En la primera revolución se atravesó, o quizá, se derivó de ella, la independencia política. En la segunda, se ajustó el modelo que surgió de la primera. Este ajuste parecía buscar la inclusión en el proyecto nacional de todos sus elementos, esto es, también aquellos que fueron quedando al margen al desarrollarse y llevarse hasta sus últimas consecuencias el modelo que había puesto en crisis al antiguo régimen. En el caso nuestro, a las características del antiguo régimen, hay que añadirle la condición colonial.

¿Pero cuáles son las "fracturas" que producen los "nuevos comienzos" en el caso que nos ocupa? A la exposición de algunas de ellas —en forma panorámica— están dedicadas las siguientes páginas.

La fractura fundamental, la que da origen a una nueva concepción del Estado, se deriva de haberse dejado de admitir en el pensamiento político europeo el derecho divino de los reyes para gobernar. Esta idea tuvo multitud de repercusiones en todos los terrenos. Las que aquí interesan tienen que ver con dos fenómenos que en la Nueva España habían adquirido características muy peculiares: la noción patrimonialista del Estado y el oficio público y la transformación del derecho de patronato que sobre la Iglesia tenía el Rey en regalía. La razón fundamental que dio origen a las peculiaridades del desarrollo de estos dos fenómenos hay que buscarla en las características de la donación que hizo el Papa Alejandro VI a los Reyes Católicos, de las "islas y tierra firme del Mar Océano".

La fractura principal había comenzado a perfilarse antes de la independencia. Hasta la expedición de la Constitución de Cádiz en 1812 no podía hablarse de una Hacienda del Rey y otra del Reyno. Ambas se hallaban confundidas en la genérica denominación de "Hacienda Pública". Esta fractura repercute no sólo en la concepción del Estado sino también en la del oficio público. Los oficiales reales habían comprado o beneficiado siempre sus cargos, los cuales eran proveídos por el rey. Al romperse la noción de que el reyno *es* del rey, se transformó también la concepción del oficio y los oficiales pasaron a ser "siervos de la nación" o simplemente servidores públicos.

A lo largo del siglo XIX, fracturada la noción patrimonialista del Estado, y además sin el aliciente para restaurarla, de la presencia de un rey, la contienda se centró en distribuir las competencias que habían correspondido al rey entre la federación, los estados y los municipios; o bien el centro y los departamentos. Esta fractura, pues, fue siguiendo su propio desarrollo y después de la revolución aparece como un "nuevo comienzo". Voy a explicarlo. En el texto de la Constitución de 1917 se le atribuyeron, formalmente, facultades a la federación que debía ejercer en el nombre de la nación. De hecho, durante el porfirismo se habían ido federalizando, cada vez más, las facultades que en la Constitución de 1857 se le otorgaron a los Estados. Desde 1917, conforme al texto del artículo 27, la nación es propietaria de tierras y aguas y tiene el derecho de transmitir su dominio a particulares constituyendo la propiedad privada. Hasta aquí todo está bien, pero, para poder ejercer sus derechos, la nación, en la mayor parte de los casos se vale de la federación. Esta última, en el texto de 1917, comenzó a ejercer a través del gobierno federal los derechos que sobre suelo y subsuelo le habían correspondido al rey. Con el tiempo, este fenómeno se ha agudizado. Para nadie es un secreto lo precario que es el pacto federal en México y la hipertrofia de lo federal frente a lo estatal.

Había yo dicho que del cambio en la concepción del Estado se derivó el del oficio público. Sin embargo, la modificación formal no impidió que se mantuviera, de hecho, la práctica patrimonialista del oficio, esto es, actuar como si el oficio formara parte del patrimonio privado y se hubiera adquirido para su explotación y aprovechamiento, lo cual era lo usual en la Baja Edad media española y en buena medida en la Nueva España.

Vinculado a lo anterior se encuentra otra de las características de la concepción del Estado del antiguo régimen, la de la acumulación de funciones. En el Estado de Derecho ningún poder debía ejercer más funciones que las expresamente asignadas por la ley conforme al principio de división de poderes. En este sentido, cabe recordar que a lo largo de la época colonial el gobierno y la administración de justicia se contemplaron juntos, y que los oficiales reales tenían, y podían ejercer si era el caso, el cúmulo de las funciones que le correspondían al rey: gobierno, justicia, guerra y hacienda. En este ejemplo no hubo "nuevo comienzo" formal ya que la ley no volvió a postular la acumulación de funciones, pero en la práctica se mantuvo en diversas autoridades locales, entre ellas los jefes políticos del porfirismo. La revolución también postuló la vuelta de tuerca, pero al mantenerse las condiciones sociales, y políticas que la hacían posible, la acumulación de funciones de hecho se ha mantenido hasta tiempos muy recientes.

Otra fractura que conviene señalar ya que de ella se derivan algunas de las transformaciones más importantes del período comprendido entre la independencia y la revolución es relativa a las relaciones de la Iglesia y el Estado. Ya desde muy antiguo en las Indias los derechos de patronato sobre las funciones administrativas de la Iglesia habían sido más amplias que las que ejercía el Rey en España. El ascenso del poder real se corresponde con el descenso del poder papal, y el Patronato fue transformándose de "derecho otorgado por el Papa" en regalía, esto es, derecho inherente al rey.

Al llegar la independencia ya se hallaban planteadas con toda claridad estas cuestiones. En las primeras décadas de vida nacional los sucesivos gobiernos mexicanos demandaron el ejercicio del patronato, en los términos que lo había ejercido el Rey de España. La Santa Sede se negó a otorgarlo a estos gobiernos porque se habían levantado contra su rey. Tras la intervención francesa, derrotados los conservadores, fue posible establecer un régimen de separación de la Iglesia y el Estado que fue el que se mantuvo, con peculiaridades en su aplicación, a lo largo del porfirismo. Tras la revolución, el Estado reivindicó para sí la supremacía que sobre la Iglesia había ejercido el rey de España en los tiempos del regalismo más agudo. Este es, a mi juicio, también un "nuevo comienzo" aunque ya la Iglesia se hallaba separada del Estado.

La desarticulación de una forma de Estado y la articulación de una nueva, independiente, implicó no sólo un cambio en la posición política de la nueva nación frente a su metrópoli y frente a las otras naciones sino también la fractura de las alianzas políticas y su recomposición. En las nuevas alianzas se incorporaron los grupos sociales que habían obtenido su poder a consecuencia de la independencia. Esto mismo pasó con la revolución, durante la cual, curiosamente también se expulsaron españoles. La diferencia está en que la independencia buscaba desmantelar el aparato estatal del antiguo régimen, y la revolución apenas remover y ajustar a las nuevas condiciones, el que finalmente había cuajado tras la restauración de la República.

La tercera fractura, y última que voy a mencionar, tiene que ver más con la población que con la organización del Estado. Es de todos conocido que el antiguo régimen nunca postuló la igualdad como base de la estructura social. Al contrario, conforme a la doctrina de derecho canónico de la época se reconoció la desigualdad e incluso después de encendidas polémicas se otorgó una protección especial a los naturales, los cuales no fueron considerados como aptos para ejercer sus derechos plenamente. Durante el movimiento de independencia se postula la igualdad como base del nuevo Estado de cosas. A lo largo del siglo XIX, los conservadores la admiten como enunciado general pero restringen el ejercicio de los derechos del ciudadano, en beneficio de quienes tenían una renta fija. En el porfirismo se siguió manteniendo el principio igualitario pero no se veló por su estricto cumplimiento. Tras la revolución se plasma en el texto constitucional de 1917 otro ''nuevo comienzo'', disfrazado, ya que se postula la igualdad pero se reconoce la desigualdad y se protege al desigual, a través de preceptos proteccionistas que buscaron otorgarle las mismas opciones a todos los mexicanos. El artículo 27 restablece la propiedad comunal en términos distintos a la que habían tenido los miembros de ''la república de los indios'', pero con fines semejantes. Por otro lado, en el artículo 123 de la Constitución se estableció un régimen de protección del trabajo y del trabajador que buscaba dejar a este último en igualdad de condiciones frente a los otros grupos de la sociedad más favorecidos.

Quizá podrían agregarse muchos ''nuevos comienzos'' para enriquecer el tema, pero no es ésta la ocasión de hacerlo. Antes de concluir habrá que insistir en que en el caso particular de México, los ''nuevos comienzos'' no han sido siempre formalmente reconocidos en la legislación. Algunos de ellos como el del aprovechamiento personal de los cargos públicos, o del ejercicio del poder más allá de lo que marcan las leyes se han mantenido en la práctica porque el país conserva muchas de las características que tenía cuando las instituciones españolas fueron trasplantadas a los territorios americanos para conformar el sistema que serviría de base al funcionamiento de la sociedad. Así, se han mantenido estructuras y prácticas que perdieron su base legal sin que eso las haya hecho perder vigencia. A los ejemplos ya señalados podría agregarse otro, el de la centralización, que parece no sufrir modificaciones en 100 años, pero que sí las tiene. Antes de la independencia en la Nueva España había un régimen centralizado, autoritario, corporativo, basado en lazos de patrocinio y clientela que se hallaba sustentado en los principios que sustentaban la soberanía del rey, la acumulación de funciones, la propiedad corporativa, la separación de la población en estatutos jurídicos distintos y la identificación de objetivos entre el Estado y la Iglesia. Antes de la revolución había en México un régimen centralizado, autoritario, ya no corporativo, pero sí basado en lazos de patrocinio y clientela, que se hallaba sustentado en los principios, legalmente consagrados, de la división de poderes, el pacto federal y la libertad de trabajo y circulación.

Para entender la recurencia en nuestro territorio de situaciones y hechos que parecen repetirse una y otra vez, y para percibir las diferencias entre unos y otros, es útil y enriquecedora la perspectiva del largo tiempo. Espero haberlos podido convencer de esto.

BIBLIOGRAFÍA GENERAL

Esta bibliografía tiene el objeto de proporcionar al lector no jurista una orientación que le permita acercarse a los principales temas que se tocan. No es exhaustiva, pero proporciona datos suficientes para estudiar desde la perspectiva de la historia institucional los temas que abarca el comentario. Se dejaron de lado los textos clásicos y recientes sobre la independencia y la revolución, los cuales estarán, sin duda, citados en el resto de los trabajos.

Adame Goddard, Jorge. *El pensamiento político y social de los católicos mexicanos, 1867-1914*. México: Universidad Nacional Autónoma de México, Instituto de Investigaciones Históricas, 1981.

Barragán Barragán, José. *Introducción al federalismo (La formación de los poderes en 1824)*. México: Universidad Nacional Autónoma de México, 1978.

Barrero García, Ana María. "La materia administrativa y su gestión en las Ordenanzas de Intendentes de América". *Anuario Histórico-Jurídico Ecuatoriano* (1980), 113-133.

Borah, Woodrow, coordinador. *El gobierno provincial en la Nueva España, 1570-1787*. México: Universidad Nacional Autónoma de México, 1985.

———. *El juzgado general de indios en la Nueva España*. Traducción de Juan José Utrilla. México: Fondo de Cultura Económica, 1985.

Bravo Lira, Bernardino. "Oficio y oficina, dos etapas en la historia del Estado Moderno". *Anuario Histórico-Jurídico Ecuatoriano* 5 (1979), 241-265.

Carrasco, Pedro, et al. *La sociedad indígena en el centro y occidente de México*. Zamora: El Colegio de Michoacán, 1986.

Coing, Helmut. *Las tareas del historiador del derecho (Reflexiones metodológicas)*. Traducción de Antonio Merchán. Sevilla: Publicaciones de la Universidad de Sevilla, 1977.

Constant, Benjamín. *Curso de Política Constitucional escrito por Mr . . . , traducido libremente al español por D. Marcial Antonio López*. 3 vols. Burdeos: Imprenta de Lavalle Jóven y Sobrino, 1821.

Farriss, N. M. *Crown and Clergy in Colonial Mexico, 1759-1821: The Crisis of Ecclesiastical Privilege*. London: University of London, The Athlone Press, 1968.

Fontana, Josef. *La quiebra de la monarquía absoluta, 1814-1820: la crisis del antiguo régimen en España*. 4a ed. Barcelona: Editorial Ariel, 1983.

Frost, Elsa Cecilia, Michael C. Meyer y Josefina Zoraida Vázquez, compiladores. *El trabajo y los trabajadores en la historia de México*. México y Los Angeles: El Colegio de México y University of California Press, 1979.

García-Gallo, Alfonso. "La división de las competencias administrativas en España en la Edad Moderna". Separata del libro *Actas del II Symposium: Historia de la Administración*.

García Pelayo, Manuel. *Las transformaciones del Estado contemporáneo*. 2a ed. Madrid: Alianza Editorial, 1985.

Garza, Luis Alberto de la. "Algunos problemas en torno a la formación del Estado mexicano en el siglo XIX". *Estudios Políticos* 2:2 (abril–junio de 1983), 15–26.

González, María del Refugio. "Historia del derecho mexicano". En *Introducción al derecho mexicano*, vol. 1, pp. 9–108. México: Universidad Nacional Autónoma de México, Instituto de Investigaciones Jurídicas, 1981.

———. "La intervención del Estado en la economía y la sociedad: una propuesta de interpretación". *Mexican Studies/Estudios Mexicanos* 5:1 (Winter 1989), 25–68.

———. "Supremacía del Estado sobre las Iglesias". En *Derechos del pueblo mexicano: México a través de sus constituciones*. 3a ed. México: Cámara de Diputados del Congreso de la Unión, LII Legislatura, 1985, Doctrina Constitucional II, pp. 309–333.

González Alonso, Benjamín. *Gobernación y gobernadores: notas sobre la administración de Castilla en el período de formación del Estado moderno*. Madrid: Universidad de Madrid, Facultad de Derecho, 1974.

Hera, Alberto de la. *El regalismo borbónico en su proyección indiana*. Madrid: Ediciones Rialp, 1963.

Laski, Harold Joseph. *El estado moderno, sus instituciones políticas y económicas*. Traducción, prólogo y notas de Teodoro González García. Barcelona: Librería Bosch, 1932.

Leal, Juan Felipe. "El estado y el bloque en el poder en México, 1867-1914". *Historia Mexicana* 23:4 (abril–junio de 1974), 649–699.

Llaguno, José. *La personalidad jurídica del indio y el Tercer Concilio Provincial Mexicano (1585)*. México: Porrúa, 1963.

MacIver, R. M. *The Modern State*. 1a ed. 1926; reimpresión 1916. London: Oxford University Press, 1966.

Macpherson, C. B. *La democracia liberal y su época*. 1a reimpresión. Madrid: Alianza Editorial, 1987.

Macedo, Miguel S. "El municipio: los establecimientos penales. La asistencia pública". En *México, su evolución social*, tomo I, vol. 2, pp. 665–690. México: J. Ballescá y Compañía, sucesor-editor, 1901.

Madrazo, Jorge. "La propiedad en la constitución". En *Derechos del pueblo mexicano: México a través de sus constituciones*. 3a ed. México: Cámara de Diputados del Congreso de la Unión, LII Legislatura, 1985, Doctrina Constitucional I, pp. 213–245.

Maravall, José Antonio. "El pensamiento político en España a comienzos del siglo XIX: Martínez Marina". *Revista de Estudios Políticos* 81 (mayo–junio, 1955), 29–82.

———. *La teoría española del Estado en el siglo XVII*. Madrid: Instituto de Estudios Políticos, 1944.

Moreno, Roberto. "La última Nueva España". En *La formación del Estado mexicano*. México: Universidad Nacional Autónoma de México, Instituto de Investigaciones Jurídicas, 1984, pp. 15–22.

Munguía, Clemente. *Del Derecho Natural en sus principios comunes y en sus diversas ramificaciones, o sea, curso elemental de derecho natural y de gentes, público, político, constitucional, principios de legislación, por el Lic. . . . 4 vols*. México: Imprenta de la Voz de la Religión, 1849.

Muro Romero, Fernando. "El beneficio de oficios públicos con jurisdicción en Indias: notas sobre sus orígenes". *Anuario de Estudios Americanos* 35 (1978), 1–67.

Navarro García, Luis. "Los oficios vendibles en Nueva España, durante la Guerra de Sucesión". *Anuario de Estudios Americanos* 32 (1975), 133–154.

Noriega, Alfonso. *El pensamiento conservador y el conservadurismo mexicano*. 2 vols. México: Universidad Nacional Autónoma de México, 1972.

Noriega Elío, Cecilia. *El constituyente de 1842*. México: Universidad Nacional Autónoma de México, 1986.

O'Gorman, Edmundo. *La supervivencia política novo-hispana: reflexiones sobre el monarquismo mexicano*. México: Fundación Cultural de Condumex, 1969.

Parra López, Emilio. *El primer liberalismo español y la Iglesia: las Cortes de Cádiz*. Prólogo de Antonio Mestre Sandeis. Alicante, España: Instituto de Estudios Juan Gil Albert, 1985.

Peña, Manuel de la. *El dominio directo del soberano en las minas de México y génesis de la legislación petrolera mexicana*. México: Secretaría de Industria, Comercio y Trabajo, 1928.

Peset, Mariano. *Dos ensayos sobre la historia de la propiedad de la tierra*. Madrid: Editorial Revista de Derecho Privado, Editoriales de Derecho Reunidas, 1982.

———. *Propiedad antigua y propiedad liberal*. Conferencia pronunciada por D. . . . , Catedrático de Historia del Derecho. Madrid: J. San José, 1986, pp. 89–123.

Rees Jones, Ricardo. *El despotismo ilustrado y los intendentes en Nueva España*. México: Universidad Nacional Autónoma de México, Instituto de Investigaciones Históricas, 1981.

Rodríguez O., Jaime E., editor. *The Independence of Mexico and the Creation of the New Nation*. Los Angeles: UCLA Latin American Center Publications, 1989.

Sánchez Agesta, Luis. *El pensamiento político del despotismo ilustrado*. Sevilla: Secretariado de Publicaciones de la Universidad de Sevilla, 1979.

Sinkin, Richard N. *The Mexican Reform, 1855-1876: A Study in Liberal Nation Building*. Austin: The University of Texas at Austin, 1979.

Staples, Anne. "Secularización: Estado e Iglesia en tiempo de Gómez Farías". *Estudios de Historia Moderna y Contemporánea de México* 10, 109-123.

Strayer, Joseph R. *Sobre los orígenes medievales del Estado moderno*. Traducción de Horacio Vázquez Rial. Barcelona: Ariel, 1981.

Tena Ramírez, Felipe. *Leyes fundamentales de México, 1808-1975*. 6a ed. México: Porrúa, 1975.

Tomás y Valiente, Francisco. "Notas sobre la venta de oficios públicos en Indias". En *III Congreso del Instituto Internacional de Historia del Derecho Indiano. Actas y Estudios*. Madrid: Instituto Nacional de Estudios Jurídicos, 1973, pp. 377-421.

Varios autores. "El estado político mexicano". *Historia Mexicana* 23:4 (abril-junio de 1974).

Verdross, Alfred. *La filosofía del derecho del mundo occidental: visión panorámica de sus fundamentos y principales problemas*. Traducción de Mario de la Cueva. 2a ed. México: Universidad Nacional Autónoma de México, 1983.

Continuity and Discontinuity in Mexican History, 1810 and 1910

Christon I. Archer

> The advent of some revolutions can be
> seen from afar.
>
> Friederich Katz
> *The Secret War in Mexico*

E UPHORIC IN THE WAKE of the highly successful 1987 Mexico/Chicano Symposium on the Independence of Mexico and the Creation of the New Nation, I accepted the opportunity to comment on the present series of papers on the Mexican Revolution with a spirit of alacrity unhindered by actual consideration of the mission. After all, Paul Vanderwood and Linda Hall had analyzed aspects of the Independence Period from the perspectives of the Mexican Revolution during the previous conference.[1] Recently, Brian Hamnett, John Hart, Alan Knight, François-Javier Guerra, Paul Vanderwood, and John Tutino[2] published major books that directed readers to view Mexican historical development over the *longue durée* and to consider linkages

---

[1] See Paul J. Vanderwood, "Comparing Mexican Independence with the Revolution: Causes, Concepts, and Pitfalls," and Linda B. Hall, "Independence and Revolution: Continuities and Discontinuities," in Jaime E. Rodríguez O., ed., *The Independence of Mexico and the Creation of the New Nation* (Los Angeles: UCLA Latin American Center Publications, 1989), 311–322, 323–329.

[2] Brian R. Hamnett, *Roots of Insurgency: Mexican Regions, 1750-1824* (Cambridge, 1986); John M. Hart, *Revolutionary Mexico: The Coming and Process of the Mexican Revolution* (Los Angeles, 1987); Alan Knight, *The Mexican Revolution*, 2 vols. (Cambridge, 1986); François-Xavier Guerra, *México: del antiguo régimen a la Revolución*, 2 vols. (Mexico, 1988); John Tutino, *From Insurrection to Revolution in Mexico: Social Bases of Agrarian Violence, 1750-1940* (Princeton, 1986); and Paul J. Vanderwood, *Disorder and Progress: Bandits, Police, and Mexican Development* (Lincoln, 1981).

between epochs that many previous historians had treated separately. Indeed, the accepted periodization that caused historians of Mexico to conclude their research in 1810 or 1821, or perhaps not to begin their investigations until 1876 or 1910, is ending. All of these messages notwithstanding, after reading through the Mexican Revolution Conference papers and enjoying participation in the discussions that took place during and after the sessions, I experienced some doubts about offering effective comparisons between movements separated by the interval of a century. Despite compelling reasons to identify continuing themes, the revolutions, insurgencies, or rebellions that commenced in 1810 and 1910 most certainly possessed unique political, economic, and social aspects that made each of the complex movements a product of its own times. Too great an effort to produce historical connections and comparisons can lead to meaningless generalizations rather than useful synthesis. With these factors in mind, my commentary will examine themes in the present papers relating to regionalism and centralism, the socioeconomic structures, the role of insurgency, demographic changes, strains on political culture, and external stimuli that may have helped to trigger the original revolutionary movements. Things were much clearer in Ernest Gruening's day when he introduced a chapter on the Mexican independence wars with the sentence: "The soil of New Spain deep sown with the dragon's teeth of oppression was ready to sprout revolution."[3]

The essays in the present volume may be divided into two rough categories—those that offer broad overviews of the origins and nature of the Mexican Revolution and those that treat more specialized themes concerning specific groups, regions, and movements. Paul Vanderwood, John Hart, and Alan Knight bridged several decades while others such as Romana Falcón, Gilbert Joseph and Allen Wells, Ricardo Avila, and Javier Garcíadiego presented regional or focused studies that complemented and strengthened the general themes. Vanderwood challenged participants of the colloquium with his all-encompassing title "Explaining the Mexican Revolution." He commenced with a survey of recent interpretations: John Hart (class struggle and foreign economic penetration); Alan Knight (a more traditional view concentrating upon land and local autonomy); Ramón Ruiz and John Womack (what occurred beginning in 1910 was rebellion not revolution). Gradually, Vanderwood shifted the thrust of his essay toward peasant communities and to the area of his own ongoing research on Tomochic and the communities of the Papigochic Valley. Vanderwood chided—though ever so gently—historians such as Hart, Knight, and François-Xavier Guerra for adventures into the area of *mentalidad* during which they attempted to examine aspects of the peasant worldview. For Vanderwood, these authors and many others be-

---

[3] Ernest Gruening, *Mexico and Its Heritage* (New York, 1928), 28.

fore them lacked the documentary evidence necessary for conclusive findings. Were Mexican villages closed corporate communities that resented infringements of local autonomy and resisted central authority, or were they communities open to trade, innovation, migration, and change? In Vanderwood's view, revolution split villages along many lines depending upon differences in status, wealth, landholding, and religion. Even if conditions were worsening and expectations rising in the years prior to the outbreak of violence, Vanderwood cautions against the acceptance of simple answers. For example, his own research on Chihuahua's well-known drought of 1907 indicates that the disaster was much more localized and of less regional significance than previous historians concluded. If so, unemployment and unrest attributed to crop failures might not provide clear links to the events of 1910. Having spent years doing fieldwork and archival research in Chihuahua (not to mention crashing a number of cars employed in fieldwork), it is not surprising that Vanderwood identified the need to reassess Mexican village life as one absolutely crucial element for the understanding of the Revolution.

If historians of the twentieth-century Mexican Revolution disagree about the *mentalidad* of peasant villagers and dispute about the nature and meaning of the events, then unraveling similar complexities for 1810 is even more difficult. Fewer domestic and foreign travelers reported the state and mood of the different Mexican regions. In the place of national and regional newspapers, government dispatches, diplomatic correspondence, travelers' accounts, personal archives, and constant communications by telegraph to provide grist for historians, those who study Independence have the *Gazeta de México*, a few other official publications, some insurgent propaganda, and a great deal of subjective reporting by royalist bureaucrats. To confuse matters further, contemporary historians such as Lucas Alamán, Carlos María Bustamante, José María Luis Mora, and Lorenzo de Zavala had axes to grind and philosophical positions to defend. Mexican historians of the nineteenth century saw the Independence period as the birthing of a new nation. They created heroes such as curas Miguel Hidalgo and José María Morelos and evil devils such as Félix Calleja and José de la Cruz. An official history of Independence emerged to obscure the complex events of a decade of warfare, insurgency, and national fragmentation. Following the twentieth-century Mexican Revolution, historians—some who might be better described as cynical propagandists with legends to build—composed panegyrics praising such leaders as Francisco Villa and Emiliano Zapata and blackened a new group of enemies of the Mexican nation.

While oral history is still theoretically possible for 1910–1920 and certainly for subsequent decades, all memory of Independence has been erased. Vanderwood's question—"What caused them to rebel?"—is difficult enough for 1910 and even more so for 1810. There are similarities stemming from the weakness of the colonial state following the capture of the Spanish king in 1808 and the conflicts within the Mexican elites that occurred prior to 1910 as the regime of Porfirio Díaz aged in office and encountered growing opposition. In both periods, Mexicans from different regional bases resisted the elites and controls from the center—whether from Mexico City and Madrid or simply from Mexico City. There were strong metropolitan pulls from the center competing against dynamic regional interests. In the Independence period, it was the Bajío provinces, Jalisco, Veracruz, and other regions that produced leaders and movements opposed to domination from Mexico City. By the twentieth century, new developing peripheral regions in the north, linked to the capital by the recently constructed railroad and telegraph networks, became centers of opposition to metropolitan controls. As Romana Falcón illustrated for the period leading up to 1910, the Madero clan of Coahuila engaged in a lengthy struggle for power with other regional clans and with the national power structure to control agriculture, stockraising, commerce, mining, smelting, textile manufacturing, and other enterprises. The struggle for local hegemony by Evaristo Madero went on for much of the Porfiriato. While the Madero family prospered economically and pressed for political power, it confronted an arbitrary and unresponsive regime that lost its flexibility to accept political change and failed to meet modern challenges. Some more traditional regions emerged as *focos* of insurgency in the 1810–1821 period, maintained opposition to central power throughout the nineteenth century, and joined the *serrano* rebellions of 1910 discussed by Alan Knight.[4] Indeed, for some regions the movements described by Knight in *The Mexican Revolution* seem to have been near carbon copies of what occurred in the same general mountain zones between 1811 and 1821.

Allowing for minor differences, the grievances of the mountainous Dirección del Sur (today's Guerrero state plus other territory), Veracruz, and Jalisco produced rebellions in the Independence period and again after 1910. Bandits and minor law breakers became the "guerrilla-bandits" or "bandit-rebels" who were the forerunners of Pancho Villa.[5] Indeed, the struggles for land, water resources, dominance over commercial routes, and control over mountainous districts produced many colorful leaders in the Independence period. Some of these chiefs managed to dominate their territories for years and when necessary to change sides in order to accept royalist amnesties. Given the duration of the struggle and the primitive state of transportation,

---

[4] Knight, *Mexican Revolution*, I, 6, 115–127.

[5] See Christon I. Archer, "Banditry and Revolution in New Spain, 1790–1821," *Biblioteca Americana* 1:2 (November 1982), 59–89; Paul J. Vanderwood, "Nineteenth Century Mexico's Profiteering Bandits," in Richard W. Slatta, ed., *Bandidos: The Varieties of Latin American Banditry* (New York, 1987), 14; and Knight, *Mexican Revolution*, I, 123.

communications, and weapons systems, one might identify Vicente Guerrero, Gordiano Guzmán, Pedro Ascencio, Guadalupe Victoria, José Francisco Osorno, and a host of other regional leaders who blended insurgency and outright banditry. In many respects, they were no different than Villa and most were as much bound by their own provincial loyalties and *patrias chicas* as Emiliano Zapata. Employing their family and clan connections, they took advantage of the breakdown of central power to gain status, accumulate lands, grab resources from absentee owners, and reward their provincial followers. Even on the royalist side, one can identify many leaders who used the anarchy and disruption of the war to develop their own bases of power. As a young royalist officer, Antonio López de Santa Anna broke military regulations, worked outside of the law, confiscated resources, and redistributed lands to his followers in Veracruz. With agricultural land under his control, Santa Anna resettled communities of amnestied insurgents who repaid him later with their loyalty.

Gilbert Joseph and Allen Wells point out other aspects of the complex relationships between the center and the periphery. While there were definite limits upon the ability of Porfirio Díaz to manipulate the cliques in Mérida, linkages in the 1890s with metropolitan factions led by the technocrat José Yves Limantour (the *científicos*) and the followers of generals Manuel González and then Bernardo Reyes compare with similar themes discussed by Falcón for Coahuila and by Mark Wasserman for Chihuahua in the 1930s. There were spontaneous uprisings in the isolated southeastern region of Yucatán, but the Mexican Revolution did not topple the traditional oligarchy. The relationships of Coahuila and Yucatán with the capital contrast with that of the State of Mexico where Governor José Vicente Villada managed to dominate factional politics. As Ricardo Avila underscores, Villada achieved success as an administrative reformer and economic planner. With increased funds available, he constructed hospitals, offered medical care facilities, and introduced building programs in the areas of urban lighting, electrification, and the development of potable water systems. While there were similar projects in other states—Joseph and Wells stress these themes for Yucatán—Villada managed to generate sufficient state income to promote industry and especially to expand education. Avila pointed out the differences between the State of Mexico with its proximity to the capital and other regions that did not receive the same level of attention during the Porfiriato. In this regard, there are a number of interesting parallels with the Independence period. Districts of the Intendancy of Mexico with proximity to the capital were not fertile ground for rebellion or revolutionary activities. While there was some violence committed by small guerrilla bands, the unrest did not approach levels reached in more isolated regions. Many people of the capital and surrounding districts were either relatively content or frightened into submission by perceived dangers of anarchy from the provincial insurgents. Among elite groups such as university students, Javier Garcíadiego identified basic differences in attitudes toward revolution between those from the provinces and those who came from Mexico City. Students from the capital who enjoyed the best of conditions under Díaz feared that revolution would be followed by a return to the anarchy of the past.

Of considerable interest and significance, Avila stressed the complex role of the *jefes políticos* as a subject requiring attention and reinterpretation. Indeed, Vanderwood, Joseph and Wells, and Falcón offered different perspectives about the role of these figures during the Porfirian regime. Avila pointed out the linkages between the jefes políticos and the *corregidores* of the Colonial era. In order to better understand governance and the failures of the political administrations for both periods, it is useful to compare the regimes of the provincial intendants and district *subdelegados* with the state governors and jefes políticos of Porfirian Mexico. It is Avila's view that a good Porfirian governor such as Villada who was honest, moral, and "todopoderoso en su estado" appointed jefes políticos who would reflect the positive attributes of their mentors. To guarantee their continued dedication and enthusiasm, Villada transferred his subordinates regularly and used *visitadores* to watch over their activities. Indeed, Avila attacks the widespread view that these officials were a universal evil of the Porfiriato. For Yucatán, Joseph and Wells stressed the unpopularity of the jefes políticos who engaged in a variety of roles as money lenders, merchants, real estate agents, and license agents. Most of these officials dispensed patronage, administered the hated *leva*, and seem to have accepted bribes. Vanderwood notes the complexity of the office and examines changes that took place with the coming of the Mexican Revolution.

Regional differences and other factors underscore the dangers of overgeneralization in explaining the roots of revolution or rebellion. However, there are interesting comparisons that can be made between the Porfirian bureaucracy and that of the late colonial Bourbon regime. Many of the positive attributes mentioned for Villada's jefes políticos of the State of Mexico can be found in the best Bourbon intendants and their subdelegados. At the same time, the corruption, illegal mercantile activities, and abuses of military recruitment of the jefes políticos that caused unrest may be found in the activities of many Bourbon subdelegados and district administrators. Luis Navarro García described the subdelegados as "los pies de barro del sistema."[6] In some respects, the Porfirian jefes políticos of Mexican peripheral regions played similar roles.

---

[6] Luis Navarro García, *Intendencia en indias* (Sevilla, 1959), 108. For detailed examination of the activities of the subdelegados, see Brian R. Hamnett, *Politics and Trade in Southern Mexico, 1750–1821* (Cambridge, 1971).

John Hart stresses the negative impact of United States and overseas investments in mining, petroleum, agriculture, livestock, forestry, and other industries. The result was foreign domination of the countryside and displacement of the rural population. Hart notes linkages between capitalization of the countryside and peasant revolts from the 1860s to the 1880s. In the 1890s, popular uprisings at places such as Papantla occurred following surveys connected with the development of foreign-owned projects.[7] While Hart and other historians are correct about the violence, Papantla had a lengthy tradition of spontaneous rebellions and riots when outside forces intruded upon the community. In the 1780s, for example, residents of Papantla rose up in a ferocious response to perceived abuses by the *alcalde mayor*. To restore peace, regular troops had to be sent from Veracruz. Throughout the Independence period, residents of Papantla participated in insurgent activity connected with banditry, contraband trading, and resistance to absentee landholders.[8] These were local issues that may or may not have been connected to the more general cause of Mexican independence.

Despite the importance of foreign investment and United States dominance over Mexico by 1910, it is difficult to accept Hart's description of the Revolution as "one of the first wars of national liberation in the twentieth century." As in the Independence era, people fought for a complex variety of reasons. The great majority of casualties were Mexican nationals, not foreigners. Indeed, Hart lists only 270 Americans killed. Alan Knight has deflected attention away from the war against foreigners. He noted that the new image builders of the Revolution glorified Indian culture and continued to identify the old enemy—the evil Spaniards or *gachupines*—as major subjects of abhorrence. In this respect, national myth makers chose to dust off the old bogey men of the Independence period rather than to create a new one.

Hart's ideas on Mexican wars of national liberation might be pushed back and applied to some aspects of the Independence period. There was real hatred of the evil gachupines and many insurgent leaders expressed ideas about the creation of a new Mexican nation. Even so, probably the majority of those who fought the royalists during Independence were much more concerned with regional and local issues. Moreover, after years of combat, many men knew no other way of life than that of the soldier and bandit. Knight described the Mexican Revolution as "less a revolution than a collection of intertwined revolutions."

The role of foreigners, particularly United States investors, politicians,

---

[7] Hart, *Revolutionary Mexico*, 360; Tutino, *From Insurrection to Revolution*, 290; Vanderwood, *Disorder and Progress*, 90; and Leticia Reina, *Las rebeliones campesinas en México, 1819-1906* (Mexico, 1980), 359.

[8] Christon I. Archer, *The Army in Bourbon Mexico, 1760-1810* (Albuquerque, 1977), 94–96.

and other observers, did not intrude upon the Independence decade. Mines could be flooded, property and goods confiscated, towns destroyed, and whole provinces ravaged without international investors running to their governments with demands for special protection, indemnities for lost property, or even military intervention. This was not the case after 1910. Diplomatic missions, demands for an end to hostilities, negotiations with the leaders of different Mexican factions, and even United States military intervention made revolution even more complex than it had been in 1810. While Mexico suffered severe economic and social damage, foreigners expressed more concerns to protect their investments than to halt human carnage. As Linda Hall noted, United States observers were anxious to avoid negative ramifications from the 1917 Constitution and to force Mexico to renew payments on foreign debts. More practical border merchants simply wanted to restore regularized commercial connections. No matter where they wished to take their revolution, Mexican leaders had to consider the United States. As Rosalie Evans was told in 1924, "Obregón will fall and the United States will see their danger in establishing Russia, little Russia, on their frontiers."[9]

In both the Independence period and the Mexican Revolution, many participants were reactionaries at heart rather than revolutionaries. Villagers fought to protect their lands against modern estate agriculture and to turn the clock back to a time of subsistence farming. Small merchants, shop-keepers, innkeepers, muleteers, and minor functionaries viewed revolution as a means to attain social and economic benefits that were closed to them in normal times. These "hingemen" or "linking agents" served to mobilize the populace and to join forces with wider regional and national insurrections. But to achieve any success, the rebellions of Miguel Hidalgo and Francisco Madero required weakness and inaction from the regime in Mexico City. In 1810, the army of New Spain was not prepared to suppress rebellion. While many of the best regular and militia units were mobilized, the soldiers stared out to sea from Jalapa and Orizaba awaiting a British or French invasion that never came. By the time they turned to crush Hidalgo's multitudes, rebellion had spread to launch a decade of insurrection and guerrilla warfare. In 1910, the small Mexican federal army lacked the numbers or the system to deal with large-scale rebellion. With many centers of insurgency and rebels armed from the United States, the military lacked the manpower or will for a fight to the death. In both cases, the revolutions fragmented what had been centralized regimes and left the regions and their leaders with the task of putting together a national government.

The essays in this volume build upon the outstanding work of scholars during the 1980s. While we know much more about both Independence and

[9]Daisy Caden Pettus, ed., *The Rosalie Evans Letters from Mexico* (Indianapolis, 1926), 284.

the Mexican Revolution, there is ample room for new research. Paul Vander-wood must have some magnum opus forthcoming on Tomochic, and Virginia Guedea, Eric Van Young, and Jaime Rodríguez are completing major books on the Independence period.[10] For my own part, I wish to beg for additional time. What made them rebel? Were there changes in mentalidad? Was it rebellion or revolution? Oh for Gruening's day when the soil could sprout revolution without the pains of empirical research.

[10] Virginia Guedea has just completed a book manuscript titled ''En busca de un gobierno alterno: los Guadalupes de México'' (Mexico, 1989).

Bibliography

Archives and Special Collections

Archivo General del Estado de Coahuila de Zaragoza

Archivo General del Estado de México, Toluca, México
Ramo Revolución Mexicana

Archivo General del Estado de Yucatán, Mérida, Yucatán
Ramo de Justicia

Archivo General de la Nación Mexicana, México D.F.
Fondo Gobernación, Período Revolucionario; Fondo Instrucción Pública y Bellas
Artes; Ramo Gobernación; Ramo Presidentes, Pascual Ortiz Rubio

Archivo Histórico del Gobierno del Estado de Sonora, Hermosillo, Sonora

Archivo Histórico de Sonora, Hermosillo, Sonora

Archivo Histórico de la Universidad Nacional Autónoma de México, México D.F.
Fondo Ezequiel A. Chávez, Ramo Universidad; Fondo Universidad, Ramo Rectoría

Archivo Municipal del Archivo del O'Campo
Documentos de la Presidencia Municipal

Archivo Municipal del Distrito de Guerrero, Chihuahua

Baker Library, Harvard University, Cambridge, Massachusetts
Thomas W. Lamont Papers

Bancroft Library, University of California, Berkeley
William Randolph Hearst, Phoebe Hearst Collection

Centro de Estudios de Historia de México, México D.F.
Fondo D.L.I.; Carranza Papers

Fernando Torreblanca Archive
Alvaro Obregón Papers; De la Huerta Papers

Instituto Nacional de Antropología e Historia, México D.F.
Archivo Francisco I. Madero

Instituto Nacional de Estudios Históricos de la Revolución Mexicana, México D.F.
Fondo Silvino M. González

Library of Congress, Washington, D.C.
Bonsal Papers; General Hugh L. Scott Papers

Morris Library, Southern Illinois University, Carbondale, Illinois
Archivo Francisco Vázquez Gómez

Notarial Archive, Chihuahua, Protocolos, Namiquipa, 1896–1919

United States National Archives, Washington, D.C.
Records of the Department of State, Lee R. Blohm, "Labor Notes from Chihuahua, Mexico," "The Labor Set-Up in Chihuahua"; William P. Blocker, "Political Conditions in Ciudad Juárez"; Internal Affairs of Mexico, U.S. Naval Report, Acapulco, November 1915; American Consulate Ciudad Juárez, William J. McCarthy, "Political Conditions in Chihuahua in August, 1929"; "Mexican Political and Revolutionary Movements"; "Mexico: Political, State Elections"; "Political Conditions in Chihuahua, August 1935"; "Report of the Chief of the Weather Service, 1900, 1908, 1909"; F. H. Styles, "Political Conditions in Chihuahua, May 1930, July 1931, November 1931."

Universidad Iberoamérica, México D.F.
Archivo Porfirio Díaz

University of Texas Library, Austin, Benson Latin American Collection
U.S.–Mexico Mixed Claims Commission Report, North-West Railroad Papers

University of Texas Library, El Paso
Special Collections, Marcelo Caraveo, "Memorias del General Marcelo Caraveo"

Washington National Records Center, Suitland, Maryland
U.S.–Mexico Mixed Claims Commission

Periodicals

El Abogado Cristiano, 1913–1915

La Actualidad, 1911

Boletín de Educación

Boletín de Instrucción Pública

Boletín de la Universidad

El Clarín, 1895

El Coahuilense, 1887

El Constitucionalista, 1916

El Continental, 1929–1931

La Convención, 1915

El Correo de Chihuahua, 1930

El Correo Español, 1910–1914

El Demócrata, 1915–1919

El Diario, 1912

Diario de Hogar, 1893

Diario Yucateco, 1911

Excélsior, 1919–1920

El Hijo del Ahuizote

El Imparcial, 1910–1914

El Liberal, 1914

Mexican Herald, 1907–1910

El Monitor, 1914

New York Evening Telegram, 1921

New York Times, 1922

Nueva Era, 1912

El Padre Clarencia, 1906

El País, 1909–1914

El Paladín

El Paso Herald

El Paso Times, 1931–1972

La Patria, 1910

Periódico Oficial, 1880

El Pueblo, 1915–1917

El Renovador, 1915

La Revista de Mérida, 1911

La Revista de Yucatán, 1914

Revista Mexicana, 1917

San Antonio Light

Siglo XIX, 1893

Los Sucesos, 1915

El Universal, 1917–1920

El Xinantecatl, 1897

Printed Sources

Acuña Corbala, Manuel. *Alamos de Sonora*. Mexico, 1977.

Adame Goddard, Jorge. *El pensamiento político y social de los católicos mexicanos, 1897–1914*. Mexico, 1981.

Aguilar, José Angel. *La Revolución en el Estado de México*. Mexico, 1976.

Aguilar Camín, Héctor. *Frontera nómada: Sonora y la Revolución Mexicana*. Mexico, 1977.

———. "La insurrección maderista en Sonora. *Memoria*, I Simposio de Historia de Sonora, 1975.

Aguirre Benavides, Adrián. *Madero el inmaculado: historia de la Revolución de 1910*. Mexico, 1962.

Agulhon, Maurice. *The Republic in the Village*. Cambridge, 1982.

Alanis, José Luis. "Relación de autoridades sobresalientes de Toluca de 1830 a 1980." In *Sumaria Tolucense*. Toluca, 1980.

Alanís, Rodolfo. "Amatepec en 1826: noticias estadísticas." *Boletín del Archivo General del Estado de México* 9 (September–December 1981), 13.

Alesio Robles, Miguel. *Mi generación y mi época*. Mexico, 1949.

Alexius, Robert M. "The Army and Politics in Porfirian Mexico." Ph.D. diss., University of Texas at Austin, 1976.

Almada, Francisco R. *Diccionario de historia, geografía, y biografía chihuahuenses*. 2d ed. Chihuahua, 1968.

———. *Diccionario de historia, geografía y biografías sonorenses*. Sonora, 1983.

———. *La rebelión de Tomochic*. Chihuahua, 1938.

———. *La Revolución en el Estado de Sonora*. Mexico, 1971.

Alperóvich, M.S., and B. Rudenko. *La Revolución Mexicana de 1910–17 y la política de los Estados Unidos*. Mexico, 1973.

Alvarado, Salvador. *La reconstrucción de México*. 3 vols. Mexico, 1919.

Amparos promovidos por diversos fabricantes del país por contribuciones a las fábricas de hilados y tejidos. Saltillo, 1 de agosto de 1879, s.p.i.

Anderson, Rodney D. *Outcasts in Their Own Land: Mexican Industrial Workers, 1906–1911*. DeKalb, 1976.

Ankerson, Dudley. *Agrarian Warlord*. DeKalb, 1984.

Aragon Leyva, Agustín. *La vida tormentosa y romántica del general Adolfo León Osorio y Agüero*. Mexico, 1962.

Archer, Christon I. *The Army in Bourbon Mexico, 1760–1810*. Albuquerque, 1977.

———. "Banditry and Revolution in New Spain, 1790–1821." *Biblioteca Americana* 1:2 (November 1982), 59–89.

———. " 'La Causa Buena': The Counterinsurgency Army of New Spain and the Ten Years' War." In Jaime E. Rodríguez O., ed., *The Independence of Mexico and the Creation of the New Nation*, 85–108. Los Angeles, 1989.

Arenal, Jaime del. "La fundación de la Escuela Libre de Derecho." *Revista de Investigaciones Jurídicas* 11 (1988), 555–805.

———. "Vasconcelos, Herrera y Lasso y la Escuela Libre de Derecho." *Revista de Investigaciones Jurídicas* 9 (1985), 71–102.

Arizpe, Lourdes. *Migración, etnicismo y cambio económico*. Mexico, 1978.

Ashby, Joe C. *Organized Labor and the Mexican Revolution under Cárdenas*. Chapel Hill, 1976.

Avila, Ricardo. "Los jefes políticos en el Estado de México: etapa porfirista." *Boletín del Archivo General* 1 (January–June 1983), 11.

Barragán Barragán, José. *Introducción al federalismo (La formación de los poderes en 1824)*. Mexico, 1978.

Barrero García, Ana María. "La materia administrativa y su gestión en las Ordenanzas de Intendentes de América." *Anuario Histórico Jurídico Ecuatoriano* 6 (1980), 113–133.

Bastian, Jean-Pierre. "Protestantismo y política en México." *Revista Mexicana de Sociología* 43 (1981), 1956–1962.

Bazant, Mílada. "La República restaurada y el Porfiriato." *Historia de las profesiones en México*. Mexico, 1982.

Beals, Carleton. *Mexican Maze*. Philadelphia, 1931.

Becker, Marjorie. "Lázaro Cárdenas, Cultural Cartographers and the Limits of Everyday Resistance in Michoacán, 1934–1940." Paper presented at the 46th International Congress of Americanists, Amsterdam, July 1988.

Beezley, William H. *Judas at the Jockey Club and Other Episodes of Porfirian Mexico*. Lincoln, 1987.

———. "Madero: The 'Unknown' President and His Political Failure to Organize Rural Mexico." In George Wolfskill and Douglas W. Richmond, eds., *Essays on the Mexican Revolution: Revisionist Views of the Leaders*, 4–5. Austin, 1979.

———. "In Search of Everyday Mexicans in the Revolution." *Revista Interamericana de Bibliografía* 38:3 (1983), 366–382.

Betancourt Pérez, Antonio. *La problemática social: ¿Primera chispa de la Revolución mexicana?* Mérida, 1983.

Bethell, Leslie, ed. *The Cambridge History of Latin America*, vol. 5. Cambridge, 1986.

Bois, Paul. *Paysans de l'Ouest*. Paris, 1975.

Borah, Woodrow, coordinador. *El gobierno provincial en la Nueva España*. Mexico, 1985.

———. *El juzgado general de indios en la Nueva España*. Mexico, 1985.

Boyd, Consuelo. "Twenty Years to Nogales: The Building of the Guaymas–Nogales Railroad." *The Journal of Arizona History* 22 (1981).

Brading, D. A., ed. *Caudillo and Peasant in the Mexican Revolution*. Cambridge, 1980.

Bravo Lira, Bernardino. "Oficio y oficina, dos etapas en la historia del Estado Moderno." *Anuario Histórico-Jurídico Ecuatoriano* 5 (1979), 241–265.

Brenner, Anita. "Baladas mexicanas." *Mexican Folkways* 1 (1926), 15.

Burton, Julianne, and Jean Franco. "Culture and Imperialism." *Latin American Perspectives* 16 (1978), 2–12.

Buve, Raymond T. "Jefes menores de la Revolución mexicana, y los primeros avances en la consolidación del Estado nacional: el caso de Tlaxcala (1910–1920)." Ms., 1985.

———. "Peasant Movements, Caudillos and Land Reform during the Revolution (1910–1917) in Tlaxcala, Mexico." *Boletín de Estudios Latinoamericanos y del Caribe* 18 (June 1975), 112–152.

———. "State Governors and Peasant Mobilization in Tlaxcala." In D. A. Brading, ed., *Caudillo and Peasant in the Mexican Revolution*, 222–244. Cambridge, 1980.

Calzadíaz Barrera, Alberto. *El Gral. Ignacio L. Pesqueira . . . y surgen Obregón y Calles*. Mexico, 1973.

Cancian, Frank. *Economics and Prestige in a Maya Community*. Stanford, 1965.

Carr, Barry. "The Casa del Obrero Mundial, Constitutionalism and the Pact of February 1915." In Elsa Cecilia Frost et al., eds., *El trabajo y los trabajadores en la historia de México*, 603–632. Mexico and Los Angeles, 1979.

———. "Las peculiaridades del Norte Mexicano, 1880–1927: ensayo de interpretación." *Historia Mexicana* 22 (1972–1973).

———. "Recent Regional Studies of the Mexican Revolution." *Latin American Research Review* 15:1 (1980), 3–14.

Carr, Barry, ed. *The Mexican Left, the Popular Movements, and the Politics of Austerity*. San Diego, 1986.

Carr, Raymond. "How Franco Made It." *New York Review of Books* 35:1 (February 4, 1988), 26.

Carrasco, Pedro, et al. *La sociedad indígena en el centro y occidente de México*. Zamora, Michoacán, 1986.

Castillo Nájera, Francisco. "Prólogo," in Alfonso G. Alarcón, *Burla, burlando . . . Anales epigramáticos del grupo de delegados al primer Congreso Nacional de Estudiantes*. Mexico, 1951.

Censer, Jack R. "The Coming of a New Interpretation of the French Revolution." *Journal of Social History* (Winter 1987), 289–309.

Cerutti, Mario. "Militares, terratenientes y empresarios en el noroeste de México durante el porfiriato." *Argumentos* (Revista de la UAM Xochimilco) 1 (June 1987).

Chacón, Ramón. "Yucatán and the Mexican Revolution: The Pre-Constitutional Years, 1910–1918." Ph.D. diss., Stanford University, 1981.

Cobban, Alfred. *Aspects of the French Revolution*. New York, 1970.

———. *The Social Interpretation of the French Revolution*. Cambridge, 1964.

Cockroft, James. *Intellectual Precursors of the Mexican Revolution*. Austin, 1968.

Cohen, Calman J. "Beyond the Pathological Approach to Mexican Family Research: A Study of Authority Relations in Family and Polity." In James W. Wilkie, Michael C. Meyer, and Edna Monzón de Wilkie, eds., *Contemporary Mexico: Papers of the IV International Congress of Mexican History*. Berkeley and Mexico, 1976.

Coing, Helmut. *Las tareas del historiador del derecho (Reflexiones metodológicas)*. Traducción de Antonio Merchán. Sevilla, 1977.

Constant, Benjamín. *Curso de Política Constitucional escrito por Mr . . . , traducido libremente al español por D. Marcial Antonio López*. 3 vols. Burdeos, 1821.

Córdova, Arnaldo. *La ideología de la revolución mexicana*. Mexico, 1973.

———. *En una época de crisis, 1928–1934*. Mexico, 1981.

Cornelius, Wayne A. "A Structural Analysis of Urban Caciquismo in Mexico." *Urban Anthropology* 1 (1972), 234–261.

Cosío Villegas, Daniel. *Historia moderna de México: el porfiriato, vida política interior.* Part Two. Mexico, 1972.

———. *Memorias.* Mexico, 1976.

Covarrubias, Miguel. *El sur de México.* Mexico, 1980.

Craig, Ann L. *The First Agraristas: An Oral History of a Mexican Agrarian Reform Movement.* Berkeley, 1983.

Cruz Carbajal Bello, María. "Estudio introductorio del catálogo de documentos—cartas de la colección Porfirio Díaz. Enero–marzo 1889, con respecto al estado de Coahuila." Tesis de licenciatura in history, Universidad Iberoamericana, 1985.

Cumberland, Charles. *Madero y la Revolución mexicana.* Mexico, 1977.

Davies, James C. "The J-Curve of Rising and Declining Satisfactions as a Cause of Revolution and Rebellion." In Hugh D. Graham and Ted R. Gurr, eds., *Violence in America: Historical and Comparative Perspectives.* Beverly Hills, 1974.

Dávila, Francisco. *Sonora, histórico y descriptivo.* Nogales, Arizona, 1884.

Deeds, Susan M. "Jesús María Maytorena and the Mexican Revolution." *Arizona and the West* 18 (1976).

Dennis, Philip Adams. *Conflictos por tierras en el valle de Oaxaca.* Mexico, 1976.

Díaz y de Ovando, Clementina. *La Escuela Nacional Preparatoria, los afanes y los días.* 2 vols. Mexico, 1972.

Dulles, John W. F. *Yesterday in Mexico.* Austin, 1961.

Escobaza Gámez, Gilberto. "El ferrocarril del Pacífico." *Memoria*, VIII Simposio de Historia de Sonora, 1982.

Fabela, Isidro. *Mis memorias de la Revolución.* Mexico, 1977.

Falcón, Romana. "Logros y límites de la centralización porfirista. Coahuila vista de arriva." In Anne Staples, Carmen Blánquez, Gustavo Verduzco, and Romana Falcón, *El dominio de las minorías. República restaurada y porfiriato.* Mexico, 1989, 95–137.

———. "La desaparición de jefes políticos en Coahuila: una paradoja porfirista." *Historia Mexicana* 37:3 (January–March 1988), 423–467.

———. " 'Knight' Revolution: un regreso apasionado." *Nexos* (April 1987), 67.

———. *Revolución y caciquismo: San Luis Potosí, 1910-1938.* Mexico, 1984.

Farriss, Nancy M. *Crown and Clergy in Colonial Mexico, 1759-1821: The Crisis of Ecclesiastical Privilege.* London, 1968.

———. *Maya Society under Colonial Rule: The Collective Enterprise of Survival.* Princeton, 1984.

Fernández del Castillo, Germán. "Noticias históricas sobre la Escuela Libre de Derecho: orígenes y fundación." *Revista Jurídica* 4 (January–June 1928).

Fernández McGregor, Genaro. *El río de mi sangre. Memorias.* Mexico, 1969.

Fontana, Josef. *La quiebra de la monarquía absoluta, 1814–1820: la crisis del antiguo régimen en España*. 4th ed. Barcelona, 1983.

Franco, María Teresa, ed. *Memorias del Simposio de Historiografía Mexicanista*. Mexico, in press.

French, William E. "The Business of Revolution: Foreign Mining Companies and Mexico, 1900–1920." Paper presented at the meeting of the Southwestern Historical Association, Dallas, March 1987.

Friedlander, Judith. *Being Indian in Hueyapán*. New York, 1975.

———. "The Socialization of the Cargo System: An Example from Post-Revolutionary Mexico." *Latin American Research Review* 16 (1981), 132–144.

Friedrich, Paul. *The Princes of Naranja*. Austin, 1986.

Frost, Elsa Cecilia, Michael C. Meyer, and Josefina Zoraida Vázquez, eds. *El trabajo y los trabajadores en la historia de México*. Mexico and Los Angeles, 1979.

Furet, François. *Interpreting the French Revolution*. Cambridge, 1981.

———. *Penser la Révolution Française*. Paris, 1978.

García-Gallo, Alfonso. "La división de las competencias administrativas en España en la Edad Moderna." Offprint from *Actas del II Symposium: Historia de la Administración*.

García Naranjo, Nemesio. *Memorias*. 10 vols. Monterrey, 1956–1963.

García Pelayo, Manuel. *Las transformaciones del Estado contemporáneo*. 2d ed. Madrid, 1985.

Garza, Luis Alberto de la. "Algunos problemas en torno a la formación del Estado mexicano en el siglo XIX." *Estudios Políticos* 2:2 (April–June 1983), 15–26.

Garza Treviño, Circo de la. *La Revolución Mexicana en el estado de Tamaulipas*. 2 vols. Mexico, 1973–1975.

Gavira, Gabriel. *General de Brigada Gabriel Gavira: su actuación político-militar revolucionaria*. Mexico, 1933.

Genovese, Eugene D. *From Rebellion to Revolution: Afro-American Slave Revolts in the Making of the New World*. Baton Rouge, 1979.

———. *Roll, Jordan, Roll: The World the Slaves Made*. New York, 1972.

Gimate-Welsh, Adrián, and Enrique Marroquín. *Lenguaje, ideología y clases sociales: las vecindades de Puebla*. Puebla, 1985.

Gómez, Marte R. *Las Comisiones Agrarias del Sur*. Mexico, 1961.

———. *La reforma agraria en las filas villistas*. Mexico, 1966.

González, Luis. *Historia de la Revolución Mexicana, período 1934–1940: los artífices del cardenismo*. Mexico, 1979.

———. *Pueblo en vilo, microhistoria de San José de Gracia*. 3d ed. Mexico, 1979.

González, María del Refugio. "Historia del derecho mexicano." In *Introducción al derecho mexicano*. Vol. 1. Mexico, 1981.

———. "La intervención del Estado en la economía y la sociedad: una propuesta de interpretación." *Mexican Studies/Estudios Mexicanos* 5:1 (Winter 1989), 25–68.

———. "Supremacía del Estado sobre las Iglesias." In *Derechos del pueblo mexicano: México a través de sus constituciones*. 3d ed. Mexico, 1985.

González Alonso, Benjamín. *Gobernación y gobernadores: notas sobre la administración de Castilla en el período de formación del Estado moderno*. Madrid, 1974.

González Casanova, Pablo. *La democracia en México*. Mexico, 1965.

———. *Democracy in Mexico*. New York, 1970.

González Casanova, Pablo, ed., *La clase obrera en la historia de México*. 17 vols. Mexico, 1980–1981.

González Navarrete, Ifigenia. *La distribución del ingreso y desarrollo económico de México*. Mexico, 1960.

González Navarro, Moisés. "La guerra y la paz, o un nuevo francés a la derecha mexicana." *Secuencia* (January–April 1987), 57–69.

González Ramírez, Manuel. *Recuerdos de un preparatorio de siempre*. Mexico, 1982.

Gracia García, Guadalupe. *El servicio médico durante la Revolución mexicana*. Mexico, 1982.

Greenberg, James B. *Santiago's Sword: Chatino Peasant Religion and Economics*. Berkeley, 1981.

Greene, Graham. *Another Mexico*. New York, 1939.

Gruening, Ernest. *Mexico and Its Heritage*. New York, 1928.

Guedea, Virginia. "En busca de un gobierno alterno: los Guadalupes de México." Mexico, 1989. Manuscript.

———. "Los Guadalupes de México." *Relaciones. Estudios de Historia y Sociedad* 23 (1985), 71–91.

———. "The Historiography of Independence." Paper presented at the University of Calgary's Mexico Week, March 21–26, 1988.

———. "Las sociedades secretas durante el movimiento de independencia." In Jaime E. Rodríguez O., ed., *The Independence of Mexico and the Creation of the New Nation*, 45–62. Los Angeles, 1989.

Guerra, François-Xavier. *Le Mexique: De l'Ancien Régime à la Révolution*. 2 vols. Paris, 1985.

———. *México: del antiguo régimen a la Revolución*. 2 vols. Mexico, 1988.

———. "Politique locale et clientèles au Mexique a la veille de la Révolution." In *Mélanges de la Casa Velázquez*. Paris, 1975.

Guzmán Esparza, Roberto. *Memorias de don Adolfo de la Huerta*. Mexico, 1957.

Haber, Stephen H. *Industry and Underdevelopment: The Industrialization of Mexico, 1890–1940*. Stanford, 1989.

Hall, Anthony L. *Drought and Irrigation in North-East Brazil*. Cambridge, 1978.

Hall, Linda B. "Independence and Revolution: Continuities and Discontinuities." In Jaime E. Rodríguez O., ed., *The Independence of Mexico and the Creation of the New Nation*, 323–329. Los Angeles, 1989.

Hamill, Jr., Hugh M. *The Hidalgo Revolt: Prelude to Mexican Independence*. Gainesville, 1966.

———. "Was the Mexican Independence Movement a Revolution?" In *Dos revoluciones: México y los Estados Unidos*, 43–61. Mexico, 1976.

Hamilton, Nora. *The Limits of State Autonomy: Post-Revolutionary Mexico*. Princeton, 1982.

Hamnett, Brian R. *Politics and Trade in Southern Mexico, 1750–1821*. Cambridge, 1971.

———. *Roots of Insurgency: Mexican Regions, 1750–1824*. Cambridge, 1986.

Harnecker, Marta. *Estudiantes, cristianos e indígenas en la Revolución*. Mexico, 1987.

Hart, John M. *Revolutionary Mexico: The Coming and Process of the Mexican Revolution*. Berkeley, 1987.

Hayner, Norman. *New Patterns in Old Mexico*. New Haven, 1966.

Heliodoro López, José. *Apuntes sobre la Revolución en Tenancingo, Estado de México*. Mexico, 1944.

Henríquez Ureña, Pedro. *Epistolario íntimo con Alfonso Reyes, 1906–1946*. Edited by Juan Jacobo de Lara. 2 vols. Santo Domingo, 1981.

Hera, Alberto de la. *El regalismo borbónico en su proyección indiana*. Madrid, 1963.

Hernández Chávez, Alicia. *La mecánica cardenista*. Vol. 16 of *Historia de la Revolución Mexicana*. Mexico, 1979.

———. "Militares y negocios en la Revolución mexicana." *Historia Mexicana* 134 (October–December 1984), 181–212.

Hernández Luna, Juan. *Ezequiel A. Chávez, impulsor de la educación mexicana*. Mexico, 1981.

Hershberger, Charles E. "The Death of Borunda Alcalde of Ciudad Juárez: Chihuahuan Politics during the 1930s." *Arizona and the West* 8 (Autumn 1966), 207–224.

Hinds, Jr., Harold E. "Kaliman: A Mexican Superhero." *Journal of Popular Culture* 13 (1979), 229–238.

Horcasitas, Fernando, trans. *De Porfirio Díaz a Zapata: memoria Náhuatl de Milpa Alta*. Mexico, 1974.

Hunt, Lynn. *Politics, Culture, and Class in the French Revolution*. Berkeley, 1984.

Huntington, Samuel. *Political Order in Changing Societies*. New Haven, 1969.

Huxley, Aldous. *Beyond the Mexique Bay*. Granada, England, 1985.

Iberri, Alfonso. *El viejo Guaymas*. Hermosillo, 1982.

Iturriaga, José E. *La estructura social y cultural de México*. Mexico, 1951.

Jacobs, Ian. *The Ranchero Revolt: The Mexican Revolution in Guerrero*. Austin, 1982.

Joseph, Gilbert M. *Revolution from Without: Yucatán, Mexico and the United States, 1880-1924.* Cambridge, 1982. Second edition, Durham, 1988.

———. "The United States, Feuding Elites, and Rural Revolt in Yucatan, 1836–1915." In Daniel Nugent, ed., *Rural Revolt and U.S. Intervention*, 167–197. La Jolla, 1988.

Joseph, Gilbert, and Allen Wells. "El monocultivo de henequen y sus contradicciones: estructura de dominación y formas de resistencia en haciendas yucatecas a fines del Porfiriato." *Siglo XIX* 3:6 (July–December 1988), 215–277.

———. "The Rough and Tumble Career of Pedro Crespo." In William Beezley and Judith Ewell, eds., *The Human Tradition in Twentieth-Century Latin America*, 27–40. Wilmington, Del., 1987.

———. "Verano de descontento, estaciones de sublevación: hacia un análisis de la política de élites y la rebelión rural in Yucatán, 1890-1915." In Othón Baños Ramírez, ed., *Sociedad, estructura agraria y estado en Yucatán*. Mexico, in press.

———. "Yucatán: Elite Politics and Rural Insurgency in a Period of Transition, 1897-1913." In Thomas Benjamin and Mark Wasserman, eds., *Provinces of the Revolution: Essays on Mexican Regional History, 1910-1929.* Albuquerque, in press.

Judt, Tom. " 'A Clown Regal Purple': Social History and Historians." *History Workshop* (1979), 66–94.

Kaplan, Samuel. *Combatimos la tiranía.* Translated by Jesús Amaya Topete. Mexico, 1985.

Katz, Friedrich. *The Secret War in Mexico: Europe, the United States, and the Mexican Revolution.* Chicago, 1981.

Katz, Friedrich, ed., *Riot, Rebellion and Revolution: Rural Social Conflict in Mexico.* Princeton, 1988.

Kautsky, John H. *Patterns of Modernizing Revolutions: Mexico and the Soviet Union.* Beverly Hills, 1975.

Kirshner, Alan M. *Tomás Garrido Canabal y el movimiento de las camisas rojas.* Mexico, 1976.

Knight, Alan. "Intellectuals in the Mexican Revolution." In Roderic A. Camp, Charles A. Hale, and Josefina Zoraida Vázquez, eds., *The State and Intellectual Life in Mexico.* Mexico and Los Angeles, in press.

———. "Interpretaciones recientes de la Revolución mexicana." In María Teresa Franco, ed., *Memorias del Simposio de Historiografía Mexicanista.* Mexico, in press.

———. *The Mexican Revolution.* 2 vols. Cambridge, 1986.

———. "The Mexican Revolution: Bourgeois? Nationalist? Or Just a 'Great Rebellion'?" *Bulletin of Latin American Studies* 4 (1985), 1–37.

———. "The Politics of the Expropriation, 1938." Paper presented at the Conference on the Mexican Petroleum Nationalization, University of Texas at Austin, February 1988.

———. "Racism, Revolution and *Indigenismo*: Mexico, 1910-1940." In press.

———. "Reviews." *Journal of Latin American Studies* 16:2 (1984), 525–526.

———. "The U.S. and the Mexican Peasantry, c. 1880–1940." Paper presented at the workshop "Rural Revolt, the Mexican State and the U.S.," Center for U.S.-Mexican Studies, University of California, San Diego, February 1987.

———. "The Working Class and the Mexican Revolution, c. 1900–1920." *Journal of Latin American Studies* 16 (1984), 65–66.

Koreck, María Teresa. "Social Organization and Land Tenure in a Revolutionary Community in Northern Mexico: Cuchillo Parado, Chihuahua, 1865–1910." Paper presented at the VII Conference of Mexican and United States Historians, Oaxaca, Mexico, October 22–26, 1985.

Krauze, Enrique. *Caudillos culturales en la Revolución mexicana.* Mexico, 1976.

———. *Entre el ángel y el fiero Francisco Villa.* Mexico, 1987.

———. *Francisco I. Madero: místico de la libertad. Biografía del poder.* Mexico, 1987.

———. *Reformar desde el origen: Plutarco E. Calles.* Mexico, 1987.

Ladd, Doris M. *The Mexican Nobility at Independence, 1780–1826.* Austin, 1976.

LaFrance, David. "Puebla: Breakdown of the Old Order." In Thomas Benjamin and William McNellie, eds., *Other Mexicos: Essays on Regional Mexican History, 1876–1911,* 77–106. Albuquerque, 1984.

Langston, Edward L. "The Impact of Prohibition on the Mexican–United States Border: The El Paso–Ciudad Juárez Case." Ph.D. diss., Texas Tech University, 1974.

Langston, William Stanley. "Coahuila in the Porfiriato, 1893–1911: A Study of Political Elites." Ph.D. diss., Tulane University, 1980.

Laski, Harold Joseph. *El estado moderno, sus instituciones políticas y económicas.* Translated by Teodoro González García. Barcelona, 1932.

Leal, Juan Felipe. "El estado y el bloque en el poder en México, 1867–1914." *Historia Mexicana* 23:4 (April–June 1974), 649–699.

León, Luis L. *Crónica del poder, en los recuerdos de un político en el México revolucionario.* Mexico, 1987.

Lerner, Victoria. *Historia de la revolución mexicana, período 1934–40.* Vol. 17, *La educación socialista.* Mexico, 1979.

Lewis, Oscar. *Five Families.* London, 1976.

Llaguno, José. *La personalidad jurídica del indio y el Tercer Concilio Provincial Mexicano (1585).* Mexico, 1963.

Lomnitz, Larissa. "Mechanisms of Articulation between Shantytown Settlers and Urban Systems." *Urban Anthropology* 7 (1979), 185–205.

López Austin, Alfredo, et al. "El estado político mexicano." *Historia Mexicana* 23:4 (April–June 1974).

Lustig, Nora. *Distribución del ingreso y crecimiento en México.* Mexico, 1981.

Mabry, Donald J. *The Mexican University and the State: Student Conflicts, 1910–1971.* College Station, 1982.

Macedo, Miguel S. "El municipio: los establecimientos penales. La asistencia pública." En *México, su evolución social.* 2 vols. Mexico, 1901.

MacGregor, Josefina. "La universidad y la Revolución." Mexico, 1986. Manuscript.

MacIver, R. M. *The Modern State.* London, 1966.

Macpherson, C. B. *La democracia liberal y su época.* Madrid, 1987.

Madrazo, Jorge. "La propiedad en la constitución." In *Derechos del pueblo mexicano: México a través de sus constituciones.* 3d ed. Mexico, 1985.

Mallon, Florencia E. "Peasants and the 'National Problem' during the Middle Period of Latin American History: Alternative National Projects in Mexico and Peru, 1850-1910." Paper presented at the meeting of the American Historical Association, Washington, D.C., December 1987.

Maravall, José Antonio. "El pensamiento político en España a comienzos del siglo XIX· Martínez Marina." *Revista de Estudios Políticos* 81 (May-June 1955), 29-82.

―――. *La teoría española del Estado en el siglo XVII.* Madrid, 1944.

Marett, R. H. K. *An Eye-Witness of Mexico.* London, 1939.

María y Campos, Alfonso de. "Protesta estudiantil durante el Porfiriato." Mexico, 1985. Manuscript.

María y Campos, Armando de. *La revolución mexicana a través de los corridos populares.* 2 vols. Mexico, 1962.

Márquez Morfín, Lourdes. "Los republicanos españoles en 1939: política, inmigración y hostilidad." *Cuadernos Hispanoamericanos* 458 (1988), 127-150.

Martin, Cheryl E. *Rural Society in Colonial Morelos.* Albuquerque, 1985.

Martínez, José Luis, ed. *Alfonso Reyes-Pedro Henríquez Ureña. Correspondencia 1907-1914.* Mexico, 1986.

Martínez Assad, Carlos. *El laboratorio de la revolución.* Mexico, 1979.

Martínez Múgica, Apolinar. *Primo Tapia: semblanza de un revolucionario.* 2d ed. Mexico, 1946.

Martínez Saldaña, Tomás, and Leticia Gándara Mendoza. *Política y sociedad en México: el caso de los Altos de Jalisco.* Mexico, 1976.

Medina Neri, Héctor. *Gustavo Baz: guerrillero de Emiliano Zapata.* Mexico, 1979.

Mendoza, Vicente T. *El corrido mexicano.* Mexico, 1976.

Menéndez, Carlos R. *La primera chispa de la Revolución Mexicana: el movimiento de Valladolid en 1910.* Mérida, 1919.

Mexico, Estado. *Biografía del señor General José Vicente Villada, Gobernador Constitucional del Estado de México (1895).* Toluca, 1979.

―――. *Ciento cincuenta años de la educación en el Estado de México.* Toluca, 1974.

―――. *Colección de Decretos y Ordenes del Congreso Constituyente del Estado Libre y Soberano de México.* Vol. 6. Mexico, 1848.

―――. *Concentración de los datos estadísticos del Estado de México.* Toluca, 1898-1906.

———. *Constituciones del Estado de México, 1827, 1861, 1870 y 1917.* Toluca, 1974.

———. *Diario de los debates del congreso constituyente.* 2 vols. Mexico, 1960.

———. Ministerio de Fomento. *Anuario Estadístico de la República Mexicana 1895,* vol. 3, no. 3. Mexico, 1896.

Meyer, Eugenia, et al. *La vida con Villa en la hacienda de Canutillo.* Mexico, 1974.

Meyer, Jean. *La Cristiada.* 3 vols. Mexico, 1973.

———. *Estado y sociedad con Calles: historia de la Revolución Mexicana, 1924-1928.* Vol. 11. Mexico, 1977.

———. *El sinarquismo: un fascismo mexicano?* Mexico, 1978.

Meyer, Lorenzo. *Historia de la revolución mexicana, 1928-1934.* Vol. 13, *El conflicto social y los gobiernos del maximato.* Mexico, 1978.

———. *Mexico and the United States in the Oil Controversy, 1917-1942.* Austin, 1977.

Michaels, Albert L., and Marvin Bernstein. "The Modernization of the Old Order: Organization and Periodization of Twentieth-Century Mexican History." In James W. Wilkie, Michael C. Meyer, and Edna Monzón de Wilkie, eds., *Contemporary Mexico: Papers of the IV International Congress of Mexican History,* 687-710. Berkeley and Mexico, 1976.

Midgal, Joel S. *Peasants, Politics and Revolution: Pressures toward Political and Social Change in the Third World.* Princeton, 1974.

Miller, Frank C. *Old Villages and a New Town: Industrialization in Mexico.* Menlo Park, 1973.

Molina, Andrés. *Los grandes problemas nacionales (1909).* Mexico, 1981.

Mora, Carl J. *Mexican Cinema: Reflections of a Society 1896-1980.* Berkeley, 1982.

Moreno, Roberto. "La última Nueva España." In *La formación del Estado mexicano.* Mexico, 1984.

Munguía, Clemente. *Del Derecho Natural en sus principios comunes y en sus diversas ramificaciones, o sea, curso elemental de derecho natural y de gente, público, político constitucional, principios de legislación, por el Lic. . . .* 4 vols. Mexico, 1849.

Muro Romero, Fernando. "El beneficio de oficios públicos con jurisdicción en Indias: notas sobre sus orígenes." *Anuario de Estudios Hispanoamericanos* 35 (1978), 1-67.

Navarro García, Luis. *Intendencia en indias.* Sevilla, 1959.

———. "Los oficios vendibles en Nueva España, durante la Guerra de Sucesión." *Anuario de Estudios Americanos* 32 (1975), 133-154.

Niemeyer, E. V. *Revolution at Querétaro: The Mexican Constitutional Convention of 1916-1917.* Austin, 1974.

Noriega, Alfonso. *El pensamiento conservador y el conservadurismo.* 2 vols. Mexico, 1972.

Noriega Elío, Cecilia. *El constitutyente de 1842.* Mexico, 1986.

Nugent, Daniel F. "Land, Labor and Politics in a *Serrano* Society: The Articulation of State and Popular Ideology in Mexico." Ph.D. diss., University of Chicago, 1988.

Obregón, Alvaro. *Ocho mil kilómetros en campaña.* Paris and Mexico, 1917.

O'Gorman, Edmundo. *La supervivencia política novo-hispana: reflexiones sobre el monarquismo mexicano.* Mexico, 1969.

Ortoll, Servando. "Turbas antiyanquis en Guadalajara en vísperas de la Revolución de Díaz." *Boletín del Archivo Histórico de Jalisco,* segunda época, 1:2 (May-August 1983), 2-15.

Ortoll, Servando, and Angélica Peregrina. "Nationalism and Mexican Xenophobia: The Guadalajara Riots of 1910." Paper presented at the VII Conference of Mexican and United States Historians, Oaxaca, Mexico, October 22-26, 1985.

Palavicini, Félix. *Mi vida revolucionaria.* Mexico, 1937.

Palmer, R. R. *A History of the Modern World.* New York, 1971.

Pani, Alberto J. *Apuntes autobiográficos.* 2 vols. Mexico, 1950.

———. *Hygiene in Mexico.* New York and London, 1917.

Parra López, Emilio. *El primer liberalismo español y la Iglesia: las Cortes de Cádiz.* Alicante, España, 1985.

Patch, Robert. *La formación de estancias y haciendas durante la colonia.* Mérida, 1976.

Peña, Manuel de la. *El dominio directo del soberano en las minas de México y génesis de la legislación petrolera mexicana.* Mexico, 1928.

Peset, Mariano. *Dos ensayos sobre la historia de la propiedad de la tierra.* Madrid, 1982.

———. *Propiedad antigua y propiedad liberal.* Madrid, 1986.

Pettus, Daisy Caden, ed. *The Rosalie Evans Letters from Mexico.* Indianapolis, 1926.

Popkin, Samuel L. *The Rational Peasant.* Berkeley, 1979.

Portes, Alejandro, and John Walton. *Urban Latin America.* Austin, 1976.

Portes Gil, Emilio. *Autobiografía de la Revolución Mexicana: un tratado de interpretación histórica.* Mexico, 1964.

Price, John A. "Tecate: An Industrial City on the Mexican Border." *Urban Anthropology* 2 (1973), 42-43.

———. *Tijuana: Urbanization in a Border Culture.* Notre Dame, 1973.

Prieto Laurens, Jorge. *Cincuenta años de política mexicana: memorias políticas.* Mexico, 1968.

Quintal Martín, Fidelio. "Breve historia de Yucatán durante la última década del Porfiriato (1901-1910)." *Boletín de Ciencias Antropológicas de la Universidad de Yucatán* 11:65 (1984), 43-62.

Raby, David L. *Educación y revolución social en México.* Mexico, 1974.

Ramos Arizpe, Miguel. "Carácter de sus gentes." In *Memoria presentada a las Cortes de Cádiz*, reproduced in Ramos Arizpe, *Discursos, memorias e informes*. Mexico, 1942.

Redfield, Robert. *Tepoztlan, a Mexican Village*. Chicago, 1930.

Redfield, Robert, and Milton B. Singer. "The Cultural Role of Cities." *Economic Development and Social Change* 3 (1954), 53–73.

Rees Jones, Ricardo. *El despotismo ilustrado y los intendentes en Nueva España*. Mexico, 1981.

Reina, Leticia. *Las rebeliones campesinas en México, 1819-1906*. Mexico, 1980.

Reyes, Alfonso. "Pasado Inmediato." In *Obras Completas*. 21 vols. Mexico, 1955–1981.

Richmond, Douglas, *Venustiano Carranza's Nationalist Struggle, 1893-1920*. Lincoln, 1983.

Rivera, Antonio. *La Revolución en Sonora*. Hermosillo, 1981.

Rivera, Diego. "Retablos." *Mexican Folkways* 1 (1925), 7–12.

Roberts, Bryan. *Cities of Peasants*. London, 1978.

Rodríguez O., Jaime E. "La historiografía de la Primera República." In María Teresa Franco, ed., *Memorias del Simposio de Historiografía Mexicanista*. Mexico, in press.

Rodríguez O., Jaime E., ed. *The Independence of Mexico and the Creation of the New Nation*. Los Angeles and Irvine, 1989.

Rosenzweig, Blanco. "Levantamientos populares en Guanajuato, etapa maderista, 1908-1912." Paper presented at the VII Conference of Mexican and United States Historians, Oaxaca, Mexico, October 22–26, 1985.

Ross, Stanley. *Francisco I. Madero: apóstol de la democracia*. 2d ed. Mexico, 1977.

Ross, Stanley, ed. *Is the Mexican Revolution Dead?* New York, 1966.

Ruiz, Angeles. "José Vasconcelos durante la Revolución Mexicana." Chicago, 1981. Manuscript.

Ruiz, Ramón E. *The Great Rebellion: Mexico, 1905-1924*. New York, 1980.

———. *Labor and the Ambivalent Revolutionaries: Mexico, 1911-1913*. Baltimore, 1976.

Ruiz Castañeda, María del Carmen. *La Universidad Libre (1875): antecedentes de la Universidad Autónoma*. Mexico, 1979.

Salamini, Heather Fowler. *Agrarian Radicalism in Veracruz*. Lincoln, 1978.

———. "Revolutionary Caudillos in the 1930s: Francisco Mújica and Adalberto Tejeda." In D. A. Brading, ed., *Caudillo and Peasant in the Mexican Revolution*, 169–192. Cambridge, 1980.

Sánchez Agesta, Luis. *El pensamiento político del despotismo ilustrado*. Sevilla, 1979.

Sánchez García, Alfonso. *Historia del Estado de México*. Toluca, 1980.

Santos, Gonzalo N. *Memorias*. Mexico, 1986.

Schryer, Frans J. *The Rancheros of Pisaflores*. Toronto, 1980.

Scott, James C. *The Moral Economy of the Peasant: Subsistence and Rebellion in Southeast Asia*. New Haven, 1976.

———. *Weapons of the Weak: Everyday Forms of Peasant Resistance*. New Haven, 1985.

Silva Herzog, Jesús. *Una vida en la vida de México*. Mexico, 1972.

Simpson, Eyler B. *The Ejido, Mexico's Way Out*. Chapel Hill, 1937.

Sinkin, Richard N. *The Mexican Reform, 1855-1876: A Study in Liberal Nation Building*. Austin, 1979.

Skirius, J. *Vasconcelos y la cruzada de 1929*. 2d ed. Mexico, 1978.

Skocpol, Theda. *States and Social Revolutions: Comparative Analysis of France, Russia, and China*. Cambridge, 1979.

Skocpol, Theda, Peter Evans, and Dietrich Rueschemeyer, eds. *Bringing the State Back In*. Cambridge, 1985.

Smith, Robert Freeman. *The United States and Mexican Revolutionary Nationalism, 1916-1932*. Chicago, 1972.

Solana, F., et al. *Historia de la educación pública en México*. Mexico, 1982.

Solís, Leopoldo. *La realidad económica mexicana: retrovisión y perspectivas*. Mexico, 1970.

Somolinos, Juan. *La "Belle Epoque" en México*. Serie SepSetentas, no. 13. Mexico, 1971.

Southworth, John. *El Estado de Sonora: sus industrias comerciales, mineras y manufactureras*. Nogales, Arizona, 1987.

Staples, Anne. "Secularización: Estado e Iglesia en tiempo de Gómez Farías." *Estudios de Historia Moderna y Contemporánea de México* 10, 109-123.

Stearns, Peter. "Social and Political History." *Journal of Social History* 16:3 (1983), 366-382.

Stern, Steve J., ed. *Resistance, Rebellion and Consciousness in the Andean Peasant World, 18th to 20th Centuries*. Madison, 1987.

Strayer, Joseph R. *Sobre los orígenes medievales del Estado moderno*. Translated by Horacio Vázquez Rial. Barcelona, 1981.

Suchlicki, Jaime. *University Students and Revolution in Cuba, 1920-1968*. Coral Gables, Fla., 1969.

Szyszlo, Vitold de. *Dix mille kilomètres à travers le Mexique 1909-1910*. Paris, 1913.

Taracena, Alfonso. *Historia de la Revolución en Tabasco*. Villahermosa, 1974.

———. *La verdadera Revolución mexicana*. 18 vols. Mexico, 1960-1965.

Tatum, Charles. "*Lágrimas, risas y amor*: Mexico's Most Popular Romance Comic Book." *Journal of Popular Culture* 14 (1980), 412-423.

Taylor, William B. *Drinking, Homicide and Rebellion in Colonial Mexican Villages*. Stanford, 1979.

Tena Ramírez, Felipe. *Leyes fundamentales de México, 1808–1975.* 6th ed. Mexico, 1975.

Thomas, Keith. *Religion and the Decline of Magic.* London, 1973.

Tilly, Charles. *The Vendée.* Cambridge, 1964.

Tilly, Charles, Louise Tilly, and Richard Tilly. *The Rebellious Century, 1830–1930.* Cambridge, 1975.

Tobler, Hans Werner. "Las paradojas del ejército revolucionario: su papel en la reforma agraria mexicana, 1920–35." *Historia Mexicana* 21 (1971), 38–79.

Tomás y Valiente, Francisco. "Notas sobre la venta de oficios públicos en Indias." In *III Congreso del Instituto Internacional de Historia del Derecho Indiano. Actas y Estudios.* Madrid, 1973.

Toor, Frances. *A Treasury of Mexican Folkways.* New York, 1947.

Turner, J. K. *México bárbaro (1911).* Mexico, 1967.

Tutino, John. *From Insurrection to Revolution in Mexico: Social Bases of Agrarian Violence, 1750–1940.* Princeton, 1986.

Urióstegui Miranda, Píndaro. *Testimonios de la Revolución Mexicana.* Mexico, 1970.

Vanderwood, Paul J. "Comparing Mexican Independence with the Revolution: Causes, Concepts, and Pitfalls." In Jaime E. Rodríguez O., ed., *The Independence of Mexico and the Creation of the New Nation,* 311–322. Los Angeles and Irvine, 1989.

———. *Disorder and Progress: Bandits, Police and Mexican Development.* Lincoln, 1981.

———. "Nineteenth Century Mexico's Profiteering Bandits." In Richard W. Slatta, ed., *Bandidos: The Varieties of Latin American Banditry.* New York, 1987.

Van Young, Eric. *Hacienda and Market in Eighteenth Century Mexico: The Rural Economy of the Guadalajara Region, 1675–1820.* Berkeley, 1981.

———. "Millennium on the Northern Marches: The Mad Messiah of Durango and Popular Rebellion in Mexico, 1800–1815." *Comparative Studies in Society and History* 28:3 (July 1986), 385–413.

Vasconcelos, José. *Evaristo Madero: biografía de un patricio.* Mexico, 1958.

———. *La tormenta.* En *Memorias.* 2 vols. Mexico, 1982.

———. *Ulises Criollo.* En *Memorias.* 2 vols. Mexico, 1982.

Vaughan, Mary Kay. "El papel político del magisterio socialista de México, 1934–40: un estudio comparativo de los casos de Puebla y Sonora." Departamento de Investigaciones Educativas, 1987. Manuscript.

———. *The State, Education and Social Class in Mexico, 1880–1928.* DeKalb, 1982.

Velázquez, Gustavo. *Toluca de ayer.* Toluca, 1972.

Venegas, Aurelio. *Guía del viajero en Toluca.* Toluca, 1894.

Verdross, Alfred. *La filosofía del derecho del mundo occidental: visión panorámica de sus fundamentos y principales problemas.* Translated by Mario de la Cueva. 2d ed. Mexico, 1983.

Villada, José Vicente. *Discurso pronunciado por el C. Gobernador del Estado, en la apertura del primer período de sesiones de la XV Legislatura.* Toluca, 1893.

_____. *Discurso pronunciado por el C. Gobernador del Estado, en la apertura del primer período de sesiones ordinarias del XVIII Congreso Constitucional.* Toluca, 1899.

_____. *Memoria de Gobierno del General José Vicente Villada, Gobernador del Estado de México (Cuatrienio 1893-1897).* Toluca, 1897.

_____. *Memoria de Gobierno del General José Vicente Villada, Gobernador del Estado de México (Cuatrienio 1897-1901).* Toluca, 1902.

Villoro, Luis. *El proceso ideológico de la Revolución de Independencia.* 3d ed. Mexico, 1981.

Voss, Stuart. "Towns and Enterprises in Sonora and Sinaloa." Ph.D. diss., Harvard University, 1971.

Wasserman, Mark. *Capitalists, Caciques, and Revolution: The Native Elite and Foreign Enterprise in Chihuahua, Mexico, 1854-1911.* Chapel Hill, 1984.

Wells, Allen. "Yucatán: Violence and Social Control." In Thomas Benjamin and William McNellie, eds., *Other Mexicos: Essays on Regional Mexican History, 1876-1911*, 213-241. Albuquerque, 1984.

_____. *Yucatán's Gilded Age: Haciendas, Henequen and International Harvester, 1860-1915.* Albuquerque, 1985.

Wilkie, James W., and Edna Monzón de Wilkie. *Mexico visto en el siglo XX.* Mexico, 1969.

Wolf, Eric. *Peasants.* Englewood Cliffs, 1966.

_____. *Peasant Wars of the Twentieth Century.* New York, 1969.

_____. "The Vicissitudes of the Closed Corporate Peasant Community." *American Ethnologist* 13:2 (May 1986), 325-329.

Wolfskill, George, and Douglas W. Richmond, eds. *Essays on the Mexican Revolution: Revisionist Views of the Leaders.* Austin, 1979.

Womack, Jr., John. "The Mexican Revolution, 1910-1920." In *Cambridge History of Latin America*, vol. 5, 74-153. Edited by Leslie Bethell. Cambridge, 1986.

_____. *Zapata and the Mexican Revolution.* New York, 1968.

Wrightson, Keith. *English Society, 1580-1680.* New Brunswick, 1982.

Index